Robert M. Zoske

Flamme sein!

Robert M. Zoske

Flamme sein!
Hans Scholl und die Weiße Rose

Eine Biografie

Verlag C.H.Beck

Mit 44 Abbildungen

© Verlag C.H.Beck oHG, München 2018
Satz: Fotosatz Amann, Memmingen
Druck und Bindung: GGP Media GmbH, Pößneck
Umschlaggestaltung: Rothfos & Gabler, Hamburg
Umschlagabbildung: Hans Scholl als Siebzehnjähriger, um 1936
Gedruckt auf säurefreiem, alterungsbeständigem Papier
(hergestellt aus chlorfrei gebleichtem Zellstoff)
Printed in Germany
ISBN 978 3 406 70025 5

www.chbeck.de

jetzt und immer
für beatrix

«Nur wer sich selbst verbrennt, wird
den Menschen ewig wandernde Flamme.»[1]

Christian Morgenstern

«Es ist ganz wahr, was die Philosophie sagt: das Leben muss rückwärts verstanden werden. Aber dabei vergisst man den anderen Satz: es muss *vorwärts gelebt* werden. Je länger man über diesen Satz nachdenkt, desto mehr gelangt man zu der Einsicht, dass das Leben in der Zeitlichkeit niemals ganz verstanden werden kann. Ich komme eben in keinem Augenblick vollständig zur Ruhe, um jene Stellung einzunehmen: rückwärts.»[2]

Søren Kierkegaard

Inhalt

Prolog: *Es lebe die Freiheit!*   9

Erstes Kapitel: Anfangszeit, 1918–1933   13

Wie froh bin ich, Dich zu haben: Robert und Magdalene Scholl   13
Die Eltern nannten ihn Heiland: Kindheit und Hitlerjugend   22

Zweites Kapitel: Jugendbundzeit, 1933–1937   28

Fanatisch das Neue bauen: In der dj.1.11   28
Etwas vom schönsten der Weltliteratur: Abitur und Lektüre   33
Wir wollen doch Flamme sein! Heroisches Leben   38
In alter Kameradschaft: Der heimliche Freund   56
Ihr seht den Weg: Bewunderung für Stefan George   64
Ein gewisser Einfluss: Jungenführer und Dichter   67
Ganz leben oder gar nicht: Faszination Nationalsozialismus   73

Drittes Kapitel: Wendezeit, 1937–1939   77

Große Liebe: Siebzehn Tage Haft   77
Ich sah sein schemenhaftes Gesicht: Begegnung mit Hitler   88
Ich kann mich nicht einschränken: Verzweifelte Leidenschaft   92
Lust – Leid – und Liebe: Jungfrau Maria   96
Schon lange bereut: Sondergericht und Demütigung   98

Viertes Kapitel: Reifezeit, 1939–1941   102

Der eigentliche Sinn der Dinge: Medizin und Nietzsche   102
Von früh bis spät beisammen: Die engste Freundschaft   111
Ihre Liebe ist so ungemein echt und wahr: Verliebtheiten   114
Ich suche mich, nur mich: Kriegsbeginn und Westfront   116
Persönlichkeit heißt Widerstand: Nikolai Berdjajew   123
Geschlossenes Weltbild: Carl Muth und Theodor Haecker   126
Ich lese die Buddenbrooks und bin begeistert: Thomas Mann   131
Nicht Mann und Frau: Platonische Liebe   133
Abenteuer hin zum Licht: Paul Claudel   137

Sie ist mir völlig gleichgültig: Traute Lafrenz — 141
Ich bin ein «homo viator»: Wandererfantasien — 145

Fünftes Kapitel: Kampfeszeit, 1941–1943 — 149

Ich bin klein und schwach: Glaube und Kampf — 149
Schönheit und Klarheit: Die jüngere Schwester — 153
Eigentlich mein einziger Freund: Der Russe — 155
Etwas tun, heute noch: Die Formierung des Widerstands — 162
Es ist noch nicht zu spät: Die Flugblätter I bis IV — 167
Weiße Rose: Revolutionär, propagandistisch, emotional — 174
Wenn Christus nicht gelebt hätte: An der Ostfront — 176
Beweist, dass Ihr anders denkt! Flugblatt 5 und die Mitstreiter — 184
Ihre Muschel haben Sie auch vergessen: Die letzte Geliebte — 191
Freiheit und Ehre: Flugblatt 6 — 193
Sag Alex, er solle nicht auf mich warten: Verhaftungen — 198
Verpflichtung zur Tat: Alexander Schmorell vor der Gestapo — 202
So ein gleichgültiges Gefühl: Freiwillige Aussage — 203
Erwartet, mein Leben zu verlieren: Geständnis und Bekenntnis — 207
Aus ideellen Gründen gehandelt: Sophie Scholl — 213
Nicht Böses mit Bösem vergelten: Abendmahl und Abschied — 217
Brave, herrliche junge Leute! Nachgeschichte 1943 — 222

Epilog: Letzte Worte der Mitstreiter — 227

Anhang

Die Gedichte von Hans Scholl — 235
Die Flugblätter — 288
Dank — 311
Anmerkungen — 313
Quellen und Literatur — 357
Bildnachweis — 365
Personenregister — 366

PROLOG
Es lebe die Freiheit!

Am Montag, den 22. Februar 1943, eröffnete der Präsident des Volksgerichtshofs Roland Freisler um 10 Uhr im Münchner Justizpalast die Hauptverhandlung gegen «Hans Fritz *Scholl*, [...] Sophia Magdalena *Scholl*, [... und] Christoph Hermann *Probst*».³ Die Anklageschrift beschuldigte sie des Hochverrats, der Feindbegünstigung und der Wehrkraftzersetzung:

> Der Angeklagte Hans Scholl hat im Sommer 1942 und im Januar und Februar 1943 Flugblätter, die die Aufforderung zur Abrechnung mit dem Nationalsozialismus, zur Trennung von dem nationalsozialistischen «Untermenschentum», zum passiven Widerstand und zur Sabotage enthalten, hergestellt und verbreitet. Außerdem hat er in München Schmierparolen: «Nieder mit Hitler» und mit durchgestrichenen Hakenkreuzen angebracht. Die Angeklagte Sophie Scholl hat bei der Verfassung, Herstellung und Verbreitung der Hetzschriften mitgewirkt. Der Angeklagte Probst hat den Entwurf für ein Flugblatt verfasst.

Während Freisler «tobend, schreiend, bis zum Stimmüberschlag brüllend, immer wieder explosiv aufspringend» die Verhandlung führte, blieben die Angeklagten «von ihren Idealen erfüllt [...] ruhig, gefasst, klar und tapfer».⁴ Unbeeindruckt verhöhnte Hans Scholl die Gerichtsinszenierung als bizarre Farce – Kriminalsekretär Ludwig Schmauß notierte: «Meldung. Hans Scholl bezeichnete die heutige Verhandlung als ‹ein Affentheater›.»⁵ Um 12.45 Uhr fällte das oberste deutsche Gericht «Im Namen des Deutschen Volkes» die Todesurteile:

> Die Angeklagten haben im Kriege in Flugblättern zur Sabotage der Rüstung und zum Sturz der nationalsozialistischen Lebensform unseres Volkes aufgerufen, defätistische Gedanken propagiert und den Führer aufs

gemeinste beschimpft und dadurch den Feind des Reiches begünstigt und unsere Wehrkraft zersetzt. Sie werden deshalb mit dem *Tode* bestraft. Ihre Bürgerehre haben sie für immer verwirkt.

Die Verurteilten wurden sofort ins Gefängnis München-Stadelheim überstellt. Die Aufnahmekartei hält die Einlieferung von Hans Scholl – «Beruf: Cand. Medizin / Bekenntnis: ev» – für den 22. Februar 1943 um 13.45 Uhr fest. Um 16.02 Uhr teilte man ihm unter Anwesenheit des Gefängnisvorstands, des Gefängnisarztes und des evangelischen Gefängnisgeistlichen Pfarrer Alt mit, dass das Gnadengesuch seines Vaters abgelehnt worden war und das Urteil um 17.00 Uhr im Gefängnis München-Stadelheim vollstreckt werden sollte. «Der Verurteilte gab keine Erklärung ab», heißt es dazu im Protokoll.

Auch die Hinrichtung wurde mit bürokratischer Akribie dokumentiert: Neben Staatsanwalt Albert Weyersberg und einem Justizangestellten waren der Leiter der Strafanstalt, der Gefängnisarzt, der Scharfrichter mit einem Gehilfen «sowie das zur geordneten Durchführung der Hinrichtung unbedingt erforderliche Gefängnispersonal» anwesend. Der «Hinrichtungsraum war [...] gesichert. Die Fallschwertmaschine war, durch einen schwarzen Vorhang verdeckt, verwendungsfähig aufgestellt.»

Um 17.02 Uhr wurde der Verurteilte durch zwei Gefängnisbeamte vorgeführt. Der Leiter der Vollstreckung stellt die Personengleichheit des Vorgeführten mit dem Verurteilten fest. Sodann wurde der Verurteilte dem Scharfrichter übergeben. Die Gehilfen des Scharfrichters führten ihn an die Fallschwertmaschine, auf welcher er unter das Fallbeil geschoben wurde. Scharfrichter Reichhart löste sodann das Fallbeil aus, welches das Haupt des Verurteilten sofort vom Rumpfe trennte. Der Gefängnisarzt überzeugte sich vom Eintritt des Todes.
Der Verurteilte war ruhig und gefasst.

Der letzte Satz war eine Standardformulierung auf dem Formblatt für das Hinrichtungsprotokoll; sie steht genau so auf der Niederschrift von Sophie Scholls Exekution, die zwei Minuten früher, um 17.00 Uhr, stattfand, und auf der von Christoph Probst, die drei Minuten später, um 17.05 Uhr, vollzogen wurde. Nachdem die zweite Seite des Protokolls von Hans Scholls Enthauptung bereits aus der Schreibmaschine genommen worden war, wurde sie zur Korrektur erneut eingespannt. Unmittelbar hinter dem Punkt nach «gefasst» setzte der Protokollant ein Komma ein und ergänzte: «seine letzten Worte waren es lebe die Freiheit.» Staatsanwalt Albert Weyersberg korrigierte später handschriftlich das kleingeschriebene «es» in ein großes «Es» und setzte zu Beginn und Ende des Satzes «Es lebe die Freiheit.» Anführungszeichen.

Das Protokoll fährt präzise fort, indem die Sekunden im Formblatt ergänzt wurden:

> Von der Übergabe an den Scharfrichter bis zum Fall des Beiles vergingen 07 Sekunden. Der ganze Hinrichtungsvorgang, der sich ohne Zwischenfall vollzog, dauerte vom Verlassen der Zelle an gerechnet   Minute 52 Sekunden.

Weyersberg nahm hier einen weiteren Eingriff in die Formblattformulierung vor, indem er zwischen «sich» und «ohne» ein «sonst» einfügte: «Der ganze Hinrichtungsvorgang, der sich *sonst* ohne Zwischenfall vollzog». Der Jurist hielt Scholls Freiheitsruf für so bemerkenswert, dass er ihn als «Zwischenfall» aktenkundig machte. Für einen Augenblick hatte die Freiheit den Lauf der Tötungsmaschinerie unterbrochen. Routinemäßig endet die Niederschrift des Justizmordes mit den Worten:

> Nach der Abnahme der Fallschwertmaschine wurden der Körper und das Haupt des Verurteilten in einen bereitstehenden Sarg gelegt und dem Polizeipräsidium München zur Verbringung in den Perlacher Friedhof übergeben.

Unterzeichnet wurde das Protokoll vom Justizangestellten Max Huber und von Staatsanwalt Albert Weyersberg. Der meldete noch am selben Abend Oberreichsanwalt Ernst Lautz den Vollzug der Todesurteile an Sophie Scholl, Hans Scholl und Christoph Probst per Telegramm: «Heute ohne Zwischenfall verlaufen».

So endete der kurze Lebensweg Hans Scholls. Warum kämpfte er für die Freiheit? Warum wollte er das Staatsoberhaupt beseitigen, dem zahllose Gemeinden die Ehrenbürgerschaft verliehen, dessen Namen unzählige Straßen und Plätze führten, dem seit Jahren scharenweise Paten- und Schirmherrschaften angetragen wurden? Warum setzte er sein Leben ein, forderte in Flugblättern den Sturz des nationalsozialistischen Regimes, malte auf Wände «Freiheit», «Nieder mit Hitler!» und «Massenmörder Hitler!»? Warum widerstand Hans Scholl «allen Gewalten zum Trutz»?[6]

Um zu erklären, warum Hans Scholl in den Widerstand gegangen ist, soll hier sein kurzer Lebensweg erzählt werden. Das kann nach der Entdeckung seiner ausdrucksstarken religiösen Gedichte und mit Blick auf die Dokumente des Verfahrens von 1937/38 gegen ihn wegen Homosexualität (§ 175) und Missbrauchs Abhängiger (§ 174) – darunter unpublizierte Briefe Hans Scholls – auf ganz neuer Grundlage geschehen. Lange wurden Hans Scholls homo- oder bisexuelle Neigungen verschwiegen, weil Homosexualität nicht nur im Nationalsozialismus, sondern auch noch Jahrzehnte später in Deutschland gesellschaftlich geächtet und juristisch verfolgt wurde. Marginalisiert wird heute oft seine tiefe christliche Frömmigkeit, weil sie vielen fremd ist.

Die primäre Grundlage der vorliegenden Biografie sind Briefe, Tagebucheinträge, Gedichte und andere Schriften von Hans Scholl. Spätere Erinnerungen von Anderen werden nur ausnahmsweise und mit kritischer Distanz hinzugezogen.

Als sich Sophie Scholl darauf vorbereitete, zum Studium nach München zu ihrem Bruder aufzubrechen, charakterisierte sie ihn so:

Ich bin mir sicher bewußt, in welche Welt ich durch Hans eintrete. [...] Denn Hans ist ein Chamäleon, u. es ist schwer (aber bei seiner Art notwendig), seinen Stimmungen zu folgen, ohne selbst davon erfaßt zu werden. [...] Beständigkeit anderen Menschen gegenüber, die kein geringes Maß von Selbstlosigkeit voraussetzt, findet man so selten. Ich weiß, daß sie gerade Hans fehlt. Er taumelt rastlos von einem zum andern u. sucht bei ihnen, was er vielleicht bei sich suchen sollte.[7]

Obwohl diese Kritik überzogen ist, trifft sie einen Teil seines komplexen und komplizierten Wesens. Dieses Buch will Hans Scholl auf seinem mäandernden Lebensweg durch wechselnde Zeiten begleiten und entdecken, wie ein Leben vollendet sein kann, auch wenn es früh endet. Wir begegnen einem Menschen, der trotz aller Schwächen zu innerer Kraft und Mut fand und damit zum Vorbild für die Gegenwart wurde. Hans Scholl nahm sich die Freiheit.

ERSTES KAPITEL
Anfangszeit, 1918–1933

«Geboren bin ich am 22. September 1918 im Zeichen der
Jungfrau. Ob es gut oder böse war, daß ich zur Welt kam,
weiß ich selbst nicht, jedenfalls war's notwendig.»[1]

Hans Scholl

Wie froh bin ich, Dich zu haben
Robert und Magdalene Scholl

Vierundzwanzig Jahre und fünf Monate vor seiner Hinrichtung erblickte Hans Scholl in dem kleinen schwäbischen Städtchen Ingersheim das Licht der Welt. Seine Eltern Magdalene (Lina) Scholl (1881–1958) und Robert Scholl (1891–1973) waren eigenwillige Individualisten, die eher gegen als mit dem Strom schwammen. Robert Scholl hielt aufgrund seiner pazifistischen Liberalität, Lina wegen ihres pietistischen Glaubens Distanz zu Mehrheitsmeinungen. Am 1. Februar 1916, während des Ersten Weltkriegs, vertraute Robert seiner Braut Lina an:

> Immer muß ich wieder daran denken, wie schön wir leben könnten, wenn wir jetzt beieinander wären und Friede im Lande wäre. Das war doch ein anderer Geist unter den Menschen, als noch Friede war. Unter dieser Stimmung und Sehnsucht bin ich oft bedrückt, und da bin ich am liebsten allein. Die militärische Welt ist doch manchmal recht unschön. Wie froh bin ich da, daß ich Dich habe, die Du so viel anders bist als die meisten Menschen.[2]

Diese frühen Worte Robert Scholls lesen sich fast wie ein emotionaler Fahrplan, der auch für Hans Scholl bestimmend war: das Verlangen nach liebevoller Zweisamkeit und Frieden, die deprimierte Stimmung aufgrund der politischen Lage, die Suche nach Abgeschiedenheit, ein distanziertes Verhältnis zum Soldatentum und vor allem: Sehnsucht als Grundgefühl und die Überzeugung, sich von den Vielen zu unterscheiden. Lina und Robert Scholl waren miteinander anders. In diesem Bewusstsein erzogen sie ihre sechs Kinder Inge (Ingeborg 1917–1998), Hans (Fritz Hans 1918–1943), Elisabeth (geboren 1920), Sophie (Sophia 1921–1943), Werner (1922–1944) sowie den Pflegesohn Ernst Gruele (geboren 1915, das Todesjahr ist nicht bekannt), der einem vorehelichen Verhältnis von Robert Scholl entstammte.[3] Obwohl Ernst Gruele nicht Magdalene Scholls leiblicher Sohn war, nannte er sie doch «Mutter». In einem Brief an seinen Stiefbruder Werner schrieb er:

> Man darf nur nicht versäumen, aus allem, was man erlebt, einen Gewinn für das innere Leben zu behalten, denn so, wie unsere Mutter das Leben betrachtet, steht hinter allem, was wir erleben, die wunderbare Fügung Gottes, u. man darf nie den Fingerzeig Gottes übersehen, sonst war das, was wir erlebten, umsonst erlebt.[4]

Ein sechstes Kind des Paares, Thilde (1925–1926), starb neun Monate nach der Geburt an Masern.[5] Die Eltern vermittelten ihren Kindern die Liebe zu Frieden und Freiheit in einem protestantischen und diakonischen Geist.

Robert Scholl war das fünfte von elf Kindern des Kleinbauern Wilhelm Scholl und seiner Ehefrau Christiane, geborene Eurich.[6] Der unentgeltliche Privatunterricht des evangelischen Pfarrers seines württembergischen Geburtsorts Steinbrück/Geißelhardt ermöglichte es Robert, die Schule mit der Mittleren Reife abzuschließen. 1909 erwarb er in Stuttgart die Hochschulreife, absolvierte eine Ausbildung für den gehobenen Verwaltungsdienst und arbeitete als Wirtschaftsberater. Zu Beginn des Ersten Weltkriegs ließ er sich zum Sanitäter ausbilden, weil er keine Waffe tragen wollte. Im Reservelazarett Ludwigsburg lernte er die zehn Jahre ältere Lina Müller kennen, die dort als Diakonisse Verwundete pflegte. Am 23. November 1916 heirateten sie.

Wenige Wochen nach der Hochzeit schrieb Robert Scholl an sein «Liebes Linäle» über das Verhältnis von Krieg, Patriotismus und Christentum. Scharf wandte er sich gegen die Kriegspredigten nationalistischer Pfarrer und Priester:

Das Geburtshaus von Hans Scholl in Ingersheim, um 1930

Was hat denn der Christengott, das Christentum, mit dem deutschen Sieg zu tun? Sind nicht in allen Ländern wahre Christen? Hätte Christus geantwortet, wenn man ihn gefragt hätte «Was sollen wir tun, wenn uns unsere Regierung – oder unser Vaterland – gegen einen Feind sendet?» Hätte er etwa gesprochen: «Haltet Euch tapfer und tötet möglichst viele Feinde, damit ihr den Sieg davontraget!» Nach meiner Überzeugung hätte er gesagt: «Ihr dürft nicht töten, eher müsst ihr Euch Arme und Beine weghacken lassen, als dass ihr die Waffe gegen jemanden gebraucht.» Aber unsere Geistlichen predigen den Soldaten, als erfüllen sie eine göttliche Mission. Ich will aber nicht vom christlichen Standpunkt reden, sondern vom allgemein-menschlichen. Auch von diesem Standpunkt ist jeder Krieg zu verwerfen. Denn jeder Krieg schadet allen Beteiligten viel mehr als er etwa Gutes im Gefolge haben könnte, und kein Mensch hat das Recht, einem andern gegen seinen Willen das Leben zu nehmen.[7]

Robert Scholl propagierte auch mehr als fünfundzwanzig Jahre später ein Christentum, das sich im Sozialen und Politischen zu bewähren hatte. Das zeigt ein Brief vom August 1943.[8] Als er nach der Hinrichtung seiner Kinder Hans und Sophie von Februar 1943 bis November

1944 in «Sippenhaft» genommen wurde, konnte er mithilfe des evangelischen Gefängnispfarrers in den Akten, die er in der Zelle mit Inge Scholl bearbeiten durfte, Briefe hinausschmuggeln. In einem dieser Kassiber sah er in einer «unehrlichen Überzeugung [...] das Prinzip des Bösen überhaupt». Diese Einstellung müsse «bekämpft» werden, ein «Verzeihen» könne es erst «nach Buße und Wiedergutmachung» geben. Es sei «das Entsetzliche unserer Zeit, dass unehrliche Überzeugungen, also das Prinzip des Bösen, frech auf allen Gassen und Plätzen sich breitmachen». Besonders eklatant werde diese Lüge bei der Behauptung deutlich, alle stünden «auf dem Boden des positiven Christentums». Scholl beklagte, «dass trotz Bestehens eines solchen Hauptprogrammsatzes» im Parteiprogramm der NSDAP «die äußeren Formen des Christentums, die Kirchen, unterdrückt und oft ihre wertvollsten Diener in den Kerker geworfen werden». Noch schlimmer sei es, «dass auf breiter Linie gegen die edelsten Grundsätze der christlichen Lehre und also gegen den erhabenen Geist verstoßen wird».

Diese Form des ethischen Christentums hielt seine Tochter Inge für ungenügend. Sie war von der kritischen Distanz ihres Vaters zu ihrer eigenen Religiosität konsterniert. 1942 notierte sie in ihr Tagebuch, ihr Vater halte ihr «Suchen nach Dir [Gott] für Schwärmerei und Spielerei, für eine Übergangsstufe. Das erschüttert mich immer wieder.»[9] Sie legte in ein Exemplar von Carl Muths Buch *Schöpfer und Magier*, das ihrem Bruder Hans gehörte, einen Zettel mit den Worten «S. 106 Abs. 2 wie Vater».[10] Muth äußerte sich dort zur Gottesbeziehung Goethes und führte aus, das Verhalten des Dichters zu Christus und zum Christentum sei «bis zuletzt zwiespältig» gewesen, und er habe «zu der gesamten theologischen Lehre von Christus [...] kein inneres Verhältnis» gehabt. Gewiss habe er die «Dogmen der Trinität, der Gottmenschheit Christi» und die «Absolutheit des Christentums» abgelehnt, so dass man ihn zwar nicht «als Christen im Sinne einer positiven christlichen Gemeinschaft» sehen könne, aber, so Muth: «Und doch war Goethe weit entfernt, kein Christ nach seinem Sinn sein zu wollen.» Seine Selbstbezeichnungen als «Nichtchristen» oder «alten» und «letzten Heiden» seien «Protesthaltungen» gewesen, denn Goethes «Verhältnis zur christlichen Religion» hätte in «Sinn und Gemüt» gelegen.

Während seiner Inhaftierung bekam Robert Scholls Glaube einen deutlich frommeren Akzent. So schilderte er seinen «Teuren»:

Heute war ich mit meinen Gedanken viel bei Hans und Sopherle, aber gleichzeitig bei Euch. [...] Dabei steigt mein Gebet empor und verbindet mich zugleich mit den beiden Guten. Von ihnen mache ich die Runde zu Euch und nacheinander in alle Richtungen zu den Lieben, den Leidenden und Hoffenden.[11]

Politisch war Robert Scholl gegen den Nationalsozialismus, weil er Massenbewegungen verachtete. Er hatte erlebt, wie eine leicht zu manipulierende Menschenmenge Hitler wählte und weiter trug. Rückblickend schrieb er am Jahresende 1960:

Ich halte unsere Massendemokratie für eine völlige Illusion. [...] Im Dritten Reich haben etwa 98 % bewusst die damaligen Gangster anerkannt, etwa 1 % hat ihnen mit Widerwillen aus Angst zugestimmt und nur etwa 1 % waren mutige Gegner.[12]

Seine Distanz zum NS-Regime bedeutete keineswegs, dass er – wie es Inge Aicher-Scholl darstellte – ein überzeugter Anhänger der Weimarer Demokratie war. Vielmehr trauerte er der Monarchie nach:

Wir hatten in Süddeutschland bis 1918 unter der konstitutionellen Monarchie eine vorzügliche Regierung und Verwaltung. [...] Durch sie würde jeder Schaumschlägerei, Demagogie und Charakterlosigkeit ein starker Riegel vorgeschoben.

In demselben Schreiben stellte er sogar die Demokratie grundsätzlich infrage: «Ich halte die heutige Formaldemokratie für falsch und schädlich. Ohne sie wäre Hitler wahrscheinlich nicht an die Macht gekommen.» Vermutlich hätte sich Robert Scholl bis zur Ermordung seiner Kinder nicht zu dem einen Prozent mutiger Gegner gerechnet, wohl eher unter die «mit Widerwillen» Zustimmenden, denn auf dem Briefpapier seiner Kanzlei wies er werbewirksam auf seine Mitgliedschaft im Nationalsozialistischen Rechtswahrerbund (NSRB) hin – ein Zugeständnis an die gesellschaftlichen Gegebenheiten.

Wie Sophie Scholl die politische Einstellung ihres Vaters sah, gab sie am 18. Februar 1943 im Gestapoverhör zu Protokoll. Dabei muss berücksichtigt werden, dass sie ihren Vater nicht belasten wollte:

Mein Vater war meines Wissens parteipolitisch vor der Machtübernahme in keiner Weise gebunden. Soviel weiss ich jedoch, dass er demokratisch eingestellt ist; d. h. die Meinung vertritt, dass die Völker demokratisch regiert werden müssten, sofern sie die notwendige Reife hierzu besässen. Wenn ich über die politischen Gedankengänge meines Vaters richtig unterrichtet bin, schwebt ihm eine demokratische Regierungsform mit gewissen Vollmachten vor. Wohl aus dieser Grundeinstellung heraus ist mein Vater gegen den Nationalsozialismus als solchen, bezw. gegen die heutige Staatsführung eingestellt. Hier möchte ich jedoch besonders erwähnen, dass uns (Kinder) mein Vater bei der Erziehung nie in demokratischen Sinne beeinflusst hat. So hat mein Vater ohne weiteres geduldet, dass wir der Hitlerjugend beitraten und dort Dienst verrichteten.[13]

Sophie Scholls Worte geben aufgrund der Verhörsituation sicher nur ein eingeschränktes Bild der politischen Haltung des Vaters wieder. Kaum vorstellbar ist, dass er, der in seiner Korrespondenz oft die politische Lage kommentierte, zuhause darüber schwieg. Inge berichtete in ihrem Tagebuch von lautstarken Auseinandersetzungen mit ihm über die Aktivitäten seiner Kinder im Bund Deutscher Mädel (BDM) oder in der Hitlerjugend (HJ).

Dass die Ablehnung der nationalsozialistisch indoktrinierten «Masse» durch Hans Scholl mit dem Einfluss seines Vaters zusammenhängt, belegt eine weitere heimliche Mitteilung aus der Sippenhaft, in der Robert Scholl zwischen «wertvollen» Menschen, die «frei [...] am Kampf gegen das Böse teilnehmen», und der «Masse, die man zu allem Möglichen dressieren kann», unterscheidet. Für den evangelischen Christen Robert Scholl war nicht die Dogmatik das Entscheidende, sondern – wie für Goethe – die Ethik oder – mit Thomas Mann – das «Sittigende», die «das menschliche Gewissen schärfenden Wirkungen des Christentums».[14] Er vermittelte seinen Kindern kritisches Denken und Orientierung. Dazu trug auch Magdalene Scholls tatkräftige pietistische Frömmigkeit bei.

Magdalene Scholl kam 1881 im schwäbischen Künzelsau als Tochter des Werkführers Friedrich Müller und seiner Ehefrau Sophie, geborene Hofmann, zur Welt.[15] Mit dreiundzwanzig Jahren trat Magdalene in die evangelische Glaubens-, Lebens- und Dienstgemeinschaft der Diakonissenan-

Magdalene Müller als Schwäbisch Haller Diakonisse (rechts) um 1910. Sechs Jahre später heiratete sie Robert Scholl.

stalt Schwäbisch Hall ein, erlernte dort den Beruf einer Krankenschwester und wurde 1909 als Diakonisse eingesegnet. Dabei gelobte sie Armut und Ehelosigkeit. Von nun an hatte sie ein Beispiel im christlichen Glauben und karitativen Dienst zu sein. Die Diakonissenanstalt in Schwäbisch Hall gehörte zum Kaiserswerther Verband deutscher Diakonissenmutterhäuser. Das dortige Berufsethos galt nun auch für Schwester Magdalene:

Was will ich?
 Dienen will ich.

Wem will ich dienen?
 Dem Herrn Jesu in Seinen Elenden und Armen.

Und was ist mein Lohn?
Ich diene weder um Lohn noch um Dank, sondern aus Dank und Liebe; mein Lohn ist, daß ich darf!

Und wenn ich dabei umkomme?
Komme ich um, so komme ich um, sprach Esther, die Königin, die doch Ihn nicht kannte, dem zu lieb ich umkäme, und der mich nicht umkommen läßt.

Und wenn ich dabei alt werde?
So wird mein Herz doch grünen wie ein Palmbaum und der Herr wird mich sättigen mit Gnade und Erbarmen. Ich gehe mit Frieden und fürchte nichts.[16]

Opferbereitschaft war für Diakonissen eine hohe Tugend. Sie bedeutete hingebungsvollen Einsatz im Leben und, wenn Gott es wollte, auch im Sterben.

Magdalene Müller wurde zunächst im Gemeindedienst eingesetzt. Nach Beginn des Ersten Weltkriegs pflegte sie ab 1915 Verwundete in einem Lazarett in Ludwigsburg. Für ihre freiwillige Pflege von Typhuskranken wurde sie mit einer Militärdienstmedaille geehrt. In dem Ludwigsburger Militärkrankenhaus lernte sie Robert Scholl kennen und beendete nach zwölf Jahren ihren Dienst als Diakonisse. Als sie 1916 heiratete, legte sie zwar die Schwesterntracht ab, nicht aber die damit verbundenen Überzeugungen. In ihrem ersten Brief, eine Woche nach der Eheschließung, an ihren «lieben Mann», der weiter in Ludwigsburg diente, berichtete sie, dass sie aus Zeitmangel «mit dem Pfarrhaus [...] bis jetzt noch keine Fühlung» aufgenommen «habe, doch, so erwartete sie, «Herr Pfarrer ist selbst so frei, in dringendem Fall mich zu rufen». Sie war dienstentpflichtet, empfand es aber weiter als Christenpflicht, zu helfen: «Wollte Gott, daß bald Friede werde u. wir dieser schönen Zeit näher rücken. Inzwischen wollen wir aber auch jedes an seinem Ort seine Pflicht tun.»[17]

Lina Scholl stellte ihren Kindern von klein auf Jesus Christus als leuchtendes Leitbild vor Augen. Beharrlich gab sie ihren protestantisch-pietistischen Glauben, wie ihn bereits ihre Mutter Sophie Müller gelebt hatte, weiter. Zahlreiche Briefe zeigen, dass sie im Alltag undogmatisch, aber unbeirrt an ihrer Überzeugung festhielt. Eine fröhliche evangelische Frömmigkeit war ihre Kraftquelle, und trotz mancher gesundheitlicher

Probleme erzog sie ihre drei Töchter, zwei Söhne und den Pflegesohn Ernst Gruele zu Gottvertrauen, Lebensmut und Opferbereitschaft.

Als Magdalene Scholl 1937 von ihrem Sohn Hans ein Andachtsbuch geschenkt bekam, antwortete sie ihm:

> Nochmal danke ich Dir von Herzen für das Büchlein, das Du mir mit brachtest. Es ist so ganz mir aus dem Herzen gesprochen, so ganz anders als große Reden u. Worte, die meist etwas hohl klingen. Halte das nur fest, u. gönne Dir öfter eine kleine Stille, wo solche Worte wirklich ins Herz dringen können u. man spürt: «Gott ist nicht fern von einem jeden unter uns.»[18]

Magdalene Scholl betete für den verfolgten und in einem Konzentrationslager inhaftierten Pastor der Bekennenden Kirche Martin Niemöller. Der Satz aus der Apostelgeschichte (5,29) «Man muss Gott mehr gehorchen als den Menschen» war für sie eine Verpflichtung. Als sie im Juli 1941 ihrem Sohn Werner berichtete, Sophie habe von ihrem Verlobten Fritz Hartnagel keine gültige Feldpostadresse und schon lange kein Lebenszeichen mehr bekommen, fragte sie schweren Herzens: «Wann wird auch dieses Wirrsal gelöst werden», und bekannte:

> Wenn ich nicht die Bibel hätte u. daraus klar u. unzweideutig erfahren könnte, dass Gott wahrhaft noch da ist, u. es im Herzen spüre, ich käme nicht durch. Aber er wird *trotz allem* sein Werk hinausführen u. einmal den Frieden schaffen auf Erden. Für jeden einzelnen reicht die Kraft, die Verbindung mit Jesus für seine Aufgabe tagtäglich. Das ist wichtig, Stein neben Stein.[19]

Fünf Tage später beunruhigte sie die Unsicherheit um Fritz Hartnagel weiter. Sie fragte Sophie:

> Weißt Du etwas von Fritz? Frau Hartnagel bekommt es mit der Angst zu tun, weil gar keine Nachricht kommt. Es ist ja dort die Hölle los; wenn man so allerlei hört, so müsste man glauben, es komme keiner durch. Doch trotz aller Gefahren gibt es eine sichere Mauer Gottes, sie weiß die zu beschützen, die Gott anvertraut sind, u. auch in schwersten Stunden u. Gefahren sind sie nicht verlassen. Es ist freilich ein ernstes Gefühl, jemanden, der einem nahe steht, in Todesgefahr oder schon dem Tode verfallen zu wähnen. Aber auch hier hieße es: Wenn Du glauben wirst, so wirst Du die Herrlichkeit Gottes sehen.[20]

Mit diesem Zitat aus der Geschichte der Auferweckung des Lazarus von den Toten bekannte sie ihren Glauben an den Gott, der nicht erst am Jüngsten Tag, sondern schon hier und heute aus dem Tode ins Leben ruft. Magdalene Scholl glaubte im Angesicht des Todes.

Als Lina Scholl und ihr Mann nach der Hinrichtung beider Kinder der Mittäterschaft angeklagt wurden, notierte Inge Scholl in ihrem Tagebuch, die Stimme ihres Vaters Robert habe vor Gericht «leise und beinahe gebrochen» geklungen. «Mutter dagegen stand aufrecht und munter wie ein Vögelchen vorne, das jeden Augenblick bereit ist, davonzufliegen, wenn einer ‹husch› machen sollte.»[21] Ihr christlicher Einfluss auf die Kinder hatte früh begonnen und war permanent. Hans versicherte ihr, sie solle nicht glauben, ihre Worte würden an ihm «vorbeifliegen», denn: «Was eine Mutter sagt, bleibt an einem haften, ob man nun will oder nicht.»[22]

Die Kinder der Familie Scholl lernten von ihren Eltern, zu denken und zu glauben. Der Volksgerichtshof urteilte später über Hans und Sophie: «Sie stammten aus einer Familie, die selbst volksfeindlich eingestellt war, und in der sie keine Erziehung genossen, die sie zu anständigen Volksgenossen machte.»[23]

Die Eltern nannten ihn Heiland
Kindheit und Hitlerjugend

1943 schaute Inge Scholl mehr als zwanzig Jahre zurück und berichtete, ihr Bruder sei schon mit «3 oder 4 Jahren» sehr mitteilungsbedürftig gewesen. Bei Spaziergängen an der Hand des «sinnierenden Vaters», der «tief in seinen Gedanken und Plänen steckte» und der ihm «gar nicht bewusst zuhörte», habe Hans nahezu ununterbrochen erzählt. Zuweilen sei der Vater stehen geblieben und habe gesagt:

> «Hanselmann, Du bist mein Murmeltier.» (Weil sein Plappern und Erzählen sich wie Murmeln anhörte.) [...] Hans war ein sehr sanfter Bub; die Eltern nannten ihn nämlich manchmal «Heiland», weil er sehr auf Versöhnung und Gerechtigkeit aus war. Wenn er beim Kaufmann auch nur ein «Bomboln» geschenkt bekam, so zerbiß er es, um teilen zu können, oder ließ einen eine Zeitlang dran. Wenn ich an dies denke, so habe ich den Eindruck eines zwar sehr feinen und zartgliedrigen, aber zähen Willens.[24]

Durch die beruflichen Veränderungen Robert Scholls bedingt, wechselte die Familie einige Male ihren Wohnort.[25] Seit 1917 war er Schultheiß, das heißt Bürgermeister, von Ingersheim an der Jagst. Dort wurden Inge und Hans geboren. Ab 1920 hatte er zehn Jahre lang das Amt des Bürgermeisters von Forchtenberg am Kocher inne. Dort kamen Elisabeth, Sophie, Werner und Thilde zur Welt. Als Robert Scholl 1930 die Leitung der Handelskammer in Stuttgart übernahm, zog die Familie nach Ludwigsburg, 1932 weiter nach Ulm, wo er eine Kanzlei als Steuerberater und Wirtschaftsprüfer führte. Jede Ortsveränderung bedeutete für die Kinder einen Schulwechsel. Hans Scholl besuchte in Forchtenberg vier Jahre lang die Grundschule, dann zwei Jahre die Realschule in Künzelsau, bis 1932 die Oberrealschule in Ludwigsburg und von Ende 1932 bis Frühjahr 1937 die Oberrealschule in Ulm an der Donau, wo er die Reifeprüfung ablegte.[26]

Zu Beginn des Jahres 1931 war Hans Scholl mit zwölf Jahren Mitglied im Christlichen Verein Junger Männer (CVJM). Zwei Jahre später trat er am 15. April 1933 in das Deutsche Jungvolk (DJ) in der Hitlerjugend (HJ) / Jungbann Donauland ein.[27] Inge Scholl hat ihren und Hans' Weg in die Hitlerjugend begeistert in ihrem Tagebuch festgehalten. Im März 1933 notierte sie, während eines gemeinsamen Weges, um Eier zu holen, hätten Hans und sie eine Vorstellung von der nationalsozialistischen Zukunft Deutschlands entwickelt:

> Die Idee, die uns kam u. die wir gerne machen möchten: Ein Trupp Kommunisten u. Marxisten trabt über die deutsche Scholle u. verwüstet sie. Plötzlich steht Hitler, riesenhaft, hinter ihm Hindenburg, u. hinter den beiden eine ganze braune Armee, u. ruft ihnen ein gebieterisches «Halt» zu.[28]

Inge Scholl freute sich über die Uniformierung, die «Gleichschaltung» der Jugendorganisationen: «Hitler wird jetzt die einzelnen Jugendbünde auflösen. Die Hitlerjugend erstürmt ein Heim nach dem andern. Das ist gut. Da wird Deutschland immer einiger.»[29] Wichtig war ihr die gemeinsame Überzeugung mit ihrem Bruder, der seit April 1933 Mitglied der Hitlerjugend war:

> Jedes deutsche Mädchen, das nazi sein will, ist Hitler schuld, daß es sich äußerlich u. innerlich rein hält. Das sind wir alle Hitler schuldig. Die nächste Woche wird entscheiden, ob Hansens Verein, das Jungvolk, ge-

Anfangszeit, 1918–1933

Die Familie Scholl um 1925 in Forchtenberg. *Vorne von links:* Sophie, Inge, Werner und Elisabeth. *Hinten:* Hans, Mutter Magdalene, Ernst Gruele und Vater Robert

Inge *(links)*, Sophie *(dritte von links)* und Hans Scholl *(zweiter von rechts)* am Kocher in Forchtenberg, 12. Juli 1929

Kindheit und Hitlerjugend

Robert Scholl mit seinen Kindern Inge, Hans, Elisabeth, Sophie und Werner *(von links)* vor Schloss Ludwigsburg, 1930/31

schlossen zur Hitlerjugend übertreten wird. Ich möchte in den BDM (Bund deutscher Mädel) gehen.

Sie war angetan von Hans' Ausdauer im Konflikt mit dem Vater über Hitler:

> Hans hat eine feine Radierung von Hitler. Sie hängt im Kinderzimmer. Vater hat sie am Anfang jeden Tag, wenn er vom Geschäft heimkam, weggehängt u. in eine Schublade getan. Hans hat sie aber jedesmal wieder an ihren Platz getan, bis schließlich Vater nachgegeben hat.

In ihrem Überschwang machte Inge Scholl ihren Vater beinahe zu einem Nationalsozialisten: «Er ist jetzt auch mehr für Hitler», notierte sie. «Ich bin froh!» Die Geschwister waren voll in den NS-Betrieb eingespannt: «Hans ist jetzt in der Hitlerjugend. Heute u. morgen ist großes Treffen u. Höhenfeier. Das Braunhemd steht ihm gut.»[30] Schlägereien

Hans und Werner Scholl in der Hitlerjugend, 1933/34

zwischen rivalisierenden Gruppen waren damals an der Tagesordnung. So schilderte die Fünfzehnjährige: «Heute gab's eine Schlägerei zwischen Hitlerjugend u. Katholischem Jugendbund. Hans kriegte auch was ab.»[31] Getäuscht hatte sie sich, als sie im April 1933 glaubte, ihr Vater werde nun bald ganz zum Nationalsozialismus konvertieren. Als im Juni wieder einmal Vater und Sohn über Hitler stritten, musste sie Hans lautstark musikalisch unterstützen:

> Heute Nacht war die Hitlerjugend fort u. heute Morgen in der Kirche. Geschlossen. Nachher hatte Vater Auseinandersetzungen mit Hans über die Hitlerjugend. Natürlich kam es wieder zu Tränen. Das ist einfach Hans' wunder Punkt. Da lässt er sich einfach nichts gefallen. Das gefällt mir. Ich saß am Klavier u. spielte so fest, so laut als möglich: «– – – – das Vaterland muß aus dem Leid genesen, weil du uns führst nach meisterhaftem Plan. Ein Adolf Hitler wird die Wege bahnen – – – –.»[32]

Hans Scholl stieg in der Hitlerjugend allmählich auf. Im Dezember 1938 bestätigte man ihm, er sei «seit Oktober 1933 [...] als Führer im Jungvolk tätig [gewesen], bis er im November 1936 für die Vorbereitung der

Reifeprüfung beurlaubt wurde».[33] Diese «Führertätigkeit» bedeutete anfangs als «Jungenschaftsführer» die Leitung von rund fünfzehn Jungen, als «Jungzugführer» von fünfzig und ab dem 1. Mai 1935 als «Fähnleinführer» von rund hundertfünfzig Jungenschaftlern.[34] In dieser Eigenschaft nahm Hans Scholl als einer von drei Fahnenträgern aus Ulm im September 1935 am Reichsparteitag in Nürnberg teil.[35]

ZWEITES KAPITEL

Jugendbundzeit, 1933–1937

Fanatisch das Neue bauen
In der dj.1.11

Hans Scholl entwickelte seit 1933 eine Mischung aus elterlich beeinflussten Ideen, Abenteuerromantik und Männerbündelei. Dabei stand er zunächst unter dem Einfluss Max von Neubecks, des Ulmer Leiters der Deutschen Jugend bzw. der Hitlerjugend, und seit November 1935 von Ernst Reden, einem Jungenschaftsführer aus Köln, der in Ulm seinen Wehrdienst ableistete. In seiner Jungengruppe *Trabanten* versuchte er, die Weltanschauungen der HJ und der *deutschen autonomen jungenschaft (dj.1.11)* miteinander zu vereinen. Da nur noch die NS-Organisation erlaubt war, musste er seine Bildungsideale im Verborgenen weitergeben. Kennengelernt hatte er die *dj.1.11*, die sich nach ihrem Gründungsdatum, dem 1. November 1929, nannte, durch die beiden Jugendbundführer.

Die *dj.1.11* war «die wohl wichtigste Gruppe für die Herausbildung des bündischen Gegenmilieus» während der Zeit des Nationalsozialismus.[1] Für den Publizisten Armin Mohler war sie einer der «avantgardistischste[n] [...], extravagantesten, zugespitztesten» Bünde. Hier sei «das Formulieren des eigenen Standortes, der eigenen Absichten konsequenter durchgeführt [...] als sonst üblich».[2]

Initiiert wurde die *dj.1.11* 1929 von dem 1911 geborenen Romin Stock und dem vier Jahre älteren Grafikstudenten Eberhard Koebel. Bereits ein Jahr nach ihrer Gründung verunglückte Stock tödlich, so dass Koebel, der sich nach einer Lapplandfahrt den Übernamen *tusk* – abgeleitet vom Schwedischen «tysk» für «deutsch» – zugelegt hatte, die Jungenorganisation allein leitete. Er stammte aus Stuttgart – sein Vater war Richter am Oberlandesgericht – und lebte dort überwiegend bis zu seiner erzwungenen Emigration nach England im Juni 1934. In

Eberhard Koebel, genannt «tusk» («der Deutsche»), der Gründer der
deutschen autonomen jungenschaft (dj.1.11), um 1930

der württembergischen Hauptstadt hatte die Gruppe ihr Zentrum und strahlte von da bis in das knapp hundert Kilometer entfernte Ulm aus.

Auf einer Reise durch Nordskandinavien hatte Koebel die schwarzen Zelte der finnischen Samen kennengelernt. Aus diesen Kothen entwickelte er die Schwarzzelte für seinen Jungenverband *dj.1.11*. Die Kothe besteht aus vier dreieckigen, an der Spitze abgeschnittenen Baumwollbahnen, die aneinandergeschnürt werden. Die Tücher hängen an einem von zwei Stangen gestützten Holzkreuz, Regenleisten und eine Rauchlochabdeckung machen die Unterkunft wetterfest. Im Zelt kann ein Feuer entfacht werden, dessen Rauch durch die Öffnung oben zwischen den Zeltbahnen abzieht.

Die Programmatik des Namens *deutsche autonome jungenschaft (dj.1.11)* erläuterte Koebel so:

> Frei von jeder Verpflichtung an eine Weltanschauung / frei vom Zwang, Vorgesprochenes wiederholen zu müssen / frei von der Meinung, mit Wiederholern in deren Formen und Gedanken leben zu müssen. Und weil ich

Jungen der *deutschen autonomen jungenschaft (dj.1.11)* in den 1930er Jahren vor ihrer schwarzen Kothe

das nur in meiner Muttersprache fertig denken kann und es nur deutsche Ohren unserer Zeit verstehen können, ist es deutsche autonome Jungenschaft.³

Treffend wird hier das Selbstverständnis dieser Jungen benannt: Sie verstanden sich als Revolutionäre, die mit geistiger Sprengkraft ein vitales neues ästhetisches Gesamtkunstwerk schufen. Ihre Mitglieder wollten Elite sein: «Wir wollen alles besser lernen und besser können: besser singen, besser schweigen, besser schlemmen, besser fasten, grimmig arbeiten und hemmungslos faulenzen.»⁴ Die Jungen der *dj.1.11* waren weit mehr als ein «Wandervogelverein», sie lasen verpönte Schriftsteller wie Trakl, Rilke, George, Stefan Zweig,⁵ komponierten, sangen und benutzten, wie schon zuvor George, die «kleinschrift», übernachteten in ihren schwarzen Zelten, den finnischen «Kothen», und reisten per Autostopp durchs Land.

So machten sie das auch auf einer Nordlandfahrt, die Hans Scholl mit neun Jungen seiner *Trabanten* vom 9. August bis zum 3. September 1936 ins schwedische Lappland unternahm.⁶ Von Ulm reisten sie zunächst

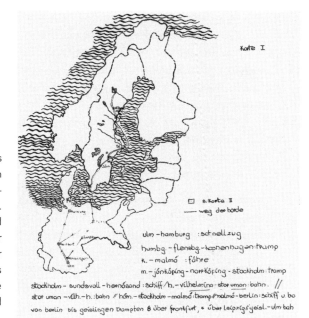

Landkarte aus dem Tagebuch der *Trabanten*-Nordlandreise. Hans Scholl verzeichnete hier den Verlauf der Fahrt von Ulm ins schwedische Lappland und zurück.

zusammen mit dem Schnellzug nach Hamburg. Per Autostopp ging es bis zur dänischen Grenze. Obwohl die Genehmigung für die Fahrt kurz vorher von der Reichsjugendführung zurückgezogen worden war, beschloss Hans Scholl, die Reise durchzuführen. Weil die offizielle Erlaubnis fehlte, durfte jeder Junge nur zehn Reichsmark aus Deutschland ausführen. Da man aber wesentlich mehr Geld dabei hatte, wurde das übrige Geld im «Affen», dem Rucksack, versteckt. Die Grenzübertritte verliefen problemlos. Doch Scholl hatte sich, in Verbindung mit der nicht genehmigten Fahrt, eines Devisenvergehens schuldig gemacht. Das sollte ihm zwei Jahre später, zusammen mit den beiden wesentlich schwereren Vorwürfen der fortgesetzten bündischen Betätigung und der Homosexualität, zur Last gelegt werden.

Nachdem die Jungen die deutsch-dänische Grenze überschritten hatten, trampten sie in Zweiergruppen – Hans Scholl mit Rolf Futterknecht – über Kopenhagen und Malmö nach Stockholm. Rund zwölfhundert Kilometer waren sie so von Hamburg unterwegs. Wieder vereint, fuhren sie mit dem Schiff – auf dem Hans Scholl die Horde feierlich

Trabanten taufte – weiter nach Härnösand und von dort noch einmal vierhundert Kilometer mit der Bahn bis nach Storuman, das am gleichnamigen See in Lappland liegt. Damit hatten sie ihr Ziel erreicht: Es lag rund zweitausendfünfhundert Kilometer fern vom Schwabenland.

Ins Fahrtenbuch dieser Nordlandfahrt ins schwedische Lappland hat der damals knapp achtzehnjährige Scholl einen Text aufgenommen, der mit «m.» gekennzeichnet ist. Ob er das selber war, ist nicht gewiss, aber sicher hat er sich mit dem Inhalt identifiziert. Dieser Schwur verdeutlicht die Rigorosität der Gruppe, die Beschwörungen der Fahnen- und Führertreue einschloss:

> Fanatisch werden wir das Neue bauen, dessen großes Finale wir heute nur ahnen können. Fanatisch werden wir in die Unendlichkeit der deutschen Seele und des deutschen Geistes vorwärtsstürmen. Fanatisch werden wir einst fallen, wenn unser großer Bund, das stählerne Rückgrat unseres großen Kampfes und unseres großen Sieges, es von uns fordern wird:
> Laßt vor uns erste Horden,
> zu streiten für die Fahn.
> Wir sind der große Orden
> mit einer neuen Bahn!   m.[7]

Die politische Ausrichtung Hans Scholls zu dieser Zeit war deutschnational. Das zeigt ein Text, der vermutlich von ihm ist. Unter einer im Wind wehenden Fahne der Hitlerjugend steht im Fahrtenbuch:

> Seht nicht nach unten. Richtet eure Augen in die Ferne, die ihr ersehnt.
> Haltet allem Wacht; dem Feuer, der Fahne, aller edlen Gesinnung.
> Werdet nicht müde. Denkt immer an Deutschland.
> Eure Zelte werden überall stehen, an allen Orten eure Lagerfeuer brennen.
> Unter Kiefern, am Meer, auf Granit.
> Vergeudet keinen Tag.
> Jungenleben ist kurz. So muss es leuchtend und voll Glut sein.

Die ästhetische Exklusivität der *dj.1.11*, die von tusk/Koebel propagierte Ideologie von Kompromisslosigkeit und Kampf bis hin zu Rigorosität und Revolution ist stark in Hans Scholls Weltbild eingeflossen. Noch Jahre nach Verbot und Auflösung der Jungenschaft durch einen Erlass der Preußischen Geheimen Staatspolizei vom 4. Februar 1936 war sie in seinem Denken und Handeln präsent.

Der Rückweg von Scholls Horde *Trabanten* führte mit Bahn, Schiff und Autostopp nach Berlin. Von dort trampten sechs Jungen über Frankfurt, vier über Leipzig und Geislingen an der Steige nach Ulm. Die Jungen hatten mehr als fünftausend Kilometer innerhalb von sechsundzwanzig Tagen zurückgelegt.

Etwas vom schönsten der Weltliteratur
Abitur und Lektüre

Zwei Schulzeugnisse aus den Jahren 1936 und 1937 vermitteln ein treffendes Bild von Hans Scholl in dieser Zeit. Beide Beurteilungen wurden von Lehrern der Oberrealschule Ulm ausgestellt, die Scholl seit Ende 1932 besuchte. Das «Gesamturteil» im Frühjahrszeugnis der 7. Klasse von 1936 lautete: «Körperlich kräftig u. gewandt. Sollte im Unterricht etwas mehr aus sich herausgehen. Fleiss nicht immer genügend. Betragen sehr gut. Ist sehr kameradschaftlich. Leistungen befriedigend.»[8] Das Abiturzeugnis vom 16. März 1937 beschreibt ihn so:

> Scholl ist ein beherzter, einsatzbereiter Turner. Anfänglich in sich gekehrt und zugeschlossen, hat er mit der Zeit zunehmende Bereitwilligkeit zum Mitgehen und Mittun und mehr Pünktlichkeit und Ordnung in seinen Arbeiten gezeigt und, bei guter, namentlich künstlerischer Begabung und tieferem Interesse für Kunst und Literatur, im ganzen noch gute Leistungen erreicht. Er ist Jungzugführer im D. J. und besitzt den Grundschein der D. L. R. G.[9]

Die Beurteilungen zeugen von pädagogischer Menschenkenntnis, denn Scholl vereinte in sich melancholisches Grübeln und zielloses Sichtreibenlassen, sportliche Aktivitäten und anspruchsvolle Lektüre, ästhetischen Feinsinn und schriftstellerische Ambitionen, Selbstbezogenheit und Altruismus. Er war ein verwegener Draufgänger und ein schwermütiger Feingeist. Leidenschaftliches Leben und elitäre Bildung blieben für ihn auch weiter Grundkonstanten.

Am Donnerstag, dem 11. November 1937, wenige Monate nach dem Abitur, drangen in Stuttgart und Ulm Beamte der Geheimen Staatspolizei in mehrere Wohnungen ein. Die Gestapo suchte nach Material, mit dem eine illegale bündische Jugendarbeit nachgewiesen werden konnte.[10] Auch in der Wohnung von Hans Scholls Eltern – «Ulm, Adolf-Hitler-Ring 139» – wurden Dokumente beschlagnahmt.[11] Der neunzehnjährige Kavalleriesoldat war bei der Aktion nicht zugegen, da er in der Kaserne Bad Cannstatt stationiert war.[12] Die vorgefundene schwarze Zeltbahn einer «Kothe», eine «schwarze Kordel», eine «Riegelbluse» und ein «Fotoalbum mit Fahrtenbildern» belegten zweifelsfrei seine Aktivitäten in der verbotenen *deutschen autonomen jungenschaft (dj.1.11)*. Ein ebenfalls konfisziertes «schwarzes Fahnentuch mit Möve und Wolfsangel» symbolisierte eindrücklich Scholls Gefühlswelt, denn die «Wolfsangel» genannte Rune war das Abzeichen des Jungvolks in der Hitlerjugend, und die vermeintliche «Möve» war mit großer Wahrscheinlichkeit ein Falke – Emblem der *dj.1.11*.[13]

In den Jahren 1933 bis 1937 sah Hans Scholl keinen grundsätzlichen Gegensatz zwischen der nationalsozialistischen und der bündischen Weltanschauung. Es waren für ihn zwei Seiten einer Medaille. Darum wählte er als Flagge für seine Jungengruppe *Trabanten* das Doppelsymbol von Wolfsangelrune und Falke. Abwegig war dieser Gedanke nicht, denn gemeinsames Ziel der Hitlerjugend und der *dj.1.11* war, durch eine revolutionäre Elite ein neues Deutschland zu schaffen. Um diese Neuordnung zu erreichen, forderten beide von ihren Anhängern strenge Disziplin und eine fanatische Leidens- und Opferbereitschaft. Das entsprach Scholls Charakter. Ein schroffer Gegensatz bestand allerdings im Kulturverständnis der Gruppierungen. Die nationalsozialistische Jugendorganisation wollte eine deutschnationale Gemeinschaft, die *dj.1.11* eine kosmopolitische. Was aber wollte Hans Scholl? Eine Antwort geben drei von der Gestapo in seinem Zimmer «sichergestellte» Bücher: Günther Etens *Talfo. Leben eines Schwertjungen: Erzählung am Feuer*, Erich Maria Remarques *Im Westen nichts Neues* sowie Schalom Aschs Roman *Von den Vätern*.

Publikationen, die den bündischen Gedanken propagierten, wurden in Deutschland ab 1933 aus Bibliotheken und Buchhandlungen entfernt. Einer der führenden Verlage dieser Jugendbewegung, der trotz wachsender Repressalien weiter publizierte, war der von Günther Wolff in Plauen. Auch Günther Eten veröffentlichte dort. Seine Erzählung *Talfo* kann exemplarisch für die bündische Lebensphase Scholls stehen. Auf dreiundsechzig Seiten wird das kurze Leben des «Schwertjungen» beschrieben.

Etens Abenteuergeschichte hat eine politische und eine religiöse Botschaft. Die politische lautet: Schon im Frühmittelalter waren die Franken – Vorfahren der Franzosen und Papstverbündete – die Feinde der Germanen. Die religiöse: Das Christentum hat die Menschen verweichlicht. Nachgiebig und demütig gemacht, wurden aus Herren Knechte. Um wieder kraftvoll, stolz und frei zu werden, müssten die Deutschen zum alten Glauben zurückkehren. In diesem Sinne kann man *Talfo* als religiöse Literatur bezeichnen. Liturgische Höhepunkte dieser Frömmigkeit sind die Rituale einer Blutsbrüderschaft und einer Sonnenwendfeier. Die Blutzeremonie verbindet Talfo mit den Freunden. Der Ritus der Sonnenwendfeier vereint ihn mit dem kosmischen Leben.

Hans Scholls permanente Sehnsucht und sein Wunsch, «etwas Großes [zu] werden für die Menschheit», kommen hier vor, genauso wie sein Begehren, «Flamme» zu sein.[14] Er konnte in der Hauptfigur der Geschichte sich selbst entdecken: «Ihm waren immer seltsame Gedanken gekommen […]. Darum war Talfo oft traurig und in sich gekehrt. […] Manchmal schlich Talfo sich aus den lustigsten Spielen der anderen fort, lief in den Wald und war trostlos allein.»[15] Scholl wandte sich beim «Anschluss» Österreichs angewidert vom Massentaumel ab, er wollte hinaus «auf eine große einsame Ebene», um «dort allein zu sein».[16] Es zog ihn in die Einsamkeit der Schwäbischen Alb, dort suchte er sich selbst und Gott – genau wie Talfo. Allerdings empfand er die Einsamkeit nicht als «trostlos», sondern als Bereicherung. Sogar eine homoerotische Seite von Hans Scholl, auf die weiter unten noch ausführlicher eingegangen werden soll, sprach die Erzählung an, denn Talfos Bruder Gero und sein Freund Dietmar planen eine gemeinsame Zukunft:

> Gleich staunen[d], gleich mutig ließen sie das geheimnisvolle Leben in sich einströmen – und war es allzu seltsam, allzu schwer zu fassen, dann lehnten sie sich aneinander und ihnen beiden wurde nur ein Erleben: die Gemeinsamkeit des Schicksals ließ sie stark werden. Ihre Träume hüteten sie wie heilige Geheimnisse.

Der Verfasser glaubt, «es gibt wenig, was an zarter, keuscher Feinfühligkeit der Freundschaft zwischen Knaben, in denen der Mann erwacht, gleichkommt».[17]

Auch Ernst Reden besaß ein Exemplar von *Talfo*.[18] Vermutlich werden die beiden Freunde ihre Gemeinsamkeit bemerkt haben. Auf engstem Raum finden sich in der Erzählung Aufbruchsstimmung und Naturfreiheit, Kameradschaftstreue und Todesmut, Ich- und Gottsuche. Sie spiegelt damit eindrücklich die Seelenstimmung des sechzehn- bis siebzehnjährigen Hans Scholl.

Erich Maria Remarque thematisierte in seinem Antikriegsroman die Schrecken des Ersten Weltkriegs aus der Sicht des einfachen neunzehnjährigen Soldaten Paul Bäumer. Dem Abiturienten vergeht die Kriegserregung bereits durch den sinnlosen Drill und die Schikanen der Ausbildung auf dem Kasernenhof. An der Westfront angekommen, bricht schon im «erste[n] Trommelfeuer» seine ganze bisherige «Weltanschauung» zusammen.[19] Er vegetiert zwischen Leerlauf und Verzweiflung, Kampf und Kameradschaft, Einsamkeit und Bordell, Leben und Tod. Völlig desillusioniert stellt er fest: «Der Krieg hat uns für alles verdorben. [...] Wir sind keine Jugend mehr. Wir wollen die Welt nicht mehr stürmen. Wir sind Flüchtende. Wir flüchten vor uns. Vor unserem Leben.»[20] Eine große Tristesse und Sinnlosigkeit durchzieht den Roman. Bäumer stirbt an einem Tag, von dem «der Heeresbericht sich nur auf den Satz beschränkte, im Westen sei nichts Neues zu melden. [...] – sein Gesicht hatte einen so gefaßten Ausdruck, als wäre er beinahe zufrieden damit, daß es so gekommen war.»[21]

Der 1928 erschienene Roman war in Deutschland und international ein großer Erfolg. Er wurde aber von Beginn an heftig von denen angefeindet, die in ihm eine Verunglimpfung der heldenhaften Krieger des Ersten Weltkriegs sahen. So zensierte man den Kinofilm nach wenigen Aufführungen, bei denen es im Dezember 1930 zu organisierten Tumulten durch die Nationalsozialisten gekommen war, und verbannte ihn 1933 ganz aus den Lichtspielhäusern.[22]

Im selben Jahr wurde das Buch zusammen mit anderer «Dekadenzliteratur» spektakulär verbrannt und verboten. Als am 10. Mai 1933 auf dem Berliner Opernplatz eine öffentliche Bücherverbrennung stattfand, verhieß der NS-Propagandaminister Joseph Goebbels in einer mitternächtlichen Rede das Ende des «überspitzten jüdischen Intellektualismus».[23] Er versprach die Reinigung der öffentlichen Bibliotheken vom «Unrat und dem Schmutz dieser jüdischen Asphaltliteraten» und forderte, «den Ungeist der Vergangenheit den Flammen anzuvertrauen». Als er in einem «Feuerspruch» den «geistigen Unflat» Remarques, der allerdings kein Jude war, den Flammen übergab, brandete spontan Jubel auf.

1937 war Hans Scholl gleichaltrig mit der Hauptfigur des Romans. Ungeachtet der geschilderten Schrecken träumte er in dieser Zeit noch von einer Karriere in der Wehrmacht. Daran änderte auch die Haltung seines Vaters nichts, der im Ersten Weltkrieg den Dienst mit der Waffe umgangen und als Sanitäter gedient hatte. Hans Scholl war weder Mitte der dreißiger Jahre noch später Pazifist. Als er aber im Sommer 1940 an der Westfront hautnah mit der Brutalität des Krieges konfrontiert war, wurden die in Remarques Werk literarisch erlebten Schrecken zu realen, und er wandte sich ernüchtert vom «Krieg als Vater aller Dinge» ab. Der Kriegswahnsinn werfe alle «weit zurück».[24]

Das ungewöhnlichste Buch unter den bei Hans Scholl beschlagnahmten Publikationen ist von Schalom Asch. 1933 hatte Curt Lenzner, sächsischer Gaureferent für Jugendschriften im Nationalsozialistischen Lehrerbund, eine «Schwarze Liste zur Aussonderung verbotener Bücher der öffentlichen Bibliotheken» publiziert. Auf dieser und der gleichzeitig von dem Berliner Bibliothekar Wolfgang Herrmann verbreiteten «Liste des schädlichen und unerwünschten Schrifttums» ist auch der jiddische Schriftsteller und Dramatiker Schalom Asch aufgeführt.[25] Von ihm sollte «Alles» entfernt werden. Weil die Eliminierung in den allgemeinen Büchersammlungen offensichtlich vollständig gelang, lieh Scholl sein Exemplar vom «Israel.[itischen] Leseverein» in Ulm aus, wie das Gestapoverzeichnis notierte.[26] Offensichtlich beeindruckte die allgemeine antijüdische Hetze Scholl nicht. Im Gegenteil: Er hatte sich vom jüdischen Leseverein einen Ausweis ausstellen lassen, um an verbrannte und verbotene Bücher zu gelangen.

In zwei Erzählungen und einer autobiografischen Rückschau malt Asch in bunten Farben die Vielfalt ostjüdischen Lebens. Die erste Kurzgeschichte *Der reiche Herr Salomon* feiert die Sabbatfreude. Wer sein Leben nach dem siebenten Tag der Woche – eine Zeit göttlicher Ruhe – ausrichtet, erhält Kraft für jeden Tag, so die Botschaft. Der Mensch wird ideell und materiell gesegnet. Mühen und Freuden führen den Frommen «Heimwärts, dem Sabbat entgegen». Geborgen in dieser tiefen Frömmigkeit, trägt die Gläubigen das wechselseitige Beten von Psalmen, es wird zur «Rettung» für Sorgen- und Leidgeplagte. Den Psalmodierenden scheint es, «als säße Gott mitten unter ihnen und lausche dem, was die Juden ihm erzählen». Scholl wird später sagen, für ihn seien die Psalmen «etwas vom schönsten der Weltliteratur und noch mehr».[27] Es ist gut vorstellbar, dass er den Psalter durch die Lektüre von Aschs Buch für sich entdeckte.

Aschs ganzes Œuvre ist von großem Humanismus durchdrungen. Die Erzählung *Das Städtchen* und der *Rückblick* im dritten Teil beseelt der Glaube, dass – bei aller Verschiedenheit – die christliche und die jüdische Kultur einander zum Wohle der Menschheit ergänzen.[28] Scholl erfuhr aus diesem Buch vom spirituellen Reichtum der Ostjuden, einer Kultur, die von den Nationalsozialisten diffamiert und zerstört wurde.

Die drei von der Gestapo konfiszierten Werke belegen das eigenständige Denken Hans Scholls. Die Jugendbünde waren verboten und «bündische Umtriebe» unter Strafe gestellt. Der Pazifismus wurde lächerlich gemacht und als «Wehrkraftzersetzung» drakonisch bestraft. Das Judentum verachtete, verfolgte und vernichtete man. Der Besitz dieser Bücher war gewiss noch kein Akt des Widerstands, wohl aber ein Zeichen von Unangepasstheit und Widersetzlichkeit.

Wir wollen doch Flamme sein!
Heroisches Leben

In den Ermittlungsakten der Düsseldorfer Staatsanwaltschaft von 1937/38 «Gegen Zwiauer und Andere» befinden sich Briefe und ein Tagebuchfragment von Jungen der Ulmer *Trabanten*-Gruppe.[29] Auch dreizehn frühe Schreiben Hans Scholls sind dort archiviert. Neben zwei bereits veröffentlichten Dokumenten aus jener Zeit sind dies die ältesten handschriftlichen Zeugnisse Hans Scholls.[30] Sie wurden bisher weder publiziert noch ausgewertet.

Die Texte ermöglichen erstmals einen Einblick in Hans Scholls Pläne, religiöse Empfindungen und politische Überzeugungen vor der großen Erschütterung der ersten Strafverfolgung 1937 wegen «bündischer Betätigung» und «sittlicher Verfehlungen». Adressaten waren der Freund Ernst Reden, drei Jungen seiner *Trabanten*-Gruppe und Max Schürer von Waldheim, ein Major, den er in Stockholm allein und mit neun Jungen während der Schwedenfahrt besucht hatte. Die Gestapo hat diese Korrespondenz bei ihrer Razzia am 11. November 1937 beschlagnahmt, mit Markierungen versehen und teilweise für die Gerichtsverhandlung exzerpiert.

Der Briefwechsel mit Ernst Reden und den Jungen kreist um zwei Themen: die Zukunft der Jungengruppe und das Programm der *Trabanten*. Besonders der zweite Aspekt beleuchtet Scholls politische, philosophische und religiöse Einstellungen im Jahr 1937.

Im Frühjahr und Sommer 1937 beurteilte Hans Scholl die Chance, als Gruppe weitermachen zu können, pessimistisch. An Ernst Reden schrieb er im Mai, falls es nicht mehr möglich sei, Gemeinschaften außerhalb der Hitlerjugend zu bilden, müsse eben der Geist der Kameradschaft gestärkt werden: «Kameraden brauchen nicht durch eine künstliche Organisation aneinander gebunden sein.»[31] Das geschah auch dadurch, dass er eine der ideologischen Grundlagen der *deutschen autonomen jungenschaft (dj.1.11)*, die *Heldenfibel*, auslieh. Achim Jacobi, einem seiner Jungen, erklärte er: «Ich sende Dir hier meine eigene Heldenfibel. Du kannst sie vorläufig behalten.»[32]

Die *Heldenfibel* von Eberhard Koebel war in der Jugendbewegung der dreißiger Jahre ein wirkmächtiges Buch. Für Hans Scholl hatte es einen nahezu sakralen Status, sodass er Lesungen daraus «nur bei ganz besonderen Anlässen» zelebrierte.[33] Koebel rühmte in seiner Textzusammenstellung Heldenmut als uneingeschränkte Hingabe und kompromisslose Entschiedenheit bei der Durchsetzung einer Idee. Gerade im Krieg zeige sich, wer ein Held sei und wer nicht. Scholl hat sein Handexemplar mit Anstreichungen versehen, es auf die Schwedenfahrt seiner Jungengruppe im Sommer 1936 mitgenommen und daraus vorgetragen.[34] Eine Markierung in seinem Handexemplar hebt einen Abschnitt über die Bedeutung des Krieges hervor. Für die gewöhnlichen Menschen – «Ich-Hörnchen» und «Familienmenschen» genannt – ist der Krieg eine Störung im Lebensrhythmus oder eine Bedrohung.[35] Doch der Mutige begrüße ihn freudig: «Aber die Helden lachen: Willkommen! Töte alles Sterbliche und Sterbende! Du hast uns lange gefehlt. Reiß die Masken herab!» Die von Scholl angestrichene Passage lautet:

Und nach zwei Jahren kehrt ein Schmutzbeklebter, Bärtiger, Vernarbter heim. Wer bist du mit deinem angerosteten Stahlhelm? Ein Mensch – ein

> Deutscher! Klirrender Krieg! Für viele bist du der Tod, viele machst du zum Krüppel. Aber für die Welt bist du das große Leben. Wir sind die Welt. Wir denken in allen Gehirnen heute und immer. Schlage deine Trommel und tanze! Blicke mit deinen immer jungen Augen durch uns. Erkennst du noch ein Stäubchen Krampf, ein Stäubchen Jammer? Nein, wir sind rein und fertig, frei und grenzenlos. Unsterblicher Krieg, nimm deine unsterblichen Soldaten!

Mit Ernst Reden war sich Scholl darin einig, Ziel ihrer Pädagogik sei der «deutsche Mensch».[36] Im Kontext der *Heldenfibel* steht «deutsch» für den kriegsbereiten, heldenmutigen Mann. Die «Fibel» propagiert über weite Strecken einen blinden Todesmut, dem wenig später Millionen zum Opfer fielen. Auch Scholl faszinierte lange die Idee des Krieges, der alles zum Besseren wenden, der «das große Leben» bringen werde.[37] Kriegsverherrlichung, Kompromisslosigkeit und reaktionären Elitismus fand Scholl in Koebels Buch; er konnte aber auch etwas von einer reinen Gesinnung lesen, die er erstrebte. Er konnte die Grenzenlosigkeit des Seins, die Freiheit, die sein Denken und letzter Ruf war, in der *Heldenfibel* entdecken.

Das alles gab er weiter, als er im Juni sein Exemplar Achim Jacobi sandte. Ernüchtert teilte er ihm aber zugleich mit: «Fahrt oder Heimabende kommen natürlich schon lange nicht mehr in Frage. Du mußt das verstehen. Es wäre Unsinn. Du wirst das erneute Verbot der Bündischen Jugend gelesen haben. Trotzdem bleiben diese Jungenfreundschaften erhalten. Sie sind stärker als alle Macht.»[38] Zu diesem Zeitpunkt wollte Scholl also dem politischen und juristischen Druck nachgeben und die Treffen und Ausflüge einstellen. Doch drei Wochen später sah er die Sache schon wieder anders. Nun sollte eine Elitetruppe entstehen:

> Doch ich habe den unbändigen Glauben wieder gefunden an eine Jugend, die maßlos verdummen kann, die aber auch das Unmögliche möglich macht. Wir müssen uns jetzt auf einen kleinen Kreis bester Kameraden beschränken. Das sind udo [Stengele], tet [Josef Saur], has [Werner Scholl], bobi [Alfred Reichle], Du [Achim Jacobi] und ich.[39]

Er sah die Zukunft der Jungenarbeit jetzt so optimistisch, dass er auf eigens gefertigtem *Trabanten*-Briefpapier korrespondieren wollte. Dazu wandte er sich am 17. August 1937 an den Grafiker Fritz Stelzer.

Schwert, Schild, Blüte und *Trabanten*: Fritz Stelzer entwarf ein Emblem für einen Briefkopf von Hans Scholl.

Der Gestalter des Schriftguts der *dj.1.11* hatte ein Jahr zuvor die Kothe der Nordlandfahrt nach Schweden mit Ornamenten geschmückt. Nun bat ihn Hans Scholl um die Anfertigung eines «Klischees» für einen Briefkopf: «Es soll etwa so aussehen: oben ein waagerechtes Schwert mit einer Blume und darunter das Wort ‹Trabanten›.» Die Bildsprache versinnbildlichte Stärke und Schönheit, Wehrhaftigkeit und Sensibilität – damals maskulinen und femininen Eigenschaften zugeordnet; sie bedeutete aber auch, mit christlicher Konnotation, Gerechtigkeit und Vergänglichkeit. Stelzer erweiterte die Vorgabe durch einen Waffenschild und platzierte darauf die Blüte. Die Symbolik war deutlich: Der *Trabant* streckte vor einem möglichen Konflikt dem Gegner das Bild einer zarten Blume entgegen. Erst danach wartete das blanke Schwert. Der Druckstock verband Geisteskraft mit Kampfesmut, denn *Trabanten* waren für Scholl «Reiter, die an der Spitze des Heeres für den König kämpfen».[40]

Mit lebhaftem Enthusiasmus wurden neue Routen erkundet. Achim Jacobi vertraute seinem Tagebuch an: «Mit Udo [Stengele] Motorrad gefahren, wir sollten einen Kothenplatz heraussuchen.»[41] Drei Monate später berichtete Scholl dann vom konkreten Projekt eines Winterlagers mit den «fünf Kameraden». Achim Jacobi teilte er hochgestimmt mit, er werde «bald wieder auf Fahrt gehen. Du weißt gar nicht, wie ich mich darauf freue.» Und er konkretisierte:

> Etwas Wichtiges: Rüste für ein Winterlager. Ich habe den stillen, aber doch heißen Wunsch, mit fünf Kameraden ins Winterlager zu fahren. [...] Bereite Dich vor. Bring Neues mit![42]

Hans Scholl berichtete Jacobi auch von einem Ausflug in das dreißig Kilometer nördlich von Ulm gelegene Geislingen an der Steige. Dort besuchte er höchstwahrscheinlich den Maler Albert Kley (1907–2000): «Letzten Sonntag war ich bei einem jungen Maler (30 Jahre) in Geislingen.» Hans Scholl war von dessen Bildern fasziniert: «Er malte viel die Alb, die ich so sehr liebe, unendliches Leben, oft fast an der Grenze des Vorstellbaren, atmet aus seinen Gemälden. Ich habe gute Kameradschaft mit ihm geschlossen.»[43] Scholl erkannte in Kleys Kunstwerken sich selbst. Er sah seine eigenen einsamen Bergwanderungen, spürte eine immerwährende Sehnsucht nach Freiheit und die Bereitschaft, bis zum Äußersten zu gehen.

Doch jenseits dieser berührenden Bildwelten musste er große Anstrengungen unternehmen, um die Begeisterung seiner Truppe zu schüren und ihr Selbstvertrauen zu festigen. Die Jungen waren durch die Hitlerjugend und Gestapo eingeschüchtert und mutlos. So wollte im Juli Udo Stengele aussteigen. Im selben Monat hielt Achim Jacobi in seinem Tagebuch fest:

> Abends Fahrt mit Hans. Es war herrlich. Abends durch Söflingen hinausgetippelt. Wir führten ernsthafte Gespräche über die Kleinmütigkeit der Gruppe. In ewiger Angst vor der HJ-Streife und vor der Gestapo erlahmte sie. Mutig wagen. Bedrückt werden, Angst haben, dennoch nichts verkommen lassen, das ist es. […] Hans kommt mir vollkommener, gereifter vor. […] Mich fallen oft Zweifel an, z. B. Ich denke oft, ist es genug?, lebe ich richtig? usw.[44]

Hans Scholl musste auch Alfred Reichle («bobi») Mut zusprechen:

> Aber glaube mir bobi, ich verstehe Dich. Du kannst Deine Gedanken nur sehr schwer in Worte kleiden und Du schweigst lieber und gehst Deinen Weg allein. Aber doch wäre es für Dich gut, wenn Du einen hättest, mit dem Du Freud und Leid teilen könntest. Du darfst mir ganz ruhig vertrauen. Wir, deine Kameraden, lassen Dich niemals alleine. Und Du mußt mit beiden Füssen fest auf dieser Erde stehen. Nur nicht zuviel grübeln. Wir sind ja noch so jung! Und ist das Leben da, um in trüben Stimmungen vergeudet zu werden? Niemals![45]

Außerdem gab es zwischen den einzelnen Gruppenmitgliedern Schwierigkeiten. Udo Stengele fühlte sich von Hans Scholl alleingelassen:

Ist es nun tatsächlich so, daß Du überhaupt nichts mehr hören läßt? Ich finde das so ein klägliches Ende, wenn unsere Freundschaft so ausgehen soll.[46]

Hans Scholl antwortete:

Du hast mich nicht verstanden. Doch nie habe ich daran gedacht, die Bindung mit Dir zu lösen. Das kann ich ja gar nicht. Es wird gut sein, wenn wir uns sehr bald treffen können. Ich bitte Dich, mit Achim [Jacobi] nicht darüber zu reden, weil er sonst Zweifel bekommen könnte. Ich habe zu Achim immer noch das gleiche Verhältnis wie früher. Was treibst Du zur Zeit? Du wirst wohl viel allein sein. Auch das ist schön. Hoffentlich erlebst Du in diesen Ferien noch herrliche Tage.[47]

Trotz der Probleme war Scholl noch bis zum Herbst 1937 fest entschlossen, mit seinem Fünferkreis «bester Kameraden» auf Fahrt zu gehen.[48] Doch nach den Hausdurchsuchungen durch die Gestapo im November konnte er diese Pläne nicht mehr realisieren. Das Unmögliche musste jetzt auf andere Weise möglich gemacht werden. Doch zunächst sollen Hans Scholls Weltsicht und seine Ideale im Jahr 1937 noch näher betrachtet werden.

Flamme sein

Schon am 26. Februar 1937 beschrieb Hans Scholl in einem Brief an Achim Jacobi – es ist überhaupt der früheste bekannte Brief von ihm – in starken Worten seine Intention:

Wir sind oft, das weißt Du so gut wie ich, in der Gefahr, sentimental zu werden. Dieses Gefühl innerer Schwachheit und «Zügellosigkeit» im wahrsten Sinn des Wortes, dieses schleichende Gift gegen unsere Selbstbehauptung zu *vernichtichten* ist vielleicht das Wichtigste unserer Selbsterziehung.[49]

Trotz des Schreibfehlers unterstrich Scholl «*vernichtichten*».[50] Wollte er damit sagen, dass das Gift der egoistischen Haltlosigkeit eliminiert werden sollte, damit die selbstlose Hingabe wachse?[51] Scholl verstand unter Sentimentalität sehr eigenwillig «Schwachheit und ‹Zügellosigkeit›». Vermutlich meinte er die grüblerische Mutlosigkeit, die den Menschen in eine Depression versinken lässt – vergleichbar mit der Todsünde der Trägheit.[52] Das andere Extrem der «Sentimentalität» sah Scholl in der «Zügellosigkeit», jenem hemmungslosen Sichgehenlassen – vergleichbar mit der Todsünde der Maßlosigkeit.[53] Diese Verurteilung von Trägheit und Maßlosigkeit und deren Überwindung durch Aktion und Disziplin hat eine lange christliche Tradition, ging aber auch konform mit der NS-Ideologie. Die Kirchen sahen Trägheit und Maßlosigkeit hauptsächlich als schädlich für die Gottesbeziehung an, die Nationalsozialisten im Wesentlichen als Gefahr für die Wehrhaftigkeit der Volksgemeinschaft. Scholl hingegen erblickte in ihnen ein Gift, das die Persönlichkeit des Menschen zerfraß. Gerade weil es ihm um «Selbstbehauptung» und «Selbsterziehung» gegen Fremdbestimmung und Uniformierung ging, wollte er diese besondere Art von Sentimentalität tilgen. Und er setzte der Mut- und Disziplinlosigkeit etwas entgegen:

> Ich vergleiche Sentimentalität immer mit Wasser. Und wir wollen doch Flamme sein. Unsere Kraft muß federnder Stahl sein, unsere Seele trockene Weißglut.[54]

Die Metapher von der Seele als «trockene Weißglut» hatte Scholl vermutlich der *Heldenfibel* Eberhard Koebels entnommen.[55] Doch es gibt wohl noch ein weiteres Muster für diese Sprachbilder. 1935 war Hans Scholl als Fähnleinführer der Ulmer HJ auf dem «Reichsparteitag der Freiheit». Am 14. September hielt Adolf Hitler dort vor 50 000 Hitlerjungen eine Ansprache, in der er sagte: «In unseren Augen muss der deutsche Junge der Zukunft schlank und rank sein, flink wie Windhunde, zäh wie Leder und hart wie Kruppstahl.»[56] Scholl kannte diese Rede also nicht nur aus Wochenschauen, er hatte sie in Nürnberg gehört. Auch wenn in seinem Brief diese Worte von ferne anklingen, so hat er doch einen eigenen Dreiklang geschaffen, der in seiner Bildmächtigkeit und seinem Anspruch Hitler hinter sich lässt: «Flamme», «federnder Stahl» und «trockene Weißglut» wollte er mit seiner Gruppe sein. Die «Flamme» symbolisiert feurig-leuchtende Begeisterung, die «Kraft» des federnden Stahls elastisch-sprungbereite Härte und die «trockene Weißglut» der Seele radikale Bereitschaft zum Äußersten – ohne Verwässerung. Anders als Hitlers Satz betonte Scholl die Existenz einer Seele – Inbegriff dessen, was einen Menschen ausmacht.

Wollte man in einem einzigen Bild Hans Scholls Ideal zusammenfassen, so wäre es das der Flamme: «Wir wollen doch Flamme sein.» Er hat diese Metapher mit sehr großer Wahrscheinlichkeit einem Gedicht Stefan Georges entnommen, aus dem er auch den Namen *Trabanten* für seine Jungengruppe entlehnte:

> Wer je die flamme umschritt
> Bleibe der flamme trabant!
> Wie er auch wandert und kreist:
> Wo noch ihr schein ihn erreicht
> Irrt er zu weit nie vom ziel.
> Nur wenn sein blick sie verlor
> Eigener schimmer ihn trügt:
> Fehlt ihm der mitte gesetz
> Treibt er zerstiebend ins all.[57]

Hans Scholls Flammenmystik kommt in seinem Satz zum Ausdruck: «Nur der Mensch inmitten seiner Welt ist wie ein Feuer, das unruhig flackert und uns scheinbar unberechenbar entfacht, brennt und verglüht.»[58] Oder, wie der von ihm hochverehrte Dichter wusste: «Der welt erlösung kommt nur aus entflammtem blut.»[59] Scholl war nicht nur in dieser Zeit erfüllt von Flammenpathos und loderndem Heroismus.

Hans Scholls frühe Briefe von 1937 geben noch weitere Hinweise auf seine Weltsicht. So machte er «bobi» klar:

> Es gilt jetzt, über alle Organisationen hinweg unser eigenes «Ich» in jeder Beziehung zu steigern und zu erziehen, so wie wir es auf unzähligen einsamen Kothennächten gelernt haben. Denn größer als alle Macht ist der Mensch, der den Gewalten sein freies «Ich» entgegenzustellen vermag.[60]

Achim Jacobi – dem er Vergleichbares geschrieben haben wird – notierte in seinem Tagebuch: «In den Zeiten äußerer Not dürfen wir den Weg zu uns selbst nicht verlieren.»[61]

Nicht in den Weltanschauungen, die «auf dem Markte ausgeschrieen» würden, so Scholl, liege die Zukunft, sondern in der eigenen Persönlichkeit. Sie bilde sich in besonderer Weise im Numinosen der Natur, die den «Schauer der Unendlichkeit» eröffne.[62] Er berief sich dabei auf den Schriftsteller Ernst Wiechert (1887–1950). Der habe in der Naturverbundenheit des «Vorkriegswandervogels» eine «Fluchterscheinung ins Rückwärtige» gesehen, da sie «nicht religiös, nicht sozial, nicht politisch» gewesen sei. Scholl räumte ein, möglicherweise sei Wiecherts Analyse historisch betrachtet richtig. Aber auf die Gegenwart bezogen sei sie falsch:

> Nur schlagen wir keine falschen Wege ein. Aber trotzdem, das weiß ich, ist die Natur, die Zurückgezogenheit, die große Einsamkeit der felsigen, stillen Fjorde, nur Stille, die nur durch den herben Schrei hungriger Vögel unterbrochen wird, ist diese große wilde Natur der Zufluchtsort unserer Jungenseele in einer Zeit, da Weltanschauungen auf dem Markte ausgeschrieen werden. Wir werden das Leben meistern. Und das Leben ist nicht Lappland oder eine einsame Insel im Stillen Ozean, sondern es ist Kampf gegen das Schmutzige, in dem wir oft zu versinken drohen. Doch nachts, wenn alles Geschehen verstummt, erheben wir die Augen zu den Sternen, und ein leiser Schauer der Unendlichkeit erreicht uns.

Dieses innere Beben vor der Größe des Universums ist in Hans Scholls Gedicht über eine romanische Christusdarstellung zu spüren. In dem «Ostermontag 1938», am 17. April, verfassten Gedicht wandelt sich das numinose Ahnen Gottes zur Möglichkeit einer personalen Liebesbeziehung:

> Gott war euch wie das Blinken von Sternen
> So groß – so weit und ungeklärt
> Und wie das Singen von Sturmesheeren
> – eintönig schwer und grausig grau –
> Ihr prieset seine Wunder – und seine Macht
> – die Liebe zu ihm war euch noch verwehrt.

Im Ostergeschehen kommt Gott durch die Überwindung des Todes aus der Himmelsferne ins Erdennahe. Scholl erkannte, dass allein die Liebe davon angemessen sprechen kann.

Die Selbst- und Gotteserfahrung in der Einsamkeit schaudervoll-anziehender Stille der Natur sind Charakteristika von Hans Scholls Gedichten. Die pantheistische Berührung durch das Ewige verband er nach und nach mit einer persönlichen Gottesbeziehung. Allmählich erlebte er Gott nicht nur naturmystisch, sondern auch personal. Als er vier Jahre später in Russland in einem Feldlazarett famulierte, formulierte er das in seinem dort geführten Tagebuch besonders ergreifend. Dort, in der russischen «weiten Ebene», spürte er, dass er «allein und nackt Gott gegenüber» stand und ihm ein veränderter Blick auf die «alte Erde» geschenkt wurde.[63] Die pantheistische und die personale Gottesvorstellung verbinden sich zu der panentheistischen Idee, dass Gott alles in allem ist, wie es im 1. Korintherbrief (15,28) heißt. Hans Scholl bringt das in dem Gedicht *Thronender romanischer Christus* so zum Ausdruck:

> Nur ein stummes Bild
> gleich einem See
> auf dessen Grund ihr nie geschaut.

Revolution

Programmatisch äußerte sich Hans Scholl auch in einem Brief vom 23. Mai 1937 an seinen vier Jahre älteren Freund Ernst Reden. Nach einer Situationsskizze aus dem Arbeitsdienst, den er von April bis Oktober 1937 in Göppingen absolvierte, und einer Bemerkung zur Ästhetik männlicher Physis – «Wir haben alle herrlich braune Körper» –, die der Adressat sicher gut verstand, berichtete er:

> Ich habe hier sehr nette Kameraden gefunden. Verwandlermenschen, wie wir sie suchen, sind sie aber doch nicht. Man kann sich mit ihnen unterhalten, kann spielen, arbeiten, fluchen. Aber das tiefe Unergründliche fehlt. Sie sind letzten Endes alle Egoisten.[64]

Dabei sei doch die selbstlose Hingabe des Einzelnen an eine Aufgabe zentral:

> Wir können heute alle *die* unsere Kameraden nennen, die sich aus einem revolutionären Willen heraus ihrer Aufgabe hingeben.

Hans Scholl verstand sich ganz im Sinne der *dj.1.11* als Revolutionär, und zwar nicht als kommunistischen, sondern als konservativen Gesellschaftsveränderer. Seine Vision war – wie er betonte – «der deutsche Mensch», nicht der Europäer oder gar der Weltbürger. Erst im Januar 1943 – fast sechs Jahre später – kamen in dem von ihm verfassten Flugblatt 5 die «europäischen Völker» in den Blick. Aber der «deutsche» Mensch war für ihn gerade nicht der nationalsozialistische. 1936 – im Vorwort des Fahrtenbuchs der Schwedenfahrt – ließ er die Nationalität eines Menschen ganz hinter seiner Leistung zurücktreten:

es liegt uns nicht / große worte über kameradschaft zu machen // gerade heute soll dies unsere aufgabe sein: nur die leistung sei der maßstab / nach dem wir beurteilen // das wesentliche dabei natürlich bleibt der mensch ~[65]

Wie sein Vorbild Stefan George – und wie der nationalkonservative Hitlerattentäter Graf von Stauffenberg – stritt er für ein «Heiliges» oder «Geheimes Deutschland».[66] In dem gleichnamigen Gedicht prophezeite George:

Da in den äussersten nöten
Sannen die Untern voll sorge ·
Holten die Himmlischen gnädig
Ihr lezt geheimnis .. sie wandten
Stoffes gesetze und schufen
Neuen raum in den raum ...[67]

Damit war natürlich nicht der nationalsozialistische «Lebensraum im Osten» gemeint, sondern die Unbegrenztheit des freien Geistes, der im Anschluss an die Geistesgrößen der Geschichte neue Seelen- und Weltenräume schuf. Es war ein «Seelenreich», «ein Mythenreich», eine «geheime Gemeinschaft der Dichter und Weisen, der Helden und Heiligen, der Opferer und Opfer, welche Deutschland hervorgebracht hat und die Deutschland sich dargebracht hat», wie es der dem George-Kreis zugehörige Historiker Ernst Kantorowicz formulierte.[68] In seinen Gedichten kreierte Scholl «Neuen raum in den raum».

Hans Scholl war stolz auf seine Standfestigkeit. Bereits der Achtzehnjährige blickte zurück und bekannte Ernst Reden: «Du weißt nicht, wie überaus glücklich ich bin, daß ich mich zu einer Stellung bekannt habe, vor Jahren, und daß ich mein Leben so gelebt habe, wie es diese Stellung kompromißlos verlangte und das die anderen als ‹bündisch› bezeichnen.»[69]

Man könnte meinen, Scholl hätte diesen Satz kurz vor seinem Tod im Februar 1943 gesagt. Doch 1937 erinnerte er sich wahrscheinlich an einen Konflikt aus dem Frühjahr 1936, an dem indirekt auch sein Briefpartner beteiligt gewesen war. Damals war er nicht bereit gewesen, die individuelle Fahne seiner Jungengruppe gegen die offizielle Flagge der Hitlerjugend einzutauschen. Nach Aussage seines damaligen Vorgesetzten Max von Neubeck hatte er Scholl zweimal «beurlaubt, weil er

Befehle nicht ausführte».[70] Josef Saur, der damals als Vierzehnjähriger mit dabei war, erklärte:

> Die Farben der bündischen Jugend wurden auch in unserer Gruppe verwendet. Es waren die Farben der d.j.1.11. Wir hatten, glaube ich, bis Frühjahr 1936 auch eine Fahne, die u. a. die bündischen Wellenlinien aufwies. Diese Fahne wurde uns s[einer] Z[eit] von Max v. Neubeck weggenommen, später aber wieder von einigen Angehörigen der Gruppe, die mir namentlich nicht bekannt sind, dem Neubeck entwendet. Wohin diese Fahne nachher gekommen ist, weiß ich nicht, vermutlich wurde sie aber vernichtet.[71]

Neubeck verhängte disziplinarische Strafen, «weil die Leute um Scholl eine Clique bildeten», Scholl fast nur noch an seinem elitären «Führernachwuchs» Interesse gehabt habe und so «die übrigen Jungens seines Fähnleins vernachlässigte».[72] Die Fahne war das Symbol für Eigenständigkeit. Im Juni 1938 vor Gericht als Zeuge vernommen, urteilte von Neubeck, Scholls Handeln sei aus «Eigensinn» geschehen – eine Formulierung, die der Senat in der Begründung der Strafzumessung zustimmend übernahm.[73]

Ernst Reden war in jener Konfliktzeit ein enger Vertrauter Scholls und wird sicher von diesen Vorgängen unmittelbar erfahren haben. Vielleicht war Hans Scholl auch deshalb so glücklich, Stellung bezogen zu haben, weil er trotz wiederholter mündlicher und schriftlicher Aufforderungen von Neubecks, die Verbindung mit Reden zu beenden, Stand gehalten und den «Verkehr» mit seinem Freund nicht aufgegeben hatte.[74] Sein Glücksgefühl, wenn er glaubte, «das Rechte» zu tun, lässt sich uneingeschränkt auch auf seinen späteren widerständigen Freiheitskampf beziehen.[75] Absolutheit, Sehnsuchtsverlangen und Freiheitsliebe gehörten zu seinen wichtigsten Charaktereigenschaften.

Das kommt auch in einem Gedicht zum Ausdruck, das Hans Scholl besonders ansprach. Er bedankte sich bei Ernst Reden für die Zusendung der Sammlung *Das unbekannte Gedicht*, die ihm insgesamt «gut» gefiel.[76] «Wunderbar» aber fand er zwei Strophen von Berthold Friedrich Karsten. Sie sind *An den Dreizehnjährigen* gerichtet:

Sehnsucht lässt in Frühlingsnächten
dich nicht schlafen:
Schiffe ziehen aufgeschäumte Bahnen;
an den Masten wehen bunte, fremde Fahnen;
selbst der Wind riecht anders als zu Haus.

Schmeiss die Sehnsucht auf das Schiff
aus fremdem Hafen.
Lass die bunten Wimpel dich nicht kümmern. –
Später, schon am Horizonte seh' ichs schimmern,
ruft die Freiheit mannhaft Dich hinaus.

Bestimmt berührten Hans Scholl die Verse über ein ruheloses Fernweh, das tiefe Verlangen nach Ungebundenheit und den Aufbruch ins weite Fremde. Wenig später variierte Scholl diese leidenschaftlichen Gefühle in seinen eigenen Gedichten. Darum können seine letzten Worte auf dem Schafott – «Es lebe die Freiheit!» – als ekstatischer Glücksruf verstanden werden. Er hatte für eine gerechte Sache mutig gekämpft, war sich und seinem Glauben treu geblieben und brach nun zu neuen Gestaden auf.

Kothe am See und leben, leben, leben

Im Fahrtenbuch der Schwedenreise, der «Fahrt nach dem Norden», der «ersten tat der jungenschaft», die Hans Scholl mit seiner Gruppe im Sommer 1936 unternahm, findet sich sein frühestes Gedicht. Er war damals keine achtzehn Jahre alt – man wurde mit einundzwanzig volljährig –, als seine Eltern und die der neun Jungen ihm die Verantwortung für die fast vierwöchige Reise übertrugen. Scholl dichtete:

Kothe am see im norden
ist das zelt wilder horden.
segeln herauf mit ihren schiffen
halt dort! vorbei an den riffen!
[...]
sie fahren schäumende stromschnellen hinab
die sind nur für feige spießer ein grab.
und aus den wilden horden
sind dort oben so richtige jungen geworden.[77]

«Tuck und Saxo»: Zeichnung von Hans Scholl 1936 zu seiner gleichnamigen Erzählung. In ihr verbindet Hund und Mensch die gemeinsame «Sehnsucht nach dem Leben».

Trotz sprachlicher Unbeholfenheit und unfreiwilliger Komik wird die Hochstimmung spürbar, mit der die Jungen aufgebrochen waren. Die furchtsamen Kleinbürger hatte man verächtlich zurückgelassen. Doch Scholl wollte auch erzieherisch wirken. Die Schwedenfahrt sollte den starken inneren Antrieb der Jungen «lösen», das ungezügelte Feuer «löschen», damit die Flamme kontrolliert ihre Kraft entfalten konnte. Aus einer «wilden horde» wollte er eine kultivierte, disziplinierte Mannschaft formen. Man spürt, mit welchem pädagogischen Elan Scholl Jungenschaftsführer war.

Für das Fahrtenbuch hat Hans Scholl auch eine Sehnsuchtsgeschichte verfasst.[78] Eingebunden in stimmungsvolle Landschaftsbilder Skandinaviens erzählte er eine Fabel von den Hunden Tuck und Saxo. Der junge Tuck

> liebte es, am blauen meer zu sitzen, ganz allein. man kann über vieles nachdenken. die türe der seele hat sich geöffnet zu diesen stunden. […] ein weisses segel glitt eilig über den see. «einmal fortziehen wie dieses schiff, weiter und weiter gleiten in die welt, das müßte schön sein.»

So meditierend, fällt ihm die «seltsame geschichte» über seinen Vater ein, den er nie kennengelernt hat, von dem ihm aber seine Mutter erzählte. Sein Vater «saxo, ein grauer wolfshund», sei durch den Zug vorbeifliegender Wildgänse schmerzvoll bewegt worden:

> ich bin im norden aufgewachsen und das heimweh hat mich ergriffen, wie ein wildes tier, ja, und wenn ich die heimat wiedersehen würde, auch dort würde mich die sehnsucht packen – die sehnsucht nach dem leben. und weiter würde ich ziehen, weiter, wie die wildgänse.

Kurz darauf wird Saxo von einer herabrollenden Kiste erschlagen und achtlos ins Wasser geworfen: «ein paar ringe wanderten eilig auseinander, wo die leiche verschwunden war.» Tucks Mutter beendet ihre Erinnerung mit der Ermahnung an ihren Sohn:

> und die worte, dieses heilige gebet deines vaters habe ich bewahrt und nun hast du es gehört. ich sehe, du hast das erbe saxos übernommen, in deinem blut fließt die sehnsucht deines vaters. bewahre es wie ein kostbares kleinod, tuck!

Auch die Mutter stirbt. Ihr letzter Rat lautet:

> lass deine leidenschaft, werde nie zu früh herr über dich selbst, es würde dein leben kosten, denn siehe, eine knospe steckt in einer zarten hülle, zart und fein, genährt vom saft des sprießenden lebens. brichst du die gedeihenden keime auf, so erstarrt sie und stirbt im scharfen winterfrost.

Als Tuck sich so an die Worte seiner Mutter erinnert, will er

> es hinausschreien über das meer, herrliche freude zog in seine seele: ja, ich spüre es, diese sehnsucht, sie pocht, sie klopft an die pforte des herzens. hat sie nur geschlafen unter geschützter hülle, nun soll sie frei sein! springe auf, du junge knospe, wachse und gedeihe, pflänzchen! wahrlich, nie sollst du mich verzagt und müde sehn. nun will ich leben, *leben, leben, leben!*

Am nächsten Tag läuft er in die nahe gelegene Hafenstadt, schleicht sich nachts auf ein Fischerboot und versteckt sich im Laderaum. Das Schiff legt ab. Als er sich später an Deck wagt, entdeckt ihn der Steuermann und nimmt ihn freundlich an. Er wird der «ausgesprochene günstling des schiffes». Wenn der Schiffer «lieder [...] über ihm sang in sturm und wellen [...], erfasste ihn [...] wilde sehnsucht», und er «hatte plötzlich den gedanken, daß den großen mann die gleiche sehnsucht quälte». Denn mit dem Blick hinauf zur Milchstraße, die «wie ein diamantenbesetzter saum» floss, stöhnt der Schiffer «nach einer weile» tief auf: ««dort liegt unser schicksal'». Als er dann wieder zu singen beginnt, klingt es «trauriger und schwermütiger denn je –». Nach zehn Tagen ist die Fahrt beendet, und der Steuermann verschwindet. Allein trabt Tuck die staubige Landstraße entlang, die «unbeirrt […] durch die gegend gleich einem fluß» läuft. Hans Scholl zog an dieser Stelle Parallelen direkt zu sich und seinen Jungen und verband die kosmische mit der irdischen Straße.

> sie hört nie auf. wie ein geist steht sie über der ebene: kühl und unbemeßbar. fluchartig lastet ihr segen auf den TRABANTEN, immer wandernd bis in fremde länder, die verheißungsvoll in der ferne liegen.

Am nächsten Morgen findet der Hund einen neuen Freund: «ein mensch lief hinter ihm. er streichelte den hund und dann wanderten sie nebeneinander weiter wie zwei gute freunde. – nun ja! das waren sie eigentlich auch schon.» Der Mann teilt sein Brot mit dem Hund und «als beide satt waren, wanderten sie weiter, bis zum abend».

In den Formulierungen klingt zuweilen sprachlich die Lutherübersetzung der Evangelien an, etwa durch ein vorangestelltes «wahrlich» oder ein «siehe». Möglicherweise besteht im Teilen des Brotes ein Bezug zum christlichen Abendmahl, nur dass es hier zwischen Mensch und Tier gefeiert wird.

Hans Scholl zeichnete unter seine Geschichte ein Bild. Es zeigt einen Mann mit großem Hut, Ranzen und Stab, der gerade über eine Flussbrücke wandert. Ihm folgt ein Hund. Es liegt nahe, dass die Gedanken und Gefühle des Hundes seine eigenen waren, denn sie sind ein Leitmotiv seiner Gedichte und Briefe.

Otto Brües' «Heilandsflur»

Als Hans Scholl im Dezember 1937 verhaftet worden war, erklärte er, Ernst Reden habe in der Zeit nach der Schwedenfahrt «nur an einem einzigen Heimabend im November oder Dezember 1936 teilgenommen und damals die ‹Heilandsflur›, Schauspiel von Otto Brües, vorgelesen».[79]

Der Autor, dessen Bühnenstück 1921 uraufgeführt und 1923 als Buch veröffentlicht wurde, kämpfte im Ersten Weltkrieg als Soldat. In seinem Schauspiel ist der einfache Rekrut der Betrogene, der Bodenlose. Aus dem eroberten Land muss er zurück in die alte, fremde Heimat. In

Brües' Tragödie werden Menschen gemeuchelt, Freundschaft und Liebe zerstört; der Geistliche zerbricht, und die Soldaten verwerfen Christus. Das Kreuz aber werden sie nicht los. Sie bleiben – so der prophetische Fluch ihres Leutnants – Kreuzfahrer. Sie kehren zurück – aber nicht als Siegreiche, sondern als Geschlagene, die ein Leben lang ihr Kreuz tragen müssen.

Dieses Bühnenstück ist ein religiöses Drama. Es stellt die Frage, welche Bedeutung der christliche Glaube hat, damit der Mensch eine eigenverantwortliche Entscheidung treffen kann. Jeder hält – so die Botschaft – durch seine Wahlmöglichkeit zum Guten wie zum Bösen sein Schicksal selbst in der Hand. Der Glaube kann ihm dabei eine Orientierungshilfe sein. Zum Heroismus der *dj.1.11* passte das Werk gar nicht, dafür enthält es zu viel Verzweiflung. Aber es ist ein Aufruf, das Schicksal in die eigenen Hände zu nehmen, und ein weiterer Beleg dafür, dass Scholl und seine Jungen sich mit religiösen Themen beschäftigten. Dieser von Ernst Reden gestaltete «Heimabend» mit der Lesung der *Heilandsflur* war so einprägsam, dass Scholl sich beim Verhör mehr als ein Jahr später darauf bezog.

Ernest Claes und Felix Timmermans

Zur Herausbildung der Persönlichkeit empfahl Scholl in seinen frühen Briefen nicht nur die Individualität und Natur, sondern auch die beiden flämischen christlichen Schriftsteller Ernest Claes und Felix Timmermans. Achim Jacobi erzählte er: «Im letzten Heimabend lasen wir eine herrliche Landstreichergeschichte von Ernest Cläß (Inselbücherei). Man sieht die Welt wieder mit ganz natürlichen Augen.»[80] Und im Oktober fragte er auffordernd nach: «Kaufst du Bücher von Felix Timmermanns? Lies sie! Und sei froh!»[81] Scholl schätzte die kunstvoll gestalteten Ausgaben der Insel-Bücherei, die 1912 mit Rainer Maria Rilkes *Weise von Liebe und Tod des Cornets Christoph Rilke* eröffnet worden war und 1937 bereits mehrere Hundert Bände umfasste. Claes' *Landstreichergeschichte* hat die Nummer 429. Was aber faszinierte Hans Scholl an den beiden Flamen?

Felix Timmermans war «der Gestalter des sinnenfreudigen, derb lebenskräftigen bäuerlichen Flanderns, seiner Feste, Gelage, Schwänke und seiner katholischen Frömmigkeit», so der Brockhaus von 1938. Er war zwischen den Weltkriegen der meistgelesene Schriftsteller der niederländischen Literatur.[82] Zahlreich sind seine bis 1936 in Deutschland erschienenen Bücher, die auch Scholl zugänglich waren.

Der Roman *Pallieter* ist voller Lobgesang auf die Schöpfung, überschäumender Lebensfreude und Glaubensglück. In der frommen Erzählung *Das Jesuskind in Flandern* spielt die biblische Weihnachtsgeschichte in der Kleinstadt Lier, dem Geburts- und Sterbeort des Autors. Die Heiligen Drei Könige ziehen durch die nebligen Wiesen des Flusses Nethe. Wie die flämischen Maler des 15. und 16. Jahrhunderts – etwa Jan van Eyck, Hans Memling, Rogier van der Weyden – sah Timmermans Gottes Gegenwart nebenan in der Nachbarschaft und malte sie mit Worten. Der Inhalt seiner Bücher bestätigt, was schon ihre Titel andeuten: Der Verfasser war vom christlichen Glauben durchdrungen. Belgien war zu Timmermans' und Claes' Zeiten ein zutiefst katholisches Land. Der eigentliche Offenbarungsort für die Seele ist – wie bei Hans Scholl – die Natur.

Ernest Claes, der Autor der «herrlichen Landstreichergeschichte», war literarisch in Vielem mit seinem Freund Timmermans verwandt. Obwohl er dem flämischen Realismus zugerechnet wird, was sicher auf sein bekanntestes Werk, den *Flachskopf*, zutrifft, verfasste er auch christlich-religiöse Bücher.[83] So etwa die Erzählungen *Bruder Jakobus*, *Die Heiligen von Sichem* und die von Scholl gelobte Landstreichergeschichte *Hannes Raps*. Die Hauptfigur Hannes schlägt sich als Gelegenheitsarbeiter auf Bauernhöfen und in Gastwirtschaften durch. Ständig kommt er wegen kleinerer Diebstähle und Wildereien in Konflikt mit dem Gesetz. Doch erkrankt irgendwo ein Pferd, holt man ihn. Sein «Pferde-Vaterunser», eine skurril-geheimnisvolle Beschwörung, macht ihn zum gefragten Pferdedoktor. Jeder mag den Vagabunden, weil er gutmütig, bescheiden und aufrichtig ist. Zwar habe er ein armseliges Leben geführt, aber «weil er einen so schönen Tod gestorben ist», erzählte Claes Hannes' Geschichte. Denn als es ans Sterben geht, macht er sich todkrank auf den Weg zur Kirche der Kreuzherren. Im Fiebertraum begegnet er Vater Bernadus, «der schon mehr als zehn Jahre tot und begraben war». Als er ihm die Sünden gebeichtet hat, «Horch! ... Da fingen plötzlich alle Glocken [...] zugleich zu läuten an, tönend mit hellem Klang durch die weiße Nacht, so daß ihr Lied an den Hügeln ringsum emporschlug, bis hoch in den Himmel.» Dort wird Hannes freudig aufgenommen und darf sein Pferde-Vaterunser aufsagen. Fast hätte er es auch noch leiblich zurück in die Kirche geschafft: «Die Leute, die früh zum Besuch der ersten Messe [...] eilten, fanden Hannes Raps, erfroren, etwa zwei Meter von der Kirche entfernt.»

Hans Scholl hat Claes und Timmermans geschätzt, weil sie Gott in der Natur fanden und in ihren Geschichten und Gestalten davon erzählten.[84] Er zog in Gedanken mit ihnen durch die flämische Landschaft, die voller Heiligenbilder und «kapelletjes» ist. Beide flämischen Autoren sind über weite Strecken «primitiv» im Sinne von «schlicht», also kindlich, treuherzig und rührselig. Es fehlt die kritische Reflexion. Sie sind im eigentlichen Sinne «sentimental» – genau das, was Scholl in demselben Brief, in dem er Claes rühmt, nicht sein wollte.[85] Den Widerspruch hat er wohl nicht gesehen, denn diese Art christlicher Literatur kann man nur mögen und dringlich weiterempfehlen, wenn man ähnlich fühlt. Weil das bei ihm zu dieser Zeit so war, wollte er, dass seine Jungen Timmermans Bücher lesen und durch sie froh werden. Beide Autoren wurden zu einer Inspirationsquelle für die metaphysischen Gedichte, die er bald darauf verfasste.

In alter Kameradschaft
Der heimliche Freund

Während der Schwedenfahrt im Sommer 1936 besuchte Hans Scholl in Stockholm mit den Jungen seiner *Trabanten* den Major Max Schürer von Waldheim. Als er am 21. Dezember 1937 wegen Verstoßes gegen den Homosexuellenparagraph 175 und Bündischer Betätigung von der Gestapo verhört wurde, gab er an, die Homosexualität Schürers habe bei ihm eine unmittelbare Antipathie ausgelöst.[86] Ist diese Aussage glaubhaft, oder wollte er sich – wegen sittlicher «Anormalität» befragt – als sexuell «normal» darstellen? Ein bisher nicht veröffentlichter Schriftwechsel zwischen dem Offizier und Scholl gibt darüber Auskunft. Hans Scholl erklärte gegenüber der Gestapo, Schürer von Waldheim sei ihm als Schwedenkenner von der «Fahrtenstelle der RJF (Georg v. Schweinitz) empfohlen» worden. Von der RJF, der Reichsjugendführung, habe er auch den Reiseführer *Etwas Schwedisch* erhalten, «der von Schürer von Waldheim herausgegeben worden war».[87]

Der schwedische Major
Max Schürer von Waldheim,
um 1936

Der Leiter der Fahrtenstelle, Georg von Schweinitz, von dem die Empfehlung stammte, war Nationalsozialist und homosexuell. Bereits 1932 in die NSDAP eingetreten, wurde er 1935 Gefolgschaftsführer beim Reichsjugendführer Baldur von Schirach und koordinierte die Kontakte der Hitlerjugend mit ausländischen Jugendgruppen. 1936 beschuldigte ihn ein Hitlerjunge homosexueller Handlungen. Ende 1937 erhoben zwei Schutzhäftlinge die gleichen Vorwürfe. Lange leugnete von Schweinitz, im April 1938 aber bekannte er sich zu seiner Homosexualität. Nach zweijähriger Gefängnisstrafe wurde er im Oktober 1939 zwecks «Strafunterbrechung» in die Wehrmacht entlassen. Er fiel im Juli 1940 in Frankreich.[88] Dass von Schweinitz den schwedischen Offizier als Gewährsmann empfahl, war naheliegend. Beide dachten politisch ähnlich: nationalsozialistisch der Deutsche, großgermanisch der Schwede, und sie verband die gleichgeschlechtliche Liebe.[89]

Ernst Wilhelm Maximilian Schürer von Waldheim diente in der schwedischen Armee, zuletzt im Range eines Majors. 1913 veröffentlichte er ein Buch über den württembergischen Prinzen Maximilian

Emanuel (1689–1709) und dessen Beziehung zum schwedischen König Karl XII. (1682–1718).[90] 1923 setzte er sich dafür ein, dass in der schlesischen St. Nikolaikirche in Plitschen das Grabmal des Prinzen erneuert wurde.[91] 1922 und 1926 hielt er sich zu Forschungszwecken in Deutschland auf, im Sommer 1933 war er der erste Gastdozent am neu gegründeten Schwedischen Institut der Universität Greifswald.[92]

Zu einer erneuten Lehrtätigkeit in Vorpommern ist es nicht mehr gekommen, aber der Direktor des Schwedischen Instituts, Johannes Paul, konnte sich auf andere Weise für den von ihm hoch geschätzten Offizier einsetzen: Am 16. Juni 1936 unterrichtete die Kanzlei des Reichs- und Preußischen Ministers für Wissenschaft, Erziehung und Volksbildung den Universitätskurator in Greifswald darüber, dass der Herr Minister «angeregt worden [sei], das anliegende Buch ‹Prins Maximilian Emanuel af Württemberg›, dessen Verfasser der als besonders deutschfreundlich bekannte schwedische Major Max Schürer von Waldheim, Stockholm, ist, in deutscher Übersetzung erscheinen zu lassen».[93] Der Autor beschrieb darin, wie der schwedische König Karl XII. und der württembergische Prinz Maximilian Emanuel beispiel- und heldenhaft gegen die wilden asiatischen Horden – gemeint war Russland – kämpften. Für von Waldheim bestand im 20. Jahrhundert die gleiche kriegerische Herausforderung. Damals seien die schwedischen Germanen gegen den Feind im Osten gezogen, jetzt müssten das die deutschen Nationalsozialisten tun. Für das NS-Reichswissenschaftsministerium war das ganz sicher Grund genug, die Veröffentlichung zu forcieren. 1913 aber – bei der Erstauflage in Schweden – war das Hauptanliegen Schürer von Waldheims ein anderes. Seine Protagonisten – besonders aber der Prinz – übten gerade deshalb eine so große Faszination auf den Major aus, weil sie eine Seelenverwandtschaft verband.[94]

In seiner Schrift, die er der «Erinnerung an den Heldenprinzen von Württemberg, der für Schweden kämpfte und starb» widmete, erzählte er das Leben des jungen Adligen vom Zeitpunkt seines Eintritts in das schwedische Heer 1703 bis zu seinem frühen Tod sechs Jahre später.[95] Es ging ihm dabei besonders um das Verhältnis des zu Beginn kaum Vierzehnjährigen zu dem sieben Jahre älteren schwedischen König Karl XII. Wahrscheinlich gab es ein Liebesverhältnis zwischen beiden. Auch wenn sich das nicht beweisen lässt, so war nicht nur Schürer von Waldheim davon überzeugt.[96] Als der Prinz durch eine kriegsbedingte

Infektion im Sterben lag, kreisten – so der Autor – seine Gedanken um drei geliebte Personen: die Mutter, König Karl und Jesus. Mit seiner fast schwärmerischen Bewunderung für den jugendlich-erotischen Helden Maximilian von Württemberg traf Schürer von Waldheim auch bei Hans Scholl einen Nerv.

Wie verlief nun die Begegnung der neunköpfigen württembergischen Jungengruppe *Trabanten* und ihres charismatischen Leiters mit Schürer von Waldheim? Vergleicht man Hans Scholls Aussagen gegenüber der Gestapo mit dem Briefwechsel zwischen ihm und dem Major, einer Notiz aus dem Tagebuch der Fahrt und der Aussage Ernst Redens, so zeigen sich deutliche Widersprüche. Im Verhör versuchte Scholl die Gestapo davon zu überzeugen, er sei dem Soldaten wegen dessen Homosexualität mit Abneigung begegnet.[97] Schon Ernst Reden habe ihn «gewarnt», der Schwede sei ein «Schwein», aber «nichts näheres über Schürer angegeben». Als er ihm dann in Stockholm persönlich begegnete, hatte er «sofort den Eindruck, dass er homosexuell veranlagt sei». Krank und bettlägerig, habe er die Gruppe zwar zum Kaffee eingeladen, sie seien aber nicht lange geblieben, «da er auch den anderen Kameraden unsympathisch war». Im Anschluss an dieses Treffen habe ihm Hermann Heisch – einer seiner Jungen – «sofort» erzählt, «daß ihn Schürer geküsst habe und er darauf ausgerissen war».[98] Infolgedessen habe er sogleich «den anderen Teilnehmern verboten, nochmals zu Schürer zu gehen». Allerdings wird im Tagebuch protokolliert, Scholl sei bereits vor den anderen bei Schürer von Waldheim gewesen und noch geblieben, als die Jungengruppe sich auf den Weg zur Unterkunft in der Sievertska-Kaserne gemacht habe.[99] Auch tags darauf mied er nicht den Umgang mit dem Major, sondern besuchte ihn erneut – und nahm einen seiner Jungen mit. Ausschließlich zweckorientiert wird die Zusammenkunft aber nicht gewesen sein, denn Ernst Reden berichtete am 25. November 1937 gegenüber der Gestapo, Scholl habe ihm von einem Buch Ernst Erich Noths erzählt, über das sich Schürer von Waldheim mit ihm unterhalten habe.[100] Da ihn das Buch interessierte, habe er nach Stockholm geschrieben, um den Titel zu erfahren, der ihm dann auch mitgeteilt worden sei: *La Tragédie de la jeunesse allemande*.[101]

Der 1934 im französischen Exil verfasste Essay über «die Tragödie der deutschen Jugend» analysiert die Ereignisse in Deutschland nach dem

Ersten Weltkrieg, insbesondere die Lage der Jugendbewegung. Besonders interessant sind Noths Ausführungen zur Verbindung von Jugend und Homoerotik. Es ließen sich darin «zwei Richtungen» feststellen, führt er aus, zum einen «eine triviale als Ergebnis der massenmäßigen Zusammenpferchung von jungen Menschen in Lagern und Kasernen, die zwangsläufig die Effekte und Affekte homoerotischer Natur» auslöse. Zum anderen die Richtung, «die in der Homoerotik gleichsam ein geistiges und gesellschaftliches Prinzip» sehe. Sie sei mit die Ursache für «die neuheidnische, achristliche Haltung eines großen Teils der heutigen Jugend», in der «ein heidnisches Körperideal dem erosfeindlichen, triebfesselnden Christentum» gegenüberstehe. «Das Verhältnis von Führer und Gefolgsmann» schließe stets «ein bewußtes, auf jeden Fall aber ein unausgesprochenes erotisches Element in sich ein, denn die knabenhafte Anschlußbereitschaft und die jünglingshafte Gefolgschaftswilligkeit» seien «zutiefst libidinöse Phänomene».

Für Schürer von Waldheim mag diese Einsicht der Grund dafür gewesen sein, warum er mit dem jungen Deutschen über das Buch diskutierte. Hans Scholl sprach es wahrscheinlich aus der Seele, wenn Ernst Erich Noth den Dichter Stefan George als «verehrungswürdige Gestalt» bezeichnete. Da er am eigenen Leibe die gleichgeschlechtliche Anziehungskraft erfuhr, konnte er nur zustimmen, wenn er vernahm, die Dichtung Georges und ihr «Mythos, gipfelnd in der Vergottung der Gestalt des Jünglings [Maximin]», beruhten auf dem «Phänomen der libidinösen Bindung zwischen Führer und Gefolgsmann». Es sei Georges «Mythos der Erlesenheit aus der Elite» gewesen, der ihn vor der Vereinnahmung durch Monarchie und Republik bewahrt habe. Darum habe der «Dichter und Seher und Prophet» auch den «neuen Herren» eine Absage erteilt. Männliche Erotik und mythische Eliteüberzeugung, mystische Dichtkunst und mutige Verweigerung – Stefan George vereinte das alles. Darum bewunderte ihn Scholl wie keinen anderen, er verehrte seine «überragende, unantastbare, einsame Größe».[102]

Von alledem wollte Hans Scholl – verständlicherweise – nichts offenlegen, als er im Dezember 1937 von der Gestapo wegen seines Verstoßes gegen den Homosexuellenparagraph 175 verhört wurde. Nachdem er sofort die gleichgeschlechtlichen Kontakte eingestanden hatte, versuchte er sich aber als gereinigt von seiner Homosexualität darzustellen.

Angeblich spürte er die homophile Ausstrahlung seines Gegenübers und empfand sie intuitiv-spontan – dem «gesunden Volksempfinden» angemessen – nur als widerwärtig. Was Scholl nicht wissen konnte: In den Gerichtsakten befanden sich zwei Briefe, die er 1937 – also ein Jahr nach der Schwedenfahrt – an Schürer von Waldheim gerichtet hatte, und ein Antwortschreiben des Adressaten.[103] Der Brief des Majors wurde vermutlich bei der Hausdurchsuchung in Ulm am 11. November 1937 beschlagnahmt. Die beiden Schreiben von Hans Scholl mit den abgestempelten und geöffneten Umschlägen könnte der kooperationsbereite Offizier an die deutschen Behörden übergeben haben.

Die an «Herrn Major Max Schürer von Waldheim» gerichteten handschriftlichen Mitteilungen zeugen von Vertraulichkeit und Sympathie. Aus «Göppingen (Württ.) am 15.6.37» berichtete Scholl dem «Liebe[n] Max», er sei jetzt freudig im Arbeitsdienst, doch denke er «oft und gerne» an «die herrlichen Tage in Schweden. Eine Sehnsucht nach diesem Land erwacht in mir. Ein ungeheures Heimweh nach dem Norden zieht mich zu Euch.» Doch er sei Soldat, und auch das sei schön. Man müsse sich «nur überall mitten hineinstellen». Es gebe überall junge Menschen, die dieselbe Sehnsucht, aber auch denselben unbeugsamen Willen hätten: «Dieses unsichtbare Band greift über alle Organisationen hinweg.» Scholls Zentralbegriffe «Sehnsucht» und «Heimweh» – nicht Fernweh, wie man denken könnte – tauchen in dem Brief auf. Es scheint die erste Kontaktaufnahme nach der Schwedenfahrt gewesen zu sein, denn er schließt mit den Worten: «Es würde mich freuen, von Dir zu hören, wie es Dir geht. Viele herzliche Grüße! Dein Hans.»

Am 27. Juli 1937 antwortete Schürer von Waldheim auf einen weiteren Brief Scholls vom 24. Juli. Dieses Schreiben befindet sich nicht in den Gerichtsakten, aber aus den Worten des Majors geht hervor, dass Scholl gefragt hatte, ob er bei ihm «wohnen» könne. In perfektem Deutsch erwiderte er, es sei ihm «(wie es in Deinem Falle sein sollte) […] eine große Freude […], die Wünsche meiner Freunde zu erfüllen». Er solle ihm «die genaue Zeit Deiner Anwesenheit in Stockholm» mitteilen. Auf die Bitte nach einer persönlichen Einladung reagierte der Offizier allerdings mit großer Vorsicht. Es sei ihm «unmöglich, ein Formular zu unterschreiben, das nicht mit der Wahrheit übereinstimmt». Seine Erfahrung sage ihm, dass er «sehr vorsichtig sein *muss*». Bereits zwei Tage später, am 29. Juli 1937, antwortete Scholl, er könne jetzt nicht nach Schweden kommen, da seine «Arbeitsdienstzeit um 1 Monat verlängert worden» sei.[104] Den folgenden Satz unterstrich ein Ermittlungsbeamter mit dickem Rotstift: «Ich verstehe, daß Du vorsichtig sein mußt, trotzdem hat es mich betrübt, von Dir Mißtrauen zu erfahren.» Der staatliche Mitleser sah in diesem Satz offensichtlich den Hinweis auf eine zu verbergende Straftat. War es der Verstoß gegen § 175 oder die Vermeidung falscher Angaben, um eine Ausreise zu ermöglichen? Vermutlich beides. Scholl versicherte, sein «größter Wunsch» sei es, «nur Schweden einmal wieder zu sehen». Und er war optimistisch, dass es doch gelingen werde: «In 2 Jahren!» Dann wäre Scholl volljährig gewesen. Am Schluss der Karte, die er in einem Umschlag versandte, grüßte der Neunzehnjährige den Fünfundsechzigjährigen vertraulich: «In alter Kameradschaft! Hans Scholl.»

Für seine Mitteilung wählte er die «D-Karte Nr. 1» aus dem bündischen D-VERLAG in Freiburg. Dunkelrot, mit fettem schwarzem Unterstrich, steht dort in kunstvollen kursiven Lettern: «Das Paradies liegt unter dem Schatten der Schwerter! Friedrich Nietzsche.» Herausgeber dieser und anderer Nietzsche-Postkarten war Ernst Reden.[105] Der Satz ist eine Aufforderung zu Waffengang und Todesbereitschaft. Da Hans Scholl sicher aus seinen Gesprächen von der Germanophilie seines Adressaten wusste, ist es außerdem eine Reminiszenz an den nordischen Mythos, nach dem der heldenhaft Gefallene triumphal in den Götterpalast einzieht, und ein frühes Bekenntnis zu Nietzsches Ideen. Den Philosophen sollte er zwei Jahre später in seinem ersten Semester in München im Sommer 1939 intensiv und zustimmend studieren. Der radikale Denker, von dem er lernte, «wie man mit dem Hammer philosophiert»[106] und wie man sich gegen eine Mehrheitsmeinung wendet und besteht, begleitete ihn auch später. Obwohl die Sentenz der Karte nicht bei Nietzsche nachweisbar ist, sondern aus der islamischen Tradition stammt, entspricht der Inhalt seiner Gedankenwelt.[107]

Die Wahl des vermeintlichen Nietzsche-Zitats und die offensichtliche Nähe zu einem großgermanisch denkenden Offizier zeigen, wie stark Hans Scholl zu jener Zeit in einer nationalkonservativen, militaristischen Gedankenwelt lebte. Seine Jungen trugen Koppelschlösser mit der Sig-Rune der Hitlerjugend – das Zeichen für «S», das verdoppelt zum Emblem der SS wurde und von den Nationalsozialisten als Abkürzung für «Sieg» gedeutete wurde –, und er versuchte, in Stockholm Kontakt zur nationalsozialistischen Jugendgruppe Sturm-Falken aufzunehmen. Enttäuscht vermerkt das Tagebuch: «Die Bude ist leider leer», und empört-verächtlich weiter: «Vor der Bude lungern die Kommunisten herum!»[108]

Hans Scholl wusste, wie kompromittierend der Briefwechsel zwischen ihm und dem schwedischen Offizier war. Um den Verdacht einer «anormalen Veranlagung» zu entkräften, leugnete er am 29. Januar 1938 bei einer erneuten Anhörung durch die Gestapo eine nähere Beziehung. Er habe sich an Schürer von Waldheim nur gewandt, um für eine Schwedenfahrt leichter an Devisen heranzukommen. Das «Du» sei ihm von Schürer schon bei seinem ersten Besuch angeboten worden.[109]

Die Gestapo machte ihm nun klar, dass sie seine Privatpost akribisch auswertete. So fragte sie ihn im Januar nicht nur nach Schürer von Waldheim, sondern auch nach einem «SS-Mann» aus Dresden, den er Udo Stengele am 10. August 1937 auf einer Postkarte als Teilnehmer einer geplanten Pfingstfahrt angekündigt hatte. Scholl blockte ab: Es habe sich um einen zufälligen Kontakt während einer Bahnfahrt gehandelt. Zu einer weiteren Begegnung sei es nicht gekommen. Den Namen des SS-Mannes habe er vergessen, vielleicht gehöre der gar nicht zur Schutzstaffel, da er keine Uniform getragen habe. Weitere Aussagen dazu könne er nicht machen.

Als Hans in die Kaserne in Bad Cannstatt, wo er seit November 1937 stationiert war, zurückkehrte, kreisten seine Gedanken um die Befragung. Wie sollte er damit umgehen? Noch am selben Tag schrieb er ein Gedicht, in dem er irdische Niedertracht mit himmlischer Freude kontrastierte:

Wenn dich nur die kleinen Silberpunkte
nächtens an dem Himmel freuen
sonst dir alles kalt im Menschentrubel scheint
sei voll Glück –
keine reichern Lichter
bringt die Welt dir mit
– nur viel List – und gar quere Tück'.
28. Januar 1938[110]

Vielleicht hat Hans Scholl hier einen Psalm zur Vorlage genommen. Im achten Lied steht dort der Beter unter einem nächtlichen Sternenhimmel und dichtet: «Wenn ich sehe die Himmel, deiner Finger Werk, den Mond und die Sterne, die du bereitet hast: was ist der Mensch, dass du seiner gedenkst, und des Menschen Kind, dass du dich seiner annimmst?» Glücklich ruft er: «Gott, wie herrlich ist dein Name in allen Landen!» Hans Scholl spürte «den ewigen Hauch eines unendlich großen stillen Etwas. Gott. Schicksal», er suchte «die Weisheit unter den Sternen».[111] Die letzten Zeilen seines Poems machen allerdings deutlich, wie stark er den Gegensatz zwischen nächtlicher Stille, himmlischem Lichterglanz und irdisch kalter Heimtücke empfand. Wehrlos und arglistig hintergangen fühlte er sich durch das gegen ihn eingeleitete Gerichtsverfahren. Doch er sprach sich selbst Mut zu: Freu' dich am Sternenflackern, sei glücklich unterm Funkenhimmel, es gibt nichts Erhabeneres.

Hans Scholl hatte nicht nur Beziehungen zu nationalkonservativen Zirkeln, er war noch in einen weiteren Kreis eingebunden. Obwohl im Dritten Reich die schrecklichste Verfolgung Homosexueller wütete, gab es nicht wenige männliche und weibliche Nationalsozialisten, die der gleichgeschlechtlichen Liebe zuneigten. Ihr Kontakt untereinander diente selbstverständlich auch dem Informationsaustausch und der Vernetzung. Im vorliegenden Fall war das die Verbindung der Herren von Schweinitz, Schürer von Waldheim, Paul, Reden und Scholl.[112] Die Nordlandfahrt ins schwedische Lappland – an der auch Scholls «große Liebe» Rolf Futterknecht teilnahm – kann also nicht mehr ausschließlich unter dem Blickwinkel einer verbotenen bündischen Kothenfahrt betrachtet werden, denn die Beziehung zu Max Schürer von Waldheim war weitaus bedeutender als bisher angenommen.

Ihr seht den Weg
Bewunderung für Stefan George

In der Mappe der Schwedenfahrt der Jungengruppe *Trabanten* befindet sich ein Prosatext, der in Themenwahl und Erzählstil eine große Nähe zu Hans Scholl aufweist. Er ist in der gleichen jugendlich-einfachen Weise erzählt wie die Geschichte über die Hunde Tuck und Saxo und wurde wahrscheinlich 1936 verfasst. Es ist somit eines der frühesten Zeugnisse von Hans Scholls religiösem und sozialem Denken.

Die Parabel mit dem Titel «Das Paradies» erzählt von einem «himmlischen Obstgarten», in dem ein großes Festmahl zum Empfang eines gerade verstorbenen achtzehnjährigen Dichters angerichtet wird. Da das Jenseits zeitlos ist, kommen Verstorbene und Lebende zusammen, außerdem Engel und viele Tiere. Es wird gegessen, getrunken, geplaudert und geliebt. Besondere Aufmerksamkeit widmet der Erzähler der Erscheinung Gottes. «Der liebe Gott» ist mit Stock und Hut bekleidet und trägt einen Quersack für ein Stück Brot auf dem Rücken. Er gleicht den «Armen der großen Landstraßen, welche […] die Obrigkeit an den Toren der Stadt festnehmen und ins Gefängnis werfen lässt, weil sie sich nicht ausweisen können». Da er keine Papiere hat, wird Gott ausgewiesen. Der Schöpfer der Welt ist auf Erden ohne Legitimation, er bleibt «draußen vor der Tür».[113] Selbst im himmlischen Paradiesgarten ist er kein Herrscher, sondern ein Diener aller und hat keine «bleibende Stadt».[114] Als die Nacht hereinbricht, geht er «wieder seines Wegs, gleich den Armen».

Literarisches Paradigma für das Bild des armen Gottes der Überlandwege mag Stefan Georges Gedicht «Weltabend lohte» gewesen sein:

> Weltabend lohte .. wieder ging der Herr
> Hinein zur reichen stadt mit tor und tempel
> Er arm verlacht der all dies stürzen wird.
> Er wusste: kein gefügter stein darf stehn
> Wenn nicht der grund · das ganze · sinken soll.
> Die sich bestritten nach dem gleichen trachtend:
> Unzahl von händen rührte sich und unzahl
> Gewichtiger worte fiel und Eins war not.
> Weltabend lohte .. rings war spiel und sang
> Sie alle sahen rechts – nur Er sah links.[115]

Hans Scholl bewunderte George, doch als er sich im September 1937 bei seiner Schwester Inge für ihr Geschenk zu seinem neunzehnten Geburtstag, die Werke Stefan Georges, bedankte, fühlte er sich noch nicht bereit für den Dichter:

> Ich kann jetzt Georges Werk noch nicht lesen. Dazu brauche ich Zeit, unendliche Ruhe, um seinen Worten ganz lauschen zu können. Es ist sehr, sehr schwer, Stefan George zu verstehen. Aber wir ahnen ihn, seine überragende, unantastbare, einsame Größe.[116]

«Wer je die Flamme umschritt»: Vermutlich schrieb Hans Scholl das Gedicht Stefan Georges 1936 ohne Vorlage in Schönschrift, denn die Kopie weicht mehrfach in der Schreibweise vom Original ab. In der zweiten Zeile muss es «trabant» statt «verbannt» heißen.

Zweieinhalb Jahre später stellte er George über Rilke.[117] Das Zögern 1937 bedeutet allerdings nicht, dass er George nicht schon früher gelesen hätte. Den Namen seiner Ulmer Jungengruppe *Trabanten* hatte er dessen Gedicht «Wer je die flamme umschritt / bleibe der flamme trabant» entlehnt. 1936 schrieb er das Dichtwerk ab und gestaltete es in Schönschrift zum Weihnachtsfest. «Der welt erlösung», so George, «kommt nur aus entflammtem blut».[118]

In Hans Scholls Bibliothek befinden sich sechs teilweise mit Unterstreichungen, Anmerkungen und Notizzetteln versehene Veröffentlichungen des Dichters, darunter auch der *Stern des Bundes*, in dem «Weltabend lohte» steht. In diesem Exemplar, das ihm seine Schwester Inge geschenkt hat, sind die ersten beiden Zeilen des Gedichts mit Bleistift markiert.[119]

Wahrscheinlich verfasste Hans Scholl die Erzählung «Das Paradies» als Siebzehnjähriger. Er schrieb darin wie selbstverständlich über ein Weiterleben nach dem Tod und die Begegnung mit Gott. Seine Gottesvorstellung ist zwar schlicht, aber keineswegs naiv, sondern reflektiert und sozialkritisch. Das Gleichnis überträgt das Armutsideal eines Christen, wie Scholl es verstand, auf Gott. Die Parabel erhält dadurch ihre eigentliche Bedeutung als Beispielgeschichte für ein gelingendes, entschieden anderes Leben. Jahre nach der Paradiesgeschichte, Ende 1941, zeigte er sich in einem Beitrag mit dem Titel «Hinüber an's andere Ufer» für die Zeitschrift *Windlicht*, das Diskussions- und Verbindungsblatt des Ulmer Freundeskreises, davon überzeugt, dass Armut «der Weg zum Licht» sei, sie führe zum «absoluten Christentum», doch: «Ihr seht den Weg und wollt ihn nicht beschreiten!»[120] In seinem Russlandtagebuch 1942 sprach er offen aus: «Wenn ich jetzt noch ein Ziel verfolgen möchte, dann als Bettler zu ziehen von Dorf zu Dorf und weiter, immer weiter wandern.» Er wünschte sich, Gott möge ihm kein irdisches Ziel geben, «dass ich nirgends Halt mache bis an mein Ende».[121] Mit diesem Verlangen näherte er sich wieder dem Gott seiner frühen Paradiesgeschichte, jenem, der den Armen der großen Landstraßen gleicht. Hans Scholls Wunsch, endlos weiter zu wandern, zeigt, dass der Glaube für ihn kein Haus war, sondern ein Weg.

Ein gewisser Einfluss
Jungenführer und Dichter

Hans Scholl kannte den vier Jahre älteren Kölner Ernst Reden seit dessen Militärzeit in Ulm. Nachdem Reden mit fast zwanzig Jahren 1934 das Abitur abgelegt hatte, absolvierte er den Arbeitsdienst und begann, Philosophie zu studieren. Seit 1930 war er Mitglied der nationalkonservativ-militaristischen «Freischar Deutscher Nation», deren Kölner Gruppe er bis zu ihrer Eingliederung in die Hitlerjugend 1933 führte. Im Sommer 1932 verbrachte er freiwillig fünf Wochen im Landdienst in Ostpreußen und vierzehn Tage in einem Wehrsportlager. Bei seiner Einberufung zum Militärdienst 1935 war er Fähnleinführer im Jungvolk der HJ. Reden korrespondierte «aus einer typisch bündischen Geisteshaltung heraus» mit Eberhard Koebel alias tusk, dem Gründer der *dj.1.11*.[122] Hans Scholl berichtete bei seiner Vernehmung am 22. Dezember 1937, der junge Soldat sei ihm erstmals «im November 1935» begegnet.[123] Bis zur Schwedenfahrt im Sommer 1936 habe dieser regelmäßig an den Heimabenden und «ab und zu» an den Fahrten der Gruppe teilgenommen. Scholl wusste von Ernst Redens homosexueller Veranlagung. Als

Der Jungenschaftsführer und
Dichter Ernst Reden, um 1936

in Ulm Anfang November 1937 Gerüchte kursierten, Reden sei ein
«175er», habe ihm sein jüngerer Bruder Werner bestätigt, dass der Verdacht zutreffe, denn er sei von ihm «im Sommer 1937» sexuell bedrängt
worden, habe sich aber erfolgreich wehren können.[124]

Gegenüber der Gestapo sagte Werner Scholl – gerade fünfzehn geworden –, der dreiundzwanzigjährige Ernst Reden habe ihm wenige
Tage vor Beginn der Sommerferien vorgeschlagen, Freunde zu werden.[125] Dabei habe er ihm den Arm um die Schulter gelegt und ihn geküsst. Als er das erwiderte, habe Reden ihn «verschiedene Male auf den
Mund» geküsst, sein Geschlechtsteil angefasst und versucht, «seine
Hand an sein Geschlechtsteil [zu] führen». Dagegen habe er sich gewehrt. Vor diesem Ereignis habe er in Reden einen «guten Kameraden
und einen Menschen von Idealen» gesehen, «nachher» einen «Schweinekerl». Als er von diesem Vorfall seinem Bruder Hans berichtete, habe
der erwidert, «dass er dies von Reden nie geglaubt hätte». Wenn sich
wieder jemand ihm «auf diese Weise zu nähern versuche», solle er «der
betreffenden Person eine reinhauen». An eine Anzeige hätten beide

nicht gedacht, weil er von der «ganzen Geschichte nichts mehr wissen wollte» und Reden ihm «immer noch was wert war».

Als Ernst Reden selbst von der Gestapo befragt wurde, gestand er, dass er «mit Werner Scholl, Ulm, im vergangenen Sommer in Ulm 3 mal unzüchtige Handlungen vorgenommen hat». Werner sei «mit all diesen Handlungen stillschweigend einverstanden [gewesen] und hat sich in keiner Weise dagegen gewehrt».[126]

Hans Scholl profitierte von Redens Erfahrung als Jungenschaftsführer: «Ernst Reden hat auf mich schon einen gewissen Einfluss gehabt, und da er sich mir gegenüber als Jungvolkführer vorgestellt hatte, nahm ich seine Vorschläge gerne an.»[127] Nach der Schwedenfahrt habe sich der Kontakt aber gelockert. Dass Hans Scholl bei diesen häufigen, nahen und langen Kontakten – von November 1935 bis November 1937 – tatsächlich nichts von Ernst Redens Homosexualität bemerkt haben sollte, ist wenig glaubwürdig. Die Aussage diente offensichtlich dem Selbstschutz. Zum einen betonte er seinen Spürsinn für eine derartige Veranlagung, als er von seiner Begegnung mit Major Schürer von Waldheim in Stockholm berichtete. Zum anderen zeigte Ernst Reden seine Ausrichtung wohl relativ offen.[128] Wie sollte Scholl auch in einer Situation, in der er eigene homosexuelle Sympathien bagatellisieren musste, um nicht verurteilt zu werden, glaubhaft seine langjährige Beziehung zu Reden erklären, wenn er von dessen «Schweinereien» gewusst hätte? Er hielt weiter an der Freundschaft mit Ernst Reden fest, obwohl Max von Neubeck ihn in einem Gespräch aufforderte, die Verbindung aufzugeben. Danach habe von Neubeck «noch mehrmals teils schriftlich, teils persönlich versucht», ihn von Reden «wegzubringen». Er habe aber seinen Standpunkt nicht geändert, weil er sich sagte, dass «ein Jungvolkführer doch nicht den Verkehr mit einem anderen Jungvolkführer verbieten kann». Der schon mehrfach zitierte Brief Hans Scholls an Reden vom 23. Mai 1937 zeigt, wie stark die Übereinstimmung beider war.[129] Es ist anzunehmen, dass die Freundschaft weit über den von Scholl eingeräumten «gewissen Einfluss» hinausging. Das Stuttgarter Sondergericht urteilte im Juni 1938, Ernst Reden habe für Hans Scholl eine «massgebliche Rolle» gespielt.

Ernst Reden hatte literarische Ambitionen, oder – so die Stuttgarter Richter – er «schriftstellerte».[130] In den Akten der Düsseldorfer Staatsanwaltschaft liegt sein achtseitiges «Sprechchorspiel»: «Ein Volk bekennt!», das bei seinem Reservistenabschied aus Ulm im September 1937 aufgeführt worden war. Darin geloben Soldaten, Bauern und Arbeiter, den «Fahnen des Reiches» zu dienen, um den «deutschen Lebensraum» zu schützen. Zu heroischem Kampf und Tod gab Gott die Waffen. Die Gefallenen des Ersten Weltkriegs, die in Flandern und Nordfrankreich «ihr Blut und Leben gaben», stehen fordernd und drohend auf zu «Befehl und Gericht» über die Lebenden. Das Stück endet mit dem Appell, sich selbst der Gemeinschaft zu opfern:

> So hebt zu verschworenem Bunde Gewehr, Sense und Hammer:
> wo Männer bereit sind, da schwindet der Jammer,
> da brennen in jedem die heiligen Flammen,
> und züngeln und lodern hell in die Nacht,
> bis jeder sich selbst der Gemeinschaft gebracht.

Redens «Sprechchorspiel» vereint großdeutsche Ideen mit Gewalt- und Heldenphantasien, Blut-und-Boden-Schwulst mit Revanchegelüsten für die Niederlage 1918 und trug so zur geistigen Mobilmachung für den Zweiten Weltkrieg bei. Hans Scholls früher Gedichtversuch, das Landsknechtslied «Tschang-King-Fu», ähnelt mit seiner exaltierten und inhumanen Grundstimmung diesem «Sprechstück».

In dem achtseitigen fiktiven «Brief an den Soldaten Johannes» formulierte Reden seine Erziehungsideale. Es knüpft thematisch nahtlos an das «Chorspiel» an. Ihn erfüllt darin «ein wenig Stolz», wenn er an seine Zeit in der Kaserne zurückdenkt: «An die Parade am Geburtstag des Führers, an die Übungen, an die Zeit auf dem Truppenübungsplatz und an die Stunden im Manöver.» Er sieht Hitler in einer Reihe mit den Deutschrittern und Preußenkönigen, mit Bismarck und Hindenburg. Mit ihm knüpfe Deutschland an «das Große, das Besondere, das *Ewige*!» an. Für den heutigen Soldaten gehe es darum, «dem Erbe gerecht zu werden, das unsere Väter als die Krieger des großen Krieges uns überließen». Man werde «keinen Kampf scheuen», der «für Deutschland» geführt werden müsse, «damit das *Reich* ewig bestehe und wachse». Reden spricht sich aber auch gegen einen «blinde[n] Gehorsam» aus. Der sei «ein großer Fehler für den Soldaten unserer Zeit», denn manchmal müsse auch «ohne Vorgesetzten» gehandelt werden, «um dem Ganzen zu dienen». Sein Adressat Johannes solle sich «von Sklavengeist, vom Geschwätz und Größenwahnsinn» fernhalten. Reden befürwortete «Härte» nur als «körperliches», nicht aber als «seelisches […] Erziehungsideal», denn der «starke Mensch» ist «nicht hart, er ist sicher». Man solle «nie […] von Heldentum sprechen. Im Alltag» begegne «das Heldische in schönster und reinster Form. Von heldischem Tod spricht man nicht, man stirbt ihn.» Die ganze Ambivalenz dieses Traktats ist auf der letzten Seite verdichtet. Der Verfasser fordert in guter humanistischer und christlicher Tradition: «Demut und Bescheidenheit sollen alle unsere Wege leiten.» Allerdings weiß er keinen größeren Inbegriff für diese Tugenden als den braunen Diktator. «An unserem Führer Adolf Hitler» könnten und wollten die «jungen Menschen heute die Bescheidenheit und Einfachheit […] erlernen!» Letztlich läuft Redens Pädagogik auf Hitler zu: «Denn sollten wir nicht alle so leben können wie er?», fragt er bewegt. Die beiden genannten Werke – «Sprechchorspiel» und «Brief» – weisen Reden als Nationalsozialisten aus.

Scholls elitäre Pädagogik war nicht allzu fern von Redens heroischem Erziehungsideal. Allerdings ist von ihm keine hymnische Hitler-Verehrung bekannt. Als er Anfang 1938 aus der Haft entlassen wurde, übte der Diktator schon keine Faszination mehr auf ihn aus, und auf eine Phase der Indifferenz folgten bald Ablehnung und Feindschaft.

Reden dichtete. Seine Lyrik ist unpolitisch, empfindsam, durchaus tiefsinnig und fast immer schwermütig-dunkel. Titel wie «Lied des Heimatlosen», «Sehnsucht», «Der Sturmwind ruft», «Heiliges Muß», oder «Abendgesang» deuten an, welche Gefühlslage vorherrscht.[131] So sucht in «Der verlorene Sohn» das lyrische Ich vergeblich nach einem bergenden Zuhause und nach Gott:

> Also weiterschreiten mit der Reise / mattem Schmerzgefühl und suchen, fremd, / in der Menschen Antlitz eine leise / Gottesspur, vom Tag nicht fortgeschwemmt.

Das Gedicht endet mit den Versen:

> Ganz ohne Glauben ich mein Jetzt behaupte –
> geliebtes Heimatland, das mir entwich![132]

Eindeutig homoerotisch ist das Poem «für Dieter!». In Naturbildern schmiegen sich zwei junge Menschen aneinander. Die Schlussstrophe lautet:

Ja, dem Morgenwinde breite ich die Arme,
glaube einem Menschen traumhaft nah zu sein –
singe Sonnenhymnen, um mich ihrem Schwarme
nachzuschwingen in des Gottes Lichtverein.[133]

Die häufig wehmütige Stimmung in Ernst Redens Gedichten ist mit der von Hans Scholl vergleichbar:

so voll von Sehnsucht, schmerzlich tief erregt,
wie auf dem Berg ein Wipfel, windbewegt.[134]

Auch die Verbindung von Einsamkeit, Leid und Glück war ihnen gemeinsam:

lebst du aus innen, sei allein und trage,
was and're niederschlug, trag's als Glück![135]

Ernst Reden hatte – liest man die Gedichte auch als Selbstzeugnisse – seinen Glauben schmerzlich verloren. Je mehr sich Hans Scholl einer religiös-metaphysischen Weltsicht näherte, desto deutlicher wurde – gerade in den Gedichten – der Unterschied zu seinem Freund. Tragen Redens Gedichte existenzialistisch-nihilistische Züge, so sind es bei Scholl romantisch-christliche.

Ernst Reden wurde am 23. November 1937 wegen fortgesetzter politischer Betätigung «im Sinne der Bündischen Jugend» und «Unzucht» im Sinne des Paragraphen 175 verhaftet und blieb bis zur Gerichtsverhandlung in Untersuchungshaft. Am 2. Juni 1938 stellte das Stuttgarter Sondergericht, das auch gegen Scholl verhandelte, das Verfahren gegen ihn wegen «bündischer Betätigung» ein. «Hinsichtlich des fortgesetzten Vergehens i. S. des § 175 StGB» wurde er «in Anbetracht der Verwerflichkeit dieser Handlungsweise» zu einer «Gefängnisstrafe von 3 Monaten» verurteilt, die «als durch die erlittene Untersuchungshaft für verbüßt erklärt» wurde. Er war zwar frei, aber als Vorbestraftem war es ihm verwehrt, sein Philosophiestudium fortzusetzen.[136]

Ernst Reden starb – tragisch, aber im Sinne seiner heroischen Poesie folgerichtig – vier Jahre später, mit achtundzwanzig Jahren, den von ihm besungenen «Heldentod» in Russland. Bis dahin blieb er der Familie Scholl freundschaftlich verbunden. Dabei hatte er nicht nur enge Beziehungen zu Werner und Hans. Inge hoffte, er werde sie heiraten. Das zeigt der langjährige Briefwechsel zwischen ihr und Reden. Doch am 23. August 1942 – so berichtete sie – erhielt die Familie in Ulm die Nachricht, Reden sei in Russland gefallen. Als Magdalene Scholl ihre Töchter Inge, Sophie und Elisabeth davon unterrichtete, habe Sophie geweint und «zornig, in einer fast feierlichen Entschlossenheit» gesagt: «‹Schluß. Jetzt werde ich etwas tun.›» Einer Bekannten hätte sie «mit derselben Entschlossenheit» gesagt, «sie werde diesen Tod rächen».[137] Das sinnlose Sterben Ernst Redens, der emotional so vielfältig mit der Familie verbunden war, bestärkte Sophie Scholl darin, wenig später die Widerstandsaktivitäten ihres Bruders mitzutragen. Als Hans Scholl vom Tod Ernst Redens erfuhr, notierte er am 5. September 1942 in seinem Russlandtagebuch:

> Die Nachricht von Ernsts Tod hat mich schwer getroffen. Nicht, daß mich der Tod als solcher überrascht hätte, nein, er wird mich nie mehr überraschen, sondern ich fühle die blutende Seite meiner Schwester [Inge] und kann sie nicht heilen. Ich sehe die Leere und kann sie nicht füllen – ich will sie nicht füllen –, ich weiß, daß man sie nicht ersetzen darf, sie soll leer bleiben, bis durch das Leid hindurch er wieder bei ihr sein wird im Geiste, verklärt.[138]

Es ist, als wollte er sich nicht eingestehen, wie nahe ihm selbst der Freund gestanden hatte.

Ganz leben oder gar nicht
Faszination Nationalsozialismus

Hans Scholls frühe Briefe zeigen seine Nähe zum nationalkonservativen, revolutionären, tendenziell völkischen Gedankengut. Auch in einem Brief, den er vor der Hausdurchsuchung an seine Mutter schrieb, wird diese enge Beziehung deutlich. Darin grüßt er sie am 4. Mai 1937 aus dem Arbeitsdienst in Göppingen mit einem Marschlied und sendet ihr «viele tausend Glückwünsche» zum sechsundfünfzigsten Geburtstag.[139] Es sei wichtig, «einmal von zuhause los[zu]kommen». Zum Trost und um «seinen innersten Gefühlen im Liede wenigstens Luft schaffen zu können», singe man dieses Lied:

Weit ist der Weg zurück ins Heimatland, weit – so weit,
dort über Sternen überm Waldesrand lacht die alte Zeit –
jeder brave Musketier sehnt heimlich sich nach Dir –
doch weit ist der Weg zurück ins Heimatland, so weit, so weit.

Hans Scholl zitierte damit nur die erste Strophe dieses Soldatenlieds aus dem Ersten Weltkrieg, das zum Kampflied der Hitlerjugend geworden war, denn der Refrain beschränkte das Leben aufs Irdische und stand damit im Gegensatz zum lebendigen Auferstehungsglauben seiner Mutter:

Die Wolken ziehn dahin, daher.
Sie ziehn wohl über's Meer.
Der Mensch lebt nur einmal –
und dann nicht mehr.

Die weiteren Strophen sind noch kruder. Sie handeln von Fahnentreue, Todesmut und Freiheitskampf. Nicht an Gott, sondern an den Sieg wird geglaubt:

Hoch weht die Fahne in dem Morgenwind, so hoch, so hoch.
Viele, die ihr treu gefolgt sind, holt der Schnitter Tod.
Und die alte schöne Zeit, sie kommt nimmermehr.
Doch hoch weht die Fahne nun trotz aller Not. Wir folgen ihr.

Drum halte aus, und kommt es schlimmer noch, dann drauf und dran!
Wer will denn leben unter fremdem Joch? Stürmt den Berg hinan!
Fällt es uns auch noch so schwer, wir weichen nimmermehr.
Ja, heut' wird der Sieg wie immer unser sein. Wir glauben dran.

Vom Kehrreim kursierte auch eine häufig angestimmte antisemitische Variante:

Die Juden ziehen dahin, daher,
sie ziehen durchs Rote Meer,
die Wellen schlagen zu,
die Welt hat Ruh.

Das Landsknechtslied «Tschang-King-Fu», das Hans Scholl Ende 1937 begann und erst Mitte 1938 beendete, liegt inhaltlich auf der gleichen Ebene wie dieses Kriegslied. Lange Zeit glaubte er, seine nationalrevolutionäre Anschauung in bündischen und nationalsozialistischen Organisationen gleichermaßen verwirklichen zu können. Nur wollte er alles «besser», das heißt intensiver und radikaler, eben «eine Stufe höher» machen, so, wie er es seiner Schwester Inge schrieb: «Ganz leben oder gar nicht!»[140]

Am vorletzten Tag seines Arbeitsdienstes in Göppingen korrespondierte er am 8. Oktober 1937 mit seiner Schwester Inge.[141] Der Brief belegt die «überragende, unantastbare, einsame Größe», die Stefan George für ihn hatte. Wer damals die Poetik des Dichters liebte, bekannte sich zugleich zu dessen Idee eines anderen Deutschland. Scholls Worte waren also auch eine politische Aussage. Doch ob Georges Gedanken reaktionär oder revolutionär waren, wurde (und wird) unterschiedlich gesehen. Auf die Prophetie des Dichters bezogen sich so unterschiedliche Personen wie der Propagandaminister Joseph Goebbels und der Attentäter Claus Schenk Graf von Stauffenberg.

Es ist nicht leicht, aus diesen beiden Briefen zu schließen, wie nah Hans Scholl der nationalsozialistischen Ideologie stand. Charisma und Extremismus ließen sich gut mit dem braunen Denken verbinden. Kennzeichen der «Bewegung» war die elitäre Auslese von Führerpersönlichkeiten und eine heroische Kompromisslosigkeit. Dagegen waren Hans Scholls Individualität, seine Naturmystik und Seelenfrömmigkeit unvereinbar mit dem «Dritten Reich». Dort zählte nicht der Einzelne, sondern das Volk; Blut und Boden wurden zwar zu mythischen Größen, aber die Natur insgesamt war nicht numinos aufgeladen, sondern wurde als «Lebensraum» oder zur «Züchtung» in Dienst genommen. Nicht stille Kontemplation wurde gesucht, sondern völkischer Gottglaube gepredigt. Hans Scholls Bilder von «feuriger Flamme», «federndem Stahl» und «trockener Weissglut», die er mit seinen Jungen sein wollte, blieben politisch unscharf. Wie bei Stefan Georges Philosophie konnten radikale Bewegungen von weit links und rechts sie auf ihre Fahnen setzen.

Die gravierende Unvereinbarkeit bestand aber zwischen der wachsenden nationalsozialistischen Uniformierung des Landes und Hans Scholls ungestümem Freiheitsdrang. Im Sommer 1943 urteilte Robert Scholl rückblickend, sein Sohn sei ein Grenzgänger gewesen, einer, der bis zum Äußersten ging, auch um es zu überschreiten: «Das Gehen dem Bahndamm entlang und über den Bahndamm hinweg» sei «typisch hansisch» gewesen. Das habe ihm von dessen «15. oder 16. Lebensjahr an manchmal im stillen Sorge bereitet». Schon damals fürchtete er, dass «ein derartiges Freiheits- und Unabhängigkeitsgefühl in einem so starren Staate [...] zu manchem tragischen Zusammenstoß führen» werde. Dieses «Freiheitsbedürfnis» habe er selbst auch, doch sei er «von Natur zaghaft, schüchtern und daher fast feige, während Hans mutig, kühn und verwegen war».[142] Solange Hans Scholl seine couragierte Unabhängigkeit noch einigermaßen in *dj.1.11*, DJ und HJ ausleben konnte, kam es nicht zu einem grundsätzlichen Bruch mit dem NS-Staat.

Bis zum Herbst 1937 war es unentschieden, ob sich Hans Scholl einer nationalsozialistischen Karriere zuwenden oder gegen den Nationalsozialismus stellen werde. Die monatelange Strafverfolgung durch die NS-Behörden, die Beschneidung seiner Unabhängigkeit, die öffentliche Schmach, ein «175er» zu sein, und die Demütigung vor der eigenen Familie verschoben jedoch die Gewichte. Er musste seine persönliche Werteskala neu ausrichten. Danach führte sein Weg nicht mehr zu einem gehorsamen, todesbereiten und todbringenden SS-Mann, sondern zu einem unangepassten, widerständigen und opferbereiten Freiheitskämpfer. Bereits 1936 hatte er in sein Fahrtenbuch der Schwedenreise in Schönschrift ein Gedicht Friedrich Gundolfs – Germanist, Dichter, Anhänger Stefan Georges – eingetragen,[143] das nicht nur die Gesinnung weiter bündischer Kreise, sondern auch die von Hans Scholl wiedergibt:

Schließ Aug und Ohr für eine Weil
Vor dem Getös der Zeit,
Du heilst es nicht und hast kein Heil
Als wo dein Herz sich weiht.

Dein Amt ist hüten, harren, sehn
Im Tag die Ewigkeit.
Du bist schon so im Weltgeschehn
Befangen und befreit.

Die Stunde kommt, da man dich braucht.
Dann sei du ganz bereit
Und in das Feuer, das verraucht,
Wirf dich als letztes Scheit.

DRITTES KAPITEL
Wendezeit, 1937–1939

Nüchtern verzeichnet das Gestapo-Verhörprotokoll vom 18. Februar 1943 die Wegstrecke, auf der Hans Scholl sich vom Anhänger zum Gegner Hitlers wandelte:

> Im Frühjahr 1937 wurde ich zum Arbeitsdienst einberufen. Ich hatte mich freiwillig gemeldet. Anschliessend war ich 7 Monate [bei] der RAD-Abteilung 3/265 in Göppingen. Im November 1937 rückte ich freiwillig zum Kav. Regt. 18 in Bad Cannstatt ein, wo ich ein Jahr diente.[1]

Doch die hierauf folgende Zeit von November 1937 bis zum Sommer 1938 erschütterte Hans Scholl bis in die Grundfesten seiner Existenz. Es war die schwerste Krise seines noch jungen Lebens. Voran gingen verbotene Bücher, unbekannte Briefe, ein heimlicher Freund – und eine große Liebe.

Große Liebe
Siebzehn Tage Haft

Zwölf Tage nach der Durchsuchung der elterlichen Wohnung in Ulm durch die Gestapo wurde am Montag, den 22. November 1937, der «led. [ige] Reiter» mit «Wohnung: Reiterkaserne Bad-Cannstatt Hallschlag» von der Geheimen Staatspolizei in Bad Cannstatt vernommen.[2] Man befragte Hans Scholl zunächst nur als Zeugen in Sachen «Bündische Betätigung». Ohne dass er etwas davon ahnte, eskalierten inzwischen die Ereignisse: Zum Vorwurf illegaler Jugendarbeit traten die Ermittlungen gegen ihn wegen Homosexualität (§ 175) und der Vorwurf sexuellen Missbrauchs Abhängiger (§ 174).

Drei Tage vor der Vernehmung, am Freitag, den 19. November 1937, hatte ihm seine Mutter Magdalene einen Brief geschrieben.[3] Hauptthema war die Untersuchung der Gestapo gegen etliche Mitglieder der Ulmer Jungengruppe *Trabanten* wegen Vergehens gegen § 175. Ausgerechnet durch die Zeugenaussage von Hans' jüngerem Bruder Werner und von Wolf Englert, einem Mitglied der Gruppe, hatte sich der Verdacht der Homosexualität gegen Ernst Reden erhärtet. Die Gestapo bat Inge Scholl, diese – durch die Zeugenaussagen der beiden Jungen – neue Situation der Mutter «vorsichtig» mitzuteilen. Lina Scholl war entsetzt und machte sich «furchtbar» Gedanken, weil Homosexualität für sie eine Sünde war. Besonders wichtig war ihr nun der Zusammenhalt der Familie. Sie zitierte das Wort Jesu gegen die Ankläger einer angeblichen Ehebrecherin: Wer ohne Verfehlung sei, der solle den ersten Stein werfen.[4]

Lina Scholl ahnte zu dieser Zeit nicht, dass ihr Sohn Hans mit Rolf Futterknecht mindestens ein Jahr lang ein Liebesverhältnis gehabt hatte. Anders ist es nicht zu erklären, dass sie ihren Ältesten um ein erzieherisches Gespräch mit seinem Bruder Werner und Wolf Englert bat und meinte, die homosexuelle «Geißel» müsse mit Gottes Hilfe «ausgerottet» werden.[5]

Am Dienstag, den 23. November 1937, wurde Ernst Reden verhaftet, tags darauf Rolf Futterknecht vernommen. Der siebzehnjährige Realschüler hatte an diesem Tag gegenüber dem Ulmer «SS-Untersturmführer *Herrmann* [...] angegeben, daß sein früherer Fähnleinführer im Jungvolk, der als Täter näher bezeichnete Hans *Scholl*, in den Jahren 1935 und 1936 an ihm wiederholt unzüchtige Handlungen vorgenommen habe».[6] Futterknecht wurde gleich am nächsten Tag von Beamten der Staatspolizei in Stuttgart verhört.

Die Niederschrift der Anhörung hält in großer Ausführlichkeit eine Vielzahl homosexueller Kontakte der beiden Jungen auf Gruppenfahrten und in Wohnungen fest. Scholl habe – so Futterknecht – während des Osterlagers 1936 «wiederholt [...] wüste Sachen» mit ihm gemacht:

> Zum Schlafen hatten wir den Trainingsanzug an. [...] Er [Scholl] streifte mir einfach den Trainingsanzug hinunter und griff mir unter den Gummizug mit der Hand an meinen blossen Geschlechtsteil [sic]. Sodann spielte er mir daran wie früher, wobei mein Glied jeweils steif wurde.

Futterknecht erläuterte, dass sein Verhalten passiv gewesen sei, die sexuellen Aktivitäten seien stets von Scholl ausgegangen.

Hans Scholl
als Siebzehnjähriger
um 1936

Aufgrund dieser Aussage erfolgte am Donnerstag, den 25. November 1937, die Strafanzeige gegen Scholl wegen «Verbrechen i. S. d. § 175a, Ziff. 2 des StGB». Wann Hans Scholl von dieser Anklage Kenntnis erhielt, ist nicht klar. Am Samstag, den 27. November, dem ersten Adventwochenende, schrieb er seiner Mutter. In diesem Brief ging er nur vom Vorwurf der fortgesetzten bündischen Betätigung aus und äußerte sich zu den pädagogischen Idealen, die er mit seinem Engagement im Jungenbund habe vermitteln wollen. Er bedankte sich für das hilfreiche Bibelwort, das sie ihm gesandt habe, und hoffte, «dass wir wieder frohe Menschen werden». Noch glaubte er, dass in der Angelegenheit illegaler Jugendtreffen so schnell nichts geschehen werde: «Die nächste Woche wird mir wahrscheinlich wenig Neues bringen.»[7]

Doch bereits vier Tage später beantragte die nationalsozialistische Justiz eine Überstellung des Soldaten Scholl von der Kriegsgerichtsbarkeit zur zivilen.[8] Von da an waren die Anschuldigungen gegen Hans Scholl – illegale Jugendarbeit und Unzucht – seinen militärischen Vorgesetzten bekannt.

Hans Scholl aber plante gerade eine Karriere in der Wehrmacht. Einen Tag vor seiner Festnahme bereitete er sich darauf vor, Offizier zu werden. Dafür ließ er sich eine Hose schneidern. Fröhlich berichtete er seinen Eltern: «Ich habe mir jetzt eine Hose anmessen lassen bei einem bekannten Stuttgarter Geschäft. Sie kostet 48 RM. – eine Unmenge Geld! Es ist dieselbe Hose, wie sie die Offiziere tragen (weil ich doch sehr wahrscheinlich die Res.-Offz.-Laufbahn einschlagen werde).»[9] Das Kleidungsstück wurde zum Zeichen seiner erträumten Soldatenkarriere. Am 13. Dezember 1937 erklärte Vater Scholl die Hose zum «Weihnachtsgeschenk», und vier Tage später richtete Lina Scholl vom Vater aus, dass er «Deine Hose bezahlt habe. Die war zwar noch nicht fertig.»[10]

Nur einen Tag nach den Briefen an seine Eltern platzten diese Träume. Das Protokoll der Gestapo Stuttgart vom 14. Dezember 1937 hält fest, wie er in der Kaserne festgenommen und zur Vernehmung bei der Geheimen Staatspolizei abgeführt wurde. Man konfrontierte ihn sogleich mit dem am 25. November 1937 von der Gestapo verfassten mehrseitigen Verhörprotokoll Rolf Futterknechts, in dem der Hauptvorwurf «Unzucht» konkretisiert war.[11] Er habe sich «vom Januar 1935 bis Herbst 1936» dem damals knapp fünfzehnjährigen Rolf Futterknecht, einem Jungen seiner Gruppe, «in unsittlicher Weise» genähert.[12] Hans Scholl gab Umfang und Art der Sexualkontakte zu und räumte ein, dass er «der schuldige Teil» gewesen sei. Er habe «bei Futterknecht gewissermaßen als Autorität» gegolten, «der er sich untergeordnet hat». Er habe sich aber stets «nachher die größten Vorwürfe darüber gemacht und […] fest vorgenommen, es in Zukunft zu unterlassen». Es sei aber «leider» so gewesen, dass er «manchmal», wenn er «in die Nähe von Futterknecht kam, nicht widerstehen konnte». Bei den Kontakten sei bei ihm «Samenerguss eingetreten» und er habe eine «geschlechtliche Befriedigung […] verspürt». Er sei schon vor den sexuellen Kontakten länger mit Futterknecht befreundet gewesen; von der Strafbarkeit seiner Handlungen habe er erst später erfahren.

Erstaunlich ist, wie Hans Scholl sein Tun begründete. Zwar räumte er ein, eine «Schweinerei» begangen zu haben, aber das Motiv für seine «Schwäche» sei Liebe gewesen. Die Mitschrift verzeichnet diese Aussage an drei Stellen: «Die Beweggründe zu meiner Handlungsweise kann ich mir nur aus der grossen Liebe erklären, die ich zu Futterknecht gehabt habe.» Er habe «in einer übersteigerten Liebe zu Futterknecht hinübergegriffen», später habe er Futterknecht gegenüber erklärt, «dass dies damals nur daher kam, weil ich ihm seinerzeit eine gewissermaßen übersteigerte Liebe entgegengebracht hätte, die irgendwie einen Ausweg gesucht hat». Nie wieder nannte Hans Scholl eine andere Beziehung seine «große Liebe».

Sein Partner Rolf Futterknecht hat vor der Gestapo die heftigen Gefühle, die beide füreinander empfanden, und die schmerzhafte Zerrissenheit Scholls eindrucksvoll geschildert. Zwar sei er selbst «nicht homosexuell veranlagt», aber

> an Scholl fühlte ich mich gewissermaßen gebunden, da er mein Fähnleinführer war und durch sein ganzes Wesen einen bestimmten Einfluss auf mich ausübte. Zuerst war Scholl, wie ich bereits erwähnte, mein Ideal und ich hatte ihn immer sehr geachtet. Später dagegen ist meine Achtung vor ihm durch diese Vorkommnisse tief gesunken, auch kam er mir manchmal vor, als ob er nicht ganz mehr bei Sinnen gewesen wäre. Dies hat er selbst einmal zum Ausdruck gebracht, indem er zu mir sagte, ich solle ihn doch nicht für ganz normal halten. Außerdem hat er sich fast nach jedem Vorfall bei mir für seine Tat entschuldigt, zu mir gesagt, ich solle doch das Alte vergessen, sich aber trotzdem immer wieder von Neuem zu unsittlichen Handlungen an mir hinreißen lassen. Dabei hat er des öfteren auch gesagt, er hätte mich so furchtbar gern. Ich möchte nochmals bemerken, daß ich durch die von Scholl an mir vorgenommenen Handlungen keine geschlechtliche Befriedigung gehabt habe, ich nehme aber an, daß dies bei Hans Scholl wohl der Fall gewesen sein dürfte.[13]

Von seiner Passivität und Emotionslosigkeit konnte Futterknecht die Richter jedoch nicht überzeugen. Das Sondergericht urteilte im Juni 1938, er sei «derartigen Dingen gegenüber nicht unerfahren und abgeneigt» gewesen.[14] Vielleicht hat zu dieser Einschätzung die Aussage Max von Neubecks – des früheren Ulmer Dienstvorgesetzten Scholls – beigetragen. Als Zeuge von der Gestapo befragt, gab er zu Protokoll, über frühere homosexuelle «Schweinereien» in Ulmer Jungengruppen könne vielleicht auch Rolf Futterknecht berichten.[15]

Angeblich soll nach dem Osterlager 1936 die Liebesbeziehung beendet gewesen sein. Doch zu einem Bruch zwischen Scholl und Futterknecht kam es nicht. Auf der Schwedenfahrt im Sommer 1936 trampten sie gemeinsam und organisierten zu zweit die Verpflegung der Gruppe.[16] Im Winterlager 1936/37 kampierten sie zusammen.[17] Scholl sei ihm aber in dieser Zeit nicht mehr «näher» getreten, wohl – so Futterknecht – weil er sich vor ihm «schämte und deshalb nichts mehr mit mir machen wollte».[18] Scholl hingegen gab an, er habe sich von Futterknecht «getrennt», weil er «das Gefühl [hatte], dass er mich nicht mehr als Freund haben wollte. Das Vorgefallene hat m. E. dabei keine Rolle gespielt.»[19]

Scham, Kränkung, Gewissenspein, Freundschafts- und Liebesverlust mögen die Gründe gewesen sein, warum Rolf Futterknecht dem SS-Untersturmführer Herrmann Meldung machte, Hans Scholl habe «an ihm wiederholt unzüchtige Handlungen vorgenommen». Gut vorstellbar ist auch, dass er von dem SS-Mann gehört hatte, wie «schädlich» und «pervers» Homosexualität sei, und glaubte, mit seiner Denunziation zur «Reinheit des Volkskörpers» beizutragen. Allein die Anschuldigung, jemand sei homosexuell, bedeutete in der Zeit des Nationalsozialismus eine Stigmatisierung und konnte zu gesellschaftlichem Ruin führen. Der NS-Staat hatte durch die am 28. Juni 1935 erfolgte und am 1. September 1935 in Kraft getretene drastische Verschärfung des § 175 eine Hatz auf Homosexuelle eingeläutet. «Mißbrauch» von Abhängigen konnte nun «mit Zuchthaus bis zu zehn Jahren» geahndet werden.[20]

Dass Scholl «Liebe» als Hauptmotiv nannte, war entweder naiv, wenn er glaubte, damit seinen Taten das «Verbrecherische» zu nehmen, oder es war bewegend ehrlich. Wahrscheinlich trifft Letzteres zu, denn Taktieren fiel ihm sehr schwer. Für Hans Scholl hatte der Mensch die Wahl zwischen Wahr und Falsch, «zwischen Echt und Unecht und», so Scholl, «der bessere Teil in uns hat sich für das Echte, für das Wahre entschlossen».[21]

Am 15. Dezember 1937 entschied das Amtsgericht Stuttgart,

> den Besch.[uldigten] in Unters.[uchungs]-Haft zu nehmen, weil er dringend verdächtig erscheint, er habe einen anderen Mann unter Mißbrauch einer durch ein Unterordnungsverhältnis begründeten Abhängigkeit bestimmt, sich von ihm zur Unzucht missbrauchen zu lassen […] weil angesichts der wegen dieses Verbrechens zu erwartenden hohen Strafe Fluchtverdacht nicht auszuschliessen ist. […] Ab in Unters.-Haft 2 Uhr 30 Min.[22]

Scholl musste das Weihnachtsfest fern von seiner Familie im Gefängnis verbringen. Sein Traum von einer militärischen Karriere zerstob, seine leidenschaftliche Jungenpädagogik wurde kriminalisiert und seine sexuelle Neigung wurde bloßgestellt. Zwischen der Hausdurchsuchung im Ulmer Elternhaus am 11. November 1937 und dem Gerichtsurteil am 2. Juni 1938 lagen für ihn fast sieben schreckliche Monate.

Am selben Tag, an dem Hans Scholl verhört wurde, sandte Magdalene Scholl – in Unkenntnis der Verhaftung – ihrem Sohn einen Gruß in die Bad Cannstatter Kaserne. Die Karte wurde von dort ins Untersuchungsgefängnis Stuttgart, Zweiganstalt Bad Cannstatt, weitergeleitet. Ihr Sohn war also mehr als eine Woche im Gefängnis, als er las:

> Lieber Hans! Dein frisch-fröhlicher Brief freute uns recht, möge nur die Freude u. die tiefe Befriedigung an Deinem jetzigen Soldatenberuf weiter so lichterloh brennen wie jetzt im Anfang. Ich möchte Dich auch hierbei an den Spruch erinnern, den wir Dir zur letzten Weihnacht gaben von der «Flamme». «Rein u. hell» u. ganz. Gott sei mit Dir, wo Du auch immer seist, dann ist erst die Freude voll. [...] Behüt Dich Gott. Von allen herzl. Grüße. In Liebe D. Mutter.[23]

Die Postkarte war ein Gruß wie aus einer anderen Zeit, viel war seitdem geschehen. Im Untersuchungsgefängnis setzte Hans Scholl noch am Tag seiner Vorführung vor dem Amtsgericht Stuttgart am 14. Dezember einen Brief an seine Eltern auf, in dem er seine gleichgeschlechtliche Orientierung bestätigte:

> Meine lieben Eltern,
> Ihr werdet sehr erschrocken sein, als Ihr gehört habt, daß ich verhaftet bin. Es ist mir nachgewiesen worden, daß ich mich, als ich noch 16 Jahre alt war, wegen § 175 vergangen habe. Ich hatte mich damals in innern Kämpfen selber wieder hoch gebracht und auch mit dem Jungen darüber gesprochen. Ich glaube, mich durch unermüdliche Arbeit an mir selber wieder rein gewaschen zu haben. Aber jetzt, wo diese ekelhafte Sache vor Gericht angekommen ist, muß ich meiner Bestrafung entgegensehen. Ob ich im Heer weiterdienen kann, weiß ich noch nicht. Ich bitte vor allem Dich, Mutter, mir zu verzeihen. Um mich müßt Ihr jetzt nicht besorgt sein. Erzählt bitte den Geschwistern nichts davon, außer Inge.
> Hoffentlich geht es in Vaters Geschäft immer gut; und daß die Familie innerlich gestärkt und zusammen gereift wie noch nie das Weihnachtsfest feiern kann, gibt mir einen innern Halt. Feiert Weihnacht fröhlich und lasst Eure Freude durch nichts trüben. Über allem Niederen, das uns umgibt,

schwebt ja in innerer heiliger Höh über allen Wolken dieses ewige Schicksal, dem ewig wir verfallen sind.
Herzliche Grüße!
Euer Sohn Hans.
Schickt mir bitte eine Kleinigkeit Geld und Bücher an das Amtsgerichtsgefängnis Stuttgart.[24]

Der Druck von Erziehung und Gesellschaft, bürgerlicher Moral und christlicher Tradition war so groß, dass Scholl glaubte, sich «rein waschen» zu müssen. Das hinderte ihn aber nicht, einige Monate später ein einfühlsames Gedicht an und über eine androgyn-erotische Engelsgestalt, den «Gottesreiter», zu verfassen, sich für die knabenhaft-grazilen Figuren der Renée Sintenis zu begeistern, die Werke der bi- bzw. homosexuellen Poeten Rilke, George und Verlaine zu verehren und in den Jahren 1939–1940 eng mit Hellmut Hartert und ab 1941 mit Alexander Schmorell befreundet zu sein.

Am Freitag, den 17. Dezember 1937, besuchte Robert Scholl seinen Sohn im Untersuchungsgefängnis Stuttgart/Zweiganstalt Bad Cannstatt. Am selben Tag traf er in Stuttgart den Dienstvorgesetzten seines Sohnes, Rittmeister Jörg Scupin, mit einem weiteren Offizier. Sie werden sich dabei über das juristische Vorgehen abgestimmt haben.

Noch am selben Tag sprach Scupin mit «Amtsgerichtsrat Eisele» und dem «Kriegsrichter». Er hatte erkannt, dass die Anklage wegen Vergehens gegen §§ 174/175 schwerer wog als der Vorwurf fortgesetzter bündischer Betätigung. Darum erläuterte der Schwadronschef am 20. Dezember 1937 Robert Scholl: «Die Schwierigkeit liegt eben zunächst darin, dass ein gewisses Vorgesetztenverhältnis [Scholls] als Jugendführer möglicher Weise konstruiert wird; wenn dies nicht der Fall wäre, würde die ganze Geschichte voraussichtlich unter den Tisch fallen.»[25]

Nachdem Robert Scholl von seinen Gesprächen mit Hans und Scupin zurück in Ulm war und berichtet hatte, informierte Magdalene Scholl sofort ihren Ältesten. Sie kümmerte sich, wie stets, um Leib und Seele ihres Sohnes, erhob keine Vorwürfe, vertraute – ohne Fatalismus –, «wie es komme» und forderte ihn auf, in der Bibel zu lesen und zu beten.[26] Wie viel ihm diese Zuwendung bedeutete, bekannte Hans Scholl am 22. Januar 1938 seiner Mutter: «Deine stille Glut, diese sichere Wärme ist wohl das Größte, das man im Leben finden kann», und:

Ich bin noch jung, ich will nicht alt und erfahren sein, aber über dem flackernden Auflohen einer jungen Seele spüre ich manchmal den ewigen Hauch eines unendlich großen und stillen Etwas. Gott. Schicksal.[27]

Noch unschlüssig war er sich aber, ob er dieses «unendlich große und stille Etwas» auch mit «Gott» gleichsetzen konnte, so, wie es seine pietistische Mutter tat, die in allem den göttlichen Ratschluss sah.

Als Hans Scholl am Samstag, den 18. Dezember 1937, einen Tag nach dem Treffen mit seinem Vater, seinen Eltern aus dem Gefängnis berichtete, erwähnte er keine Einzelheiten, aber: «Es tut mir so unendlich leid, dass ich dieses Unglück über die Familie gebracht habe, und in den ersten Tagen meiner Haft war ich oft der Verzweiflung nahe.»[28] Doch er blickte bereits nach vorne. Jetzt verstand er seine Situation als Aufgabe, als Chance: «Ich will alles wieder gut machen; wenn ich wieder frei bin, will ich arbeiten und nur arbeiten, damit Ihr wieder mit Stolz auf Euren Sohn sehen könnt.» Nun, wo er «viel Zeit zur Besinnung» hatte, wünschte er nicht nur, diese schreckliche Zeit zu vergessen, vielmehr wollte er «etwas Großes […] werden für die Menschheit». Er wollte Leid durch kreative Arbeit überwinden. Das entsprach dem protestantischen Ethos der Scholl-Familie.

Magdalene Scholl erwiderte das Schreiben ihres Sohnes vom 18. Dezember 1937 vier Tage später mit einem innigen Weihnachtsbrief:

Mein lieber Hans!
Nimm herzlichen Dank für Deinen l.[ieben] Brief. Es war uns nachher wieder etwas leichter ums Herz, als wir lasen, daß Du Dich etwas gefasst hast. Es ist ja für Dich am schwersten, weil Du so allein bist u. immer das ganze Schwere vor Dir steht, während wir daheim durch die Arbeit abgelenkt werden. […] Es wird bald wieder ganz hell werden, laß Dich fallen in Gottes Arme, die der größten Not gewachsen sind u. stark genug, Dich nicht ins Dunkel fallen zu lassen.[29]

Lina setzte alles daran, den Glauben ihres Sohnes zu festigen. Von der frohen Botschaft des Weihnachtsevangeliums durchdrungen, fasste sie zusammen: «So sind wir trotz allem froh», und nahm ihn mit in den tragenden und bergenden Familienkreis.

Hans Scholl folgte in Vielem dem Rat seiner Mutter. Also wird er auch in dem Neuen Testament gelesen haben, das sie ihm ins Gefängnis

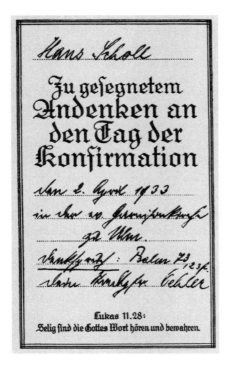

«Zu gesegnetem Andenken»: Widmungsblatt der Konfirmationsbibel von Hans Scholl, Ulm, 2. April 1933

sandte.³⁰ Wahrscheinlich handelte es sich um das Exemplar, das er zu seiner Konfirmation am 2. April 1933 erhalten hatte. Auf dem Widmungsblatt der Bibel steht:

Hans Scholl
Zu gesegnetem
Andenken an
den Tag der Konfirmation
den 2. April 1933
in der ev. Garnisonkirche
zu Ulm.
Denkspruch: Psalm 73,23 f.
Dein Stadtpfr. Oehler
Lukas 11.28:
Selig sind die Gottes Wort hören und bewahren.

Der Verfasser des 73. Psalms kritisiert mit äußerst scharfen Worten Luxus, Selbstgerechtigkeit und Gottlosigkeit der Herrschenden. Als er beobachtet, dass die Menge denen nachläuft, die nicht nach Gottes Willen fragen, und der «Pöbel» gerne deren Lügen glaubt, ist er der Verzweiflung nahe. Doch als er sich im Tempel besinnt, wird ihm klar, dass Gott diese «fetten Wänste» stürzen wird: «Wie werden sie so plötzlich zunichte! Sie gehen unter und nehmen ein Ende mit Schrecken.» Ohne Verstand sei er gewesen, als er glaubte, Gott sei blind für das, was auf Erden geschehe. Er werde trotz aller Widrigkeiten Gott vertrauen.

Wenn Hans Scholl in der Gefängniszelle die Bibel aufschlug und den 73. Psalm las, konnte er das als Widerstands- und Ermutigungswort lesen. Die Hauptaussage des Psalms, trotz aller Widrigkeiten «dennoch» nicht aufzugeben, erinnert an ein Goethe-Wort, das in der Familie eine Art Code war: «Allen Gewalten zum Trutz sich erhalten.»[31] Die Scholls riefen sich das nicht nur zu oder zitierten es in Briefen, es steht zudem in Schönschrift auf einer von einem handgearbeiteten Kartonrahmen umfassten Schmuckkarte, die vermutlich in der Ulmer Wohnung ihren Platz hatte. Das vollständige Gedicht lautet:

Feiger Gedanken
Bängliches Schwanken,
Weibisches Zagen,
Aengstliches Klagen
Wendet kein Elend,
Macht dich nicht frei.

Allen Gewalten
Zum Trutz sich erhalten;
Nimmer sich beugen,
Kräftig sich zeigen,
Rufet die Arme
Der Götter herbei!

Betonte Lina Scholl stets die christlich-spirituelle Kraft, mit der sie für ihren Sohn stritt, so versuchte ihr Mann Robert auf juristischem Wege alles, um Hans aus dem Gefängnis freizubekommen. Seine und des Rechtsanwalts Anstrengungen hatten schließlich Erfolg. Der Haftbefehl wurde am 30. Dezember 1937 aufgehoben.[32] Siebzehn Tage, vom 13.

bis zum 30. Dezember 1937, war Scholl inhaftiert. Er erhielt von seinem Schwadronschef Scupin einige Tage Urlaub, die er zuhause in Ulm verbrachte; am 6. Januar 1938 war er wieder in der Kaserne.[33]

Doch wie schockiert und verwirrt er weiterhin war, belegt ein Zustandsbericht an seine Eltern vom 20. Januar 1938. Ihn quälten Orientierungslosigkeit, Depression und Minderwertigkeitsgefühle, die er vor den anderen überspielen musste:

> Meine lieben Eltern,
> Eure lieben Briefe habe ich erhalten. Ich danke Euch für Eure guten Worte. Nun muß ich aber leider mitteilen, daß ich am kommenden Samstag zu meiner allergrößten Bedauernis nicht nach Hause fahren kann, da unserer Korporalschaft der Ausgang immer noch gesperrt ist. Ich glaube, daß das mich am härtesten trifft. Denn ich finde mich hier mit dem besten Willen [nicht] mehr ganz zurecht. Es gibt Stunden, da ist alles in bester Ordnung, und dann ist wieder dieser trübe Schatten da und überdeckt alles. Ich kämpfe dauernd mit Minderwertigkeitsgefühlen. Ich kann mir nicht helfen, aber es ist so. Meinen Kameraden und Vorgesetzten gegenüber muß ich natürlich dauernd Theater spielen. Hoffentlich wird das bald anders. Ich bin sehr froh, dass zu hause bei Euch alles gut ist.[34]

Ich sah sein schemenhaftes Gesicht
Begegnung mit Hitler

Lina Scholl verstand die Zeilen ihres Sohnes nach der Haftentlassung zu Recht als Hilferuf und antwortete ihm noch am selben Tag.[35] Ihr Brief verknüpfte mütterlich-seelsorgerliche Zuwendung mit protestantischer Pflichtethik. Es sei seine Aufgabe, das Möglichste für andere zu geben. Sie verlangte von ihm, hart gegen sich selbst zu sein; wenn das mit dem Dienst am Nächsten verbunden sei, befriedige es wirklich. Weil sie als Schwäbisch Haller Diakonisse selber für Kranke und Leidende da gewesen war und als Mutter in einer siebenköpfigen Familie ihre Forderung nach einem aufopfernden Dienst vorlebte, hatte ihr Appell besonderes Gewicht.

Zu den «trüben Schatten» und «Minderwertigkeitsgefühlen», von denen er sprach, merkte sie an, Hans solle auch die «Moll-Töne» des Lebens «singen» – also annehmen – und das Beste daraus machen. Wichtig sei die Reinheit des Tons, wenn es nicht mutwilliges eigenes Verschulden sei, das diesen dunkel-gedämpften Ton ins Leben gebracht habe. Er solle der Sünde gestorben sein und in Christus Jesus leben.[36] Sie vertraute darauf, in «Gottes Erbarmen» zu fallen, so dass keine «Gewalt noch Macht» sie «an Gottes Liebe irre» machen könne. Lina Scholls seelsorgerlicher Trost gipfelte im Leitbild Jesu, der in der Stunde des Todes zuletzt doch Gott vertraute. Mit ihrer Ermahnung, «nicht mehr zu sündigen», appellierte sie an die Eigenverantwortung ihres Sohnes, brandmarkte damit aber auch die gleichgeschlechtlichen Handlungen als Übertretung eines göttlichen Gebotes. Bei aller fürsorglichen Zuwendung vertiefte sie damit den Gewissenskonflikt des Neunzehnjährigen.

Im Februar schien Hans Scholl seine Krise überwunden zu haben. Sein Brief vom 14. Februar 1938 an die Eltern ist voll fröhlichen Übermuts. Er berichtete am Montag, der Sonntag habe einen «sehr schönen Verlauf genommen».[37] Zunächst sei er bei «Verwandten in Gablenberg» gewesen, dann habe er sich mit Lisa Remppis «in unserer alten Heimat Ludwigsburg» getroffen.[38] «Schöne Erinnerungen» seien «wieder wach» geworden, als sie «unter den alten Bäumen des verschneiten Schlossgartens schritten». Für das kommende Wochenende plante er, «schon wieder» nach Ulm zu kommen, um von dort aus «zum Skifahren ins Gebirge» aufzubrechen, denn er habe aufgrund seiner Leistungen beim Pistolenschießen «1 Tag Sonderurlaub bekommen». Scherzhaft fragte er: «Ich hoffe, daß Ihr nichts dagegen habt», und gab gleich seinem jüngeren Bruder Werner die Weisung, «Inges Latten grundzuwachsen». Zu Scholls gehobener Stimmung passte seine positive Beurteilung des Militärdienstes: «Der Dienst hat mit unserem Motorradfahren wieder viel Abwechslung bekommen. Heute war es ganz herrlich, durch den Schneematsch zu flitzen», und, als sei das eine weitere Gratifikation: «Einen Leutnant haben wir jetzt auch.» Er bedankte sich bei seiner Mutter für «Brief und Paket» und zeichnete schwungvoll: «Auf baldiges Wiedersehen! Euer Hans.» Die Absicht des Schreibens ist deutlich. Er wollte den Eltern signalisieren, er sei wieder aus den «trüben Schatten» und den «Minderwertigkeitsgefühlen» aufgetaucht und habe die Lebensfreude wiedergefunden.[39]

Die Freude am Militärdienst hielt zunächst weiter an. Am Aschermittwoch 1938 berichtete er seinen Eltern von einem in der vorangegangenen Woche abgehaltenen Manöver auf dem «Großen Heuberg» auf der Schwäbischen Alb. Ihn habe ein «richtiges Jagdfieber überkommen», als er mit der «Pak. [...] auf die schweren Panzer(Attrappen) scharfgeschossen» habe.[40]

Wirklich in seinem Element fühlte er sich aber, sobald er durch die Landschaft streifen konnte. Er wanderte rund fünfzehn Kilometer zum Donaudurchbruch bei Beuron hinunter und schrieb bewegt:

> Sonntag gingen wir zu Fuß ins Donautal. Das Wetter war nimmer gut, aber auch der Nebel hat seine Schönheit. Der Donaudurchbruch durch die Alb ist eine überaus wunderbare Landschaft. In unzähligen großen Windungen bahnt sich der Strom seinen Weg durch das Gestein und an beiden Ufern steigen Felsentürme empor zum Himmel.

Doch die weitere Korrespondenz zeigt, wie tief seine seelische Krise wirklich war. Am 3. März 1938 versuchte er erneut, den Eltern die Sorgen zu nehmen:

> Ich bin jetzt in ganz anderer Verfassung als früher. Ihr dürft nicht um mich besorgt sein, daß ich mir vielleicht sehr schwere Gedanken mache. Ich habe so ein unbestimmtes Gefühl, daß alles gut ausgehen wird. Ich freue mich maßlos auf den Tag, da alles vergessen sein wird und ich wieder ein anderer Mensch sein werde.[41]

Dass ihm nach der Beendigung des Prozesses ein Vergessen nicht so schnell möglich sein würde, wollte er zu diesem Zeitpunkt nicht glauben. Doch drei Wochen nach Urteilsverkündung und Einstellung des Verfahrens musste er sich eingestehen, er könne «eben nicht über Nacht vergessen».[42] Trotz der Versicherung, mental stabil zu sein, kategorisierte er die Wochentage in leichte und schwere:

> Als ich vergangenen Montag vom Gericht kam, verkroch ich mich in ein nettes Café und schrieb Euch von dort aus. [...] Dienstag und Mittwoch verliefen harmlos. Aber vor Donnerstag hatte ich eine ungeheure Angst. Doch auch an diesem Tag ereignete sich nichts. Noch am Donnerstag abend wurde ich wieder vollkommen ruhig. Am Freitag habe ich unserm Leutnant die Geschichte erzählt.

Hans Scholl hat dem Leutnant aber nicht erzählt, dass er wegen Homosexualität und Missbrauch sowie fortgesetzter bündischer Betätigung angeklagt war, sondern nur die «Devisengeschichte», das vergleichsweise harmlose Schmuggeln von Reichsmark für die Schwedenfahrt seiner Jungengruppe.[43] Der Leutnant sei, meinte er, «ganz auf meiner Seite». Doch das beruhigte ihn nicht, und er bereute, dass er sich dem Kameraden anvertraut hatte, denn der scheint die Unterredung gleich weitererzählt zu haben. Viel lieber hätte er mit seinem Schwadronschef Rittmeister Scupin gesprochen, der aber nicht da war. Die Redseligkeit des Leutnants ärgerte ihn: «Jetzt wissen natürlich alle Unteroffiziere von der Devisengeschichte», und wer von denen ein wenig nachdachte, wird kaum geglaubt haben, dass er wegen einer Devisenlappalie aus der Kaserne heraus verhaftet und mehr als zwei Wochen – noch dazu über das Weihnachtsfest – in Untersuchungshaft genommen worden war. So wollte er sich «so bald als irgend möglich in eine andere Schwadron versetzen» lassen. Der drohende Prozess drückte ihn wie ein bleierner Mantel nieder.

In diese Zeit fiel die einzige unmittelbare Begegnung von Hans Scholl mit Adolf Hitler. Anlässlich eines Besuchs des Diktators in Stuttgart stellte Scholls Schwadron eine «Ehrenformation». Dieses bevorzugte Kommando ließ er sich nicht entgehen, und viele werden ihn darum beneidet haben. Die *Stuttgarter Zeitung* untertitelte Amateuraufnahmen vom Besuch des «Führers» so: «1938 besuchte Hitler Stuttgart. Er kam am Hauptbahnhof an und fuhr unter dem Jubel der Bevölkerung durch die mit Hakenkreuzen geschmückte Stadt.»[44] Das Geläut der Kirchenglocken begleitete den Enthusiasmus.[45]

Dafür, dass Scholl auserwählt war, salutierend Hitler zu sehen, fiel am 3. März 1938 seine Notiz sehr nüchtern aus:

> Als Hitler in Stuttgart war, stellten wir eine Ehrenformation. Er hat dann die Front abgefahren. Ich sah sein schemenhaftes Gesicht aus nächster Nähe.[46]

Bedeutete das, er habe Hitler nur undeutlich erkennen können, oder war das eine Aussage über den Diktator? Wenn Scholl, der klar und präzise formulieren konnte, berichtete, er habe sein «schemenhaftes Gesicht», noch dazu aus «nächster Nähe», gesehen, wollte er nicht über die Sichtverhältnisse, sondern über die Person informieren, und das gewiss nicht im positiven Sinne.

An anderer Stelle, als er seine Kommilitonen charakterisierte, gebrauchte Hans Scholl das Wort «Schemen», mit eindeutig negativer Bedeutung:

> Was ich über die Masse Mensch gesagt habe, ist unbedingt richtig. Es gibt dafür unzählige Beweise. Entsetzlich ist es, die faden Gesichter der Kollegen wieder sehen zu müssen. Wenn es wenigstens neue wären, aber immer dieselben Schemen, grauenhaft.[47]

Im schwäbisch-alemannischen Dialekt Scholls ist «Scheme(n)» ein Synonym für die (Fastnachts-)Maske.[48] Hitlers «schemenhaftes Gesicht» bedeutete dann sein «maskenhaftes Gesicht». Bedenkt man, wie freudig erregt seine Kameraden vierzehn Tage später auf die Rundfunkreportage aus Linz bei der Besetzung Österreichs reagierten, während Hans Scholl sich konsterniert abwandte und allein sein wollte, und wenn man sich die Faszination klarmacht, die für die meisten Menschen von Hitler ausging, so ist seine Aussage über das starre Trugbild Hitler bemerkenswert.[49] – Erstmals zeigt sich hier eine große geistige Distanz zum Diktator.

Ich kann mich nicht einschränken
Verzweifelte Leidenschaft

In der von Inge Jens edierten Ausgabe der *Briefe und Aufzeichnungen* von Hans und Sophie Scholl ist im Schreiben vom 3. März 1938 unmittelbar nach «Ich sah sein [Hitlers] schemenhaftes Gesicht aus nächster Nähe» eine Auslassung gekennzeichnet.[50] Im Originalbrief geht es ohne Absatz weiter: «Bei Mathilde war ich während der Woche auch einmal. Sie wird wahrscheinlich in nächster Zeit einmal mit mir nach Ulm fahren.»

Mathilde Pflanz war eine frühere Hausgehilfin, die bei der Familie Scholl gearbeitet hatte, als Hans noch ein kleiner Junge war.[51] Am 27. Juni berichtete er seiner Schwester Inge: «Mathilde treffe ich öfters in Stuttgart. Es hat sich eigentlich schon eine tiefe Freundschaft zwischen uns beiden gebildet, ohne daß ich es wollte. Es kam eben so.»[52] Ob dies mehr als einen vertrauensvollen Austausch bedeutete und ob die Verbindung über den Zeitraum von März bis Juli 1938 hinaus andauerte, ist nicht bekannt. Jedenfalls war es nicht Hans Scholls einzige Beziehung zu einer Frau in dieser Zeit, denn im März 1938 begann auch seine leidenschaftliche Liebe zu der vierzehnjährigen Lisa Remppis. Am 28. März 1938 deutete Hans Scholl in einem Brief an die Eltern seine fragile Stimmungslage nur an:

> Eben komme ich vom Amtsgericht. Es wurden nur meine Personalien aufgenommen. Ich habe daraufhin den Beamten gefragt, was nun weiter wird, worauf er mir antwortete: In den nächsten Tagen wird mir die Anklageschrift zugestellt, und dann wird das Hauptverfahren eröffnet. Die Anklageschrift geht über die Dienststelle. Das ist mir das Unangenehmste. Wenn das doch endlich vorüber wäre![53]

Dass er gegenüber den Eltern weiter herunterspielte, wie sehr ihn die Anklage belastete, zeigt die Tatsache, dass er Rat bei einem Handlinien-Leser suchte. Inge Jens vermutete, er sei dazu «wahrscheinlich durch seinen Vater angeregt worden, der diesen Stuttgarter Wahrsager gelegentlich konsultiert hatte».[54] Obwohl solche Wege der Schicksalsbewältigung gerade vom Pietismus strikt abgelehnt werden, scheint Magdalene Scholl die Besuche zumindest geduldet zu haben, jedenfalls ist von ihr kein Widerspruch bekannt. Der Handleser meinte zu Hans, er «solle alles an sich herankommen lassen», er «hätte nichts zu befürchten», er werde in einem «späteren Leben in allem Glück haben». Hans Scholl berichtete weiter: «Wichtig ist noch: Er sagt, die Angelegenheit würde sich in der allernächsten Zeit erledigen.» Das war eine exorbitante Fehlprognose, aber in einem lag der Chiromant doch nicht ganz daneben. «Mit den Frauen sei es so eine Sache», habe der gesagt, was Hans Scholl in Klammern mit einem «(Ha Ha)» kommentierte.

Von einer schnellen Erledigung der eigentlich brisanten «Angelegenheit» konnte keine Rede sein, denn die Ermittlungen von Gestapo und Staatsanwaltschaft zogen sich in die Länge. Von der Hausdurchsuchung am 11. November 1937 bis zum Urteilsspruch am 2. Juni 1938 verging mehr als ein halbes Jahr. Die Eckdaten markieren eine Zeit, in welcher der Familie Scholl die Schwere der Anklage Tag für Tag vor Augen stand.

Zwar hatte es Scholl vor nicht langer Zeit in «große[r] Liebe» zu Rolf Futterknecht hingezogen, aber ab März 1938 war er von der «Natürlichkeit und Unverbrauchtheit» der vierzehnjährigen Lisa Remppis fasziniert – gerade das «brauche» er.[55] Die verzweifelte Leidenschaft für das junge Mädchen – eine Freundin seiner Schwester Sophie aus Leonberg – zeigt, wie stark seine seelische Erschütterung zu dieser Zeit war. Am 20. März schrieb er an die Geliebte. Der Brief markiert einen seelischen Tiefpunkt:

> Meine liebe Lisa, als ich Dich am Sonntag verließ, war ich so glücklich. Und was hat sich inzwischen ereignet. Nichts. Und doch bin ich heute wieder auf einem furchtbaren Tiefpunkt angelangt. Ich will ehrlich sein: Ich habe Angst vor den nächsten Tagen. Aber ich bin doch nicht feige geworden. Doch ganz im Grunde bohrt immer wieder diese Angst vor dem Schicksal. Dürfen wir uns diesem wechselvollen Lose ganz anvertrauen, oder sollen wir uns mit dem ganzen eigenen Willen dagegen stemmen. Ich bin Dir ein Geheimnis. Aber zweifle Du nicht an mir. Eine innere Stimme sagt mir, daß auch die letzten Schatten weggewischt werden und daß dann alles hell und klar sein wird. Ja, ich möchte das ganze Netz des Trüben um mich zerreißen und frei sein. Du fährst Montag nach Ulm? Kommst Du Samstag hierher? Sonntag früh höre ich die «Unvollendete» in der Liederhalle. Wenn Du dabei sein könntest! Wie ich mich auf Ostern freue! Wir werden herrliche Tage erleben. Stets Dein Hans.[56]

Hans Scholl war zwischen Glück und Angst, Depression und Osterhoffnung, Ergebenheit und Auflehnung hin- und hergeworfen. Zwei Probleme belasteten ihn: der laufende juristische Prozess und seine sexuelle Orientierungslosigkeit. Eines allein hätte schon genügt, um ihn in ein tiefes Loch hinabzuziehen. Doch auch seine Freundin verstand ihn nicht, er blieb ihr «Geheimnis» – so, wie er sich selbst fremd war. Immerhin gaben ihm die Vorfreude auf ein bevorstehendes Sinfoniekonzert und das Wiedersehen während der Ostertage für die nächste Zeit Mut.

Von ungestümem Verlangen zeugt eine Postkarte an Lisa, die er am 25. April aus München schrieb:

> Du. Ich will Dir dieses Blatt schicken. Weißt Du, es sind oft wenige Minuten. Vielleicht kannst Du es entziffern. Ich werde Dir jetzt öfter nach Korntal schreiben. Weißt Du, wenn ich Dir schreibe, so gebe ich mich einem unsagbar starken Drang hin und wenn es vorbei ist, fühlt sich die ganze Welt leichter. Der Plan für Pfingsten ist wunderbar. Aber ich will Dich ganz für mich haben. Ich kann mich nicht einschränken. Es ist eine

wahnsinnige Freude, die in mir aufkommt. Lisa. Du bist mir meine ganze Heimat. Nur Du. Nur komm. Oh, wenn Du doch schon bei mir wärst. Und schreibe mir viel, schreibe mir irgendetwas
Dein Hans.[57]

«Ich kann mich nicht einschränken.» Scholl brachte mit dieser Feststellung sehr gut seinen Hang zur Maßlosigkeit zum Ausdruck, seine überschäumende Energie. Angeblich gab es nur eine Person, die ihm Geborgenheit geben konnte: «Lisa. Du bist mir meine ganze Heimat. Nur Du.» Zwischen März und Juni 1938 verfasste er einen Brief an Lisa, den er aber nicht abschickte:

Ich wache in der Nacht.
Ich bebe am Tage.
O es ist Dein Leben. Eine Liebes Sehnsucht
bäumt meinen Körper. Nein, kein Wahnsinn.
Diese Liebe ist größer denn alle Vernunft
[...] Und wenn ich die klaren Sterne über meinem
Haupte weiss, reicht meine
Sehnsucht an die Sterne.
Und meine Stirn ist heiß.
Und ich fühle Dich in weiter Ferne.[58]

Lisa war für Hans Scholl von Anfang an auch eine Projektionsfläche für seine Reinheitsphantasien, ein Mittel, um seine homoerotischen Anteile umzuleiten. Dementsprechend verzweifelt und voller Leiden war die Beziehung. Als er Ende 1940 die fünfzehnjährige Ute Borchers kennenlernte, hatte er keine Liebe, sondern nur noch Mitleid für Lisa übrig.[59] Doch als müsse er die Selbstqual und das Leiden wieder aufnehmen, sandte er nach zwei Jahren Schweigen der inzwischen Verlobten im September 1942 aus Russland zwei Briefe. «Ich habe wie im Traum einen Brief an Lisa geschrieben» – hielt er in seinem Tagebuch fest –, «Heute schreibe ich einen zweiten. Warum? Ich weiß es selbst nicht. Jede Nacht sehe ich sie. Genug davon.»[60] Er wusste: «Sie hat sich inzwischen mit einem andern verlobt, weil ich sie treulos verließ. Erst wollte sie sterben. Aber sie tat recht, man muß unter allen Umständen leben, läben.»[61] In seiner ersten Post von der Front an Lisa gestand er, es sei «Geheime Lust mit Bitternis gemischt», die ihn antreibe. Doch habe er «keinerlei Absicht», er «verfolge kein Ziel», er «schreibe ohne Hintergedanken», doch seit Monaten «dränge» es ihn, ihr «einen Brief zu schreiben». Zum Schluss gestand er, was ihn bewegte: «Nur das wollte ich Dir noch schreiben, diesen einen Satz: Was wir gemeinsam erlebt haben, wird sich in dieser Schönheit nie, nie wiederholen. Lächle nicht. Mir schlägt das Herz bis zum Halse. Hans.»[62] Zwei Tage darauf teilte er ihr mit: «Ich sehe Dich jede Nacht in jedem Traume. Ich lebe fast nur noch in Erinnerungen – und die stärksten aus meiner Jugend sind mit Deinem Namen verknüpft.»[63] Hans Scholl träumte von Lisa, einem idealisierten Liebesbild.

Das ist der letzte bekannte Kontakt zwischen beiden, aber nicht das abschließende Zeugnis dieser verzweifelten Liebe: Lisa heiratete ihren Verlobten und gründete eine Familie. 1961 hielt sie auf der Rückseite eines der Russlandbriefe von Hans Scholl einen Traum fest: «Sie tanzt mit Hans. Er kann es nicht besonders gut, aber das stört sie beide nicht. Dann schmiegt er seine Hand an ihre Wange und bittet sie: ‹Löse deine Verlobung und heirate mich.›»[64]

Lust – Leid – und Liebe
Jungfrau Maria

Was macht ein neuzehnjähriger junger Mann, der sich vom gleichen Geschlecht angezogen fühlt, aber schmerzvoll erfährt, dass er diese Disposition nur unter großen Opfern leben kann? Hans Scholl jedenfalls verliebte sich in ein vierzehnjähriges Mädchen und schrieb empfindsame, fromme Gedichte. So widmete er einer «Hohen Frau», zu der er ein – zumindest zeitweise – ausgesprochen leidenschaftliches Verhältnis hatte, sein längstes Gedicht, der «Jungfrau Maria». In der katholischen Tradition ist sie die «schönste aller Frauen», «Krone der Frauen», «Frau über alle Frauen», die «himmlische Frau». Im Frühjahr 1938 war die hehre «Allzeit Jungfrau» auch für Scholl eine Projektionsfläche für Reinheit, Schönheit und Stärke. Dreiunddreißig sorgfältig mit der Hand geschriebene Seiten umfasst sein Marienhymnus.[65] Die Dichtung hat den Charakter eines erotischen Minneliedes. Sie ist Ausdruck tiefer Frömmigkeit, aber auch unerfüllter sexueller Sehnsucht. Das Werk beginnt mit den Zeilen:

Maria – Königin,
du Starke – du tief
in Gott verschmolzne Rose der Höh'
laß uns dich grüßen.

Inbrünstig und metaphernreich pries Scholl die Mutter Jesu. Jedem Marienbild widmete er eine eigene Gedichtstrophe: «Königin», «Rose», «Kristall» und «Mutter» ist sie, «reinstes Linnen», «hohe Blume», «himmlisch hohe Macht». Die Mutter Jesu segnet, heiligt, bannt Böses, schenkt Liebe und Frieden, und sie hilft, «Gott [...] zu gewinnen». An einer Stelle betete er sehr persönlich:

Alles aber lasse mir sein
– die Gier zum weiten,
unendlichen Gott,
die Liebe zum nahen (verstehenden) Vater –
ein Tun (Kampf), das (der) mit deinem Willen gemein.

Die Wörter in Klammern zeigen, dass das Gedicht für Scholl noch nicht fertig war. Er bat in tastenden Worten um ein brennendes Verlangen nach dem fernen Gott, um die Fähigkeit, sich dem nahen, himmlischen Vater hinzugeben, und um die Kraft, dessen Willen zu tun. Maria konnte dabei helfen. Er bat sie:

Uns aber leite
als deine Edelleute
und Paladine
auf des Lebens schwankender Schiene.

Das Gebetgedicht ähnelt zwar einer Litanei – einem zwischen Vorbeter und christlicher Gemeinde wechselnden Bittgebet – und Maria ist in den «Hallen der Dome» gegenwärtig, doch ihr Hauptwirkungsfeld ist nicht die Kirche, sondern die Natur. In vielen Passagen gleicht Maria einer Erd- und Fruchtbarkeitsgöttin, etwa der griechischen Demeter. Dreizehnmal wird sie gebeten, die Natur zu «heiligen», mit göttlichem Leben zu füllen, um sie so zu einem Ort der Offenbarung Gottes zu machen. Die Jahreszeiten wiederum «grüßen» Maria und erweisen ihr die Ehre.

Die ganz großen Emotionen, «Lust – Leid – und Liebe», verschmelzen im Gruß des Beters an Maria.[66] Zum Schluss wird das Gedichtgebet in die christliche Dogmatik eingebunden, doch zugleich verband Hans Scholl die kirchliche Trinitätslehre mit dem Mythos vom wundertätigen, Leben spendenden heiligen Gral:

> Fülle aus göttlichem Strahle,
> schütte aus ewigen Brunnen
> die Glut in unser Gefäß [...]
> den Geist, der im Vater und Sohn
> werfe in unsere Schale,
> zünde im leuchtenden Grale
> Flammen und Feuer und Licht,
> das ewig verbleibt
> wenn Wand und Hülle zerbricht.

Der Mensch ist Gral und Kelch; in ihn möge, so bat Scholl, Maria den ewiges Leben schenkenden Geist, der vom Vater und Sohn ausgeht, einfüllen.

Von Familie und Gesellschaft geprägt, fühlte sich Hans Scholl durch seine homoerotische Veranlagung «beschmutzt», die unbefleckte Jungfrau sollte ihn wieder «reinigen». Über den Umweg der «himmlischen Frau» suchte er sich auch einer irdischen zu nähern, die gleichfalls «rein», also Jungfrau, sein sollte.

Schon lange bereut
Sondergericht und Demütigung

Vermutlich wäre Hans Scholl ohne die Liebe zu Lisa Remppis an dem zerbrochen, was ihn am 2. Juni 1938 vor dem Sondergericht Stuttgart erwartete. Davon berichten die offiziellen Akten des Gerichts.

Sondergerichte waren im nationalsozialistischen Staat ein von der ordentlichen Rechtsordnung unabhängiges politisches Werkzeug, um Andersdenkende durch Haftstrafen, Konzentrationslager oder Todesurteile auszuschalten. Ihre Aufgabe war es, «Volksschädlinge» zu bekämpfen und den «Führerwillen» umzusetzen. Das nationalsozialistisch so genannte «gesunde Volksempfinden» galt in dieser Willkürjustiz als wichtiges Kriterium zur Beurteilung von Tatbeständen, die Verteidigungsrechte waren stark eingeschränkt. Roland Freisler verglich die

Sondergerichte in ihrer «Treff- und Vernichtungsgenauigkeit» mit einer «Panzertruppe».[67]

Als das «Sondergericht für den Oberlandesgerichtsbezirk Stuttgart in Stuttgart» unter Senatspräsident Cuhorst als Vorsitzendem, Landgerichtsrat Eckert als Berichterstatter, Amtsgerichtsrat Haug als beisitzendem Richter und Dr. Kettner von der Staatsanwaltschaft Düsseldorf als Anklagevertreter «Im Namen des Deutschen Volkes!» am 2. Juni 1938 ein Urteil fällte, spielte der Vorwurf eines Devisenvergehens keine Rolle mehr.[68] Verhandelt wurde über das bündische «Weiterführen der Ulmer Gruppe» und deren «sittliche Verfehlungen». Scholl habe, so die Formulierung bei der Strafzumessung, «einen guten Eindruck» gemacht, und weiter:

> Der Art seiner Geisteshaltung nach ist er überhaupt kein Bündischer und irgend eine staatsfeindliche Einstellung kommt bei ihm so wenig in Frage, als er sich etwa bewusst gewesen wäre, etwas Staatsgefährdendes zu betreiben.

Zu § 174 urteilten die Richter: Ein Missbrauch Schutzbefohlener liege nicht vor, da der Altersabstand zwischen Futterknecht und Scholl mit anderthalb Jahren gering sei, beide «seit langem befreundet» gewesen seien und Futterknecht die Handlungen «sich aus dieser Freundschaft heraus [habe] gefallen lassen». Zum allgemeinen Vorwurf der «Unzucht» urteilte das Gericht, «dass es in dem einen Einzelfall zu einer recht wüsten Handlung gekommen» sei, Futterknecht – entgegen dessen Aussage – sei aber «derartigen Dingen gegenüber nicht unerfahren und abgeneigt» gewesen. Scholls Verhalten wurde bewertet als «jugendliche Verirrung eines sonst anständigen und auch geschlechtlich normal empfindenden Menschen, der solche Torheiten jetzt überwunden hat». Da die Taten mehr als zwei Jahre zurücklagen, erschien dem Gericht «keine über einen Monat Gefängnis hinausgehende Strafe erforderlich und das Verfahren war daher insoweit gemäss § 1 Abs. II des Straffreiheitsgesetzes vom 30. April 1938 einzustellen». Mit der Formulierung «keine über einen Monat Gefängnis hinausgehende Strafe» erfüllte das Gericht die Bedingungen des Straffreiheitsgesetzes vom 30. April 1938, das Personen von maximal einmonatigen Strafen freistellte.[69]

Der Urteilsspruch folgte damit weitgehend der Argumentation eines von Hans Scholls Mutter Magdalene unterzeichneten, von Robert

Scholl mitformulierten Briefs an den Gerichtspräsidenten. Darin schilderte sie die Beziehung zwischen ihrem Sohn und Futterknecht als «echtes Freundschaftsverhältnis» und erklärte, ihr Sohn sei «das Gegenteil eines frühreifen Jungen» gewesen. Sie zeigte sich überzeugt: «Was in seinem 16.–17. Lebensjahr vorgefallen ist, ist dem unbestimmten Drang der Entwicklungsjahre zuzuschreiben, nicht aber der perversen Neigung eines geschlechtsreifen Menschen.» Ihr Sohn hätte «überhaupt eine ganz entschiedene Abneigung gegen das Unreine, Gemeine jeder Art».[70]

Dass für Hans Scholl Homosexualität das «Unreine, Gemeine» bedeutete, lässt sich nicht erkennen. Im Gegenteil: für ihn waren gleichgeschlechtliche Partnerschaften gleichwertige Liebesbeziehungen.

Am 20. Juni 1938, achtzehn Tage nach der Urteilsverkündung, berichtete Lina Scholl in einem achtseitigen Brief ihrer Tochter Inge ausführlich vom Prozess.[71] Inhaltlich bestätigt er das Gerichtsprotokoll. Darüber hinaus zeigen die Beobachtungen, wie sie die Verhandlung emotional wahrnahm und wie tief die Erschütterung bei allen Beteiligten war, besonders bei Hans. Sie erlebte den Richter als

> sehr zartfühlend, doch die Buben alle, die zwei Großen [Reden und Scholl] u. Rolf, Werner, u. Wolf waren in großer Verlegenheit, es dauerte alles lange, bis sie etwas herausbrachten. [...] Die Herren [Richter] mussten es den Buben meist vorsagen, oder sie fragen, ob es so und so gewesen sei.

Als ihr Sohn Hans aussagte, beobachtete sie: «Für Hans wars sehr schwer, alles zu erzählen, wenn er sich auch kaum etwas andres zu schulden kommen ließ als E. Reden bei Werner, nur kams viel öfter vor.» Scholl hat also wie schon im Dezember 1937 eine wenigstens einjährige Beziehung – vom Osterlager 1935 bis zum Osterlager 1936 – mit Rolf Futterknecht bestätigt.

Danach wurde Scholls «große Liebe» Rolf Futterknecht in den Zeugenstand gerufen:

> Rolf bezeugte das Freundschaftsverhältnis zu Hans, das dieser schon vorher angedeutet hatte. Rolf sagte, er kenne Werner u. Hans sehr lange u. daß er oft bei uns war, wurde von beiden gesagt. Auch daß Hans sich schon darüber mit Rolf ausgesprochen und bedauert habe. Man merkte es Rolf gut an, daß er keine falschen Angaben machen wollte.

In einer kurzen Verhandlungspause ging Lina Scholl «hinaus auf den Gang». Als sie Hans «irgendwo entdeckte», bemerkte sie: «Der war freilich sehr recht deprimiert u. traurig, wegen der Sache mit Rolf da schämte er sich so sehr.» Nach einer fünfundsiebzigminütigen Unterbrechung bekamen die Angeklagten Zeit für ihre Schlussworte:

> Bei Hans höre ich noch, wie er begann: Ich habe es schon lange bereut, es ist mir leid, was ich mit Rolf Futterknecht gemacht habe, ich glaube, er sagte noch, (er habe sich bemüht, ein reiner Mensch zu sein). [...] Dann kam der Augenblick, wo der Staatsanwalt die ungeheuren Strafen verhängte.

Die Forderungen des Staatsanwalts müssen wie ein «Verhängnis» gewirkt haben: «Bei Hans wurde auch einzeln aufgezählt (weil er Führer von Rolf war) er brachte 14 Monate zus. u. rundete auf 1 Jahr ab. Kannst dir denken, wie hart das uns traf. Dann», schilderte sie,

> zogen sich die Richter alle zurück zur Beratung. Wir blieben sitzen, auch die Angeklagten. Es waren furchtbare ¾ St.; die wir so dasaßen. Ich betete immerfort. Ich sah, daß Hans mit der Hand die Augen wischte. Auch wußten wir, das was jetzt kommt, ist nicht mehr zu ändern, beim Sondergericht gibt es keine Revision. Wir hörten P.[räsident] Cuhorst sehr laut reden. Dann kamen die Richter zurück.

Als die milden Urteile gesprochen waren, konnte Lina Scholl aufatmen: «Wie froh wir waren», doch «Hans war so benommen, aber man konnte sich nicht gleich absondern, die Buben, Werner, Tet u. Rolf, warteten auch auf uns.» Lina Scholl schloss ihren Prozessbericht mit Worten, in denen die ganze Last der vergangenen Monate lag: «Nun habe ich dir diese Sache geschildert, die uns so schwere Stunden, Tage u. Nächte brachte. Gott sei Dank für seine unendliche Gnade.»

VIERTES KAPITEL
Reifezeit, 1939–1941

Der eigentliche Sinn der Dinge
Medizin und Nietzsche

Nachdem Hans Scholl die Hälfte seiner zweijährigen Wehrpflicht abgeleistet hatte, wurde er im November 1938 als Reserveoffizieranwärter für sechs Monate an die Sanitätsschule Tübingen abkommandiert. Durch die Ausbildung zum Krankenpfleger konnte er die Kaserne in Bad Cannstatt verlassen und im Standortlazarett wohnen. Darüber hinaus verkürzte die Verpflichtung, Medizin zu studieren, seine Dienstpflicht auf achtzehn Monate. Diese Annehmlichkeiten nutzte er, denn ihn belastete das Wohnen in der Kaserne. Er wollte mit seiner Entscheidung sicher nicht den Dienst mit der Waffe umgehen, denn die Schieß- und Gefechtsübungen hatten ihm großen Spaß gemacht.[1] Im März 1939 legte er die Sanitätsprüfung ab. Eine wichtige Weichenstellung war die Wahl des Studienortes. Bereits im November 1938 überlegte er, ob er nach Tübingen, Freiburg im Breisgau oder München gehen wollte.[2]

Wie wäre Hans Scholls Leben verlaufen, wenn er sich nicht für die «Hauptstadt der Bewegung» entschieden hätte – warum München? Es war vermutlich eine Mischung aus Gefühl und Verstand. Scholl wollte in Süddeutschland bleiben, nördlichere Studienorte erwog er gar nicht. Das badische Freiburg – rund zweihundert Kilometer von Ulm gelegen – war damals nur zeitaufreibend von zuhause erreichbar. Im nur achtzig Kilometer entfernten Tübingen wohnte er gerade, doch, so schrieb er, es reizte ihn nicht, länger zu bleiben – vielleicht war das beschauliche Städtchen noch zu sehr Scholls schwäbische Scholle. Aber von einem Arztkollegen hatte er erfahren, dass die Münchner Universität für das Vorphysikum besonders gut geeignet sei. Rund hundertfünfzig Kilometer von Ulm entfernt, hatte die Stadt eine sehr gute

Zuganbindung. Hans Scholl war abenteuerlustig und offen für Neues, doch er wollte auch ohne große Umstände seine Familie besuchen können. München war also pragmatisch die beste Entscheidung. Er wäre allerdings weder in Tübingen noch in Freiburg so massiv mit der nationalsozialistischen Gewaltherrschaft konfrontiert worden wie in der braunen bayerischen Landeshauptstadt.

Direkt an der Ludwig-Maximilians-Universität – in der Amalienstraße 95, dritter Stock – fand Hans Scholl ein Studentenzimmer. Zu Beginn des Sommersemesters im April 1939 immatrikulierte er sich für das Studium der Medizin.[3] 1943 meinte er rückblickend, das sei eine Verlegenheitslösung gewesen. Er habe «eigentlich nie so richtig gewusst, warum er Medizin studiere». Sicher sei er sich nur gewesen, dass er kein Spezialist werden wollte. Er suchte eine «möglichst allgemeine Ausbildung», um über den «eigentlichen Sinn der Dinge» nachzudenken. Der Mensch sollte im Mittelpunkt seines Forschens stehen, um ihn «in die Welt und in den Staat einordnen» zu können. Für diese Interessen wären eigentlich die Studiengänge Philosophie und Politik das Richtige gewesen. Da aber beides an den nationalsozialistisch kontrollierten Universitäten nicht wirklich gelehrt werde, sei er auf Medizin ausgewichen.[4] Dass er für ein halbes Jahr zum Militärdienst zurückkommandiert worden wäre, wenn er ein anderes Studienfach gewählt hätte, erwähnte er nicht.

Trotz seiner kritischen Einstellung zur universitären Geisteswissenschaft, belegte Hans Scholl zahlreiche philosophische Lehrveranstaltungen. Besonders intensiv beschäftigte er sich mit dem Klassischen Philologen und Philosophen Friedrich Nietzsche. Höchstwahrscheinlich besuchte er die Vorlesung von Kurt Schilling. Nur er bot im Sommersemester 1939 in der Philosophischen Fakultät eine Lehrveranstaltung über Nietzsche an, sie war zudem offen für Hörer aller Fakultäten. Der Philosophieprofessor war seit 1933 Mitglied der NSDAP und weiterer NS-Verbindungen. Scholl begann sein Philosophiestudium also bei einem Dozenten mit nationalsozialistischer Weltanschauung.[5] Trotz dieser Ausrichtung erlaubte sich Schilling immer wieder die Freiheit, in Einzelbereichen eine abweichende Meinung von der Parteiideologie zu formulieren, so auch bei Nietzsche. In seinem Vortrag «Nietzsches Schicksal und Werk» – einer Zusammenfassung der 1939 gehaltenen Vorlesung – erteilte er dem Versuch, den Philosophen zu nazifizieren,

Hans Scholl als
Student in München,
um 1940

eine eindeutige Absage. Er betonte dessen Auffassung des Leids als Katalysator geistigen Wachstums, seine Kritik am Versagen von Kirche und Gesellschaft, die Ablehnung der «Masse», den Glauben an die Führungskraft einer Elite und – entscheidend – den Primat der Freiheit. Da Schilling stark die Bedeutung von Individualität und Liberalität, des Christentums und der Kunst betonte, konnte Hans Scholl in seiner protestantisch-ethischen Eigenständigkeit und seinem politisch-ästhetischen Elitedenken bestärkt werden.[6]

Er sei, erzählte er seinen Eltern, «in vielen Vorlesungen der einzige Mediziner unter lauter Philosophen», und erläuterte, welchem Gelehrten er sich besonders zuwenden wollte: «Zu meinem Nietzsche-Studium sollte ich eigentlich Nietzsches Gesamtausgabe haben. Wenn sie Vater vielleicht irgendwo antiquarisch besorgen könnte [...] im anderen Falle lassen wir es, und ich behelfe mich durch die Bibliothek.»[7]

Der junge Student wurde im April 1939 auf der Suche nach Schriften Nietzsches fündig. Vermutlich entdeckte er sie in einem der zahlreichen

Münchner Antiquariate, oder sein Vater hatte in Ulm Erfolg, denn in Hans' Bibliothek befanden sich zwei Bände der zwölfbändigen Werkausgabe, die 1930 bei Kröner in Leipzig verlegt worden war, *Die Geburt der Tragödie* sowie *Unzeitgemäße Betrachtungen*.[8] Eine Sichtung der Anstreichungen in den Nietzsche-Titeln und von Randbemerkungen in der 1937 erschienenen *Religionsphilosophie* des katholischen Philosophen Alois Dempf ermöglicht einen guten Einblick in das, was Hans Scholl bei seinen nächtlichen Studien 1939 und später 1941 wichtig war.[9] Es spricht jedenfalls viel dafür, dass die Hervorhebungen von ihm stammen, denn er hat die drei Bücher mit seinem Namen versehen und in der *Geburt der Tragödie* zusätzlich das Datum «1.5.39.» vermerkt.

Der 1. Mai war seit 1933 gesetzlicher Feiertag, seit 1934 der «Nationale Feiertag des Deutschen Volkes», den man auch 1939 mit Kundgebungen im ganzen Land beging. Begleitet wurde der Tag von der «Parole der Woche», der «Parteiamtlichen Wandzeitung der NSDAP». In jenen Tagen zeigte sie den amerikanischen Präsidenten Franklin D. Roosevelt als «jüdischen Kriegshetzer» und «modernen Moses». Am 1. Mai 1939 äußerte sich Hitler auf einer landesweit übertragenen Kundgebung im Berliner Lustgarten vor Tausenden hochgestimmten Zuhörern auch zu einem der Zentralbegriffe von Hans Scholl, der Freiheit:

> Und damit komme ich überhaupt zum Problem «Freiheit». «Freiheit»- jawohl!, so weit das Interesse der Volksgemeinschaft dem Einzelnen Freiheit gibt, ist sie ihm gegeben. Dort, wo seine Freiheit die Interessen der Volksgemeinschaft tangieren oder gar beeinträchtigen, hört die Freiheit des Einzelnen auf, dann tritt die Freiheit des Volkes an die Stelle der Freiheit des Einzelnen.

Wahre Freiheit gab es demnach nur innerhalb der «Volksgemeinschaft», und der Diktator machte sogleich klar, wer die «Interessen der Volksgemeinschaft» interpretierte und vertrat: «Dafür, dass unser Volk richtig erzogen wird, bürgt mir meine Bewegung.»[10] Da nicht nur am 1. Mai 1939, einem Montag, sondern auch am Sonntag zuvor die Geschäfte geschlossen waren, kann die Zeitangabe auf den 1. Mai kaum den Tag des Erwerbs kennzeichnen. Möglicherweise hat er den Band an diesem Tag geschenkt bekommen, aber die Zeitangabe könnte auch eine weitere Zäsur im Verhältnis Hans Scholls zum Regime markieren. Die angestrichenen Passagen in den Nietzsche-Bänden zeigen jeden-

«Ich bin der einzige Mediziner unter lauter Philosophen»: Hans Scholl als Studienanfänger, um 1939

falls eine kritische Distanz zum nationalsozialistischen Bildungssystem.

Nietzsche plädierte in *Die Geburt der Tragödie* – in Abgrenzung von apollinischer Individuation und sokratischer Logik – für die Wiederentdeckung dionysischer Daseinslust.[11] Wie stark Hans Scholl den Kontrast zur nationalsozialistischen Bildungselite wahrnahm, belegt eine Unterstreichung im 20. Kapitel. Dort beklagte der Autor das Unverständnis und die Borniertheit der deutschen Kultur gegenüber der antiken griechischen. So sei das Bildungsniveau der Hochschulen noch nie so niedrig gewesen wie gegenwärtig. Es folgt die mehrfach angestrichene Passage:

> Es gibt keine andere Kunstperiode, in der sich die sogenannte Bildung und die eigentliche Kunst so befremdet und abgeneigt gegenübergestanden hätten, als wir das in der Gegenwart mit Augen sehn. Wir verstehen es, warum eine so schwächliche Bildung die wahre Kunst haßt; denn sie fürchtet durch sie ihren Untergang.[12]

Offenbar bezog Hans Scholl Nietzsches Ausführungen von 1871 auf die Gegenwart der Hitler-Herrschaft. Gewagt wäre die Behauptung, er habe bereits jetzt den Untergang des nationalsozialistischen Staates erhofft, er wünschte jedoch mit Nachdruck – so heftig sind die teils doppelten Unterstreichungen und zusätzlichen Randstriche – den Untergang des nationalsozialistischen Kultursystems durch die «wahre Kunst».

Die folgende Hervorhebung eines an sich belanglosen Satzes gewinnt im Kontext der Lebenswelt Hans Scholls an Bedeutung:

> Man verlange doch von dem Alleredelsten nicht, daß es die haltbare Zähigkeit des Leders habe, die derbe Dauerhaftigkeit, wie sie z. B. dem römischen Nationaltriebe zu eigen war, gehört wahrscheinlich nicht zu den notwendigen Prädikaten der Vollkommenheit.[13]

Augenscheinlich wollte er die Worte Nietzsches als Replik auf Adolf Hitlers Bildungsvorstellungen verstehen. Dieser hatte am 14. September 1935 unter dem Jubel von rund fünfzigtausend Hitlerjungen – und im Beisein Scholls – im Nürnberger Stadion als Erziehungsideale der NSDAP Drahtigkeit, Schnelligkeit, Lederzähigkeit und Stahlhärte propagiert.[14] Diese einseitige, den Kampf verherrlichende Pädagogik der Nationalsozialisten war unvereinbar mit Scholls Bildungsideal geistiger Weite und intellektueller Beweglichkeit.

Der Gegensatz zwischen Hans Scholls Freiheitsstreben und Hitlers Kasernenhofpädagogik wird in einer Äußerung des Diktators vom 4. Dezember 1938 deutlich. Anlässlich der Annexion der sudetendeutschen Gebiete erklärte er im tschechisch-sudetendeutschen Reichenberg, die Jugend müsse dazu erzogen werden, «deutsch [zu] denken, deutsch [zu] handeln», um «ganze Nationalsozialisten» zu formen. Ab dem zehnten Lebensjahr erfolge diese «Behandlung» der «Knaben» in (para-)militärischen Gruppierungen. Die Ansprache gipfelte in den Worten: «und sie werden nicht mehr frei ihr ganzes Leben. Und sie sind glücklich dabei.»[15] Hans Scholl muss solche Worte gerade nach dem Prozess gegen ihn als diametralen Gegensatz zu seinem Lebensgefühl, der Sehnsucht nach Freiheit, wahrgenommen haben.

In seinem Exemplar von Nietzsches *Unzeitgemäßen Betrachtungen*, in denen der Philosoph in vier Aufsätzen für eine Erneuerung der deutschen Kultur stritt, markierte Scholl Passagen, die sein individualistisches Elitestreben – in Abgrenzung von der uniformen Masse – und sein unbedingtes Denken – gegen Kompromisse – unterstützten.[16]

Gekennzeichnet ist unter anderem ein Abschnitt, in dem Nietzsche ausführt, Goethe habe einmal gesagt, es könnten noch Jahrhunderte vergehen, ehe bei den Deutschen «so viel Geist und höhere Kultur eindringe und allgemein werde, daß man von ihnen wird sagen können, es sei lange her, *daß sie Barbaren gewesen».*[17] Doch diese Erkenntnis scheine – bei Hans Scholl unterstrichen – «nur noch den Wenigsten und Seltensten überhaupt bemerkbar zu sein». Dass er sich zu dieser Elite zählte oder zumindest zu ihr gehören wollte, belegen viele seiner Äußerungen. In dem Radikaldenker Nietzsche hatte er einen wichtigen Vorkämpfer für die Auslese der Besten gefunden.

Die stärkste Anstreichung in diesem Buch betrifft das Wort «Uniform». Es ist in folgendem Abschnitt unter- und durch-, ja, entschieden ausgestrichen:

> Nun frage ich, ob es auch nur möglich wäre, unsre jetzigen Literaten, Volksmänner, Beamte, Politiker als Römer vorzuführen; es will durchaus nicht angehen, weil sie keine Menschen sind, sondern nur eingefleischte Kompendien und gleichsam konkrete Abstrakta. Wenn sie Charakter und eigne Art haben sollten, so steckt dies alles so tief, daß es gar nicht sich ans Tageslicht herauswinden kann: wenn sie Menschen sein sollten, so sind sie es doch nur für den, «der die Nieren prüft». Für jeden anderen sind sie etwas anderes, nicht Menschen, nicht Götter, nicht Tiere, sondern historische Bildungsgebilde, ganz und gar Bildung, Bild, Form ohne nachweisbaren Inhalt, leider nur schlechte Form, und überdies Uniform.[18]

Mit «der die Nieren prüft» meinte Nietzsche – unter Aufnahme eines Bildes aus dem Buch Jeremia – Gott.[19] Nur er sei noch in der Lage, hinter der unmenschlichen Uniform die menschliche Urform zu sehen.

Da Hans Scholl nicht vermerkte, seit wann er das Buch besaß, kann der Beginn seiner Verachtung jeder Uniformität – die dann später auch die soldatische Einheitskleidung einbezog – nicht exakt bestimmt werden. Ende 1937 war er jedenfalls noch so vom Militär überzeugt, dass er Offizier werden wollte.[20] Doch schon im Sommer 1938 musste er sich in der Kaserne «gegen eine Umgebung von Schmutz und Niedrigkeit […] stemmen»,[21] und während eines Manövers im Juli desselben Jahres sah er «überall» nur «ordinäres Gebaren».[22] Er könnte also bereits im

Sommersemester 1939 das Wort «Uniform» gestrichen haben. Spätestens 1940 – nach dem Frankreichfeldzug – war seine Aversion nicht nur gegen das Uniforme an sich, sondern gegen den Soldatenrock als Kriegssymbol deutlich ausgeprägt.[23] Im August 1942 in Russland war das Verdikt dann endgültig: «Das Militär ist das phantasieloseste Gebilde der Welt. Und was diesen Krieg so gemein macht und ihn von früheren unterscheidet, ist eben seine Phantasielosigkeit.»[24]

Hans Scholl machte bereits im Dezember 1937 gegenüber seiner Schwester Inge deutlich, dass er nicht halbherzig leben wollte.[25] Dieser Intention entspricht eine von ihm mit Unter- und Seitenstrich sowie einem Ausrufezeichen hervorgehobene Passage im 5. Kapitel der *Unzeitgemäßen Betrachtungen*:

> Man sollte denken, daß die Geschichte die Menschen vor allem ermutigte *ehrlich* zu sein – [...]. Erst durch [...] Wahrhaftigkeit wird die Not, das innere Elend des modernen Menschen an den Tag kommen, und an die Stelle jener ängstlich versteckten Konvention und Maskerade können dann, als wahre Helferinnen, Kunst und Religion treten, um gemeinsam eine Kultur anzupflanzen, die wahren Bedürfnissen entspricht.[26]

Für Nietzsche sind Ehrlichkeit und Wahrhaftigkeit – synonym gebraucht – Voraussetzungen der Freiheit. Erst wenn der Einzelne sich nicht mehr hinter gesellschaftlichen Verhaltensnormen verstecke, sondern bedingungslos zu sich selbst stehe und unverhüllt offen für andere sei, ist er frei. Der scharfe Gesellschaftskritiker verknüpfte hier «Kunst» und «Religion» mit der Tugend der Ehrlichkeit (Wahrhaftigkeit) und dem Menschenrecht auf Freiheit. Schon jedes Einzelne dieser Ideale hatte für Scholl eminente Bedeutung.

Noch zwei Jahre später war Nietzsches Gedankenwelt bei Hans Scholl präsent. Er berichtete Rose Nägele am 14. Mai 1941 aus München, er sitze trotz des schönen Frühlingsabends zu Hause und lese in Pascals *Gedanken* und Rilkes *Briefen aus Muzot*. «Und dann habe ich da noch eine Religions-Philosophie von Dempf.»[27] In diesem Buch hat er eine Randbemerkung gesetzt, die auf Nietzsche Bezug nimmt. Im dritten Kapitel «Religion und Metaphysik» referiert Dempf den «Naturalismus» der griechischen Philosophie und führt aus, dass in ihm das Weltgeschehen als Kreislauf gedacht werde:

Wie die Einzelseele mit dem Leibstoff, so verbindet sich die Weltseele mit dem Weltstoff und macht als dies Weltindividuum Kulturentwicklung, Vollendung, Alter und Untergang durch, bis dann die gleichsam in die Wurzelknolle des Weltseelengrundes zurückgegangene Allnatur wieder ein Weltenindividuum mit dem streng bestimmten Kulturablauf hervorbringt, so daß in ewiger Wiederkehr sich ständig das Gleiche wiederholt.[28]

Scholl notierte am Rande: «Wie Nietzsche!» Da der Philosoph den Gedanken der «Ewigen Wiederkunft des Gleichen» besonders in *Also sprach Zarathustra* entwickelte, ist davon auszugehen, dass Scholl auch dieses Werk gelesen hat.[29]

Die Parallele zwischen Dempf und Nietzsche hat Scholl richtig erkannt. Es muss aber bezweifelt werden, dass er diesem Weltbild zugestimmt hat, wenn man seine klassisch-christliche Auferstehungs- und Jenseitsvorstellung bedenkt.[30] Auch dafür, dass ihn die von einigen nationalsozialistischen Ideologen missbrauchte Rede vom «Übermenschen» aus dem *Zarathustra* besonders angesprochen hat, gibt es keinen Beleg. Als Themenkreise, die ihn interessierten, hat Otto («otl») Aicher, der 1952 Inge Scholl heiratete, Freundschaft, Widerstand und Gott genannt.[31] Mit den Texten von Nietzsche konnten die Freunde über Gott und die Welt theologisieren und philosophieren – eine Verbindung, die Scholl immer wieder bei der Auswahl seiner Lektüre wählte. Es war der widerständige Geist Nietzsche, der unkonventionelle Unruhestifter, der um und gegen Gott Ringende, in dem Scholl sich wiederfinden konnte. Wie der große Grübler erlebte er Selbst- und Gotteserkenntnis auf einsamen Wanderungen in den Alpen. Nietzsche konnte als Inbegriff von Antibürgerlichkeit, Aufstand und Protest gegen Vereinnahmung und Gleichschaltung gelesen werden – Elite kontra Mob. Nicht trotz, sondern gerade wegen seiner provokanten Idee vom Tod Gottes war er für Scholl faszinierend, denn dieses Diktum bedeutet weder Atheismus noch Nihilismus, sondern die Zerstörung toter, weil überholter und todbringender, da menschenverachtender Gottesbilder.[32] Hans Scholl erkannte Schritt für Schritt den gottlosen Charakter der nationalsozialistischen Bewegung. In den Flugblättern der Weißen Rose, die er in der Endphase seines widerständigen Freiheitskampfes verfasste, wird deutlich, dass der Kampf gegen Hitler für ihn eine christlich-apokalyptische Dimension hatte.

Der Philosoph war als «große Antithese seiner Zeit» eine wichtige Inspirationsquelle für Scholls widerständigen Geist.[33] Er wollte dichten wie George und denken wie Nietzsche und wie diese «Flamme sein»:

> Ja! Ich weiß, woher ich stamme!
> Ungesättigt gleich der Flamme
> Glühe und verzehr ich mich.
> Licht wird alles, was ich fasse,
> Kohle alles, was ich lasse:
> Flamme bin ich sicherlich.[34]

Von früh bis spät beisammen
Die engste Freundschaft

Im Oktober 1939 begann Hans Scholl sein zweites Studientrimester in München. Kriegsbedingt waren an die Stelle des Sommer- und Wintersemesters drei Trimester getreten, die das Studium beschleunigen sollten.

Spannungsreich waren zwei Beziehungen, die Hans Scholl in den ersten beiden Jahren seines Studiums hatte: die zu Hellmut Hartert und die zu Ute Borchers.

Hellmut Hartert, aus dem mecklenburgischen Neustrelitz stammend, war so alt wie Hans Scholl. Er gehörte zeitweise zu seinem engsten Freundeskreis. Ein Brief von Hartert an Inge Scholl vom 26. Februar 1946 zeigt, wie intensiv die Beziehung war:

> Ich lernte Hans 1939 in München kennen. Wir waren Consemester. [...] Hans und ich fühlten uns gegenseitig sehr angezogen, und in kurzer Zeit entwickelte sich mit ihm die engste Freundschaft, die ich bis dahin erlebt hatte. [...] Wir waren täglich von früh bis spät beisammen und zogen schließlich in ein kleines Dachzimmer in Harlaching, Athenaplatz 4. [...] Ich fuhr oft mit Hans nach Bad Tölz in das Sommerhaus meiner Eltern, von wo aus wir Touren unternahmen.[35]

Die Dachstube – Scholl nannte sie «Zimmerchen» – am Perlacher Forst hatte Scholl nach seiner Rückkehr von der Westfront im Oktober 1940 angemietet.[36] Außer in dieser Münchner Mansarde lebten Hartert und

Scholl im Winter 1940/41 «mehrere Wochen lang» in der «Tölzer Behausung».

Durch Unwetter und Schnee waren wir damals oft tagelang von der Umwelt abgeschnitten. Im März 40 wurden wir zusammen eingezogen. Wir wohnten zusammen und wurden anfangs auch zusammen auf Kommandos geschickt. In der ersten Zeit des Kriegsdienstes waren wir noch nicht fest kaserniert, sondern mussten uns nur in größeren Abständen zu Appellen einfinden. In der Zwischenzeit machten Hans und ich große Radtouren, die meist in Tölz begannen.[37]

Die Freunde lebten auf engstem Raum zusammen. «Hellmut hat noch immer kein Zimmer gefunden und wohnt noch immer bei mir»,[38] meldete Hans Scholl am 21. November 1940 seinen Eltern. Auch Skitouren mit Übernachtungen in Berghütten unternahmen sie.[39]

Jürgen Wittenstein erinnerte sich 1964 an die beiden als «ganz besonders enge Freunde».[40] Er bekräftigte das erneut vier Jahrzehnte später: «Zwischen Hans und Hellmut bestand eine außerordentlich tiefe Freundschaft. Sie haben ganz zu Anfang als Studenten sogar zusammengewohnt, was damals ungewöhnlich war.»[41] Da die beiden Zweiundzwanzigjährigen es miteinander wochenlang in einem kleinen Raum im Dachstuhl aushielten und darüber hinaus ihre freie Zeit miteinander gestalteten, muss ihre «gegenseitige Anziehung» schon sehr intensiv gewesen sein. In München hatte es bereits seit Oktober 1934 Großrazzien gegen Homosexuelle gegeben, die im Konzentrationslager Dachau interniert wurden. Diese Aktionen geschahen lange vor Inkrafttreten des verschärften § 175 im September 1935.

Doch die Freundschaft verlief nicht ohne Misstrauen. Hellmut Hartert machte Hans Scholl in Bad Tölz mit Professor Borchers – einem Freund seines Vaters – bekannt und: «In dessen Tochter Ute verliebte er [Hans] sich leidenschaftlich.»[42] Der Freund nahm an dieser Verbindung «mit eigenen Gefühlen» teil, wie er später zurückhaltend formulierte.[43] Tatsächlich empfand er das erst fünfzehnjährige Mädchen als Störung ihres Miteinanders. Hans notierte, Hellmut sei wegen Ute verärgert.[44] Irgendwann kam es zu einem Zerwürfnis zwischen den Freunden, dessen Ursache Hartert sechs Jahre später gegenüber Inge Scholl verschleiern wollte: «Mit Hans war ich damals durch einen Streit auseinandergeraten, warum, weiß ich nicht mehr.»[45]

Radtour in
Oberbayern:
Hans Scholl
um 1939

Hellmut Hartert heiratete nach dem Krieg Elisabeth, eine Schwester von Jürgen Wittenstein. Dieser äußerte sich über den Bruch zwischen Scholl und seinem Schwager so: «Diese Freundschaft ging dann im zweiten Semester 1940 auseinander. Details weiß ich nicht, aber Hellmut war wegen irgend etwas maßlos enttäuscht. Er ging weg von München...»[46] Harterts späterer Versuch, Scholl für ein gemeinsames Studium in Prag zu gewinnen, blieb ohne Erfolg.[47] Aber als er 1942 und 1943 in Berlin wohnte, verbreitete er dort Flugblätter der Weißen Rose, die ihm von Jürgen Wittenstein aus München gebracht worden waren.[48]

Ihre Liebe ist so ungemein echt und wahr
Verliebtheiten

Für Hans Scholl erleichterte die neue Bekanntschaft mit Ute Borchers den Bruch mit Lisa Remppis. Inge gestand er, keine Liebe mehr für Lisa zu empfinden, nur noch «Mitleid». Geschmeichelt fuhr er fort:

> Andererseits liebt mich [...] das Kind Ute. Du musst Dir die Mentalität eines vollkommen reinen, 15-jährigen Mädchens vorstellen. Ihre Liebe ist so ungemein echt und wahr, dass es ein Verbrechen wäre, sie umzustoßen. Aber Ute ist ein reines Kind. Vielleicht hatte ich so ein Verlangen nach Reinheit, als ich [von der Westfront] zurückkam. Ute ist eigentlich mehr eine Blume, die man beschützen muss. Ich hatte Lisa unheimlich geliebt. Ute nicht. Ich bin ihr mehr der große Bruder. Aber ich sehe, wie sie aufblüht, seitdem sie mich kennt.[49]

Scholl suchte also weiter nach Reinheit und wollte angeblich keinen Sex mit ihr. Schon früher hatte er sich beschmutzt gefühlt, nämlich, als er den Eltern seine lange homosexuelle Beziehung zu Rolf Futterknecht gestand. Von dieser «ekelhaften Sache», die aber zugleich seine «große Liebe» gewesen war, hätte ihn eigentlich die gerade noch vierzehnjährige «reine» Lisa Remppis heilen sollen. Inzwischen war Remppis siebzehneinhalb Jahre alt und Scholls Liebe erkaltet. Aber nun begegnete er einem jungen Mädchen, fast in demselben Alter wie damals Lisa – der fünfzehnjährigen, nun gar «vollkommenen reinen» Ute Borchers. Vielleicht brachte ihm jetzt ihre makellose Lauterkeit – der Jungfrau Maria gleich – die Erlösung von seinen homoerotischen Neigungen? Anfang 1941 machte er Ute den Vorschlag, allein mit ihm eine Skitour zu unternehmen. Das aber scheiterte am Einspruch ihrer Eltern.[50] So blieben nur die Besuche bei ihrer Familie in Bad Tölz. Doch der Altersunterschied gab bald auch Hans Scholl selbst zu denken. Im März 1941 fasste er den Entschluss, Ute nicht mehr zu sehen. Inge berichtete er:

> Gestern war ich in Tölz zu Gast. Seit vier Wochen wieder und wahrscheinlich mein letzter Besuch dort. [...] Der kleinen Ute muß ich wider alle meine Gefühle ihre Kindheit lassen, wie es mir mein Verstand vorschreibt. (Das ist allerdings mit einer Zigarette nicht abgetan.)[51]

Doch es sollte nicht der letzte Besuch bleiben. Im Sommer 1941 wurde er auf einer Radtour «ins obere Isartal», von der er seinen Eltern erzählte, durch einen heftigen Regen überrascht.[52] Da «glücklicherweise […] Tölz in der Nähe» war, «flüchtete» er «völlig durchnässt […] zu Borchers», wo er «mit großem Hallo empfangen» wurde und «bis zum Kaffee» blieb.

Die abnehmende Intensität des Briefverkehrs zwischen ihm und Ute spricht für eine zunehmende Distanzierung. Neben viel Alltäglichem in diesen Briefen wird deutlich, dass sie seine Nähe suchte und ihm gefallen wollte. Von Hans Scholl ist nur ein Brief an Ute – ein Weihnachtsgruß vom 15. Dezember 1941 – erhalten:

Liebe Ute!
Weihnachten will ich nicht vorübergehen lassen, ohne Dir wenigstens ein geringes Zeichen meiner dankbaren Gesinnung zu zeigen.
Wir sind hier tief eingeschneit. Die jungen Buchen neigen sich bis zur Erde unter der schweren, weißen Last. Es müsste eine Lust sein, die Hänge hinunter zu fahren. Aber ich bin zum Stubenhocker geworden. Meine Welt sind meine Bücher. Es tauchen in unseren Tagen so viele Fragen auf, die eine Antwort verlangen. Nach Weihnachten jedoch werde ich 14 Tage auf einer hochgelegenen Hütte verbringen.
Ich wünsche Dir, Deinen Eltern und Geschwistern von Herzen ein gesegnetes Weihnachtsfest! Wenn uns der äußere Frieden nicht geschenkt sein soll, so wollen wir doch den inneren suchen.
Hans Scholl.[53]

Der Weihnachtsbrief beginnt affektiert-distanziert und endet ohne Gruß. Es gibt kein Zeichen besonderer Vertrautheit, weder mit Ute noch mit der Familie, die er immerhin mehr als ein Jahr kannte. Doch im Laufe des Jahres 1941 hatte er sich zweimal neu verliebt. Zunächst in Rose Nägele, dann in Traute Lafrenz.

Die Verbindung zwischen Hans und Ute brach nie völlig ab. Im Mai 1942 – sie wohnte inzwischen in Aachen – war sie voller Vorfreude auf ein Wiedersehen.[54] Im letzten erhaltenen Brief vom November 1942 erzählte sie von ihren Unternehmungen, berichtete über Theater- und Konzertaufführungen und informierte ihn über die Pläne zu einem Skiurlaub in Bad Tölz.[55]

In Hans Scholl blieb die Sehnsucht nach einem «klugen 15½ jährigen

Mädchen» lebendig.[56] Dieses Verlangen hielt er im Sommer 1942 in Russland fest. Aber wen meinte er? Lisa Remppis war es nicht, denn ihre Schönheit verging wie der Herbst: «Auch Du warst einmal so schön.»[57] Aber das war eben lange her, jetzt gab es eine andere kindlich Holde. Wenige Zeilen später – nachdem er Gott gebeten hatte, ihm «kein irdisches Ziel» zu geben – heißt es:

> Werde ich auch Dich wieder verlassen müssen, Geliebte, weil Du dies nicht begreifst, weil ich es nicht einmal wage, Dir solche Saat in Dein Herz zu streuen, weil Du noch ein liebliches Kind bist, eine Kornblume, ein Hauch und ein Kuß.[58]

Lisa Remppis war zu jener Zeit neunzehn, Ute Borchers siebzehn. Doch als Scholl sie beide noch liebte, waren sie um die fünfzehneinhalb Jahre jung. In etwa diesem Alter waren auch die Jungen seiner *Trabanten* und besonders Rolf Futterknecht in der Zeit ihrer Beziehung. Möglicherweise sehnte sich Hans gar nicht nach einer konkreten Person, sondern huldigte hebephil-schwärmerisch dem Idealbild von einem «unverbrauchten, vollkommen reinen» jugendlichen Menschen.

Ich suche mich, nur mich
Kriegsbeginn und Westfront

Trotz seiner kritischen Haltung zum Nationalsozialismus sah Hans Scholl den Krieg zunächst als politische und persönliche Chance. Die Nachricht, dass Hitler am 1. September 1939 Polen überfallen hatte, erreichte ihn in seinen ersten Semesterferien während eines Ernteeinsatzes von Mitte Juli bis Anfang September im ostpreußischen Ermland-Masuren.[59] Gleich zu Anfang hatte er dort bemerkt, dass unter den achthundert Dorfbewohnern Grabnicks nahe der polnischen Grenze, «eine merkwürdige Kriegsstimmung» herrschte. Die Menschen seien bereit, «sich mit dem Messer zu verteidigen». Als dann die Kampfhandlungen begannen, war Scholl zwar nicht euphorisch, glaubte aber doch an die Möglichkeit einer großen Katharsis. In sein Tagebuch notierte er am 20. September 1939:

> Mich verlangt es nicht nach einem «Heldentum» im Kriege. Ich suche Läuterung. Ich will, dass alle Schatten von mir weichen. Ich suche mich, nur mich. Denn das weiß ich: Die Wahrheit finde ich nur in mir.[60]

Er glaubte nicht nur, in der Extremsituation des Krieges zu sich selbst zu finden, sondern hoffte auch, der Krieg könne «vielleicht» zur «Erlösung» Deutschlands und zur positiven Entwicklung Europas führen. Und er grübelte: «Vielleicht dauert dieses Massenmorden lange Zeit. Vielleicht müssen die Menschen Europas sehr umgepflügt werden.» Der Krieg sollte also persönliche und gesellschaftliche Probleme lösen. Doch zweifelnd fragte er: «Werden wir dann eine Stufe höher steigen?»

Wie die nationalsozialistische Propaganda und sicher beeinflusst von ihr, verknüpfte er den Krieg mit der europäischen Idee und mit Erlösungsträumen und sprach davon, dass etwas «entfesselt» werden müsse. Aus der Asche sollte Neues aufsteigen. Doch wie zwiespältig er das beurteilte, wird im letzten Satz seiner Eintragung deutlich: «Unsere ganze Hoffnung hängt an diesem fürchterlichen Krieg!» Ein Impulsgeber für diese ästhetisierende Hoffnung auf Katharsis durch ein reinigendes Feuer war Stefan George. In Scholls Handexemplar von Georges Lyrikwerk *Das Jahr der Seele* ist die erste Strophe eines Gedichts mit einem Bleistiftstrich markiert:

> Da vieles wankt und blasst und sinkt und splittert
> Erstirbt das lied von dunst und schlaf umflutet
> Bis jäher stoss das mürbe laub zerknittert ·
> Von ehmals wilde wunde wieder blutet –

Hans Scholl hat diese Verse vermutlich deshalb gekennzeichnet, weil ihn die Gedanken von Ab- und Aufbruch, Katastrophe und Heil ansprachen. Es geht um Tod und Begräbnis, darum, dass das Alte vergehen muss, damit Neues wird. Die Veränderung wird Trauer und Schmerz verursachen, doch unter der harten Schlacke des Leids glimmt die Glut, aus der ein nie endender Feuerfunke sprüht:

> Bis plötzlich sonne zuckt aus nassen wettern ·
> Ein schwarzer fluss die bleichen felder spreitet
> Und seltne donner durch die fröste schmettern..
> Es merkt nur in dem zug der grabwärts gleitet

Die fackeln zwischen den geneigten nacken ·
Der klänge dröhnen aus dem trauerprunke
Und sucht ob unter rauhen leides schlacken
Noch glimme ewig klarer freude funke.[61]

Hans Scholl war von der Idee einer läuternden Kraft des Kriegs zur Persönlichkeitsentwicklung und Neuorientierung erfüllt. Aus der Bibel könnte er erfahren haben, dass Gott die Gläubigen prüft, sie von aller Erstarrung befreit, damit sie klar und entschieden leben können. So sah er die Beziehung zu Gott unter dem Aspekt der Reinheit. In seinem Exemplar von Marc Aurels *Selbstbetrachtungen* ist der Satz markiert: «Auch die wahre Gottesverehrung des Menschen [kann] nur rein geistiger Natur sein, in Reinheit des Herzens und der Seele.»[62] Vor diesem Hintergrund müssen seine kritischen Selbstbefragungen und Gewissensprüfungen verstanden werden, die er am Jahresende 1938 notierte: «Bin ich wirklich besser geworden?», begutachtete er sich selbst, «war mein ganzes Streben nützlich und hat es zu einem Fortschritt geführt?»[63]

Lange musste er nicht auf seinen Kriegseinsatz warten. Scholl wurde im März 1940 zur Wehrmacht eingezogen und rückte bei der Sanitätsabteilung 7 in München ein. Doch dann folgten lange, untätige Wochen. Die Soldaten wurden zwischen Kempten und München hin- und hergeschoben. Das war fast die einzige Aktivität. «Wir führen ein geruhsames (zu geruhsames) Leben», berichtete er seinen Eltern am 9. April 1940, aber angeblich sollte sein Bataillon «in acht Tagen an die Front verschickt werden».[64] Es dauerte jedoch noch Wochen, bis sich seine Einheit langsam nach Norden in Marsch setzte. Ende April 1940 war Hans Scholl im hessischen Bad Sooden-Allendorf stationiert. Dort erhielt er die Erlaubnis, im vierzig Kilometer nördlich gelegenen Göttingen sein Medizinstudium fortzusetzen.[65] Das konnte er nur wenige Tage nutzen, denn am 10. Mai 1940 überfielen deutsche Truppen Belgien, Luxemburg und die Niederlande, um von dort Frankreich anzugreifen. Scholls Einheit erhielt fünf Tage später den Marschbefehl gen Westen.[66]

Seine im September 1939 geäußerte Hoffnung auf positive Auswirkungen des Krieges wurde jetzt zerstört. Der nunmehrige Unteroffizier der Sanitäts-Ersatzabteilung 7 –2257–[67] erzählte entrüstet von Diebstählen der deutschen Soldaten: Die Wehrmacht habe «hier» – er war gerade in den Niederlanden oder Belgien – «die besten Häuser als

«Die Wahrheit
finde ich nur in mir»:
Hans Scholl
um 1941

Quartier bezogen». Ihm aber «wars im Stroh viel wohler. Bin ich denn ein Dieb oder ein anständiger Mensch?», fragte er, «und was hier alles gestohlen wird», setzte er hinzu. Er könne «nicht nüchtern sein beim Anblick dieses Elends». «Leere Stunden» kenne er in diesen Tagen nicht, «nur traurige». Als seine Einheit im Juni 1940 «zur Unterstützung eines Divisionslazaretts [in Mourmelon, nahe Reims] eingesetzt» wurde, assistierte er bei vielen Operationen.[68] In seinem «OP-Buch» aus dem «Feldlazarett (mot.[orisiert]) 615»[69] notierte er die Art der Verletzungen und die Behandlung.[70] So lautet am 15. Juni 1940 ein Eintrag:

Schütze Hill, Heinrich Offene Amputation d. l. Beins wegen breitester Weichteilzertrümmerung u. Zertrümmerung d. l. Fussgelenkes. Granatsplitterverletzung am re. Fuss. Verletzung durch eigene Handgranate.

Zwei Tage später setzte er ein dickes Kreuz mit Todestag und Uhrzeit daneben: «17.6. 1730».

Er war konsterniert angesichts der Grausamkeit der deutschen Soldaten: «Ich weiß nicht, ob ich unsere Metzelei noch lange mit ansehen kann.»[71] Bei seinen «täglich durchschnittlich 20 Operationen» wurde ihm die Unvereinbarkeit von Humanität und Krieg klar: «Krankenpflege widerspricht jedem Militärgeiste.»[72] Im Sommer 1940 begann Hans Scholl im Lazarett Mourmelon mit der Abfassung einer Erzählung:

> Wieder ist es Nacht. Helle sternklare Nacht unter südlichem Himmel. Es ist nicht kalt. Allein in Hemd und Hose gekleidet, lehnen zwei junge Männer an der Reling und blicken stumm und versunken über das weite, schwarze Wasser.[73]

Leif, der Ältere der beiden, «hatte in früher Zeit eine Burg besessen, weit oben im Norden». Es sei «eine stolze Festung» gewesen, «auf Felsen gebaut, fest an der Brandung». Doch sein «wildes Blut» hatte «ihn auf das Meer hinausgetrieben». Von dem Prosatext sind nur vier handschriftliche Seiten mit Streichungen und Varianten erhalten. Aus dem Fragment wird deutlich, dass der Anführer Leif auf seinem Schiff gen Süden gesegelt war. Mit ihm brachen seine Krieger «mit viel Lust» auf. Doch ihr anfänglicher Tatendrang vergeht, als in den Kämpfen nicht nur «das Blut der Feinde», sondern auch das Blut «friedlicher Menschen» fließt. Dumpf fragen sie, ob so «ihr Leben weitergehen» solle, ob «so die Zukunft» aussehe und – «Leif, ihr Kapitän, was wollte der?»

Ist das der Beginn einer Parabel über Scholls eigene anfängliche Hoffnung, die er in den Krieg gesetzt hatte und die nun in Entsetzen und Ratlosigkeit umschlug? Männer sind die Protagonisten dieser Erzählung. Scholl schrieb über sie, nicht nur, weil er ein Mann war und in einer soldatischen Männergesellschaft lebte, sondern weil er sich auf diesem Terrain sicher fühlte. Prononciert Feminines gibt es in seinen Texten insgesamt nur in Gestalt der «Allzeit Jungfrau» Maria. Dementsprechend reflektierte er in diesem Prosafragment über einen maskulinen, fehlgeleiteten Kriegsenthusiasmus, die Resignation verunsicherter Männer und das Aufsteigen von Zukunftsängsten.

Nachdem deutsche Truppen am 15. Juni 1940 Paris eingenommen hatten und nach der Unterzeichnung des Waffenstillstands von Compiègne am 22. Juni 1940 konnte Hans Scholl – trotz zermürbender Arbeit im Lazarett – einige Male nach Paris und in die Umgebung fahren. Anfang Juli erzählte er seinen Eltern, sie würden sich die Zeit in Versailles vertreiben, heimlich seien sie sogar in der Hauptstadt gewesen.[74] Er wolle «versuchen, so gut es geht» sich «in dem französischen Geist zurechtzufinden und das französische Wesen verstehen zu lernen».[75] Er lese viel französische Literatur, weil er die Sprache wirklich durchdringen wolle. Dabei habe ihn Baudelaire nachhaltig beeindruckt.

Aus dem Feldlazarett schrieb Hans auch seiner Schwester Sophie. Sie berichtete darüber im Juni 1940 ihrem Verlobten Fritz Hartnagel. Ihr Bruder habe den Eindruck gewonnen, den Franzosen sei es egal, wie der Krieg ausgehe, Hauptsache, der Sohn oder Mann kehre gesund zurück:

> Es hat den Anschein, als ob es den Franzosen auch nur um ihre gut bürgerliche Ruhe gegangen wäre. Es hätte mir mehr imponiert, sie hätten Paris verteidigt bis zum letzten Schuß, ohne Rücksicht auf die vielen wertvollen Kunstschätze, die es birgt, selbst wenn es, wie sicher war, keinen Nutzen gehabt hätte, wenigstens keinen unmittelbaren. Aber Nutzen ist heute alles, Sinn gibt es nicht mehr. Ehre gibt es wohl auch nicht mehr. Die Hauptsache, daß man mit dem Leben davonkommt.[76]

Sophie Scholl hatte Ideale, nach denen sie lebte – und für die sie starb. Der Maler Wilhelm Geyer erzählte, sie habe zwei Tage vor ihrer Verhaftung gesagt: «Es fallen so viele Menschen für dieses Regime, es ist Zeit, daß jemand dagegen fällt.»[77]

Anfang August war der Dienst im Militärhospital vorbei: «Seit heute sind wir wieder in Ruhe.» Es sei «ein herrliches Gefühl, nichts mehr tun zu müssen».[78] In den nächsten Wochen war er im beschaulichen Versailles stationiert. Mit seinem «Dauerausweis für Paris» erkundete er die Metropole und plante, in der Pariser Oper Georges Bizets «Carmen» zu erleben.[79] Bis in den September hinein besuchte er mehrfach das Musée Rodin, um die Skulpturen zu fotografieren.[80] Am 11. August 1940 berichtete er, er sei «wiederum» in Paris gewesen. Zwar sei es «unglaublich», wie sehr ihn das Leben dort anrege, «aber es ist nichts, was mich zutiefst bewegt. Meine tiefsten Gedanken kämpfen auf anderer Ebene.»[81] Obwohl er gerade die Grausamkeit des Krieges unmittelbar erlebt hatte, überlegte er Anfang September – nach einem Monat militärischer Langeweile –, Offizier zu werden. Er habe «in letzter Zeit [...] öfters den

Gedanken erwogen, während des Krieges Offizier zu werden». Davon hatte er schon Ende 1937 geträumt, bevor das Ermittlungsverfahren gegen ihn diese Pläne durchkreuzte. Jetzt tobte das Töten fast zwei Jahre, und doch dachte er erneut an eine militärische Laufbahn, denn er könne seine «ewig subalterne Stellung auf die Dauer nicht ertrage[n]». Er wollte nicht gehorchen, sondern befehlen. Doch weiter als bis zum Sanitätsfeldwebel trug ihn dieser Missmut nicht.[82] Am 1. September 1940 freute er sich auf das vorläufige Ende der Militärzeit: «Noch vier Wochen bis zum Urlaub!»[83]

Sein letzter Monat in Frankreich verlief sommerlich ruhig mit reichlich Zeit für Tennis, Reiten, Lektüre, Liebe zu einem Hund und Aufenthalte in Paris. Doch glaubte er beobachten zu können, dass der Widerstandsgeist im französischen Volk wachse. Nichts spricht dagegen, darin auch eine Umschreibung seines eigenen Empfindens zu sehen. Ende September kehrte Hans Scholl nach Deutschland zurück, wurde am 15. Oktober 1940 in München wieder der Studentenkompanie zugeteilt und für das Medizinstudium bis zum Physikum Mitte Januar 1941 freigestellt.[84] Er mietete erneut das kleine Mansardenzimmer am Perlacher Forst, im Süden von München.[85]

Die Bilanz seiner ersten Kriegsmonate zog Hans Scholl im August 1940 in einem Brief an seine Schwester Inge so:

> Ich habe tiefe Eindrücke in Frankreich gewonnen, das ist selbstverständlich, aber ich kann sie in meinen Briefen nicht berichten. Ich bin unfähig, das zu tun. Man müßte mit der Sprache umgehen können wie ein Schnitzer mit seinem willenlosen Holz. Und das will mir nicht gelingen.[86]

Was er während des Überfalls auf die Beneluxländer und Frankreich erlebte, hat ihn, der doch sonst ununterbrochen seine Eindrücke und Überlegungen in Briefen mitteilte, sprachlos gemacht. Über einen möglichen pädagogischen oder moralischen Lerneffekt machte er sich keinerlei Illusionen mehr: «Ihr glaubt vielleicht, man müßte weiser und reifer aus dem Kriege zurückkehren.» Genau das hatte er elf Monate vorher vom Kampf erwartet. Doch jetzt resümierte er: «Dies ist nur bei ganz wenigen Menschen der Fall.» Hans Scholl zählte sich hier einmal nicht zu diesen «wenigen». Er sei im Gegenteil oberflächlicher und unsensibler geworden: «Ich glaube, ich war vor diesem Wahnsinn innerlicher und aufnahmebereiter.»

«Der Krieg wirft uns weit zurück», heißt es in dem Brief an Inge. Ob mit «uns» die Familie, das deutsche Volk oder die Menschheit im Allgemeinen gemeint war – dieser Satz widerspricht dem in der *dj.1.11*-Jungenzeit mit Heraklit propagierten These, der Krieg sei der Vater aller Dinge. Dass ihn das Inferno an der Westfront noch lange verfolgte, zeigt ein Albtraum von einem mit Schreckgestalten gefüllten Krankenhaus, den er im April 1941 Rose Nägele erzählte.[87]

Persönlichkeit heißt Widerstand
Der Religionsphilosoph Nikolai Berdjajew

Vom 13. bis 15. Januar 1941 bestand Hans Scholl seine Physikumsprüfung mit guten und sehr guten Bewertungen.[88] Nach den Wochen erfolgreichen Lernens überkam ihn nun eine «Abneigung gegen alles, was mit Medizin zu tun hatte». Allein in der Philosophie glaubte er sein «Heil» zu finden.[89] Darum war es naheliegend, dass er in dieser Zeit ein geisteswissenschaftliches Buch studierte: Nikolai Berdjajews *Die menschliche Persönlichkeit und die überpersönlichen Werte*. Der Band aus Scholls Bibliothek enthält aufschlussreiche Eintragungen, Anstreichungen und einen eingelegten Zettel.[90]

Nikolai Alexandrowitsch Berdjajew war ein russischer Religionsphilosoph, der nach seiner Ausweisung aus Russland 1922 zunächst in Berlin und ab 1924 in Paris lebte.[91] Seine Schriften sind im Anschluss an Søren Kierkegaard dem christlichen Existenzialismus zuzurechnen. Der Philosoph sah die Freiheit aufs Höchste gefährdet. Grund sei die Vergötzung von Institutionen. Dabei entfremde sich das Gewissen von der Persönlichkeit auf ein «hypostasiertes Kollektivum, auf den Staat, das Volk, die Klasse, die Kirche». Man etabliere Idole, durch die der Mensch seiner «geistigen Freiheit beraubt» werde. «Der Staat, die Gesellschaft, die Nation», wie «die Wissenschaft, die Technik, die Moral» hätten immer die Tendenz, sich zu verabsolutieren und den Menschen zu missbrauchen. Sie alle könnten «die menschliche Persönlichkeit in ihr Mittel und Werkzeug verwandeln». Wie früher die heidnischen Götzen Opfer verlangten, forderten «die modernen Götzen […] gleichfalls blutige Menschenopfer».

Berdjajew brandmarkte vor allem den Staat als «allesverschlingendes

Idol». Relatives setze er absolut und erkläre sich selbst «zum obersten Wert». In der «heutigen Welt» habe der Staat «geradezu den Charakter einer richtigen Dämonolatrie, einer Götzenanbetung, angenommen». Dabei bediene sich die Politik zur Durchsetzung ihrer Ziele der perfiden Verführungskunst verschwommener Kultfiguren, sie benutze den «Mythos der Macht», den «Mythos des Glücks», den «Mythos der Technik» und gerade jetzt besonders – den «Mythos des in seiner Furchtbarkeit erhaben-schönen Krieges». Doch sei «das Volk, die Nationalität ein relativer und kein absoluter Wert». Gott könne «sich nie in einem Volke verkörpern», er habe sich «in einem Menschen verkörpert». Die «göttliche Gerechtigkeit, das Reich Gottes» stehe «höher als alle Völker mit ihren partikularistischen Interessen». Man müsse «Gott immer mehr gehorchen als den Menschen».[92] Es sei Aufgabe des Christentums, als Religion «der Liebe und der Freiheit», des «Gottmenschentums», sich dieser Vergötzung zu widersetzen.[93]

Freiheit ist für Berdjajew die «schöpferische Energie» der sich selbst verwirklichenden Persönlichkeit. Der permanente Konflikt mit gesellschaftlichen Forderungen sei gegenwärtig «besonders fühlbar», da man jetzt vom Menschen verlange, bestimmten Zielen zu dienen, «und ihm nicht einmal die Freiheit seines Innenlebens» lasse. Der christliche Glaube widerstehe dem, er trete für die «Freiheit des Geistes» ein. Da alles, was zum Staat gehöre, «nur etwas Partikuläres, Beschränktes sein» könne, werde die «Persönlichkeit» bei einem «Anspruch [des Staates] auf allgemeine Gültigkeit […] unvermeidlich in Konflikt mit solchen Ansprüchen» geraten «und ihnen Widerstand leisten».

Hans Scholl konnte daraus folgern, dass es für ihn nicht mehr möglich war, sich aus allem herauszuhalten, neutral zu bleiben und abzuwarten. Der Mensch steht nach Berdjajew am «Scheideweg», er muss zwischen Gott und dem Kaiser beziehungsweise dem «Führer» wählen. Um «zu sich selbst zurückzukehren», und damit er die gottgegebene «geistige Freiheit» nicht verliert, muss er handeln.

Eine doppelte Anstreichung in dem Buch zeigt, wie wichtig Hans Scholl der folgende prägnante Satz war: «Das Dasein der Persönlichkeit setzt Freiheit voraus.» Das heißt, ohne Freiheit gibt es kein Menschsein. Nur der Freie ist Mensch. Später sollte Scholl diesen Satz komprimieren und mit ihm sterben: «Es lebe die Freiheit!»

Persönlichkeit und Widerstand sind nach Berdjajew identisch: «Persönlichkeit heißt geistiger Widerstand.» Personsein bedeute «Widerstand gegen die unpersönliche äußere Umwelt, Nichtaufgehenwollen in ihr, Kampf gegen die Vergewaltigung durch Natur und Gesellschaft. Persönlichkeit heißt Wahl und Entscheidung.» Charakter, Freiheit und Widerstand bedingen einander. Hans Scholl wurde 1941 klar, dass es nicht mehr nur um eine Freiheit der Gedanken gehen konnte, sondern vor allem um einen Widerstand durch die Tat. Im Handeln, so Berdjajew, geschehe die Selbstverwirklichung des Menschen. Das sei – Scholl unterstrich die Worte – «die Fleischwerdung des Geistes». Vermutlich bedeutete das für ihn, den Freiheitskampf vom Kopf auf die Füße zu stellen, von der Theorie in die Praxis umzusetzen, denn auf der nächsten Seite des Buches zog er passend dazu eine Bleistiftlinie unter den Satz: «Die Arbeit des Geistes vollzieht sich in der natürlichen Welt.»

Im Juni und Juli 1942 ließ Hans Scholl seiner Lektüre durch die Verteilung von Flugblättern gegen den NS-Staat Taten folgen. Die Risiken werden ihm deutlich gewesen sein, denn, so hatte er bei Nikolai Berdjajew gelesen, wer für die Freiheit Widerstand leiste, müsse bereit sein zu leiden: «Persönlichkeit heißt Leiden», und deren Würde fordere «den Kampf und den Widerstand und hat den Schmerz und das Leiden zur Folge».

Da Hans Scholl ohnehin von der Kraft, die aus dem Leiden erwächst, überzeugt war, konnte er auch Berdjajews Gedanken zum Opfertod nachvollziehen: Zwar dürfe keine «konkrete Persönlichkeit einer Idee zum Opfer gebracht» werden und umgekehrt dürfe nicht «die höchste Idee für die Interessen einer Persönlichkeit hingeopfert» werden, doch der Mensch könne «sein Leben zum Opfer bringen», ja, er müsse «bisweilen sein Leben hingeben, um seine menschliche Würde zu bewahren», zum Beispiel, wenn man von ihm verlange, «daß er seinen Glauben und seine Überzeugungen abschwöre und falsche Götter anbete». Der Tod sei «die letzte und stärkste Prüfung der Kraft und Würde der Persönlichkeit. Es ist die Persönlichkeit, die vor der Ewigkeit steht; das biologische Individuum dagegen stirbt. Die Persönlichkeit ist das unverwesliche, unvergängliche Teil im Menschen.»

Freiheit und Christentum, Widerstand und Leid, die Interpretation dieser Themenfelder durch den russischen Religionsphilosophen finden sich in Scholls Briefen und Texten der Jahre 1941 und 1942. Berdjajew war ab 1941 einer der einflussreichsten Ideengeber für Hans Scholl. Sein

Essay enthielt die wesentlichen theologischen und ethischen Grundlagen, auch eine christlich-religiöse Rechtfertigung für Scholls widerständigen Freiheitskampf bis zum Opfertod.

Auf dem Vorsatzblatt von Berdjajews Buch vermerkte Scholl: «Wer zum Schwert greift, wird durch das Schwert umkommen. Im Kriegsjahr 1941.» Verstand er das Jesuswort als Auftrag zum Pazifismus?[94] Wahrscheinlich nicht, vermutlich interpretierte er es als prophetisches Gerichtswort über Hitler und seine Anhänger, die einen Angriffskrieg angezettelt hatten. Weil er bereit war, zum Untergang des Regimes seinen Beitrag zu leisten, auch wenn es ihn das Leben kostete, nahm er diesen Rechtfertigungsgedanken Anfang 1942 in seiner Notiz erneut auf: «Als ob der Friede keine Tat wäre.»[95] Denn, so hatte er bei Berdjajew gelesen: «Das existentielle Zentrum des Gewissens ist und bleibt die Persönlichkeit, die vor Gott und vor den Mitmenschen steht»,[96] und: «Recht und Gerechtigkeit sind unabhängig davon, ob sie in dieser Welt triumphieren; sie bleiben Recht und Gerechtigkeit, auch wenn sie gekreuzigt werden.» Nichts passte besser zu Hans Scholl als die Feststellung: «Es gibt eine Freiheit des Anfangs und eine Freiheit des Endes.»

Geschlossenes Weltbild
Carl Muth und Theodor Haecker

Im April 1941 wurde Hans Scholl zur Studentenkompanie zurückkommandiert. Die Einheit für Mediziner und Pharmazeuten war nun in der Kaserne einer ehemaligen Schule in der Bergmannstraße im Münchner Westend, nahe des Bavariaparks, stationiert. Scholl war zwar zum nebendienstlichen Studium freigestellt, musste aber zu Appellen antreten, an politischen Schulungen teilnehmen, militärische Übungen ableisten und konnte während der Semesterferien erneut zu Kriegseinsätzen abkommandiert werden. Anfangs übernachtete er auch in der Kaserne. Die Atmosphäre bezeichnete er mit einem Wort: «trostlos».[97]

Im Laufe des Jahres 1941 geschah etwas mit Hans Scholl, das ihn veränderte. Rückblickend schrieb er im Dezember 1941 seiner Freundin Rose Nägele:

Liebe Rose! Am zweiten Advent, den ich zum ersten Male in meinem Leben ganz aus christlichem Herzen heraus erlebe, will ich noch an Dich denken […]. Es sind Dinge, die man mit rationellem Denken wohl nicht erschöpfen kann, unbegreiflich nach außen, im Innersten aber doch begriffen. Ich will weit gehen, so weit als möglich, auf der Bahnen der Vernunft; jedoch ich erlebe, wie ich ein Geschöpf aus Natur *und* Gnade bin, einer Gnade allerdings, die die Natur voraussetzt.[98]

Hans Scholls intensive Studien christlich-philosophischer Literatur und monatelange, in Tag- und Nachtstunden geführte Gespräche mit Menschen, die gegen das nationalsozialistische Regime waren, haben sein Weltbild mitgeformt und mitbestimmt. Unter ihnen war auch Carl Muth (1867–1944), der Herausgeber der katholischen Monatszeitschrift *Hochland*. Sein existenzialistischer christlicher Glaube machte auf Hans einen starken Eindruck. Als er ab Herbst 1941 dessen umfangreiche Bibliothek katalogisierte, verbrachte er wochenlang fast täglich mehrere Stunden im Hause des Gelehrten in München-Solln. Nach eigenem Bekunden bewirkte die Begegnung mit dem mehr als fünfzig Jahre Älteren eine intensivierte Beziehung zu Christus. Zu Weihnachten jenes Jahres fasste er diese Zeit mit den Worten zusammen:

Die Geburt des Herrn ist mir das größte religiöse Erlebnis. Denn Er ist mir neu geboren. Europa wird in diesem Lichte sich wenden müssen, oder es wird untergehen![99]

Hans Scholl hat durch Carl Muth und dessen Mitstreiter Theodor Haecker intellektuelle Impulse erhalten, auch wenn diese Anregungen nicht im Einzelnen zu belegen sind. Aufgrund ihrer tiefen Verehrung für Muth und Haecker hat Inge Aicher-Scholl beiden einen unvergleichlichen Einfluss auf ihren Bruder zugeschrieben. Dementsprechend wurde auch in der Literatur der Begegnung Hans Scholls mit ihnen lange eine große Bedeutung zugemessen. Erst durch sie sei er zum *homo religiosus* geworden. Doch Hans Scholls religiöse Gedichte und seine metaphysischen Prosatexte zeigen, dass er schon seit Jahren religiös dachte und fühlte. Auch wenn sich Scholl mit Muth – weniger mit Haecker – in vielen Fragen einig war, gab es doch auch große Differenzen nicht nur ästhetischer, sondern auch existenzieller Art. Deutlich wird das in der Bewertung der Person und des Werks von Stefan George, der für Scholl von überragender Bedeutung war, von Muth und Haecker dagegen kategorisch und polemisch abqualifiziert wurde. Und während Scholl Thomas Mann hoch schätzte, wurde dieser von Muth abgelehnt und von Haecker diffamiert.

Wie Hans Scholl die Verachtung Carl Muths für George empfand, lässt sich aus einem Tagebucheintrag Inge Scholls ablesen. Am 23. Juli 1941 notierte sie, ihr Bruder habe sich von Sophie Carl Muths Buch *Schöpfer und Magier* ausgeliehen.

> Er fand wunderbar, was da gesagt war, mit Ausnahme dessen über Stefan George. Damit könne er durchaus nicht einverstanden sein. [...] Aber seine Ablehnung gegen dieses Kapitel brachte er nun ganz und gar nicht in heftigen Worten zum Ausdruck, vielmehr bewahrte er Muth gegenüber ein seltsames Entgegenkommen. Er sagte: «Weißt Du, was ich glaube? Muth hat zu George noch nicht den rechten Abstand gefunden, den zeitlichen Abstand [...].» Und dann sagte er, daß man George das große Verdienst lassen müsse, daß er die deutsche Sprache gereinigt und ihr von Neuem einen wunderschönen Klang gegeben habe. [...] Er sagte mir einige Verse (der Jünger) von George auf, die wundervoll klangen. Ja, in manchem müsse er Muth wohl recht geben.[100]

Für Carl Muth war Stefan George «vor allem so fern dem christlichen Heldenideal», er verkünde eine «Vergottungslehre» und einen «bestimmten Typ des Herrenmenschen».[101] Er betreibe gar eine «Aftermystik der Gottverleibung und Leibvergottung»; er wolle nicht die «Erhebung [des Menschen] zu Gott als dem höchsten Gut», sondern eigene «Selbsterhebung und Überhebung».

Dass die Homoerotik in Georges Gedichten Scholl ansprach, liegt aufgrund seiner eigenen sexuellen Ausrichtung nahe. Muth aber ließ an dessen Dichtkunst nicht nur kaum etwas gelten. Mit schärfster, teilweise diffamierender Kritik wandte er sich besonders gegen Georges hebephile Sexualität. George habe seine «dichterischen Antriebe [...] auf der Grundlage eines homoerotischen Erlebnisses» empfangen. Der Höhepunkt der «Perversion, [...] blasphemisch-ekstatische Mystik» und «heidnische Gnosis» seien in Georges «Maximin»-Zyklus im Gedichtband *Der Siebente Ring* erreicht. «Das Geschehnis mit dem armen Jungen» Maximin, die «homoerotischen Empfindungen» des Dichters zu dem Knaben, jene «abnorme Gefühlsweise», gehörten «in das Gebiet schwarmgeistiger Exzesse». Der Kritiker fasste zusammen: George habe nicht der Wahrheit, sondern dem «Wahn» gedient.

Nachdem Hans Scholl diese konservativ-katholische, homophobverletzende Polemik gelesen hatte, musste ihm klar sein, dass mit Carl Muth kein Gespräch über George – weder als Dichter noch als Mensch – und damit über dessen und seine eigene Homosexualität möglich war.[102]

Im Hause von Carl Muth begegnete Hans Scholl auch Theodor Haecker (1879–1945). Der Schriftsteller hatte besonders durch seine jahrelange Übersetzungsarbeit der Werke des dänischen Religionsphilosophen Søren Kierkegaard und des englischen Kardinals John Henry Newman eine philosophische und theologische Bildung erworben, die in eigenen Publikationen und in der von Muth herausgegebenen Zeitschrift *Hochland* ihren Niederschlag fand.

Im Februar 1942 begann Hans Scholl, Leseabende für einen «kleinen Kreis von Studenten» zu organisieren.[103] Im Winter 1942/43 war Haecker dort dreimal zu Gast. Er beeindruckte Hans und Sophie Scholl.[104] Im Dezember 1942 wurde über die Bedeutung des Antichrists in Paulus' zweitem Thessalonicherbrief (2) diskutiert, und im Februar 1943 las Haecker aus dem ersten Abschnitt seines Buches *Schöpfer und Schöpfung*. Welche Passagen daraus er vortrug, ist leider nicht bekannt. Aber in Hans Scholls Bibliothek befindet sich Haeckers Buch *Christentum und Kultur*, in dem ein längerer Text mit Bleistift angestrichen ist. Der Inhalt entspricht Scholls Verlangen nach endgültigen Antworten: «Ich sehne mich nach einem geschlossenen Weltbild», bekannte er Rose Nägele.[105] In der angestrichenen Passage postuliert Haecker, dass es «die Einheit der Gesinnung» sei, die «einem Mann den Charakter», und «die Einheit der Anschauung», die «einem Schriftsteller den Stil» gebe. Beides sei die unabdingbare Voraussetzung für eine schöpferische Tätigkeit, sonst hänge man sich doch nur ein geliehenes Kleidungsstück um oder werfe die eigenen Gedanken «wie Kraut und Rüben» durcheinander. Hans Scholl dürfte die Stelle angestrichen haben, weil er seine vielfältigen Ideen, Gedanken und Gefühle ordnen, «unter einen Hut bringen» wollte.[106] Dass das erstrebte geschlossene Weltbild ein christliches sein sollte, zeigt die Anstreichung einer Stelle, in der sich Haecker zum Verhältnis von Christentum und Kultur äußerte. Für den Religionsphilosophen erzeugt das Christentum keine eigene Kultur, es könne aber eine bestehende inspirierend durchdringen.[107] Haeckers Ablehnung von

Pluralität und Relativität, die vermeintliche Eindeutigkeit und rigorose Ausschließlichkeit des Publizisten werden Hans Scholl in dieser Lebensphase der Selbstfindung angesprochen haben. Eine geschlossene Weltdeutung bot ihm der vom schwäbischen Pietismus zum antimodernistischen Katholizismus übergetretene Haecker, der betonte, er sei «Christi und der Wahrheit wegen» konvertiert, und der davon überzeugt war, dass «ein Konvertit, wenn er dazu begabt» sei, «mehr und deutlicher sehen und sagen [kann], was Katholizismus [ist], als ein grauer Katholik».[108]

Haeckers bevorzugtes Feindbild war neben Stefan George der Weltbürger und Kulturprotestant Thomas Mann, der für Hans Scholl ein Vorbild unabhängigen Denkens war.[109] Haecker spottete über ihn als «das dämonische Männchen», er sei «ein Kastrierter am Geist». Hämisch unterstellte er, das «Männchen» verdanke seinen Ruhm einzig dem Familiennamen, denn «die Sehnsucht dieser Zeit nach einem Mann ist groß».[110] Mit seiner Schrift *Dichterglaube* habe Thomas Mann ein Fragment über das Religiöse erbrochen. Er staune über Manns «impotente Keckheit, oder ist's kecke Impotenz», da er die «‹Schöpfung› für schlechter hält als seinen ‹Zauberberg›».[111]

In seinem Buch *Satire und Polemik* unterstellte Haecker dem Romancier, er sei ein Nachahmer und Jude.[112] Er verband diese abwertend gemeinte Behauptung noch mit der Verleumdung homoerotischer Vorlieben bei Thomas Mann. Das hatte er bereits früher getan: Weder Thomas Manns Aschenbach aus dem *Tod in Venedig* noch der Dramatiker Frank Wedekind könnten

> etwas von Eros sagen [...] etwas von des Mannes Begierde und des Weibes Lust, ich glaube, sie müssen auch da erst zur Vorbereitung der vorbereitenden Stimmung die Kerzen des siebenarmigen Leuchters aus dem Tempel von Jerusalem anzünden: die leuchten heute freilich zu jedem Erfolg.[113]

Als Thomas Mann 1929 den Literaturnobelpreis erhielt, kommentierte Haecker:

> Nobelpreis, ja der Herr Thomas Mann, dieser peinlichste Dummkopf und verlogenste Konjunkturjäger Deutschlands bekommt ihn. Er setzt heute auf die Demokratie und den Sozialismus, dieser verlogenste Konjunkturjäger – denn er gewinnt dadurch heute den Nobelpreis – dieser peinlichste Dummkopf.[114]

Der erzkonservative, von antisemitischen Ressentiments geleitete Katholik befehdete mit seinen Anwürfen und Verbalinjurien im Grunde das liberal-protestantische Kulturchristentum in Deutschland.[115] Manns Homoerotik war für Haecker ein weiterer Grund für seine Beleidigungen. Doch nicht diese Frontstellung beeindruckte Hans Scholl bei Haecker, sondern dessen konsequente Ablehnung des Nationalsozialismus. Haeckers Einfluss auf ihn blieb vorübergehend und peripher. Dagegen haben ihn die Literatur Thomas Manns und dessen Rundfunkansprachen – bis in die Flugblätter hinein – nachhaltig beeinflusst.

Zwischen Hans Scholl, Carl Muth und Theodor Haecker bestanden neben inhaltlichen Affinitäten also gravierende Meinungsverschiedenheiten. Durch die Diffamierung der Homosexualität Georges wurde ein Teil von Scholls Wesen getroffen und mit Thomas Mann sein Vorbild für Zivilcourage verleumdet. Doch Hans Scholl benötigte für seine Persönlichkeitsbildung die konservativ-katholischen, konfessionellen Kritiker Haecker und Muth nicht. Er brauchte überhaupt keinen Mentor, der ihn leitete.

Ich lese die Buddenbrooks und bin begeistert
Thomas Mann

Der Schriftsteller Thomas Mann war eine prägende Gestalt für Hans Scholl. Aus dem badischen Malsch, wo der junge Kavalleriesoldat im August 1938 während eines Manövers stationiert war, schrieb er an seine Eltern: «Ich lese augenblicklich die Buddenbrooks und bin ganz begeistert. Kennt Ihr das Buch schon?»[116]

Thomas Mann lebte seit 1933 im Schweizer Exil, sein Vermögen in Deutschland war beschlagnahmt, der Reisepass nicht verlängert, und in München lag ein Haftbefehl gegen ihn vor.[117] Am 9. Dezember 1936 war sein Gesamtwerk vom Propagandaministerium auf die Liste des «schädlichen und unerwünschten Schrifttums» gesetzt worden, im Februar 1938 emigrierte er mit seiner Familie in die Vereinigten Staaten von Amerika.[118]

Der Literaturnobelpreisträger des Jahres 1929 hatte bereits 1930, in seiner «Deutschen Ansprache» im Berliner Beethoven-Saal, den pseudoreligiösen Jahrmarktcharakter des Nationalsozialismus bloßgestellt:

Die exzentrische Seelenlage einer der Idee entlaufenen Menschheit entspricht einer Politik im Groteskstil mit Heilsarmee-Allüren, Massenkrampf, Budengeläut, Halleluja und derwischmäßigem Wiederholen monotoner Schlagworte, bis alles Schaum vor dem Munde hat. Fanatismus wird Heilsprinzip, Begeisterung epileptische Ekstase, Politik wird zum Massenopiat des Dritten Reiches oder einer proletarischen Eschatologie, und die Vernunft verhüllt ihr Antlitz.[119]

Deutschland biete dem Ausland «das Schauspiel ekstatischen Nervenzusammenbruchs». Hans Scholl und Thomas Mann waren Patrioten, aber sie verfielen nicht dem «Massenopiat» nationalsozialistischer Inszenierungen. Scholls Begeisterung für die *Buddenbrooks* und die Weiterempfehlung des Buches zeugen von Unangepasstheit und geistiger Freiheit.

Was ihn inhaltlich mit Mann verband, belegt ein maschinenschriftliches Exzerpt aus dessen Aufsatzband *Leiden und Größe der Meister*.[120] Wahrscheinlich hat Scholl diesen Auszug im ersten Halbjahr 1942 angefertigt. Die Abschrift ist einem Reisetagebuch entnommen, das Thomas Mann vom 19. bis 29. Mai 1934 während seiner ersten Schiffsreise nach Amerika führte.[121] Die Abhandlung trägt den Titel «Meerfahrt mit Don Quijote» und ist eine Würdigung des spanischen Schriftstellers Miguel de Cervantes.[122] Scholl setzte mit seiner Abschrift an der Stelle ein, wo der Schriftsteller darlegte, Don Quijote sei bereit gewesen, todesmutig mit einem Löwen zu kämpfen. Als dieser, trotz Possen und Schmähungen, «kneift» und dem Helden «seine hinteren Teile» zuwendet, interpretiert Quijote das als Feigheit und beansprucht Ruhm und Heldenmut für sich.[123] Mann fuhr fort – und Scholl übernahm diese Zeilen –, Cervantes habe eine «radikale Bereitschaft» gehabt, «seinen Helden zugleich zu erniedrigen und zu erhöhen». «Erniedrigung und Erhöhung» seien «ein Begriffspaar voll christlichen Empfindungsgehaltes, und gerade in ihrer psychologischen Vereinigung» zeige sich, «was das Christentum für die Welt der Seele, der Dichtung, für das Humane selbst und seine kühne Erweiterung und Befreiung denn doch ewig bedeutet».

Mit der Deklamation «Sagt, was ihr wollt» hob der Schriftsteller dann zu einer großen Würdigung des Christentums an, das, neben der «mediterranen Antike» der «Grundpfeiler» der «abendländischen Gesittung» sei. Ohne den Nationalsozialismus explizit zu nennen, stellte er fest:

Die Verleugnung einer dieser Grundvoraussetzungen unserer Sittlichkeit und Bildung, oder gar beider, durch irgendeine Gruppe der abendländischen Gemeinschaft würde ihr Ausscheiden aus dieser und eine unvorstellbare […] Zurückschraubung ihres humanen Status […] bedeuten.

Hatte der Erzähler 1930 in seiner Berliner Rede noch gefragt, ob eine «Zurückführung des Deutschen auf einen bloßen National-Sozialismus» überhaupt möglich sei,[124] zeigte er sich in diesem Essay sicher, dass der Abbruch auch nur einer der beiden Säulen eine «gottlob gar nicht vollziehbare» Option sei.

Scholl hat diesen Text übernommen und aufbewahrt, weil er, wie Mann, im Christentum das «Ewige» im Gegensatz zum «bloß Epochalen» sah und weil ihm dessen Abgrenzung der «Freiheit» vom «Liberalismus», in dem sich Zeitloses und Zeitbedingtes gegenüberstünden, entsprach. Thomas Mann konstatierte:

> Aufgeregte Zeiten, wie die unsrige […] halten jeden Ernsteren und Freieren, der nicht nur mit dem Zeitwinde flattert, dazu an, auf die Grundlagen zurückzugehen, sie sich wieder bewusst zu machen und abweisend auf ihnen zu bestehen.

Damit forderte der «Zögling protestantischer Kultur», wie Mann sich selbst bezeichnete, nicht nur ein Festhalten an der christlich-abendländischen Tradition, sondern auch eine aktive, abwehrende Verteidigung des Christentums gegen Angriffe. Die kritischen Korrekturen, die das «Jahrhundert am Christlich-Moralischen» übe, blieben, «so tief sie reichen, so umgestaltend sie wirken mögen, Oberflächenbewegungen». Als Hans Scholl und Alexander Schmorell im Sommer 1942 darangingen, Flugblätter zu verfassen, wurde der Einfluss Thomas Manns auf sie ganz deutlich. Doch zunächst trat eine neue Liebe in Hans Scholls Leben.

Nicht Mann und Frau
Platonische Liebe

Noch im März 1941, kurz nachdem sich Hans Scholl schweren Herzens von der fünfzehnjährigen Ute Borchers losgerissen hatte, ging er mit der neunzehnjährigen Rose Nägele auf Skitour im österreichischen Montafon.[125] Die junge Frau war eines von fünf Kindern einer Stuttgarter Arztfamilie. Im Schnee Vorarlbergs begann nun eine neue Liebe. Die brennenden Gefühle dauerten allerdings bei Hans kaum mehr als einen Monat. Als er Anfang Juni 1941 in München der Medizinstudentin Traute Lafrenz begegnete, beendete das für ihn die erotische Komponente seiner Beziehung zu Rose Nägele.[126] Korrespondiert haben beide aber weiterhin – noch bis zwei Tage vor Hans Scholls Verhaftung am 18. Februar 1943. Mehrere Male versuchte Rose vergeblich, die sinnliche Liebe zwischen ihnen wiederzubeleben, zuletzt noch in der Zeit der ersten Flugblattaktion im Sommer 1942.[127] Bis er Rose kennenlernte, hatte Hans Scholl juvenile Jungen und Mädchen geliebt, mit denen er «nicht philosophieren» konnte.[128] Nun hatte er jemanden gefunden, dem er seine Gedanken über Gott und die Welt mitteilte. Allerdings blieb der Briefwechsel in dieser Hinsicht einseitig, denn Rose Nägele war mehr an ihrem praktischen, erdverbundenen Studium der Landwirtschaft als an Gedankengebäuden interessiert. Doch das hinderte Hans nicht, ihr seine Reflexionen darzulegen. Ihr gegenüber konnte er auch die «dunklen Seiten», die «Schatten» seiner Seele, die Tendenz zu Trübsinn, Weh- und Schwermut ansprechen.[129]

Die Beziehung blieb weitgehend auf einer seelisch-geistigen Ebene, bei Rose zunächst aus Scheu. Kurz nach ihrer gemeinsamen Skitour gestand sie Hans: «Weißt Du, ich hätte Dir damals so gerne einen kleinen schwesterlichen Kuß auf die Backe gedrückt, so dankbar war alles in mir gegen Dich – ich war feige.» Ihre Liebe sollte «rein und gut» sein. Wenn Hans im Krieg sei, werde sie ihm «von der Erde und der Sonne, vom Korn und den Blumen erzählen». Er würde dann «froh werden und an eine Zukunft glauben; oder nicht», fragte sie unsicher und antwortete beschwörend gleich selbst: «Du mußt, Du mußt, ich will es.»[130]

Hans wollte, dass die Beziehung platonisch blieb. Er wünschte sich eine geschlechtslose Erotik, wenn er im April an Rose schrieb:

> So sehr wir auch dem jugendschönen Gott Eros huldigen, das Fundament unserer Freundschaft ist ein rein geistiges […]. Es gibt Dinge, die weit über die Geschlechter hinausgehen, wenn sich im klaren Geiste zwei Menschen, nicht Mann und Frau, gegenüberstehen, um «Ja» zu sagen.[131]

Es sollten also zwei geschlechtslose Wesen – «nicht Mann und Frau» – die Kraft der Geschlechterliebe – den «Gott Eros» – verehren. Das war die Quadratur des Kreises. Hatte Scholl bisher nur heranwachsende Jungen oder Mädchen geliebt, so wollte er Rose dazu bewegen, in ihrer gemeinsamen Liebe auf das Frau- bzw. Mannsein ganz zu verzichten. Das war ein lebensfremdes Unterfangen, das scheitern musste. Die räumliche Distanz zwischen Hans, der in München lebte, und Rose, die zunächst noch in Stuttgart, dann aber in der Nähe von Friedrichshafen am Bodensee arbeitete, intensivierte zwar den gedanklich-brieflichen Austausch, nicht aber die direkte emotionale Begegnung.[132]

Deutlich wird das in einem literarisch aufbereiteten Traum, den Hans ihr brieflich mitteilte.[133] Darin verarbeitete er seine Erinnerungen an die Verwundeten und Verstümmelten im Feldlazarett in Frankreich 1940 und beschrieb auch sein Verhältnis zu Rose: «Liebes Röslein!», begann er,

> Was ich Dir heute erzählen möchte, ist ein Traum, der mir in der vergangenen Nacht kurz vor dem Aufwachen erschien. Ich sah mich in einer Untergrundbahn in Paris. Ich beabsichtigte, mit Dir und einer Schar von Bekannten, meinen Geschwistern und Freunden zusammen eine Fahrt durch die Stadt zu unternehmen.

Als die umfangreiche Reisegesellschaft die Metro verlässt, sind nur noch er und seine Freundin da. Er tritt in eines der Häuser und lässt «Röslein» allein zurück. Ihm wird klar, dass er sich «in einem alten, uralten Spitale» befindet. Die Kranken sind bestialisch zugerichtet und entspringen Teufelsphantasien. Ihre Behandlung hat nichts mehr mit Medizin zu tun. Auf die Frage eines Entstellten, was Scholl hier zu suchen habe, antwortet er: «Ich bin Mediziner.» Daraufhin scheint sich das höhnische Grinsen der anderen auf «Betten, Balken und Fußboden zu übertragen». Die Luft verzieht «sich zu einer undefinierbaren, ekelhaften, grausam grinsenden Grimasse». Als der Kranke weiterfragt: «Und was hat dies hier mit Medizin zu tun?», weiß er nichts zu erwidern. «Der Erdboden versank, der Himmel stürzte zusammen.» Er fühlt «den kalten Atem des Todes» und flieht: «Ich lief, ich stolperte, aber nicht wie sonst in den Träumen, alles schien furchtbar wirklich.» Doch er entkommt nicht, man hält ihn fest und befiehlt ihm, bei einem medizinischen Eingriff zu assistieren. Kurz informiert er Rose darüber, dass er bei einer zweistündigen Operation gebraucht werde, doch:

Du sagtest darauf kein Wort. Hättest Du doch etwas geantwortet. Ich wußte, daß Dir ein Stich langsam die Brust durchbohrte. Und doch sagtest Du nichts, wurdest nicht einmal traurig. Ich blickte nur in dein unendlich liebes Antlitz. Da erwachte ich.

Der Traum zeigt, wie er als Feldsanitäter an seine Grenzen gestoßen war und dass er Rose Nägele vorwarf, zu seinen Problemen zu schweigen, so als hätten ihn ihre Worte von den Fesseln seines Traumas lösen können. Rose reagierte nicht so, wie Hans es von ihr erwartete, im Tiefsten, so glaubte er, verstand sie ihn nicht.

Als Hans Scholl sich nach vielen Monaten des Hinhaltens am 30. Juni 1942 endlich entschloss, Rose Nägele ein eindeutiges Signal des Endes seiner Liebe zu senden, knüpfte er an eine Formulierung zu Beginn ihrer Beziehung an. Damals hatte er geschrieben, es sollten sich «im klarem Geiste zwei Menschen, nicht Mann und Frau, gegenüberstehen».[134] Nun teilte er ihr mit, er möchte sie zwar wiedersehen, «aber nur, wenn Du von vornherein nicht zuviel verlangst – wenn Du einen Menschen und keinen Liebenden sehen willst».[135] Es ging ihm jetzt nicht einmal mehr um eine geschlechtslose Erotik, sondern allein um ein freundliches, menschliches Miteinander. Geblieben war nur die Asche einer erneut unglücklichen Liebe.

Der Tiefpunkt ihres nur noch fernen freundschaftlichen Verhältnisses war erreicht, als Hans Scholl Mitte November 1942 mit seinem Freund Alexander Schmorell in das Landhaus der Familie Nägele nach Murrhardt reiste, um dort Hanspeter Nägele als Mitstreiter für ihre Widerstandsaktionen zu gewinnen.[136] Doch der ältere Bruder Roses lehnte das Ansinnen schroff als «Selbstmord» ab.[137] Kühl verabschiedeten sich die beiden und zogen verärgert weiter. Rose bezeichnete diese abrupte Abreise in ihrem nächsten Brief als «sehr häßlich».[138] Als sie dann noch Schmorells Ursprünglichkeit als mustergültig pries, wies Scholl ihr Ansinnen zurück: «Wenn Du Alex und mich länger kennen würdest, würdest Du mir nicht mehr raten, an der Natürlichkeit meines Freundes ein Beispiel zu nehmen.»[139] Da ihre erste gemeinsame Skitour eindreiviertel Jahre zurücklag, bedeutete der Hinweis auf die Länge ihrer Beziehung eigentlich deren Tiefe. Falls sie wirklich mit ihm vertraut wäre, so Scholl, würde sie dergleichen nicht sagen, oder anders: Sie kannte ihn nur oberflächlich. Diese Einschätzung ihrer Verbindung wiederholte er in seinem letzten an Rose gerichteten Brief, zwei Tage vor seiner Verhaftung: «Heute muß ich so sein, wie ich bin. Ich bin äußerlich und innerlich fern von Dir, aber niemals fremd. Noch nie war meine Achtung vor Deinem reinen Herzen größer als in diesen Tagen, da das Leben zu einer steten Gefahr geworden ist. Aber weil ich die Gefahr selbst gewählt habe, muß ich frei, ohne Bindung, dorthin steuern, wo ich es haben will.»[140]

Abenteuer hin zum Licht
Glaubenserneuerung durch Paul Claudel

Die Koordinaten zur Steuerung seines Lebens gewann Scholl in hohem Maße durch Bücher. In den Jahren 1941/42 begleiteten ihn unter anderem drei Schriften des französischen Diplomaten und Literaten Paul Claudel (1868–1955): das Drama *Der seidene Schuh*, die Korrespondenz mit Jacques Rivière und seine Ausführungen zum Turiner Grabtuch. Claudel war nach einem religiösen Erweckungserlebnis überzeugter Katholik und einer der führenden Vertreter der Erneuerungsbewegung «Renouveau catholique». Ihr Ziel war es, gegen Aufklärung und Laizismus die Gesellschaft zu traditionellen katholischen Werten zurückzuführen.

In Scholls Unterlagen befindet sich die Schreibmaschinenabschrift eines fünfseitigen Briefes Claudels vom 16. August 1935 an ein «Mitglied der Kommission des heiligen Grabtuchs» über das angebliche Leichentuch Christi aus dem Dom zu Turin, das den Abdruck eines gemarterten Menschenkörpers zeigt.[141] Für den konservativen Katholiken war die Entdeckung des Gewebes ein epochales Heilsereignis. Ende 1941 wurde das Tuch auch für Scholl zur persönlichen Offenbarung. Anfang 1942 veröffentlichte er einen Aufsatz in der Zeitschrift *Windlicht*, dem Diskussions- und Verbindungsblatt des Ulmer Freundeskreises. Darüber setzte er ein Zitat aus Claudels Bühnenstück *Der seidene Schuh*: «Nacht musste sein, damit diese Lampe erschiene.»[142] Für ihn stand die Echtheit des Grabtuches fest. «Beweise der Wissenschaft» und «Beweise des Herzens» würden das gleichermaßen bekunden: «Das Martyrium der Welt in seiner ganzen Wahrheit vor unseren wachen Augen! Wer müsste nicht erschauern und Gott von neuem anrufen aus der Tiefe!» Das vermeintliche Jesusbild war für ihn eine «zweite Auferstehung», die «Auferstehung Christi für das 20. Jahrhundert». Wenn das wirklich die Umrisse des Nazareners waren, dann, so hoffte er, werde die Kraft, die von ihm ausging, bei Weitem die Fährnisse der Gegenwart übertreffen.

Das zweite Werk Claudels, mit dem sich Hans Scholl beschäftigte, hatte er zum Weihnachtsfest 1941 geschenkt bekommen: den Briefwechsel zwischen Paul Claudel und Jacques Rivière aus den Jahren 1907–1914.[143] Es war ein Buch aus Carl Muths Bibliothek, die er gerade katalogisierte. Muths Exlibris ist eingeklebt, und auf dem Vorsatzpapier steht:

Hans Scholl
von Prof. Muth zu Weihnachten
1941.[144]

Claudels Briefpartner Jacques Rivière stammte aus einer protestantischen Arztfamilie und konvertierte mit siebenundzwanzig Jahren – unter Claudels Einfluss – zum Katholizismus. In einem Brief an seinen Mentor teilte er ihm mit, er habe Weihnachten 1913 katholisch kommuniziert.[145] Vermutlich faszinierte Hans Scholl die Hinwendung der beiden Franzosen zum Glauben so sehr, dass er sie, wenn auch deutlich abgeschwächt, für sich übernahm. Ein Brief an Carl Muth macht das deutlich.[146] Zu Weihnachten 1941, es ist die Zeit der Claudel-Lektüre, beschrieb er Muth zunächst seine mütterlich-religiöse Erziehung und dachte zurück an den heimischen Heiligabend: «Wohl sind die Spuren der Kindheit nicht verweht gewesen, als man unbekümmert in die Lichter und das strahlende Antlitz der Mutter blickte.» Doch «Schatten sind darüber gefallen; ich quälte mich in einer gehaltlosen Zeit in nutzlosen Bahnen, deren Ende immer dasselbe verlassene Gefühl war und immer dieselbe Leere.» Er fühlte sich stets einsamer: «Zwei tiefe Erlebnisse, von denen ich ihnen noch erzählen muß, und schließlich der grauenhafte Krieg, dieser Moloch, der von unten herauf in die Seelen aller Männer schlich und sie zu töten versuchte, machten mich noch einsamer.» Doch dann trat der Umschwung ein: «Eines Tages ist dann von irgendwoher die Lösung gefallen.» Bei Hans Scholl ist es nicht das Pathos eines Weihnachtshochamtes in Notre-Dame de Paris, sondern einfach: «Ich hörte den Namen des Herrn und vernahm ihn.» Er nahm Christi Namen wahr und verinnerlichte ihn.

Aber er schrieb seinem Briefpartner nicht den Initialimpuls für die erneute Hinwendung zu Christus zu, sondern betonte: «In diese Zeit fällt meine erste Begegnung mit Ihnen» und «Mir ist in diesem Jahre» – das heißt 1941 – «Christus neu geboren». Er betrachtete seine religiöse Erweckung als allmählichen Prozess – «Dann ist es von Tag zu Tag heller geworden» – und zugleich als spontanes Ereignis: «Dann ist es wie Schuppen von meinen Augen gefallen.» Die Formulierung ist eine Anspielung auf die Bekehrung des Christenverfolgers Saulus zum Christenapostel Paulus, von dem es in der Apostelgeschichte heißt (9,18): «Und sogleich fiel es von seinen Augen wie Schuppen und er wurde wieder sehend.» Wie essenziell ihm dieser Glaube war, zeigt ein weiterer Weihnachtsbrief 1941 an einen Jungen seiner früheren *Trabanten*. In ihm schrieb er von der «Sehnsucht einzelner Menschen nach dem Lichte» und fasste zusammen:

> Sehnsucht nach dem Lichte und nach der Erleuchtung haben uns zu der einzig hellen Stelle geführt, die uns geblieben ist: Christus. Und die uns bleiben wird. Unser ganzer Hintergrund und unser Wegweiser und Ziel ist Er.[147]

Seine Hinwendung zum Christentum verstand Hans Scholl als eine «Zeit der Wende», wie er es in seinem Besitzeintrag in Aurelius Augustinus' Buch über die Psalmen formulierte.[148] Carl Muth wurde in dieser Zeit bis zum Sommer 1942 zu einem wichtigen spirituellen Begleiter. Die Zuneigung, die er für den jungen Mann empfand, zeigt die Widmung, die er in sein Buch *Schöpfer und Magier* schrieb: «Seinem lieben Hans Scholl herzlich zugeeignet Karl Muth München: Solln, d. 10. Juli 1942».[149]

Für den protestantischen Zweifler Scholl aber setzte die Ungewissheit schon wenige Wochen später wieder ein. War er noch im Dezember 1941 glaubenssicher, so klagte er bereits im Februar 1942 über Niedergeschlagenheit, im April und Mai über Dämonen, die ihn attackierten, und wie schwer es sei, «ohne Zagen und mächtig frei auf das Eine» zuzustreben, denn: «So groß sind die Wirrnisse heute, dass man oft nicht weiß, wohin man sich wenden soll ob der Vielheit der Dinge und Ereignisse.»[150] So, wie es für ihn keine augenblickliche und unumkehrbare Abwendung von der nationalsozialistischen Ideologie gab, sondern unsichere Suchbewegungen mit graduellen Verschiebungen und wachsenden Distanzierungen, so gab es bei ihm auch nicht den einen Augenblick des Durchbruchs zur christlichen Glaubensgewissheit, von dem an aller Zweifel zerstoben wäre.

Das dritte Werk Paul Claudels, mit dem sich Hans Scholl auseinandersetzte, war dessen Schauspiel *Der seidene Schuh*, das von Februar bis Juli 1942 im Freundeskreis gelesen wurde.[151] Warum ihn dieses Buch begleitete, teilte er am 10. Februar 1942 seiner jüngeren Schwester Elisabeth mit:

> Ich halte dieses Werk des französischen Dichters für das größte Ereignis der modernen französischen Literatur. Ich bin weit davon entfernt, die Sprache Claudels mit der Goethes oder gar Dantes zu vergleichen, das wäre ebenso widersinnig, wie wenn man die Kunst des Barock mit den Maßen der Gotik mäße, aber die Gedanken Claudels sind tiefer, umfassender als die Fausts.[152]

Er musste «oft» an jenen Satz denken, den er zum Motto seines Artikels über das Grabtuch von Turin gewählt hatte: «Nacht musste sein, damit diese Lampe erschiene.»[153] Der Satz ist bei Claudel in eine Szene eingebettet, deren zentrales Thema die Frage ist, ob bestimmte geschichtliche Ereignisse zwangsläufig geschehen. Dort heißt es:

> Die Schatten wachsen, die Lampe brennt, und ich höre rings um mich den Klagelaut dieser Völker, die sich miteinander in der Nacht zu vertragen suchen. Nacht mußte sein, auf daß diese Lampe erschiene, soviel Einsturz um mich her mußte sein, in dieser Welt um Prag, wo es nichts mehr zu sehn gibt.[154]

Der Satz fällt in einer Kirche, und die Szene enthält die Hoffnung, dass sich letzten Endes mit Gottes Hilfe alles zum Guten wenden werde. Die Lampe ist das «Ewige Licht», das in katholischen Kirchen den Ort des Tabernakels mit den konsekrierten Hostien markiert. Sie wiederum weisen auf Christus. Für Hans Scholl standen Lampe und Licht für Christus als Hoffnung. Er war für ihn das Licht, das in die Welt gekommen ist, damit die Menschen das Leben haben, wie es im Johannesevangelium (9,5) heißt.

Carl Muth wollte Hans Scholl mit der Weitergabe Claudel'scher Erweckungsliteratur zum Kirchenübertritt animieren. Zusammen mit Otto Aicher – Inge Scholls späterem Ehemann – bemühte er sich intensiv um den Wechsel der Geschwister zur katholischen Kirche. Aicher bekannte gegenüber Muth, es gebe für ihn nichts, was ihn «noch leidenschaftlicher beschäftigen könnte als solch lautere Seelen [...], bis Glaube und Liebe völlig ihr Herz ergriffen» hätten. Er habe «lange um diese Leute gerungen, und zwar anfänglich fast gegen einen Widerwillen, und Inge hat mir erst neulich gestanden, sie vermutete früher hinter meinem Kommen immer den Versuch, sie zur Konversion zu treiben. Und im letzten Grund hatte sie auch recht, und sie weiß auch nur zu gut, daß sie einmal diesen Schritt zu gehen hat.» Sie habe so lange ihre «Konversion hinauszuschieben, bis die Idee der Kirche in ihr so sehr Gestalt gewonnen hat, daß sie *freiwillig* und in Freude diesen Schlußschritt gehen wird». Carl Muth möge ihn unterstützen. Damit «diese Idee [der wahren Kirche] Gestalt in ihnen gewinne, bitte ich Sie, helfen Sie, nicht um meinetwillen, sondern allein, damit ihre Seelen auch einmal die Freude des Friedens besitzen». Das sei für den Professor gewiss ein Leichtes, denn «ob der gewaltigen Fülle Ihres Lebens und Ihrer getanen Arbeit ist es ja nicht einmal nötig, daß Sie sich sehr anstrengen, allein Ihr Name, wenn er hinter einer vertrauenden Anteilnahme steht, ist für sie eine hilfreiche Stütze».[155] Doch das konzertierte Missionskalkül ging nur bei Inge Scholl auf. Am 22. Februar 1945, dem zweiten Todestag ihrer Geschwister, trat sie zur römisch-katholischen Kirche über, indem sie sich erneut taufen ließ.[156]

Obwohl Sophie und Hans evangelisch blieben, führte Hans Scholl in seinem letzten erhaltenen Brief vor der Verhaftung noch einmal Claudel an. Es seien jetzt Tage steter Gefahr, viele Irrwege sei er schon gegangen, Abgründe täten sich auf, tiefste Nacht umgebe sein suchendes Herz – aber er stürze sich hinein. Wie groß sei «das Wort Claudels: La vie, c'est une grande aventure vers la lumière.»[157] Das Leben ist ein großes Abenteuer hin zum Licht.

Sie ist mir völlig gleichgültig
Kurzer Sommer mit Traute Lafrenz

Während einiger Sommermonate des Jahres 1941 war die junge Medizinstudentin Traute Lafrenz Hans Scholls Begleiterin auf diesem dornigen Weg hin zum Licht.[158] Unmittelbar nach dem Krieg schilderte sie, wie sie sich in München begegneten: «Durch Alexander Schmorell, den ich während seines Studiums in Hamburg im Sommer 1939 kurz kennengelernt hatte, lernte ich Hans Scholl im Mai 1941 bei einem Konzert im Odeon kennen.»[159] Doch scheint das nicht die erste Begegnung gewesen zu sein, denn an anderer Stelle erinnerte sie sich: «Ich hatte ihn vorher schon mal kennengelernt [...] durch einen gemeinsamen Freund, der Peter hieß.»[160] Und dann gingen ihre Gedanken noch einen Schritt weiter zurück: «Ich hatte Hans schon früher beobachtet, in einigen Vorlesungen. Obwohl dort immer an die hundert Studenten waren, ist er mir aufgefallen. [...] Hans war ein sehr gut aussehender Mann [...]. Er war beinahe schön, aber eben nur beinahe!»[161]

Ein Satz fasst die Entstehung des Liebesverhältnisses zusammen: «Wir lernten uns kennen, dann lernten wir uns noch besser kennen – und noch besser.»[162] Das entscheidende Treffen fand wohl Anfang Juni 1941[163] in einer Pause der Aufführung von Johann Sebastian Bachs Brandenburgischen Konzerten statt.[164] Traute Lafrenz erinnerte sich: «Zwischen Hans und mir entwickelte sich schnell eine Freundschaft.»[165] Doch bereits Ende Juni sah sie die Verbindung kritisch und beklagte Hans Scholls egoistische Verhaltensweise.[166] Im Juli formulierte sie in ihrem Tagebuch einen Brief an Hans, in dem sie sein Verhalten mit einem willkürlichen Ein- und Ausgehen in einem Haus verglich: Er komme und gehe, wann und wie es ihm gerade beliebe. Jetzt bat sie ihn, er solle gehen. Künftig sollten sie nur noch «wie zwei gute Menschen zueinander [...] sein». Da sie gerade im Arbeitsdienst in einer Munitionsfabrik in Kraiburg am Inn – rund siebzig Kilometer östlich von München – war, sah sie in der räumlichen Distanz die Chance, ihrem Verhältnis einen rein freundschaftlichen Charakter zu geben. Trotzdem fühlte sie sich im August von ihm alleingelassen.[167] Anfang September waren die Schwierigkeiten konstant präsent, aber sie hoffte weiter auf eine Veränderung zum Positiven.[168] Als sie ihm von der Freiheit des Menschen schrieb, der trotz familiärer, gesellschaftlicher, politischer oder religiöser Einflüsse ein unmittelbares Verhältnis zu Gott haben könne, notierte Hans Scholl am Rand: «Es hört sich schön an, ist aber nicht wahr.»[169] Vermutlich spürte der Freiheitsenthusiast Scholl die sozialen und psychischen Bindungen stärker als Traute Lafrenz.

Als es Ende September endlich wieder zu einem Treffen kam, hinterließ das «Neue-sich-Begegnen» bei ihr nur Verwirrung.[170] Kurz darauf beklagte sie sich über Hans' langes Stillschweigen und beschrieb ihm ihre mühevolle Arbeit, die sie vor Anstrengung zum Weinen bringe und abends oft nicht mehr die Kraft ließe, an den Inn zu gehen.[171] Im November bekundete sie zum wiederholten Male ihr Unverständnis über Scholls Mitteilungslosigkeit.[172] Dann machte sie unmissverständlich deutlich, dass sie sich von der Vergangenheit mit ihm lösen wolle, «um nun die Zukunft zu formen». Sie hatte sich gegen Scholl und für das Studium entschieden.[173] Mit dieser Nachricht zog Traute Lafrenz einen Schlussstrich unter ihre Liebesbeziehung. Fast sechzig Jahre später, mit Mitte achtzig, reflektierte sie über die Länge und Intensität ihrer Beziehung so: Es sei ihr «sehr bald» klar geworden, dass es mit ihr und Hans «nicht klappen konnte», ihre Liebe habe nur «einen kurzen, schönen Sommer lang» gehalten.[174]

Noch in den ersten Wochen seiner Beziehung zu Traute Lafrenz, im Juli 1941, schrieb Hans Scholl an Rose Nägele, er sehne sich «bis spät in die Nacht hinein» nach ihr, wenig später, er brauche «das Weibliche ihres Wesens, aber auch den Menschen Rose, den Freund», und er grübelte abstrakt über Gott und die Liebe, die allein über die «Zweifel [...] Fährnisse [...], den ewig nagenden Schmerz» im «Herzen» des Menschen hinwegtrösten könne.[175] Dauerhafte Beziehungen zu Frauen fielen Hans Scholl offenbar schwer, umso leichter philosophierte er über die Liebe. Seit dem Sommer 1941 gab es für ihn nur noch eine persönliche Vertrauenskonstante – das war sein «einziger Freund» Alexander Schmorell.[176] Die allmähliche Entfremdung von Traute Lafrenz wurde durch diese Freundschaft beschleunigt. Im November 1942 reiste Traute Lafrenz für einige Wochen zurück nach Hamburg.[177] Dabei gab sie zunächst zwei Flugblätter an einen studentischen Gesprächskreis weiter, später sandte sie aus München «eines oder zwei» weitere.[178] Dass daraus ein «Hamburger Zweig der Weißen Rose» erwachsen sei, ist ein Nachkriegsmythos.[179]

Verantwortlich für das rasche Ende der Beziehung war auch eine weltanschauliche Differenz. Traute Lafrenz war eine überzeugte Anthroposophin, die die reformpädagogische Hamburger Lichtwark-Schule besucht hatte und den Gedanken Rudolf Steiners ihr Leben lang treu blieb.[180] Sie habe versucht, «Hans dafür zu interessieren, aber das funktionierte überhaupt nicht! [...] Hans stand Steiner völlig fremd gegenüber.»[181] Für den pietistisch beeinflussten Hans Scholl waren Steiners esoterische Ideen abwegig. Damit blieb ihm zugleich Trautes Geistigkeit

«Hans und ich lernten uns kennen, dann lernten wir uns noch besser kennen – und noch besser»: Traute Lafrenz im November 1942

fremd, und ihr stand Hans' Frömmigkeit fern. Mithilfe ihres anthroposophischen Menschenbildes sah sie ihren Freund und schloss von seiner Physiognomie auf das Innere:

> Hans war dunkel, dunkles Haar, dunkle Augen. Aber der Mund – das ist sozusagen das Menschliche an einem Menschen. Die Stirn erzählt etwas über die Gedanken. «Dieser Mund kann nicht halten, was die Stirn verspricht», fiel mir auf.[182]

Sie spürte eine Spannung zwischen Rationalität und Humanität, Intellekt und Mitgefühl. An anderer Stelle beschrieb sie Hans Scholl als Charismatiker, «der andere mit sich zog», und als moralisch geleiteten Menschen, als jemanden, der spontan gehandelt habe:

> Er wurde von einer moralischen Kraft getragen, die ihm eingab, dass, wenn die Welt so verschieden von seinen Idealen und Vorstellungen war, er etwas tun musste! Gleichzeitig war er aber ein impulsiver, unbesonnener Mensch. Er war leichtsinnig bis zum Übermut und handelte oft, ohne nachzudenken. Aber vielleicht darf man auch nicht zu viel denken, wenn man wirklich etwas *tun* will.[183]

Auch diese Charakterisierung trifft nur partiell Scholls Naturell, nicht aber die Vielfältigkeit seines Wesens. Sie ist eine Momentaufnahme. Kaum miteinander vertraut, bald räumlich getrennt, waren sie schnell einander fern. «Lafrenz ist mir völlig gleichgültig», erklärte Hans Scholl 1943 gegenüber der Gestapo.[184] Wahrscheinlich war sie für ihn da wirklich sehr weit weg.

Nach dem Krieg baute Traute Lafrenz in Chicago eine Schule für geistig behinderte Kinder auf, die nach Rudolf Steiners pädagogischen Grundsätzen arbeitete. Über die Gründe ihrer Trennung von Hans Scholl wollte sie später nicht sprechen, doch blieb die Verbindung zur Familie Scholl weiter bestehen.[185]

Ich bin ein «homo viator»
Wandererfantasien

1941, im August des Sommers der ersten Begegnungen mit Traute Lafrenz und Alexander Schmorell, besuchte Hans Scholl in der Münchner Residenz ein Klavierkonzert. «Vorgestern abend spielte Elly Ney die Wanderer-Phantasie im Brunnenhof», berichtete er seinen Eltern.[186] Elly Ney (1882–1968) war schon zur Zeit der Weimarer Republik eine international anerkannte Klaviervirtuosin. Doch durch ihre Identifizierung mit der nationalsozialistischen Kulturideologie und von den antisemitischen Nürnberger Rassengesetzen profitierend, wurde sie ab 1933 in Deutschland eine hoch geehrte Staatskünstlerin. Im März 1933 schrieb sie in einem Brief an ihren Lebensgefährten, den Geiger und Dirigenten Willem van Hoogstraten:

> Eben hörte ich Hitler 45 Minuten sprechen. Bin tief erschüttert. Eine ungeheure Gewalt. Lies die Rede! [...] Das ist Wahrheit einer tief empfindenden und entflammten Menschenseele. Hitler sprach mir aus der Seele über die Kunst. [...] Endlich wird es ausgesprochen und wird die Bahn frei.[187]

Ney zeigte Sympathie für die Bücherverbrennungen 1933, unterstützte Boykotte von Konzerten jüdischer Künstler und befürwortete deren Entfernung aus staatlich finanzierten Stellen. Hitler ernannte sie 1937 zur Professorin, im selben Jahr wurde sie NSDAP-Mitglied. Ihre rassistisch-antisemitische, radikal-nationalsozialistische Gesinnung bekundete sie mehrfach öffentlich, gerade in Ansprachen für Heranwachsende. In einer Rede vor Mitgliedern der Reichsjugendführung 1938 sagte sie: «Die Jugend vertraut ihren Führern bedingungslos, weil diese sich die idealistischen, von Adolf Hitler vorgeschriebenen Ziele zu eigen gemacht haben.»[188] 1943 wurde sie mit dem Kriegsverdienstkreuz 2. Klasse für Truppenbetreuung ausgezeichnet und 1944 von Goebbels und Hitler in die sogenannte «Gottbegnadeten-Liste» aufgenommen.[189] Dass Scholl im Brunnenhof der Münchner Residenz «Hitlers Pianistin» lauschte, schien ihn nicht zu stören. Zehn Monate später allerdings forderte er in Flugblatt III «Sabotage in allen Veranstaltungen kultureller Art, die das ‹Ansehen› der Faschisten im Volk heben könnten».

Mit der *Wanderer-Fantasie*, die am Abend im Münchner Konzert erklang, hörte Hans Scholl Schuberts musikalische Variation über ein Gedicht von Georg Philipp Schmidt von Lübeck:

Der Wanderer

Ich komme vom Gebirge her,
Es dampft das Tal, es braust das Meer.
Ich wandle still, bin wenig froh,
Und immer fragt der Seufzer, wo? [...]

Ich wandle still, bin wenig froh,
Und immer fragt der Seufzer, wo?
Im Geisterhauch tönt's mir zurück:
«Dort, wo du nicht bist, dort ist das Glück!»

Die Melancholie des Liedes musste Hans Scholl, dem die Schwermut «heilig» war, ansprechen; er kannte das im Gedicht beschriebene Gefühl der Fremdheit, verabscheute leeres Gerede und brach physisch und psychisch immer wieder zu neuen Zielen auf.[190] «Ich muß meinen Weg gehen und ich gehe ihn gerne», schrieb er eine Woche nach dem Konzert mit Elly Ney, und weiter: «Denn es kommt mir ja nicht darauf an, vielen Gefahren und Verlockungen aus dem Wege zu gehen, sondern es soll mir wahrhaftig nur darauf ankommen, die Dinge *richtig* und in aller Ruhe richtig zu erkennen.»

Bei Scholl kehrt das Motiv des Aufbruchs, des ständigen Unterwegsseins, des Wanderns, weil das Freiheit bedeute, immer wieder. Schon 1939 hatte er im Tagebuch notiert:

Heute habe ich alte Briefe gelesen. Ist es nicht die beste Erholung, wenn man, müde von einer langen Wanderung, daheim in der Stille des Zimmers in alten Liebesbriefen blättert? Oh nein! Dem alten Wanderer und Freibeuter und Holzfäller zugleich rührt das zu sehr sein Herz. Seine Augen brennen, die Mundränder zucken, Wangen glühen rot. Oh, es greift seine Seele an. Er möchte weinen und kann es doch nicht mehr. Oh, Ruheloser, laß dies Versinken in vergangene Zeit, überlass dies späten Stunden, wenn Du stark auf festem Boden stehest.[191]

Inge Aicher-Scholl nannte als einen Wesenszug ihres Bruders die Ruhelosigkeit:

Der Wanderer, der Freibeuter, sie sind die Unruhigen, unberechenbar und selbst nicht berechnend, von einem unergründlichen Unabhängigkeitsdrang getrieben, dessen Kehrseite sein kann Bindungslosigkeit, Heimatlosigkeit, Einsamkeit. [...] Der Holzfäller ist ihnen zugesellt, dem Wanderer und dem Freibeuter, wie der Fischer, der wiederholt in Hans' Leben auftritt, der Einfache, Arme, der von der Hand in den Mund lebt, ohne Ballast, auch er unabhängig in seiner Kraft oder stillen Gelassenheit. Das Gleichnis vom verlorenen Sohn taucht hier auf.[192]

Stets war er auf dem Sprung, wie geschaffen für Durchgangsbahnhöfe. Rose Nägele berichtete er, die Münchner Luft habe ihn wieder so angeregt, dass er die ganz Nacht über wach gelegen habe:

Aber ich liebe diese Übergangszeiten. Sie fördern den Geist, so schwer sie auch zu ertragen sind. Das ist derselbe Trieb, welcher mir den Aufenthalt auf den großen Durchgangsbahnhöfen so reizvoll macht.

Für Scholl war das Unterwegssein mindestens genauso wichtig wie das Ankommen, das nur der Ausgangspunkt für einen neuen Aufbruch, ein Weiterwandern war. Er sinnierte:

Ich kenne einen Menschen, der überall, wo er hinkommt, man möchte sagen, den Mantel nicht auszieht, der immer der fremde Gast bleibt, obgleich er nicht schweigt und kein geheimnisvolles Wesen an den Tag legt. Wenn man mit ihm spricht, könnte man meinen, er könne nach jedem Satz unverhofft die Uhr aus der Tasche ziehen und sagen: Es ist jetzt Zeit. Dieser Mensch ist mir sehr sympathisch.[193]

Das Bild des Unterwegsseins auf dem Lebensweg begleitete Scholl bis ans Ende: «Es ist immer noch viel zu vieles im Werden, als daß ich jetzt schon ein Wort halten könnte und sagen könnte, ich bleibe auf dieser Bahn», schrieb er im April 1942.[194] Seine Gedanken verglich er im August mit dem «Wind», der «über Steppen hin gleich galoppierenden Pferden» jage, seine «Schwingen über weiten schweigsamen Seen» kühle, «hohe Gebirge» erklimme und «wieder hinunter ins Tal» steige.[195] Und im Oktober: «Das Beste wäre, jetzt [aufzu]brechen und immer weiter ganz allein und bar jeglicher Habe nach Osten zu wandern, immer weiter.»[196] Im Februar 1943, seinem letzten erhaltenen Brief, erklärte er, er müsse «bindungslos steuern wohin er wolle».[197] Hans Scholl sollte bis an sein Ende der werdende Wanderer bleiben, doch nur auf den Wandel wollte er sich trotzdem nicht festlegen. Sprunghaft-widersprüchlich versuchte er, die Gegensätze von Ruhe und Ruhelosigkeit miteinander zu vereinen. Zunächst charakterisierte er sich als Ruhelosen und wenige Zeilen später – im selben Brief – als in sich Ruhenden:

> Ich bin gegenwärtig im besten Sinne des Wortes ein «homo viator», ein Mensch auf dem Wege, und werde es hoffentlich immer bleiben. [...] Es kann ja kommen, was da wolle, ich habe Anker geworfen, im Grund kann ich nicht mehr gestört werden.[198]

FÜNFTES KAPITEL

Kampfeszeit, 1941–1943

Ich bin klein und schwach
Glaube und Kampf

Als überzeugter Christ und entschiedener Gegner des Nationalsozialismus stand Hans Scholl vor einem Dilemma. Durfte er gegen die Regierung kämpfen, obwohl doch – wie der Apostel Paulus lehrte – die «Obrigkeit von Gott angeordnet» ist?[1] Durfte er das fünfte Gebot, «Du sollst nicht töten», übertreten, obwohl doch das Leben eines jeden Menschen unantastbar ist?[2] Gab es eine christlich-ethische Begründung für den Widerstand, eine Rechtfertigung für den Freiheitskampf?

Hans Hirzel – ein Freund der Familie Scholl – erinnerte sich 1990, Hans Scholl sei noch «im Frühjahr 1942 […] aus religiösen Gründen» gegen einen Widerstandskampf gewesen. Der siebzehnjährige Schüler und der dreiundzwanzigjährige Student hätten sich gefragt: «‹Steht's uns denn zu?›» Verstoße man nicht im Kampf gegen die Regierung «gegen eine universelle Ordnung»? Das sei doch eigentlich «Sache der Bischöfe, Richter etc.». Die seien dafür berufen: «Die müssen ihr Leben einsetzen.» Beide grübelten, ob es nicht «überheblich» sei, wenn sie politisch aktiv würden: «Ist nicht Demut richtiger?» Hans habe zu dem Zeitpunkt noch «‹nicht eingreifen wollen in das Rad der Geschichte›.»[3]

Doch Scholl fand wenig später seine Antwort auf diese brennenden Fragen in zwei Bibelworten. Und er hat das Ergebnis seiner Überlegungen in knappster Form fixiert. Zum Weihnachtsfest 1941 schenkte Inge Scholl ihrem Bruder Hans den ersten von drei Bänden eines Werkes des Altphilologen Werner Jaeger.[4] Der Autor propagierte in *Paideia* die Erziehung im antiken Griechenland als Bildungsideal für die Gegenwart. Zwischen den Seiten 126/127 der Ausgabe liegt ein karierter Notizzettel, auf dem Scholl eine grundsätzliche Überzeugung formulierte:

> Besser ein im Irrtum begangenes
> Morden als der Friede der Welt.
> Als ob der Friede keine Tat wäre.
> 12. Kapitel Lukasevangelium.
> Friede – Schwert.

Hans Scholl schrieb diese Feststellung sicher vor Abfassung der ersten Flugblätter im Sommer 1942. Sie belegt, dass für ihn die Zeit des Umbruchs hin zu einer anderen Gesellschaftsform, einem demokratischen Staatswesen auf christlichen Grundlagen, gekommen war. In diesem neuen Gemeinwesen sollten die «Idee des Guten» und «die neuen menschlichen Werte» verwirklicht werden. In einem «Augenblick höchster Gefahr» musste der Friede mit der Waffe erstritten werden.[5] Scholl hatte für seine Überzeugung, dass ein gewaltsames Vorgehen gegen das Regime jetzt zwingend geboten sei, eine christliche Begründung gesucht. Die theologische Rechtfertigung für Widerstand und Freiheitskampf fand er in der von ihm notierten Textstelle aus dem 12. Kapitel des Lukasevangeliums. Dort sagt Jesus: «Ich bin gekommen, daß ich ein Feuer anzünde auf Erden; was wollte ich lieber, denn es brennete schon!»[6] Mit seiner Formulierung «Besser ein im Irrtum begangenes Morden als der Friede der Welt» folgte er Martin Luther. Der hatte als Ausweg aus einer unlösbaren Konfliktsituation zu unerschrockenem Handeln geraten. Wenn Untätigkeit größere Schuld bedeute als eine Tat und wenn ein an sich verwerfliches Tun größeres Leid verhindere, dann gelte: «Sündige tapfer, aber glaube tapferer und freue Dich in Christus, der Sieger ist über Sünde, Tod und Welt!»[7] Scholls Ablehnung des Friedens der Welt entsprach der Zusage Christi: «Den Frieden lasse ich euch, meinen Frieden gebe ich euch. Nicht gebe ich euch wie die Welt gibt. Euer Herz erschrecke sich nicht und fürchte sich nicht.»[8] Der Rückzug in einen Privatfrieden bürgerlicher Biederkeit kam für ihn im Angesicht von Unrecht und Chaos, Vernichtungskriegen und nationalsozialistischer Unfreiheit jetzt nicht mehr infrage: «Ich bin klein und schwach, aber ich will das Rechte tun.»[9]

Und in dem Satz vom Frieden, der durch die Tat erkämpft werden muss, ein Friede, der in jener jedes normale Maß übersteigenden Extremsituation nationalsozialistischer Schreckensherrschaft nur gewaltsam – durch «Feuer» und «Schwert» – erstritten werden konnte, fand

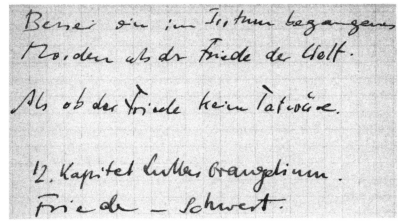

«Als ob der Friede keine Tat wäre»:
Notiz von Hans Scholl nach dem 24. Dezember 1941

Hans Scholl eine Legitimation des Tyrannenmords.[10] Nicht nur der Frieden, auch die Freiheit war durch die Tat zu gewinnen. Sie war ein die Not wendendes Übel. In diesem schuldig machenden Handeln war der Bezug auf Jesus Christus maßgeblich.

Nach diesen Überlegungen änderte sich Scholls Antwort auf die Frage, ob er befugt sei, ins «Rad der Geschichte» einzugreifen. Hatte er das in dem zitierten Gespräch mit Hans Hirzel noch verneint, so zeigte er sich in seinem ersten Flugblatt davon überzeugt, dass es geradezu die Aufgabe eines freien Menschen sei, Einfluss zu nehmen, um die Geschichte zu gestalten: «Wenn das deutsche Volk [...] die Freiheit des Menschen preisgibt, selbst mit einzugreifen in das Rad der Geschichte und es seiner vernünftigen Entscheidung unterzuordnen, wenn die Deutschen [...] zur geistlosen und feigen Masse geworden sind, dann, ja dann verdienen sie den Untergang.»

Ein weiteres Buch aus seiner Bibliothek wird Hans Scholl darin bestärkt haben, die Freiheit durch die Tat zu verwirklichen: Friedrich Schleiermachers Reden *Über die Religion*.[11] Der Band enthält keine handschriftlichen Anmerkungen, aber den Besitzeintrag «Hans Scholl 1942». Also gerade in jenem Jahr, in dem seine passive Verweigerung zu einem aktiven Freiheitskampf wurde, begleiteten ihn Schleiermachers *Reden*. Friedrich Schleiermacher war der wichtigste protestantische

Theologe des 19. Jahrhunderts.[12] Der spätere Pastor der Berliner Dreifaltigkeitskirche und Theologieprofessor in Halle und Berlin hatte 1799, noch als Prediger an der Charité, zunächst anonym, in seinem Buch *Über die Religion. Reden an die Gebildeten unter ihren Verächtern* neben der Definition, Religion sei «Sinn und Geschmack für das Unendliche», die Sehnsucht und die Freiheit als wesentliche religiöse Phänomene bestimmt: Religion sei «Sehnsucht nach dem Unendlichen, nach dem Einem in Allem», und Religion bewirke «überall Freiheit», Christi Geist ermögliche «unbeschränkte Freiheit». Scholls Formulierungen – besonders zu «Sehnsucht» und «Freiheit» – ähneln an vielen Stellen in bezeichnender Weise denen Schleichermachers.

Sooft Scholl dichtete und dachte, war die Sehnsucht Teil seiner Empfindungen. Bei Schleiermacher konnte er lesen:

> Mit großer Andacht kann ich der Sehnsucht junger Gemüter nach dem Wunderbaren und Übernatürlichen zusehen. Schon mit dem Endlichen und Bestimmten zugleich suchen sie etwas Anders was sie ihm entgegensetzen können; auf allen Seiten greifen sie darnach, ob nicht etwas über die sinnlichen Erscheinungen und ihre Gesetze hinausreiche.

Sehnsucht als Grundmovens von Religion macht den Glaubenden nach Schleiermacher frei und lässt ihn für die Freiheit streiten. Dieser «Trieb wirkt überall Freiheit». Religion, Sittlichkeit und Freiheit gehören zusammen.

Hans Scholl war von der «willenlosen Herde von Mitläufern» abgestoßen, die bereitwillig ihre Freiheit preisgaben.[13] Bereits 143 Jahre zuvor hatte Schleiermacher, unter ungleich günstigeren Verhältnissen, den Deutschen Angepasstheit, dienstfertige Unterwürfigkeit und willige Preisgabe der Selbständigkeit vorgeworfen. Freiheit sei, so Schleiermacher, «ein Handeln des Universums durch den Einen auf die Andern». Danach ist das Freisein ein zutiefst sozialer Akt, es ist nicht abstrakt, sondern geschieht in der autonomen Tat eines Menschen für einen anderen. Im Aufruf Schleiermachers an seine Leser, sich der Religion zu öffnen, lag die Beschwörung, aktiv die Welt zu gestalten und sich nicht verformen zu lassen:

> Habt Ihr nicht oft diese heilige Sehnsucht als etwas unbekanntes gefühlt? Werdet Euch doch, ich beschwöre Euch, des Rufs Eurer innersten Natur

Hans Scholl in München, um 1940

bewusst, und folgt ihm. Verbannet die falsche Scham vor einem Zeitalter welches nicht Euch bestimmen, sondern von Euch bestimmt und gemacht werden soll! Kehret zu demjenigen zurück was Euch, gerade Euch so nahe liegt, und wovon die gewaltsame Trennung doch unfehlbar den schönsten Teil Eurer Existenz zerstört.

Schleiermachers Appell, jede zerstörerische Fremdbestimmung zurückzuweisen, und die Aufforderung, zu einem kreativen Selbstentwurf zurückzukehren, konnte Hans Scholl auf sich beziehen. Er wusste, dass man für die Freiheit kämpfen muss: «Als ob der Friede» – und damit die Freiheit – «keine Tat wäre.»

Schönheit und Klarheit
Die jüngere Schwester

Anfang Mai 1942 zog Hans' zweieinhalb Jahre jüngere Schwester Sophie nach München, um ein Studium der Biologie und Philosophie zu beginnen. Sie hatte sich zunächst hingebungsvoll im nationalsozialistischen

Sophie Scholl um 1937

Bund Deutscher Mädel (BDM) engagiert. Doch ernüchtert von der geistigen Enge und entsetzt von der juristischen Verfolgung ihres Bruders 1937/38, distanzierte sie sich immer weiter vom Staat.

Viele ihrer Briefe geben Einblick in ihr Denken und Fühlen, auch in ihr musikalisches Empfinden. So fragte sie ihre Freundin Lisa Remppis, ob sie noch gerne Bach spiele, und erläuterte weiter:

> Er bedeutet für mich immer mehr, ich finde, er ist der beste Erzieher. Andere berauschen, sie heben einen weg, in Gefühle. Bei Bach aber muss man große Beherrschung zum Spiel und Klarheit aufbringen; der Lohn ist, dass man dabei selbst klar, und das schließt ja beherrscht ein, wird. Ich kann mir kaum schöneres denken als seine Schönheit und Klarheit.[14]

Sophie war achtzehn Jahre alt, als sie 1940 die Musik Johann Sebastian Bachs rühmte. Klar und eindeutig wie dessen Musik war sie selbst. Ihre Briefe und ihr Tagebuch zeigen eine junge Frau auf der Suche nach Gott. Begeistert schrieb sie ihrem Verlobten Fritz Hartnagel:

Fritz, lies dieses [Bibel-] Kapitel unbedingt selbst durch, nach diesem Brief, oder jetzt gleich. Und lies den herrlichen Satz zu Beginn: Denn das Gesetz des Geistes, der da lebendig macht in Christo Jesu, hat mich frei gemacht von dem Gesetz der Sünde und des Todes. – Sind jene nicht arm, entsetzlich arm, die dies nicht wissen und [nicht] glauben?[15]

Sophie Scholl war überzeugt: «Der Mensch soll ja nicht, weil alle Dinge zwiespältig sind, deshalb auch zwiespältig sein.»[16] Gerade Christen sollten sich «ungeteilt einer gerechten Sache» hingeben können. Ihre Korrespondenz und persönlichen Notizen belegen, dass sie intensiv die Bibel las und theologisch reflektiert dachte. «Arm» waren für sie jene, die «an den Sieg der Macht», «der brutalen Gewalt» glaubten. Sie bekannte: «Ja, wir glauben auch an den Sieg des Stärkeren, aber des Stärkeren im Geiste.» Diese Freiheit des Geistes konnte – da war sie sich sicher – auch im politischen Leben verwirklicht werden.

Bevor sie Ende Mai ein eigenes Zimmer fand – nahe der Universität, direkt am Englischen Garten –, wohnte sie bei ihrem Bruder in der Lindwurmstraße 13 in der Nähe des Sendlinger Tors und zu Beginn einige Tage bei dem Publizisten Carl Muth.[17] Der Fünfundsiebzigjährige bestärkte die Geschwister darin, ihren christlichen Glauben zu leben.

Eigentlich mein einziger Freund
Der Russe

Alexander Schmorell war seit dem Sommer 1941 der engste, ja, der einzige Freund von Hans Scholl.[18] Anders als Traute Lafrenz, die in ihm einen moralisch getriebenen, mutigen, aber auch risikobereiten Draufgänger sah, war er für Schmorell «ein zurückgezogener, einsamer Mensch».[19] Beide Beobachtungen sind richtig, denn Hans Scholl war tatsächlich zugleich extrovertiert und introvertiert. Der Reiter und Radler, Wanderer und Skifahrer, Weintrinker und Pfeifenraucher, Tier- und Kunstfreund war ein leidenschaftlicher Lebensgenießer. Er ging offen auf andere Menschen zu, um sie für sich zu gewinnen, und er wandte sich wenig später nach innen, um auf seine Seele zu achten.[20]

Seine Kontemplation war Vorbereitung auf das Tun. Hans Scholl war uneingeschränkt lebensbejahend, empfand allerdings eine große Distanz zwischen sich und den meisten anderen. In seinem Handexemplar von Augustinus' Psalminterpretationen markierte er das Ende eines Abschnitts, in dem der Kirchenlehrer den Satz «Ein Abgrund ruft den andern an» aus den Psalmen auslegte:

> Wenn Tiefe Abgrund heißt, glauben wir dann, das Menschenherz sei kein Abgrund? Was nämlich ist tiefer als dieser Abgrund? [...] In wessen Gedanken dringt man ein, wessen Herz wird eingesehen? Was er innen treibt, was er innen kann, ... wer begreift's? *Ein Abgrund ruft den andern an:* Ein Mensch den andern.[21]

Hans Scholl suchte diese abgründige Einsamkeit, alleingelassen fühlte er sich deshalb nicht, denn aus ihr heraus kommunizierte er mit anderen durch Briefe, Gedichte und Tagebucheinträge. «Freunde beschränken nicht unsere Einsamkeit, sie beschränken nur unser Alleinsein», konnte er in seinem Exemplar von Rilkes *Briefe und Tagebücher aus der Frühzeit* lesen.[22] Durch Arbeit, Sport und Musik wollte er die «Dämonen» und «Schatten», die ihn bis zu seinem frühen Ende verfolgten, bekämpfen. So bekannte er seiner Schwester Inge: «Dann kommt wieder der dunkle Schatten und macht alles trübe und leer» oder «Es ist Herbst und ich bin traurig und müde. Ich warte nicht voller Ungeduld auf den Frühling, weil ich erst sterben muß, weil mir das Fallen der Blätter mehr ist, als das kraftvolle Aufbrechen der Knospen.»[23]

Im Sommer 1942 begleitete nur Alexander Schmorell Hans Scholl im Kampf gegen den – wie er es in den Flugblättern sagen wird – «unersättlichen Dämon», die «Diktatur des Bösen» und «Ausgeburt der Hölle».[24]

Alexander Schmorell wurde am 16. September 1917 in Orenburg am Ural geboren.[25] Er war das einzige Kind des deutschen Arztes Hugo August Schmorell und der Russin Natalia Schmorell.[26] Die reichsdeutsche Familie lebte seit ungefähr 1860 in Russland. Alexander war ein Jahr alt, als seine Mutter starb, und dreieinhalb, als die Familie im Mai 1921 nach München zurückkehrte. Die Sehnsucht nach seiner unerreichbaren Mutter und dem fernen Geburtsland bestimmten ihn zeitlebens. Er wuchs zweisprachig und mit zwei Kulturen auf, was für ihn auch eine tiefe Verbundenheit mit dem russisch-orthodoxen Christentum bedeutete. Christoph Probst, den späteren Mitstreiter im Widerstand der Weißen Rose, lernte Alexander Schmorell während seiner Schulzeit am Neuen Realgymnasium, dem heutigen Albert-Einstein-

Alexander Schmorell um 1940

Gymnasium, in München-Harlaching kennen.²⁷ 1937 erwarb er die Hochschulreife. Von April bis November 1937 leistete er den Reichsarbeitsdienst im Oberallgäu ab, danach bis März 1939 den Wehrdienst in München. In den letzten fünf Monaten seiner Dienstzeit wurde er in Schleißheim zum Sanitätsgefreiten ausgebildet. Das Studium der Medizin begann er im Sommersemester 1939 zunächst in Hamburg, ging aber bereits im Wintersemester zurück nach München und immatrikulierte sich an der Ludwig-Maximilians-Universität.

Hans Scholl begegnete Alexander Schmorell wahrscheinlich das erste Mal im Frühjahr 1941, nachdem beide am 23. April 1941 derselben Studentenkompanie in der Kaserne in der ehemaligen Münchner Bergmannschule zugeteilt worden waren.²⁸

Schmorell sei «ein großer, schöner und phantasiebegabter Jüngling» gewesen, Scholl «ein dunkler Süddeutscher, energiegeladener Typus, [...] ein glühender jugendlicher Politiker», erinnerte sich nach dem Krieg der Widerstandskämpfer Falk Harnack.²⁹ Sooft es ging, mieden beide die trostlose Kaserne. Da das Dachzimmer am Athener Platz rund acht Kilometer entfernt von seinem Quartier lag, hatte Scholl sich im April 1941 eine neue Unterkunft im Stadtzentrum gesucht. Das möblierte Zimmer lag am St.-Pauls-Platz, gut einen Kilometer entfernt von der Kaserne, wo er spätestens um ein Uhr nachts wieder sein musste.[30] Schmorell hatte weiter sein Zimmer im Elternhaus, rund sieben Kilometer südlich der Truppenunterkunft.

Ein erster schriftlicher Hinweis auf die Freundschaft zwischen Scholl und Schmorell datiert von Anfang Juni 1941. Gemeinsam besuchten sie eine Aufführung von Johann Sebastian Bachs Brandenburgischen Konzerten im Münchner Odeon. Möglicherweise bei diesem Konzertbesuch stellte Alexander Schmorell seinen neuen Bekannten Traute Lafrenz vor. Wie rasch sich die Freundschaft der beiden Studentensoldaten intensivierte, zeigt ein Brief Schmorells an Angelika Knoop, Probsts Schwester, vom 26. Juni 1941:

> Vor einigen Tagen sass ich mit einem Kameraden auf einer blühenden Wiese, im Schatten eines Strauches bei einer Flasche goldenen Weines und [wir] sahen das Rodinbuch vom Phaidonverlag an. In solchen glücklichen Stunden versteh und erfühle ich die ungeheure Schönheit und Kraft dieser Werke am stärksten.[31]

Alexander Schmorell nannte hier noch nicht den Namen des «Kameraden», mit dem er die Kunst des französischen Bildhauers genoss. Dass es sich hierbei um Hans Scholl handelte, der 1940 im Musée Rodin in Paris gewesen war,[32] wird im Schreiben von 3. Juli 1941 klar:

> Die letzten zwei Wochen hab ich kaum gearbeitet – ich hatte sie dem Weine geweiht, vielmehr bin ich gewissermassen sein Opfer geworden – aber ein dankbares. Weisst Du, ich betreibe «Sport», der für uns vom Militär jeden Mittwoch-Nachmittag angesetzt ist, auf etwas seltsame Art: Kaum beginnt die Einteilung auf dem Sportplatz, verschwinden zwei Leute mit einer vollen Actentasche [...] und versinken in hohem Gras, im Schatten von dichten Sträuchern. Sie packen dann ihre Mappe aus – und beginnen, sich mit dem Inhalt zu beschäftigen. Dir darf ich's ja verraten, woraus der besteht: aus einer Flasche Wein und Büchern zum Ansehen oder Lesen. Und weisst Du, wer die beiden sind? Einer ist ein Kamerad von mir, ein zurückgezogener, einsamer Mensch [...]. Dies war der Anfang dieser zwei Wochen. Dann kamen Nachmittage, Abende, Nächte, viele, viele, an denen so manche Flasche geleert wurde. Oft war ich alleine, oft mit jenem Kameraden (Hans Scholl heisst er).[33]

Christoph Probst und Alexander Schmorell 1941 im oberbayerischen Ruhpolding. Sie kannten sich seit der Münchner Schulzeit am Neuen Realgymnasium.

Einen Tag später kauften sich die beiden Freunde Fahrräder, auf denen sie gemeinsame Ausflüge machten: «Gestern nachmittag wurde noch ein Kauf begossen: Scholl hat sich ein neues altes Rad gekauft, sein altes Rad mir um 75 Pfennige verkauft, beide hatte wir also ‹neue› Räder.»[34] Im Laufe des Jahres 1941 nahm Hans Scholl mit Christoph Probst zusammen Russischunterricht bei demselben Lehrer, der früher Alexander unterrichtet hatte.[35] Gegen Ende des Sommersemesters 1941 konnte Scholl das erste Mal frei einen medizinischen Praktikumsplatz wählen. Am 17. Juli 1941 erwähnte er in einem Brief an Rose Nägele seinen «Freund, den Russen», mit dem er «wahrscheinlich […] in einem kleinen Krankenhaus in der Nähe von Kochel» famulieren werde.[36] Vermutlich trampten sie am Sonnabend, den 19. Juli 1941, nach Murnau am Staffelsee, rund fünfundsechzig Kilometer südwestlich von München, um dort nach einem Praktikumsplatz zu suchen. Doch sie hatten keinen Erfolg.

Tatsächlich begannen beide dann am 1. August 1941 ihr Praktikum im Städtischen Krankenhaus Harlaching, das am Sanatoriumsplatz lag, keine zwei Kilometer von Schmorells Elternhaus in der Benediktenwandstraße 12 entfernt, wo er weiterhin wohnte.[37]

Die beiden Freunde zogen auch näher zueinander. Zu Feldwebeln befördert, mussten sie nicht mehr in der Kaserne wohnen. Scholl ging darum im August 1941 wieder zurück in sein Zimmer am Athener Platz in Harlaching – nur einen Kilometer Wegstrecke vom Krankenhaus und zwei von Schmorells Wohnhaus. Da sie nur bis vierzehn Uhr Dienst hatten, blieb ihnen reichlich Zeit für gemeinsame Unternehmungen. Die Famulatur endete am 15. November 1941.[38] Alexander Schmorells Russophilie färbte auf Hans Scholl ab. Am 3. September 1941 erzählte er seiner Schwester Sophie: «Gestern habe ich mir einen wunderschönen russischen Samowar gekauft. Noch in der gleichen Nacht haben wir ihn eingeweiht.» Es liegt nahe, wer mit dem «wir» gemeint war.[39]

Als die beiden während ihrer Famulatur in Harlaching überraschend Urlaub bekamen, unternahmen sie eine Paddelbootfahrt auf der Donau; dabei nahmen sie «nichts, absolut nichts mit, nur Zahnbürste».[40] Die beiden Vagabunden konnten so ohne Ballast in die Welt schweifen – für sie der Inbegriff von Freiheit. Doch zunächst mussten sie noch in Ulm das Boot flicken. «Hans und sein Freund Alex» seien da, informierte Inge Scholl ihre Schwester Sophie. Beide wollten «morgen wohl mit dem Paddelboot weiterfahren [...], donauabwärts».[41] In den nächsten Tagen ließ sich das Duo auf der Donau bis Linz treiben, wo die beiden am 15. Oktober 1941 eintrafen. Von dort «bummelten» sie «mit der Bimmelbahn bis Melk» und fuhren am 16. Oktober 1941 mit der Bahn zurück nach Ulm.[42] Trotz wenig Sonne, aber «viel Regen, Schnee und Hagel» war es für Hans Scholl «die allerschönste Fahrt, die man sich denken kann».[43] Sie hatten innerhalb von sechs Tagen rund vierhundertfünfzig Kilometer auf der Donau zurückgelegt und waren dann noch hundert Kilometer mit der Bahn nach Melk gefahren – sicher, um den berühmten Barockbau des Benediktinerklosters Stift Melk zu besichtigen. Wie eng die neun Tage intensiver Gemeinschaft sie zueinandergeführt hatten, zeigten die nächsten Monate.

Wie es scheint, haben die beiden in der Adventszeit begonnen, Wortskizzen zu entwerfen, in denen sie ihre Position und Verantwortung in der aktuellen politischen Situation Deutschlands konkretisierten. Ein

Hinweis darauf findet sich in einem vorweihnachtlichen Schreiben Alexander Schmorells:

Gestern abend war Weihnachtsfeier unserer Kompanie. Ich ging aber nicht hin – was sollte ich auch dort? Hans war dann noch bei mir, wir rauchten einige Pfeifen bei der Kerze, sprachen sehr wenig. Nur kurze «Gespräche über Verantwortungsgefühl». – Ich liebe solche «Skizzengespräche» am meisten. Wenn man durch Worte doch nicht restlos alles sagen kann – und das ist doch meistens so, außer bei wissenschaftlichen Unterhaltungen –, dann sollte man sich lieber mit solchen skizzenhaft hingeworfenen Gesprächen begnügen. Wenn dann der andere das, was Du sagen willst, verstehen soll, dann wird er es auch verstehen. Es müssen eben in gewissem Maße verwandt fühlende Menschen sein. Noch schöner ist es ja bei Liebenden – bei ihnen sagt Schweigen am meisten. Das ist ja überhaupt das schönste, «Der innere Mensch hat keine Zunge».[44]

Alexander Schmorell zitiert hier Jean Paul: «Die Freundschaft und die Liebe gehen mit verschlossenen Lippen über diese [Erden]Kugel und der innere Mensch hat keine Zunge.»[45] Er bekundete damit eine einzigartige geistige Verwandtschaft der beiden. Sie ging so weit, dass sie einander mit nur wenigen Stichworten, fast stumm, verstanden. Scholl schilderte diesen Einklang prosaischer, aber nicht weniger innig: «Besonders wertvoll ist mir mein russischer Freund.»[46] War das nun Freundschaft oder Liebe? Vielleicht fehlte die erotische Dimension. Aber Liebe war es gewiss auch.

Doch im Februar 1942 traten beim Militärdienst der Studentenkompanie in der Kaserne Konflikte auf. Scholl berichtete nach Hause von seiner Niedergeschlagenheit und körperlichen Angegriffenheit.[47] Er vermutete als Grund den Vorwurf der Meuterei gegen seine Kompanie und das Denunziantentum unter den Mitsoldaten. Er «habe persönlich nichts mit der ganzen Sache zu tun», aber einer seiner «besten Freunde [sei] unter den Angeklagten». Dass Alexander in dieses Disziplinarverfahren, dessen Ursachen nicht bekannt sind, involviert war, ist nicht sicher belegt. Allerdings hatte Hans nicht viele «beste Freunde» in der Studentenkompanie – eigentlich nur einen –, und Schmorell war inzwischen so stark antimilitärisch eingestellt, dass eine Beteiligung an der Meuterei durchaus möglich erscheint. Das würde auch erklären, warum Hans Scholl «die vergangenen Wochen [...] körperlich stark angegriffen» hatten – eigentlich «für nichts». Die Ursache für die disziplinarische Untersuchung mag – aus Scholls Sicht – eine Bagatelle gewesen sein, die seelischen und körperlichen Auswirkungen hingegen waren es nicht. Er litt mit seinem «besten Freund».

Im Winter 1942 leisteten beide – an unterschiedlichen Orten – weitere medizinische Praktika ab. Vom 13. März 1942 bis zum 10. April 1942 war Alexander Schmorell Famulus im Reservelazarett Holzhausen, etwa dreißig Kilometer südlich von München, Hans Scholl arbeitete im Hospital des Klosters St. Ottilien am Ammersee, fünfzig Kilometer östlich, und im Lazarett Schrobenhausen, ungefähr sechzig Kilometer nordwestlich.[48] In dieser Zeit waren sie einmal in einem beliebten Weinlokal in Grünwald im Isartal, südlich von München, verabredet. Von dort schrieben sie Angelika Knoop eine Karte, die aber bei ihr auf Unverständnis stieß. Daraufhin antwortete Schmorell:

> Du kapierst den Inhalt der Rodin Karte nicht? Das macht nichts. Hans meint, er sei betrunken [gewesen] (– wir schickten sie Dir aus dem Grünwalder Weinbauer) – das sei sicher, und damit habe eben Kant unrecht; (Kant sagt, dass nichts in Wirklichkeit so ist, wie es erscheint, sondern dass wir es uns nur so einbilden – oder so ungefähr).[49]

Alexander Schmorell konnte nach eigenem Bekunden nichts mit Philosophie anfangen.[50] Trotzdem versuchte Hans Scholl, mit ihm über die Erkenntnistheorie Kants zu philosophieren – vergeblich. Aber auf anderem Gebiet konnte Alexander reüssieren: In der Übersetzung vom Russischen ins Deutsche. So sandte und empfahl Hans am 22. April 1942 seiner Schwester Sophie Gedichte Turgenjews in der Übertragung des Freundes.[51]

Etwas tun, und zwar heute noch
Die Formierung des Widerstands

In den Osterferien 1942 – das Fest fiel auf den 5. April – scheinen Alexander Schmorell und Hans Scholl bereits zum politischen Widerstand entschlossen gewesen zu sein. Angelika Knoop erinnerte sich nach dem Krieg:

Nie werde ich vergessen, wie Alex mir in den Osterferien 1942 strahlenden Auges sagte: «Wir werden in Zukunft sehr viel politisch tätig sein» und wie die heisse Angst, die bei diesen Worten in mir aufstieg, vor seiner strahlenden Zuversicht verflog.[52]

Sophie Scholl erinnerte sich im Februar 1943 vor der Gestapo inhaltlich und zeitlich anders: «Etwa im Juni 1942 haben wir Alexander Schmorell, mit dem wir schon seit längerem befreundet sind und den wir gesinnungsmässig für zugänglich hielten, ins Vertrauen gezogen.»[53] Glaubhafter ist Knoops Erinnerung, denn das Vertrauen zwischen Hans und Alexander war seit Sommer 1941 stetig gewachsen. Lange vor dem Erscheinen von Flugblatt I Ende Juni 1942 bildeten sie eine geistige Gemeinschaft.

Anfang Mai 1942 begann mit dem Sommersemester das siebente Münchner Fachsemester Medizin der beiden Freunde.[54] Scholl war inzwischen wieder ins Stadtzentrum zurück gezogen. Sein Zimmer in der Lindwurmstraße 13, nahe am Sendlinger Tor, lag drei Kilometer von der Universität entfernt. Schmorell und Scholl setzten ihre Freundschaft so fort, wie sie begonnen hatte, und waren glücklich, wenn sie ausgestreckt im Gras lagen und dabei guten Wein genossen. Schmorell am 20. Mai 1942: «Vorgestern trank ich übrigens mit Hans, im Englischen Garten im Gras liegend, abends, beim Mondschein Sauternes. Wie schön war auch das gewesen.»[55]

Auf einem der von Hans Scholl ab Februar 1942 organisierten privaten Lese- und Vortragsabende trug am 3. Juni 1942 der Schriftsteller Sigismund von Radecki vor ungefähr zwanzig Teilnehmern eigene und fremde Texte vor. Der Abend war amüsant und anregend, aber zunächst ohne aktuellen Zeitbezug. Im Anschluss auf «Hansens Zimmer [...] beim Wein bis Mitternacht» wurde über Literatur und Kultur im Allgemeinen diskutiert. Alexander Schmorell berichtete, es seien Radecki, Christoph Probst, Hubert Furtwängler, Raimund Sammüller, Traute Lafrenz, Alexander Schmorell, Hans Scholl «und die Schwester von Hans», Sophie Scholl, dabei gewesen.[56] Otmar Hammerstein beschrieb diesen Kreis 1986 als unpolitisch: «Keiner von all diesen Freunden [sei] ein ausgesprochen politischer Mensch» gewesen, «unsere ganze junge Existenz [spielte] sich doch mehr im geistig-idealistischen und Moralischen ab.»[57]

Allerdings müssen die Gespräche darüber, wie man Widerstandsaktionen organisieren könne, im Laufe des Monats Juni allmählich immer konkreter geworden sein. Am 16. Juni 1942 saßen bis «4 Uhr morgens» Schmorell, Scholl, der Hamburger Verleger Heinrich Ellermann und Otmar Hammerstein «bei Hans» zusammen.[58] Tags darauf begegneten sich in einem der abendlichen Gesprächskreise erstmals Hans Scholl und der Psychologe und Musikwissenschaftler Kurt Huber, der eine außerordentliche Professur an der Ludwig-Maximilians-Universität innehatte und an diesem Abend referierte. Obwohl seit 1940 Mitglied der NSDAP, näherte er sich ab Sommer 1942 immer mehr dem Widerstandskreis der Weißen Rose.[59] Politisch wollte Huber die seiner Ansicht nach «ausgesprochen links eingestellte Staatsform», die «Bolschewisierung» der NS-Bewegung, in eine «wirklich ständische Form» zurückführen. Das «Führerprinzip» sollte «mit der unbedingten Freiheit und Selbstverantwortlichkeit des Einzelnen» verbunden werden.[60] Einer seiner Studenten erinnerte sich später an ein nächtliches Gespräch mit dem Hochschullehrer. Er hatte seine Rückfahrt von einem Fronturlaub unterbrochen und Kurt Huber von Sterilisationsversuchen an polnischen Juden und Studentinnen erzählt. Eigentlich wollte er um Mitternacht gehen, aber der Professor habe ihn festgehalten. Als er ihm erzählte, dass auf der Krim Juden erschossen wurden, habe er – es war drei Uhr nachts – vor Entsetzen so laut aufgeschrien, dass seine Frau aus dem Schlafzimmer kam und bat, wegen der Nachbarn leise zu sein. Er beneide ihn, so soll Huber gesagt haben, weil er an die Front zurückkehren, ins Feuer laufen und fallen könne. Ob das nicht Selbstmord sei, wollte der junge Soldat wissen. «Nein», wurde ihm entgegnet, «wenn die Spannungen unerträglich sind, ist das der einzige Weg. Denn dieser Tod hat noch Sinn.» Als der Student einwandte, Suizid sei nie gut, erhielt er zur Antwort: «Es gibt Situationen, in denen das Legale, auch das moralisch Legale transzendiert wird.»[61] Diese Schilderung von Kriegsgräueln und die katastrophale Niederlage der Deutschen bei Stalingrad, bei der Hunderttausende starben, verschärften Hubers Gegnerschaft zum Nationalsozialismus.

Nach seinem Vortrag am 17. Juni 1942 im studentischen Gesprächskreis kam es zu einer erregten und heftigen Diskussion darüber, wie man «der Zerstörung der inneren Werte» begegnen könne. «Man muss etwas tun, und zwar heute noch», soll Huber verzweifelt gerufen haben.[62] Alexander Schmorell war an diesem Abend nicht dabei, weil er sich vom Vortrag eines Philosophieprofessors nichts versprach.[63]

Kurt Huber
um 1940

Zehn Tage später kulminierten alle Überlegungen der vergangenen Wochen und Monate in den ersten vier Flugblättern. Innerhalb von sechzehn Tagen, zwischen dem 27. Juni und dem 12. Juli 1942, wurden sie in einer Auflage von jeweils ungefähr hundert Exemplaren an «ausgewählte» Personen versandt, deren Anschriften größtenteils aus «Telefon- und Adreßbüchern» stammten.[64] Hans Scholl sagte später vor der Gestapo aus, er habe die Flugblätter I und IV allein verfasst, bei den Flugblättern II und III jeweils den ersten Teil, Alexander Schmorell den zweiten.[65] Schmorell bezeichnete die ersten vier Schriften «als mein und Scholl's geistiges Eigentum, weil wir alles gemeinschaftlich getan haben».[66] Eine engere geistige Gemeinschaft, als unter Lebensgefahr staatsfeindliche Kampfschriften zu formulieren, zu vervielfältigen und zu verbreiten, ist kaum vorstellbar. Beide wussten, dass diese Aktion sie Kopf und Kragen kosten konnte. Hier und in der zweiten Widerstandsphase Anfang 1943 war Alexander Schmorell für Hans Scholl ein einmaliger, auch zum Tode bereiter Intimus.

Auch Sophie wurde in die Widerstandsaktivitäten eingeweiht, allerdings ist nicht ganz klar, wann. Dass sie schon früh Widerstandsgedanken und -taten in allgemeiner Form mit ihrem Bruder besprach, zeigt die Erinnerung ihres Verlobten Fritz Hartnagel. Im Mai 1942 habe sie ihn gebeten, mittels einer von mir mit Wehrmachtssiegel zu versehenden Bescheinigung einen Vervielfältigungsapparat zu beschaffen. Ich kam dann wenige Tage darauf zum Einsatz nach Russland, wovon ich erst nach den Münchner Ereignissen zurückkehrte.[67]

Nach dem Krieg konnte Hartnagel sich nicht mehr entsinnen, ob ihm seine Freundin präzise gesagt hatte, wofür sie den Apparat verwenden wollte. «Auf jeden Fall hat mir Sofie ein Vorhaben dargelegt, das mich im Schreck zu folgender Frage veranlasste: ‹Bist Du Dir im Klaren, dass dies Dir den Kopf kosten kann?›» Sie habe darauf «mit fester Stimme» erwidert: «‹Ja, darüber bin ich mir im Klaren.›» Hartnagels Aussage belegt die Widerstandsbestrebungen der Geschwister bereits für das Frühjahr 1942, aber nicht Sophie Scholls Beteiligung an den ersten vier Flugschriften. Dementsprechend berichtete sie später der Gestapo: «Etwa im Juni 1942» hätten beide Alexander Schmorell eingeweiht und im Juli [!] 1942 hätten sie sich überlegt, wie man mit Flugblättern «die breite Volksmasse» erreichen könne.[68] Die Flugblätter I bis IV wurden allerdings bereits Ende Juni/Anfang Juli verbreitet. Sophie Scholl kann also erst nach Alexander Schmorell eingeweiht worden sein.

Dass Sophie Scholl erst im Nachhinein erfuhr, auf wen die Flugblätter I bis IV zurückgingen, hat Traute Lafrenz später bestätigt. Sie erinnerte sich an Gespräche mit den Geschwistern:

> Ich fragte Hans, wer der Urheber der Flugblätter [I–IV] sei. Er antwortete mir, so etwas solle man nicht fragen. […] Interessanterweise sagte er das Gleiche zu Sophie, das habe ich später von ihr erfahren.[69]

Wahrscheinlich haben die Geschwister bereits im Frühjahr 1942 über gemeinsame Widerstandsaktionen gesprochen. Wenn Sophie und Hans sich tatsächlich erst im Juli 1942 über eine mögliche Produktion von Flugblättern austauschten, so war das bereits nach der ersten Verteilaktion und bezog sich folglich auf Schrift 5. Alexander Schmorell und Hans Scholl haben daher allein die vier mit «Flugblätter der Weissen Rose» überschriebenen ersten Texte ohne fremde Beteiligung in der Benediktenwandstraße 12 in der Münchner Menterschwaige – in Nachbarschaft zu Rudolf Heß – geschrieben und verschickt, so wie sie es auch beide glaubwürdig vor der Gestapo aussagten.[70] Vermutlich hätte Sophie sofort mutig und entschieden mitgearbeitet, aber Hans und Alexander haben sie nicht gefragt, wahrscheinlich, weil sie sie nicht in Gefahr bringen wollten. Wann sie von der Urheberschaft ihres Bruders und Schmorells an den ersten vier Flugblättern erfahren hat, ist nicht eindeutig geklärt.

Es ist noch nicht zu spät
Die Flugblätter I bis IV

Hans Scholl und Alexander Schmorell richteten ihre Flugschriften an eine gebildete Elite. Das zeigen deren Sprache und die Zitate aus literarischen Klassikern und Philosophen. Sie wollten nicht die verachtete «Masse» direkt erreichen; erst die Empfänger sollten versuchen, «auch aus den unteren Volksschichten» Menschen für den «passiven Widerstand» zu gewinnen.[71] Der Kampf gegen den Nationalsozialismus war für Scholl eine politische Auseinandersetzung, weil sie eine metaphysische war; er sah sich als Streiter in einem apokalyptischen und eschatologischen Kampf, einem Ringen auf Leben und Tod.

Ideengeber für die Flugblätter waren Rundfunkansprachen Thomas Manns. Im amerikanischen Exil verfasste der Erzähler zwischen Oktober 1940 und Mai 1945 *Fünfundfünfzig Radiosendungen nach Deutschland*, die ab März 1941 von ihm auch eingesprochen wurden.[72] Jeden der achtminütigen Beiträge übertrug die BBC wiederholt von London aus ins Deutsche Reich.[73] Wie Thomas Mann verstand auch Hans Scholl den Kampf gegen den Nationalsozialismus primär geistig-ethisch, dann politisch-militärisch. Im September 1942 stellte er seine Essays in einen überweltlichen Seinszusammenhang:

> Woran ich unverbrüchlich glaube, das ist, daß Hitler seinen Krieg nicht gewinnen kann – es ist das weit mehr noch ein metaphysischer und moralischer als ein militärisch begründeter Glaube.[74]

Ähnlich schrieb Hans Scholl:

> Dieser Krieg ist (wie alle bedeutenden Kriege) seinem eigentlichen Wesen nach ein geistiger; mir ist, als wäre manchmal mein kleines Gehirn das Schlachtfeld für alle diese Kämpfe. Ich kann nicht abseits stehen, weil es für mich abseits kein Glück gibt – und dieser Krieg ist im Grunde ein Krieg um die Wahrheit.[75]

Von Hans Scholl liegt keine Aussage über die Ansprachen Thomas Manns vor. Inhaltliche Parallelen zeigen aber, dass sie ein wesentlicher Impulsgeber für die Flugblätter waren.

Befreiung und Freiheit

Für Thomas Mann und für Hans Scholl war das oberste Ziel des Kampfes gegen den NS-Staat die Wiedererlangung der persönlichen und politischen Freiheit. «Der Kampf gehe», so Thomas Mann, um «das Lebensrecht des deutschen Volkes, seine *Freiheit*.»[76] Er war überzeugt, dass der Freiheitswille des Einzelnen die Freiheit des ganzen Volkes erringen könne: «Ein Volk, das frei sein *will*, ist es im selben Augenblick.»[77]

Für Hans Scholl hatte der Nationalsozialismus «in langsamer, trügerischer, systematischer Vergewaltigung jeden einzelnen in ein geistiges Gefängnis gesteckt, und erst, als er darin gefesselt lag, wurde er sich dieses Verhängnisses bewußt».[78] Mit ihrer Apathie würden sich die Deutschen selbst das Urteil sprechen: Wenn das deutsche Volk «den freien Willen preisgibt, die Freiheit des Menschen preisgibt», verdiene es «den Untergang».[79] Religion und Freiheit gehörten für ihn zusammen: Die «Stellung» des Menschen sei «von Gott auf Freiheit» gegründet. «Wohl» sei «der Mensch frei», aber er sei «wehrlos wider das Böse ohne den wahren Gott.» Es sei noch nicht zu spät, für die Freiheit zu kämpfen: «Zu allen Zeiten der höchsten Not» seien von Gott geleitete «Menschen aufgestanden, Propheten, Heilige, die ihre Freiheit gewahrt hatten.»[80]

Hans Scholl zitierte aus dem Festspiel *Des Epimenides Erwachen*, das Johann Wolfgang von Goethe zum siegreichen Ende der Befreiungskriege gegen Napoleon geschrieben hatte, um klarzumachen, dass Freiheit errungen werden muss:

Und das schöne Wort der Freiheit
Wird gelispelt und gestammelt,
Bis in ungewohnter Neuheit
Wir an unsrer Tempel Stufen
Wieder neu entzückt es rufen:
(Mit Überzeugung laut:)

Freiheit!
(gemäßigter)
Freiheit!
(von allen Seiten und Enden Echo:)
Freiheit![81]

Für Hans Scholl und Alexander Schmorell hing die Freiheit des Einzelnen mit der Freiheit der Gesellschaft zusammen:

> Jeder einzelne Mensch hat einen Anspruch auf einen brauchbaren und gerechten Staat, der die Freiheit des einzelnen als auch das Wohl der Gesamtheit, sichert. Der Mensch soll nach Gottes Willen frei und unabhängig im Zusammenleben und Zusammenwirken der staatlichen Gemeinschaft sein natürliches Ziel, sein irdisches Glück in Selbständigkeit und Selbsttätigkeit zu erreichen suchen.[82]

Durch passiven Widerstand sollte das Regime gestürzt und die Freiheit wiedergewonnen werden. Im dritten Flugblatt steht der Appell: «Sucht alle Bekannte […] von der geistigen und wirtschaftlichen Versklavung, von der Zerstörung aller sittlichen und religiösen Werte durch den Nationalsozialismus zu überzeugen und zum *passiven Widerstand* zu veranlassen!»[83]

Schuld und Sühne

Wie bei Thomas Mann konnte es auch für Hans Scholl einen Neuanfang für das deutsche Volk nur nach schonungsloser Anerkennung der Schuld und echter Sühne geben. Auf Deutschland laste, so Thomas Mann, eine unerträgliche Schuld:

> Je länger der Krieg dauert, desto verzweifelter verstrickt dieses Volk sich in Schuld, und aus dem einzigen Grunde dauert er heute noch an, weil es euch Deutschen zu spät scheint zum Aufhören; weil ihr fühlt, es sei zuviel geschehen, als daß ihr noch zurück könntet; weil euch Entsetzen erfasst bei dem Gedanken der Liquidation, der Abrechnung, der Sühne.[84]

Ähnlich meinten Hans Scholl und Alexander Schmorell, dass jeder, der tatenlos bliebe, mit für die Verbrechen hafte. Er gebe durch sein apathisches Verhalten diesen dunklen Menschen erst die Möglichkeit, so zu handeln, er leidet diese «Regierung», die eine so unendliche Schuld auf sich geladen hat, ja, er ist doch selbst schuld daran, daß sie überhaupt entstehen konnte!

Gegen die «Verbrecherclique» müsse protestiert werden, doch jeder wolle sich von «Mitschuld freisprechen, ein jeder tut es und schläft dann wieder mit ruhigstem, bestem Gewissen. Aber er kann sich nicht freisprechen, ein jeder ist *schuldig, schuldig, schuldig!*» Noch sei Umkehr möglich: «Doch ist es noch nicht zu spät, diese abscheulichste aller Missgeburten von Regierungen aus der Welt zu schaffen, um nicht noch mehr Schuld auf sich zu laden.»[85] Einem echten Neuanfang müsse eine Schuld(an)erkenntnis vorausgehen: «Wir [...] suchen [...] eine Erneuerung des schwerverwundeten deutschen Geistes von innen her zu erreichen. Dieser Wiedergeburt muss aber die klare Erkenntnis aller Schuld [...] und ein rücksichtsloser Kampf gegen Hitler [...] vorausgehen.»[86] Mit jedem Tag des Zögerns wachse die «Schuld gleich einer parabolischen Kurve höher und immer höher».[87]

Leiden und Reinigung

Wie Thomas Mann forderte Hans Scholl von den Deutschen, dass sie die Zeit des Leids zur seelisch-geistigen Selbstreinigung vom Nationalsozialismus nutzen sollten. Mann wollte, dass sich die Deutschen vom Schmutz des Nationalsozialismus reinigten: «Nicht *siegen* müßt ihr, denn das könnt ihr nicht. Ihr müßt euch *reinigen*. Die Sühne, um deren Vermeidung ihr kämpft, muß euer eigenstes Werk sein, das Werk des deutschen Volkes.»[88]

Ähnlich äußerten Hans Scholl und Alexander Schmorell in den ersten vier Flugblättern die Hoffnung, die Deutschen könnten aus dem Schaden, den schmerzhaften Erfahrungen mit dem Regime, klug werden; sie würden aus den Kriegsschrecken und dem «sinnlosen Tod» Unzähliger lernen: «Es ist eine alte Weisheit», begann Scholl Flugblatt IV, «die man Kindern immer wieder aufs neue predigt, dass, wer nicht hören will, fühlen muss. Ein kluges Kind wird sich aber die Finger nur einmal am heissen Ofen verbrennen.»[89] Scholl hoffte, aus dem erlittenen Leid würde ein Lern-, ein Erneuerungsprozess entstehen. In Flugblatt II wird deutlich formuliert, dass Leid und Mitleid eine Quelle der Erneuerung sind:

> Es ist uns nicht gegeben, ein endgültiges Urteil über den Sinn unserer Geschichte zu fällen. Aber wenn diese Katastrophe uns zum Heile dienen soll, so doch nur dadurch: durch das Leid gereinigt zu werden, aus der tiefsten Nacht heraus das Licht zu ersehen, sich aufzuraffen und endlich mitzuhelfen, das Joch abzuschütteln, das die Welt bedrückt.

Empathie für die Verfolgten sei der einzige Weg, um der tödlichen Gleichgültigkeit zu entkommen. Es gebe kein «Erwachen [...] wenn der Deutsche nicht endlich aus dieser Dumpfheit auffährt, wenn er nicht protestiert, wo immer er nur kann gegen diese Verbrecherclique, wenn er mit diesen Hunderttausenden von Opfern nicht mitleidet».[90]

Bibel und Apokalypse

Thomas Mann und Hans Scholl verglichen beide die Gräuel der Nationalsozialisten mit der biblischen Endzeit, in der ein finaler Kampf auf Leben und Tod zwischen Gut und Böse, Gott und Teufel geführt wird. Mann führte mit einer Vielzahl biblisch-metaphysischer Metaphern den Kampf gegen «diese apokalyptischen Lausbuben»:[91]

> Die Hölle, Deutsche, kam über euch, als diese Führer über euch kamen. Zur Hölle mit ihnen und all ihren Spießgesellen! Dann kann euch, immer noch, Rettung, kann euch Friede und Freiheit werden.[52]

Ähnlich ist in Flugblatt IV Hitler der satanische Lügenfürst:

> Jedes Wort, das aus Hitlers Munde kommt, ist Lüge: Wenn er Frieden sagt, meint er Krieg, und wenn er in frevelhaftester Weise den Namen des Allmächtigen nennt, meint er die Macht des Bösen, den gefallenen Engel, den Satan. Sein Mund ist der stinkende Rachen der Hölle und seine Macht ist im Grunde verworfen.

Hans Scholl untermauerte seine Argumentation mit einem Bibelwort:

> «Ich wandte mich und sah an alles Unrecht, das geschah unter der Sonne; und siehe, da waren Tränen derer, so Unrecht litten und hatten keinen Tröster; und die ihnen Unrecht taten, waren so mächtig, dass sie keinen

Tröster haben konnten. Da lobte ich die Toten, die schon gestorben waren, mehr denn die Lebendigen, die noch das Leben hatten ... (Sprüche).»[93]

Unrecht – dreimal steht es in einem Satz – herrsche im Land. Wenn die Deutschen diese Gesetzlosigkeit weiter hinnähmen und ohne Mitleid für die Willküropfer blieben, seien sie ohne Gnade dem endzeitlichen Gottesgericht verfallen, das schon jetzt mit den Sensenhieben des Schnitters eingesetzt habe.[94] Damit das Elend der Leidenden ein Ende habe und es nicht zum letzten apokalyptischen Gericht komme, müsse Widerstand geleistet werden: «Leistet passiven Widerstand», forderte Scholl, «*Widerstand* – wo immer Ihr auch seid, verhindert das Weiterlaufen der atheistischen Kriegsmaschine, ehe es zu spät ist.»[95] Angesichts einer furchtbaren Zukunft versuchte er, in einem flammenden Aufruf die Christinnen und Christen zur direkten Aktion gegen Hitler aufzurütteln:

> Gibt es, so frage ich Dich, der Du ein Christ bist, gibt es in diesem Ringen um die Erhaltung Deiner höchsten Güter ein Zögern, ein Spiel mit Intrigen, ein Hinausschieben der Entscheidung in der Hoffnung, dass ein anderer die Waffen erhebt, um Dich zu verteidigen? Hat Dir nicht Gott selbst die Kraft und den Mut gegeben zu kämpfen?

Hitler war nicht nur ein böser Mensch, sondern «das Böse» schlechthin. Er musste beseitigt werden: «Wir müssen das Böse dort angreifen, wo es am mächtigsten ist, und es ist am mächtigsten in der Macht Hitlers.»[96] Dieser Aufruf zu Kampf und Angriff schloss eine mögliche Tötung des Tyrannen ein.

Juden und Pogrome

Thomas Mann und Hans Scholl konfrontierten ihre Hörer und Leser schonungslos mit den Schrecken der von Deutschen begangenen Massenmorde an der jüdischen Bevölkerung. Beide gebrauchten allerdings auch ähnliche ethnisch-religiöse Stereotype. Thomas Mann berichtete in seiner Ansprache vom 27. September 1942 über Massendeportationen von Juden aus Frankreich «nach dem Osten», von einem «Lokomotivführer», der in die Schweiz geflohen sei, «weil er mehrmals Züge voller Juden zu fahren hatte, die auf offener Strecke hielten, hermetisch verschlossen und dann durchgast» worden seien, und er beschrieb «die Tötung von nicht weniger als elftausend polnischen Juden mit Giftgas». Gleichwohl billigte er der Unterscheidung zwischen Wirts- und Gastvolk, einer Separierung der Juden von der Mehrheitsgesellschaft und der Minderung ihres sozialen Einflusses ein gewisses Maß an Vernünftigkeit zu.[97]

Bemerkenswert ist, wie auch Hans Scholl und Alexander Schmorell die Verbrechen an den Juden ansprachen. In Flugblatt I werden die Deutschen mit Griechen und Juden in einer verhängnisvollen Gemeinschaft gesehen. Die drei Völker hätten die Fähigkeit zu Widerstand und Kampf. Aber davon sei bei dem deutschen Volk jetzt nichts mehr zu sehen. In Flugblatt II werden die Pogrome verurteilt und die Täter, die ihre Opfer als «Untermenschen» verhöhnten, als die eigentlichen Exponenten eines «Untermenschentums» gebrandmarkt. Im zweiten Aufruf heißt es dazu:

> Nicht über die Judenfrage wollen wir in diesem Blatte schreiben, keine Verteidigungsrede verfassen – nein, nur als Beispiel wollen wir die Tatsache kurz anführen, die Tatsache, dass seit der Eroberung Polens *dreihunderttausend* Juden in diesem Land auf bestialische Art ermordet worden sind.

Die Schoah wird welthistorisch richtig eingeordnet: «Hier sehen wir das fürchterlichste Verbrechen, dem sich kein ähnliches in der ganzen Menschengeschichte an die Seite stellen kann.» Aber missverständlich ist die Argumentation, wenn es um die Stellung der Juden in der Gesellschaft geht: «Auch die Juden sind doch Menschen – man mag sich zur Judenfrage stellen wie man will – und an Menschen wurde solches verübt.»[98] Eine eindeutige Formulierung wäre die Feststellung gewesen, es würden Menschen ermordet. Obwohl die Verfasser eingangs betonten, sie wollten die «Judenfrage» nicht stellen und keine «Verteidigungsrede» halten, kommen sie einem möglichen antisemitischen Einwand entgegen: «Vielleicht sagt jemand, die Juden hätten ein solches Schicksal verdient.» Zwar weisen die Autoren das zurück, doch statt einer argumentativen Richtigstellung wird vom Massaker an einer nichtjüdischen Bevölkerungsgruppe berichtet. Offensichtlich hielten Scholl und Schmorell die Vorurteile gegenüber Juden für so gravierend, dass sie glaubten, ihre Leser würden sich eher durch die Nazimorde an nichtjüdischen als durch die an jüdischen Polen erschüttern lassen. Erst dann wären sie entsetzt über diese Morde. Auch in Flugblatt III ist die Argumentation zweifelhaft: Wenn die Deutschen keinen Widerstand leisteten, «würden [sie] es verdienen, in alle Welt verstreut zu werden». Der Leser wird für sich ergänzt haben: «wie die Juden». Diese Formulierung unterstellt, die Israeliten seien an der Diaspora selbst schuld, etwa weil sie Gottes Sohn getötet hatten – über Jahrhunderte war das gängige Meinung. Ein halbes Jahr später sollte Hans Scholl in Flugblatt 5 noch einmal die «Judenfrage» erörtern. Christoph Probst wird kurz darauf in seinem Konzept für ein siebtes Flugblatt Hitler als Hass- und Vernichtungsboten, als Todesschinder der Juden brandmarken.

Weiße Rose
Revolutionär, propagandistisch, emotional

Hans Scholl und Alexander Schmorell verstanden die Flugblätter I bis IV als Auftakt zu intensiverem Widerstand. Als Schmorell von der Gestapo nach den Gründen für ihr Handeln gefragt wurde, erklärte er: «Wir sahen um diese Zeit im sogen. passiven Widerstand und in der Verübung von Sabotageakten die einzige Möglichkeit den Krieg zu verkürzen.»[99] Das Programm der «Weißen Rose» hatte Scholl schon in Flugblatt I formuliert:

> Daher muss jeder Einzelne [gemäß] seiner Verantwortung als Mitglied der christlichen und abendländischen Kultur bewußt in dieser letzten Stunde sich wehren so viel er kann, arbeiten wider die Geißel der Menschheit, wider den Faschismus und jedes ihm ähnliche System des absoluten Staates.

Warum nannte Hans Scholl die Schriften I bis IV «Flugblätter der Weißen Rose»? Als er von der Gestapo am 20. Februar 1943 danach gefragt wurde, nannte er strategisch-publikumswirksame und gefühlsmäßig-intuitive Gründe. Auch räumte er einen möglichen Einfluss des romantischen Dichters Clemens Brentano ein:

> Der Name «die Weise [sic] Rose» ist willkürlich gewählt. Ich ging von der Voraussetzung aus, dass in einer schlagkräftigen Propaganda gewisse feste Begriffe da sein müssen, die an und für sich nichts besagen, einen guten Klang haben, hinter denen aber ein Programm steht. Es kann sein, dass ich gefühlsmäßig diesen Namen gewählt habe, weil ich damals unmittelbar unter dem Eindruck der spanischen Romanzen von Brentano «Die Rosa

Blanca» gestanden habe. Zu der «Weissen Rose» der englischen Geschichte bestehen keine Beziehungen.[100]

Clemens Wenzeslaus Brentanos unvollendet gebliebenes Versepos *Romanzen vom Rosenkranz* entstand 1802 und wurde postum 1912 in Trier veröffentlicht.[101] In seinem Briefwechsel mit dem Maler Philipp Otto Runge über die künstlerische Ausgestaltung des Gedichts erklärte der Schriftsteller den Inhalt so: «Das Ganze ist ein apokryphisch religiöses Gedicht, in welchem sich eine unendliche Erbschuld, die durch mehrere Geschlechter geht, und noch bei Jesu Leben entspringt, durch die Erfindung des katholischen Rosenkranzes löst.»[102] Die Bedeutung des Namens «Weiße Rose» wäre damit mariologisch-mystisch.

Anders sah es Sophie Scholl. Sie habe 1942 «Mitte Juli […] während einer Vorlesungspause in der Universität ein Flugblatt» bekommen. Als sie die Umstehenden nach der Bedeutung des Namens fragte, habe ihr Bruder geantwortet, «dass seiner Erinnerung nach während der franz. Revolution die verbannten Adeligen eine weiße Rose als Symbol auf ihren Fahnen geführt hätten».[103] Die Bedeutung des Namens «Weiße Rose» wäre demnach kämpferisch-elitär.

Nach dem Krieg wurde B. Travens 1919 in Berlin erschienener Roman *Die weiße Rose* als Quelle genannt, obwohl Hans Scholl den Bezug zu einer «englischen Geschichte» verneinte.[104] B. Travens Buch, das in den USA und Mexiko spielt, ist eine sarkastische, desillusionierte Abrechnung mit einem schrankenlosen Kapitalismus. Die Ideale von «Wahrheit», «Befreiung» und «Freiheit», deren Verwirklichung zunächst scheitert, werden später in Individualität, Vielfalt und Toleranz lebendig. Die Schrift übernimmt in säkularisierter Form die Opfer- und Freiheitsvorstellung des christlichen Glaubens. Die Bedeutung des Namens «Weiße Rose» wäre folglich antikapitalistisch-sozialrevolutionär.[105]

Hans Scholl suchte einen öffentlichkeitswirksamen, eine programmatische Alternative zum Bestehenden signalisierenden Namen. Diese Intention erfüllten die Romanzen Brentanos, der Kampf der französischen Adligen und B. Travens Roman.

Der wichtigste Aspekt für die Namenswahl aber war Hans Scholls Liebe zu Blumen. Sie waren für ihn von großer symbolischer Bedeutung. Eine stilisierte Blume oder Blüte war Teil der Emblematik der *deutschen autonomen jungenschaft (dj.1.11).* Das Cover von Scholls

Exemplar der *Heldenfibel* schmückt als Einprägung eine stilisierte Blume mit fünf Blütenblättern. Eine weiße Blume mit gleichfalls fünf Blütenblättern ziert auch einen Text aus der Zeit der Schwedenfahrt mit seiner Jungengruppe, und der Entwurf für seinen Briefkopf trägt über einem waagerechten Schwert eine achtblättrige Blüte auf einem Schild. In vielen Gedichten benutzte er das Knospen als Bild von Schönheit und Aufbruchskraft. Scholl trug als Gegenbild zu Kaserne und Truppenübungsplatz in der Brusttasche eine Rosenknospe: «Ich brauche diese kleine Pflanze», gestand er, «weil das die andere Seite ist, weit entfernt von allem Soldatentum.»[106] In seinen Gedichten wird deutlich, dass für ihn das Blühen in besonderer Weise die Schöpferkraft versinnbildlichte. Sicher war dem evangelischen Christen Scholl auch die «Lutherrose» bekannt. In Luthers Siegelring und Wappen ist eine weiße Rose von zentraler Bedeutung. Sie bildet zusammen mit den Symbolen Kreuz, Herz, Ring und «himmelfarbenem Felde» das «Merkzeichen» seiner Theologie. Die weiße Rose versinnbildlichte für den Reformator Frohsinn, Ermutigung, Harmonie und Gottes Gegenwart.[107]

Betrachtet man die fünf Deutungsvarianten der «Weißen Rose», so spricht sehr viel dafür, dass die Wahl des Namens durch Hans Scholl tatsächlich «gefühlsmäßig» erfolgte. Das heißt nicht, dass die Entscheidung beliebig oder belanglos war. Sie war emotional und programmatisch. Der Name verband Religiöses mit Revolutionärem. Doch so bildhaft schön die Überschrift «Flugblätter der Weißen Rose» auch war – der widerständige Freundeskreis hat sich niemals unter diesem Namen konstituiert. Es gab keine Widerstandsgruppe, die sich «Weiße Rose» nannte. Darum konnte dieser Name auch in den ein halbes Jahr später folgenden Flugblättern 5 und 6 anderen Überschriften weichen. Sie waren dann mit «Flugblätter der Widerstandsbewegung in Deutschland» und «Kommilitoninnen! Kommilitonen!» überschrieben.

Wenn Christus nicht gelebt hätte
An der Ostfront

Bevor Hans Scholl und Alexander Schmorell im Sommer 1942 weitere Widerstandsaktivitäten entfalten konnten, wurden sie zu einem Pflichtpraktikum an die Ostfront abkommandiert.

Für Sophie Scholl war das ein Moment, ihre kritische Haltung gegenüber ihrem Bruder zu revidieren. Im Juli 1941 hatte sie ihn noch als getriebenen, unberechenbaren Egoisten charakterisiert. Inzwischen erlebte sie ihn als «guten Bruder», den sie «immer lieber» gewinne. Beim Abschied am Münchner Ostbahnhof merkte sie, wie nahe ihr die Freunde standen: «Ich hätte nicht geglaubt, dass ich so an ihnen allen, vor allem an Hans, hänge.»[108]

Die Studentenkompanie fuhr am 23. Juli von München ab und kehrte am 6. November 1942 zurück.[109] Durch diese fünfzehnwöchige Fronterfahrung in Russland radikalisierte sich Hans Scholls evangelischer, weitgehend elitärer Glaube auch politisch. Bereits auf der Hinfahrt hatten die Studenten die Gräuel des Warschauer Ghettos, in dem die jüdische Bevölkerung unter unmenschlichen Bedingungen zusammengepfercht vegetierte, hilflos mit angesehen. Verschlüsselt informierte Hans Scholl Kurt Huber, das Elend habe «auf alle einen sehr entschiedenen Eindruck gemacht», und er teilte ihm seine Verärgerung mit, fernab «zur Inaktivität in wesentlichen Dingen» verdammt zu sein.[110]

Der rassenideologische Vernichtungskrieg in Russland – Hans Scholls dritte große Krise nach dem Stuttgarter Prozess und dem Westfeldzug – hat ihn nicht nur politisch bewusster werden lassen, er verstärkte zugleich seine Frömmigkeit mit einer russisch-orthodoxen Komponente. Er eröffnete sein Tagebuch mit dem Satz: «In Russland begann die Ebene.» Das war mehr als eine Ortsbeschreibung. Der Osten war für ihn die große, weite Fläche, «wo jede Linie zerfließt, wo alles Feste sich auflöst wie ein Tropfen im Meer, wo es keinen Anfang gibt und keine Mitte und kein Ende, wo der Mensch heimatlos wird».[111] Dort konnte er endlich ganz für sich sein; aber in dieser Vereinzelung war er doch nicht vollkommen allein, sondern mit Gott.

Den Sehnsuchtsort «Ebene» hatte Hans Scholl das erste Mal am Tag des Einmarsches deutscher Truppen Anfang 1938 in Österreich erwähnt. Angesichts der allgemeinen Euphorie notierte er fassungslos: «Wenn ich im Rundfunk diese namenlose Begeisterung höre, möchte ich hinausgehen auf eine große einsame Ebene und dort allein sein.»[112] Vier Jahre später, in Russland, fand er, wonach er schon während seiner einsamen Bergtouren gesucht hatte:

Alexander Schmorell und Hans Scholl am 23. Juli 1942 am Münchner Ostbahnhof kurz vor der Abreise an die Ostfront

«Ich hätte nicht geglaubt, dass ich so an ihnen allen, vor allem an Hans, hänge»: Sophie Scholl mit ihrem Bruder Hans (links) und Christoph Probst am 23. Juli 1942 am Münchner Ostbahnhof

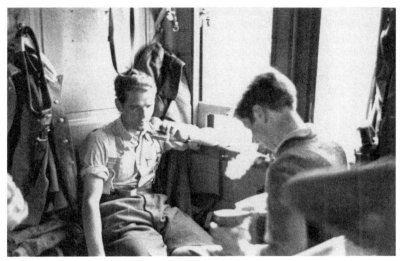

Hans Scholl und Alexander Schmorell im Zug zur Ostfront im Juli 1942

Ich [bin] Gott dafür dankbar, dass ich nach Rußland gehen mußte […] in die große Ebene gestellt […], wo ich eine Einsamkeit gefunden habe, nach der ich gedürstet habe seit Jahren. […] Es gibt sicher nichts Größeres als diese Einsamkeit.[113]

Hans Scholl setzte sich spätestens seit Anfang 1938 in seinen Gedichten intensiv und vielfältig mit dem christlichen Glauben auseinander. Aber nun, in diesem schier endlos sich erstreckenden Land, unter grenzenlosem Himmel, völlig schutzlos auf sich gestellt, spürte er die Nähe Gottes besonders intensiv. Sein Suchen und Finden kulminierte in einer Notiz vom 30. Juli 1942:

Wo jede Heimat aufhört, ist Gott am nächsten. Daher die Sehnsucht im jungen Menschen, aufzubrechen und alles hinter sich zu lassen und ziellos zu wandern, bis auch der letzte Faden gerissen ist, der ihn gefesselt hielt, bis er in der weiten Ebene allein und nackt Gott gegenüber steht.[114]

Aber Hans Scholl predigte kein weltabgewandtes Eremitentum. Das Finden Gottes und des eigenen Ich führte zu einem aktiven Gestalten der Welt, denn die Einsamkeit widerspreche «ja keineswegs dem Gebote, seinen Nächsten zu lieben». In Russland habe er «endlich gelernt», sich

Hans Scholl als Soldat in Russland, Sommer 1942

«selbst nicht mehr so unendlich wichtig zu nehmen, sondern die ziellose Reflexion umzustülpen und den Sinn nach außen, den Dingen zuzuwenden».[115]

Hans Scholl fand Gott nicht allein in der Natur, sondern auch in einer russisch-orthodoxen Kirche. Dort zog ihn ein Gottesdienst durch seine geheimnisvolle Atmosphäre in den Bann:

> Man betritt eine geräumige Halle, die gewölbte Decke ist von Ruß geschwärzt, der Fußboden ist aus Holz gezimmert, warmes Halbdunkel erfüllt den Raum, und nur die Kerzen unter dem Altar und den Ikonen überschütten mit Gold die heiligen Bilder.

Er war von der hingebungsvollen Frömmigkeit der Menschen tief bewegt:

> Die Herzen aller Gläubigen schwingen mit, man spürt die Bewegung der Seelen, die sich ausschütten, die sich öffnen [...], die endlich heimgefunden haben zu ihrer wahrhaftigen Heimat.

Mit diesen Worten beschrieb er zugleich seinen eigenen Seelenzustand. In der Kirche fiel sein Blick «in eine dämmrige Ecke, wo zwei Frauen auf dem Boden hockend ihre Kinder stillen. [...] Hier sehe ich», notierte er, «ein Symbol für die nie versiegende Kraft der Liebe.»[116] Hans Scholl wurde in Russland aber auch mit grausamstem Elend konfrontiert:

> Hier [im Lazarett] sterben täglich zehn, das ist noch nicht viel und es wird kein Aufhebens davon gemacht. […] Ich höre nur Tag und Nacht das Stöhnen der Gequälten, wenn ich träume, die Seufzer der Verlassenen, und wenn ich nachdenke, enden meine Gedanken in Agonie.[117]

Ihr Einsatzort, der Haupt-Verbandsplatz des Infanterie-Regiments 461 der 252. Division in Gżatsk – etwa hundertfünfzig Kilometer westlich von Moskau – lag kaum zehn Kilometer von der Frontlinie entfernt. Als Hans Scholl und Alexander Schmorell einen toten russischen Soldaten fanden, begruben sie ihn:

> Neulich haben Alex und ich einen Russen begraben. Er muß schon lange draußen gelegen haben. Der Kopf war vom Rumpf getrennt und die Weichteile schon verwest. Aus den halbverfaulten Kleidern krochen Würmer. Wir hatten das Grab schon fast zugeschüttet mit Erde, da fanden wir noch einen Arm. Zum Schluß haben wir ein russisches Kreuz gezimmert und am Kopfende in die Erde gesteckt. Jetzt hat seine Seele Ruhe.[118]

Die Bestattung war ein Akt tiefer Mitmenschlichkeit. Sie konnten nicht wissen, ob der Rotarmist auch Christ war. Doch mit der Errichtung des Kreuzes setzten sie ein starkes Hoffnungszeichen: Der Tod ist nicht das Ende.

Das schreckliche Leid trieb Hans Scholl zu dem ergreifenden Bekenntnis:

> Wenn Christus nicht gelebt hätte und nicht gestorben wäre, gäbe es wirklich gar keinen Ausweg. Dann müsste alles Weinen grauenhaft sinnlos sein. Dann müsste man mit dem Kopf gegen die nächste Mauer rennen und sich den Schädel zertrümmern. So aber nicht.

Im handschriftlichen Original merkt man an der engen Federführung, den mehrfachen Streichungen und Neuformulierungen den Druck, unter dem Hans Scholl stand, und wie er um die rechten Worte rang.

1942 in Russland erinnerte er sich auch an die fast fünf Jahre zurückliegende Untersuchungshaft und seine damaligen Liebesleiden:

Sommer 1942 an der Ostfront. Von links: Hubert Furtwängler, Hans Scholl, Willi Graf, Alexander Schmorell und Hubert Drexler

Wieviele Tage sind vergangen, seit ich das Gefängnis verlassen habe! War noch recht jung damals. Malte mir aus Brotkrumen den Namen eines Mädchens auf den Tisch [...]. Ich hatte dort die Liebe gefunden, welcher der Tod folgen muß, weil Liebe umsonst verfließt, weil sie keinen Lohn haben kann.[119]

Stärkere Begriffe als «Liebe» und «Tod» hätte Hans Scholl nicht wählen können, um zu zeigen, wie existenziell er die juristische Bedrohung damals empfand. Doch scheint er aus seinem Bewusstsein die Tatsache verbannt zu haben, dass der Haftgrund im Dezember 1937 nicht die Liebe zu einem Mädchen, sondern seine Leidenschaft für Rolf Futterknecht war. Zu Protokoll hatte er gegeben, sein Verhältnis zu dem Jungen sei «Liebe», «große Liebe», «übersteigerte Liebe» gewesen. Der Historiker Manfred Herzer nennt diese Amnesie Scholls eine «grandiose Verdrängungs- oder Verleugnungsleistung».[120]

Hans Scholls letztes Gedicht «Dort, wo der Westwind herweht»[121] im Russlandtagebuch singt von solch einer traurigen Liebe. Die Zeilen verbinden Herbstmelancholie und Vergänglichkeit, Liebesverlust und Sehnsuchtsaufbruch. Zwischen der deutschen Heimat in Ulm und München, «wo der Westwind herweht», und dem Feldlazarett, «wo er hinweht», lagen weit mehr als zweitausend Kilometer. Scholls Gedanken

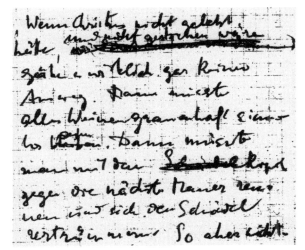

«Wenn Christus nicht gelebt hätte»: Eintrag von Hans Scholl am 28. August 1942 in sein Russlandtagebuch

gingen zurück gen Westen, sein Sehnen eilte voraus nach Osten. Wie abgestorbene Herbstblätter im Wind sei das Vergangene gefallen und verweht. Doch das Vergehen der Liebe war nicht verarbeitet, sonst hätte er nicht formuliert, er habe sich – entmutigt, doch trotzig und zwischen «heute» und «gestern» schwankend – erneut von der/dem Geliebten getrennt.

Hans Scholls Liebesleben war erfüllt von traumhafter, immerwährender Sehnsucht und dem Anspruch: «Wenn ich liebe, liebe ich uneingeschränkt. Es hat hier nichts anderes mehr Raum.» Sein «Herz» folgte dem «Alles-oder-nichts-Gesetz».[122] Womöglich sind seine Beziehungen aufgrund dieses Absolutheitsanspruchs gescheitert. Doch das schmerzvolle Liebesleid war zugleich eine Triebkraft seines Tuns. Er litt an der Liebe und war von der «unendlichen Kraft des Leides» überzeugt.[123] Da verbanden sich Liebesleid und Leidensliebe. Scholl glaubte, er werde «wohl nie einen Menschen [...] lieben können», jedenfalls nicht «glücklich und zufrieden».[124] Er war erst dreiundzwanzig Jahre jung, als er das resigniert notierte. Allein in der Partikel «wohl» klingt eine leise Hoffnung an, es könnte doch noch ein beständiges Liebesglück für ihn geben.

Die vielfachen Eindrücke an der Ostfront verarbeitete der junge Sanitätsfeldwebel in seinen Gesprächen mit Gott. Bereits Anfang 1942 hatte er an Rose Nägele geschrieben:

> Ich habe endlich nach vielen, fast unnütz verflossenen Jahren das Beten wieder gelernt. Welche Kraft habe ich da gefunden! Endlich weiß ich, an welcher unversieglichen Quelle ich meinen fürchterlichen Durst löschen kann.[125]

In Russland formulierte er – nach der Schilderung von Naturschönheiten, Zerstörung und Kinderspiel – dieses Gebet:

> O, Gott der Liebe, hilf mir über meine Zweifel hinweg. Ja, ich sehe die Schöpfung, die Dein Werk ist, die gut ist. Aber ich sehe auch das Werk der Menschen, unser Werk, das grausam ist und Zerstörung und Verzweiflung heißt und das die Unschuldigen immer heimsucht. Erbarme dich dieser Kinder! Ist das Maß der Leiden noch nicht bald voll? Warum wird das Leid so einseitig ausgestreut?[126]

Im folgenden Satz wird deutlich, dass aus betroffenem Sehen und gläubigem Gebet entschiedene Taten folgen mussten. Mit geradezu alttestamentlichem Pathos forderte er Gott auf, endlich richtend und rächend einzugreifen:

> Wann fegt ein Sturm endlich all diese Gottlosen hinweg, die dein Ebenbild beflecken, die einem Dämon das Blut von Tausenden von Unschuldigen zum Opfer darbringen?

Als dieser Orkan ausblieb, handelte Hans Scholl selbst. Es liegt nahe, dass er sich dabei als Werkzeug Gottes verstand, denn er sehnte sich nach einem Reich, in dem, frei von Krieg und Unrecht, Frieden und Gerechtigkeit walteten. Für diese Utopie war er entschlossen, alles zu wagen, auch sein Leben einzusetzen. In Alexander Schmorell hatte er jemanden gefunden, der mit ihm diesen Weg gehen wollte.

Nach annähernd vier Monaten Dienst trat die Studentenkompanie die Rückreise an und traf am 6. November 1942 wieder in München ein.[127]

Beweist, dass Ihr anders denkt!
Flugblatt 5 und die Mitstreiter

Vor seiner Frontfamulatur hatte Hans Scholl, zusammen mit seinem Freund Alexander Schmorell, bereits vier Flugblätter erstellt und verbreitet. Im ersten Flugblatt heißt es:

Wenn jeder wartet, bis der andere anfängt, werden die Boten der rächenden Nemesis unaufhaltsam näher und näher rücken, dann wird auch das letzte Opfer sinnlos […] sein. Daher muss jeder Einzelne [gemäß] seiner Verantwortung als Mitglied der christlichen und abendländischen Kultur […] sich wehren so viel er kann […]. Leistet passiven Widerstand – *Widerstand* – wo immer Ihr auch seid, verhindert das Weiterlaufen der atheistischen Kriegsmaschine, ehe es zu spät ist.

Als die Studentenkompanie aus Russland zurückgekehrt war, blieben Hans Scholl noch gut drei Monate, seinen Gedanken neue Taten folgen zu lassen. Er wusste, dass er sich dadurch in Todesgefahr brachte. Doch einfach nur abzuwarten widersprach dem Wesen des virilen Unruhegeistes. Von nun an beteiligte sich auch seine Schwester Sophie mit Mut, Willenskraft und Scharfsinn an den Freiheitaktionen.

Wieder zu Hause, verbrachten Alexander und Hans einige Tage im Scholl'schen Elternhaus in Ulm.[128] Dort bereiteten sie Flugblatt 5 vor. «Es sind nun schon 5 Tage vergangen, dass ich bei Hans zu Besuch bin», schrieb Schmorell an eine russische Freundin. «Seine Schwestern, die Eltern, die ganze Familie – alle sind sie eine Ausnahmeerscheinung, wie auch er selbst.»[129] Von dort versuchten sie den Widerstandskreis zu erweitern. Sie nahmen in Stuttgart Kontakt zu dem Buchprüfer Eugen Grimminger auf, einem Geschäftsfreund Robert Scholls, der sie finanziell unterstützte.[130] Hans Hirzel wurde über die Aktionen informiert und erklärte sich zur Mitarbeit bereit; wenig später, im Januar 1943, verbreitete er von Ulm aus Flugblatt 5.[131] Doch scheiterte der Versuch, Hanspeter Nägele, den Bruder von Hans' langjähriger Bekannten Rose, für ihre Sache zu gewinnen. Am 23. November 1942 fuhren sie zurück nach München.[132] Vermutlich am 16. November 1942 und erneut am 8. und 9. Februar 1943 fanden Treffen mit dem Drehbuchautor und Regisseur Falk Harnack in Chemnitz und München statt. Er hatte Kontakte zum Berliner Widerstandskreis um seinen Bruder Arvid und Harro Schulze-Boysen. Dabei ging es eher – auch kontrovers – um inhaltliche Abstimmungen als um logistische Absprachen und konkrete Aktionen. Im Laufe des November hatten die Geschwister eine gemeinsame Wohnung in einem Schwabinger Gartenhaus in der Franz-Joseph-Straße 13b gefunden. Als Harnack sie dort aufsuchte, war er «ausgesprochen entsetzt» über die «Leichtsinnigkeit» der Studenten. 1947 erinnerte er sich:

«So befanden sich in der Wohnung in der Franz-Joseph-Straße nicht nur die Manuskripte der Flugblätter, der Abzugsapparat, die Adressenverzeichnisse, sondern gleichzeitig traf sich hier der Münchner Freundeskreis fast täglich.»[133] Ein von Harnack für den 25. Februar in Berlin organisiertes Treffen zwischen seinem Vetter, dem widerständigen Theologen der Bekennenden Kirche Dietrich Bonhoeffer, und Hans Scholl gelang nicht mehr.[134] Spekulativ muss daher das Nachdenken über den Synergieeffekt eines Miteinanders dieser beiden großen protestantischen Charismatiker bleiben. Dass sie sich in ihrem aktiven Widerstand einig gewesen wären, steht allerdings außer Frage. Zwei Monate zuvor hatte Bonhoeffer – nach zehn Jahren Nationalsozialismus und drei Jahren Krieg – «an der Wende zum Jahre 1943» festgestellt, dass «tatenloses Abwarten und stumpfes Zuschauen […] keine christlichen Haltungen» seien; er glaube, dass Gott «auf […] verantwortliche Taten» warte und «soviel Widerstandskraft geben will, wie wir brauchen».[135]

Für die Mitarbeit konnten Kurt Huber, Christoph Probst und Willi Graf gewonnen werden. In einer außergewöhnlichen, aufzehrenden Anspannung aller Kräfte entstanden die Blätter 5 und 6. Flugblatt 5 wurde Mitte Januar 1943 produziert. Im Wesentlichen hatte es Hans Scholl – mit einigen Ratschlägen Kurt Hubers – formuliert.[136] Davon wurden, so Alexander Schmorell, «einige Tausend (ca. 2–3000)» Stück hergestellt, nach Hans Scholl «etwa 5000», Sophie Scholl meinte, es seien «6000» gewesen.[137]

Sophie Scholl wusste ganz klar, warum sie sich an der Vorbereitung und Durchführung der zweiten Widerstandsunternehmung ab Ende 1942 beteiligte. Als sie im Dezember mit ihrer Freundin Susanne Hirzel in Stuttgart auf der Calwer Straße unterwegs war, um sich im Café «Rosenstöckl» mit Hans zu treffen, sagte sie – der späteren Erinnerung Susanne Hirzels zufolge –, sie sei «entschlossen, etwas zu tun». Die gegenwärtige Katastrophe sei nur möglich, weil keiner schreie. Die Einen arbeiteten brav zuhause, die Anderen kämpften brav an der Front. Doch wer jetzt nicht gegen den NS-Staat handele, mache sich schuldig: «Ich jedenfalls», so Sophie, «will nicht schuldig werden.» Hätte sie jetzt eine Pistole zur Hand und Hitler wäre da, würde sie ihn erschießen: «Wenn es Männer nicht machen, muss es eben eine Frau tun.» Die Bedenken, die Hirzel äußerte, seien an ihr völlig abgeglitten: Sophie «lebte auf einer anderen Ebene, fühlte sich von ihrem Gewissen gerufen und hatte […]

bei ihren Überlegungen ihr eigenes Sterben miteinbezogen».[138] Susanne Hirzel schilderte dieses Gespräch fünf Jahrzehnte später. Dass sich Sophie Scholl in der Öffentlichkeit tatsächlich so unverblümt geäußert hat, ist unwahrscheinlich, aber die moralischen Beweggründe ihrer Freundin für die politische Aktion wird Hirzel richtig wiedergegeben haben.

Ab Dezember plante man, «ein Flugblatt [...] in grösserer Zahl herzustellen».[139] Hans Scholl gab dazu an:

> Als meine Schwester am Sonntag, den 14.2.43 nach München zurückkam, habe ich ihr die von mir hergestellten Flugblätter gezeigt und festgestellt, dass sie mit dem Inhalt einverstanden war.[140]

Demzufolge war Sophie Scholl Mitdenkerin und Unterstützerin, aber keine Mitautorin. Es ist aber anzunehmen, dass Hans Scholl – neben den Anregungen von Kurt Huber – auch ihre Gedanken eingearbeitet hat.

Trotz ihres nur geringen Beitrags zu den Texten der Flugblätter ist Sophie Scholl zu Recht eine Leitfigur für außergewöhnliche Zivilcourage. Seit dem Herbst 1942 war sie unersetzlich für die Logistik der Gruppe. Ohne sie hätte der zweite Teil des Freiheitskampfs der Münchner Studenten nicht stattfinden können. Bei den Flugblättern 5 und 6 war sie unter anderem für die Finanzen zuständig, sie organisierte Briefmarken, Umschläge, Papier, Druckutensilien, beschriftete Kuverts, sorgte für den Versand und vieles mehr. Das war eine umfangreiche Aufgabe, denn die letzten beiden Flugblätter hatten nach Aussage von Hans Scholl eine Gesamtauflage von rund siebentausend Exemplaren. Sophie war die Managerin der zweiten Widerstandsphase und unterstützte ihren Bruder auch mental. Eine besonders riskante Operation fand allerdings ohne sie statt: In nächtlichen Aktionen schrieben Hans Scholl, Willi Graf und Alexander Schmorell am 3., 8. und 15. Februar in großen schwarzen Buchstaben an die Mauern der Universität und zahlreiche Hauswände: «Nieder mit Hitler!», «Freiheit» und «Massenmörder Hitler!». Daneben malten sie ein durchgestrichenes Hakenkreuz.[141]

Die zentralen Problemstellungen der letzten beiden Schriften waren das zukünftige Europa und die Wiederherstellung des Ansehens Deutschlands in der Welt. Doch Scholl thematisierte auch die Schoah, wie er das schon zuvor in den Flugblättern II und III getan hatte. Im Zusammenhang mit der Vernichtung der europäischen Juden stellte er drei Fragen, die Aufrufcharakter hatten:

Deutsche! Wollt Ihr und Eure Kinder dasselbe Schicksal erleiden, das den Juden widerfahren ist? Wollt Ihr mit dem gleichen Maße gemessen werden, wie Eure Verführer? Sollen wir auf ewig das von aller Welt gehasste und ausgestossene Volk sein?[142]

Auf die entschiedene Antwort: «Nein!» folgt ein doppelter Appell: «Darum trennt euch von dem nationalsozialistischen Untermenschentum! Beweist durch die Tat, daß Ihr anders denkt.» Auch hier ist die Argumentation nicht eindeutig. Den Deutschen wird gedroht, sie würden, wenn sie nicht von der Verfolgung der Juden Abstand nähmen, deren verhängnisvolles Los teilen, sie wären dann die neuen Juden. Die Deutschen wechseln hier unversehens von der schuldhaften Täter- auf die schuldlose Opferseite. Dieser Gedankengang lässt außer Acht, dass es zwar viele nachvollziehbare Gründe gab, Deutsche zu hassen und sie aus der Kulturgemeinschaft auszustoßen, aber kein einziges Motiv, das den Holocaust legitimieren könnte. Um das Morden zu beenden, setzte diese Überlegung fatalerweise nicht auf Einsicht und Reue, sondern auf Angst und Berechnung.

Die Studenten thematisierten in ihren Schriften II, III, 5 und den Entwürfen sieben und acht empört und eindringlich die Judenvernichtung. Wie nur wenige prangerten sie den Holocaust öffentlich an. Gleichwohl waren ihre Formulierungen nicht frei von antisemitischen Ressentiments. Vielleicht rechneten die Autoren aber auch mit einer von Vorurteilen belasteten Einstellung mancher ihrer Adressaten und glaubten, darauf Rücksicht nehmen zu müssen.

Deutschland und Europa

Die Vorbildfunktion der Rundfunkansprachen Thomas Manns setzte sich auch in Flugblatt 5 fort. Thomas Mann und Hans Scholl teilten die Vision eines neuen Deutschland in einem geeinten, freien Europa, das Teil einer friedlichen Weltgemeinschaft werden sollte. Thomas Manns Reden sind von dem Gedanken an eine einträchtige, gewaltfreie, europäische Gemeinschaft durchzogen. Er war von der «schwindende[n] Bedeutung des Nationalen» überzeugt: «Vom bloß Nationalen her [ist] kein Problem, kein politisches, kein ökonomisches, kein geistiges und moralisches mehr zu lösen.»[143]

Nach Hans Scholl sollte ein europäisches Deutschland dezentral und bundesstaatlich regiert werden:

> Nur in grosszügiger Zusammenarbeit der europäischen Völker kann der Boden geschaffen werden, auf welchem ein neuer Aufbau möglich sein wird. Jede zentralistische Gewalt, wie sie der preussische Staat in Deutschland und Europa auszuüben versucht hat, muss im Keime erstickt werden. Das kommende Deutschland kann nur föderalistisch sein. Nur eine gesunde föderalistische Staatsordnung vermag heute noch das geschwächte Europa mit neuem Leben zu erfüllen.

Soziale Gerechtigkeit sollte verwirklicht werden. «Die Arbeiterschaft muss durch einen vernünftigen Sozialismus aus ihrem Zustand niedrigster Sklaverei befreit werden.»[144] Ökonomisch würde das neue Europa zusammenarbeiten: «Das Truggebilde der autarken Wirtschaft muss in Europa verschwinden.» Die Menschenrechte sollten für jeden gelten:

> Jedes Volk, jeder Einzelne hat ein Recht auf die Güter der Welt! Freiheit der Rede, Freiheit des Bekenntnisses, Schutz des einzelnen Bürgers vor der Willkür verbrecherischer Gewaltstaaten, das sind die Grundlagen des neuen Europa.

Scholl glaubte an die vereinigende moralische Kraft der christlichen Religion. Dafür hatte er bereits früher Novalis als Gewährsmann angeführt:

> «Wenn Europa wieder erwachen wollte, wenn ein Staat der Staaten, eine politische Wissenschaftslehre uns bevorstünde! […] Es wird so lange Blut über Europa strömen, bis die Nationen ihren fürchterlichen Wahnsinn gewahr werden […] und […] Werke des Friedens vornehmen und ein grosses Friedensfest […] gefeiert wird. Nur die Religion kann Europa wieder aufwecken und das Völkerrecht sichern und die Christenheit mit neuer Herrlichkeit sichtbar auf Erden in ihr friedensstiftendes Amt installieren.»[145]

Willi Graf half bei der Vervielfältigung von Flugblatt 5.[146] Sehr wahrscheinlich hatte er davon etliche Exemplare bei sich, als er ab dem 21. oder 22. Januar 1943 und an den folgenden Tagen in Köln, Bonn, Saarbrücken und Freiburg versuchte, Mitstreiter zu gewinnen.[147] Scholl hatte Graf 1942 bei der zweiten Studentenkompanie kennengelernt. Für den 13. Juni ist ihr wahrscheinlich erster näherer Kontakt nachweis-

Willi Graf als Sanitätsfeldwebel, um 1942

bar.[148] Ebenso wie Scholl studierte Graf Medizin und wollte Arzt werden. Bereits 1940 hatte er als Sanitäter in Polen und Jugoslawien gedient. Die beiden jungen Soldaten erlebten nun gemeinsam in Russland hautnah die Sinnlosigkeit und das Grauen des Krieges, als dort unzählige Menschen getötet und ganze Ortschaften vernichtet wurden.

Schon als Schüler engagierte sich Willi Graf in katholischen Jugendbünden, selbst als sie verboten wurden. 1938 war er deshalb drei Wochen lang inhaftiert. Für ihn bedeutete Christsein Hingabe und Handeln. Von einem Glauben, wie er ihn in der Kirche kennengelernt hatte, distanzierte er sich:

> Ich behaupte, daß dies gar nicht das eigentliche Christentum war, was wir all die Jahre zu sehen bekamen und das uns zur Nachahmung empfohlen wurde. In Wirklichkeit ist Christentum ein viel schwereres und ungewisseres Leben, das voller Anstrengung ist und immer wieder neue Überwindung kostet, um es zu vollziehen.[149]

Als die Studentenkompanie im Herbst 1942 nach München zurückgekehrt war, beteiligte er sich in den letzten acht Wochen des Widerstands an der Herstellung und Verbreitung des fünften und sechsten Flugblattes und pinselte zusammen mit Scholl und Schmorell Freiheitsparolen an Hauswände in München.

Ihre Muschel haben Sie auch vergessen
Die letzte Geliebte

Im Januar 1943 ging Hans Scholl eine neue Liebesbeziehung ein, die letzte. Durch seine Schwester Sophie lernte er vor Weihnachten 1942 Gisela Schertling kennen.[150] Die beiden jungen Frauen verrichteten im Sommer 1941 den obligatorischen Reichsarbeitsdienst im württembergischen Krauchenwies.[151] Als der sechsmonatige Einsatz beendet war, korrespondierten die beiden weiter miteinander. Nach Studien in Jena und Freiburg ermunterte Sophie Gisela Schertling nach München zu kommen. Vierzehn Tage vor dem Weihnachtsfest 1942 traf sie in Bayern ein und immatrikulierte sich am 11. Dezember 1942 im Studiengang Philologie, wo sie die Fächer Deutsch, Geschichte und Kunstgeschichte belegte.[152] Sophie machte sie mit Hans bekannt, von dem sie ihr schon lange vorgeschwärmt hatte. Schertling berichtete später der Gestapo, Hans und sie seien in klassische Konzerte gegangen. Als sie in die Weihnachtsferien nach Hause fuhr, habe er ihr Gepäck getragen. Sie sei überrascht gewesen, wie aufmerksam er ihr gegenüber war, denn sie hätten sich ja erst ein paar Tage gekannt. Im thüringischen Pößneck empfing sie den einzig erhaltenen Brief von Hans Scholl an sie.[153] Noch siezte er die Adressatin:

> München, den 16. Dezember [1942]. Liebe Gisela! Leider konnte ich nicht alle Bücher finden, die Sie mir angegeben hatten. Es besteht aber die Möglichkeit, dass ich das Eine oder das Andere noch irgendwo finden werde. Weil aber Weihnacht so nahe ist, sende ich einstweilen diese Kleinigkeit ab. Hoffentlich ist der Zug unterwegs nicht umgekippt, der Sie nach dem Norden entführt hat. Ich habe ihm nicht mehr nachgeschaut, sondern bin heimwärts getrottet und habe gedacht: Einen Zug ins Brutale hat diese moderne Maschinerie, wie sie die Menschen herbringt und geschwind wieder wegnimmt. Ihre Muschel vom Ammersee haben Sie auch vergessen. Gute Weihnachtsgrüsse! Ihr Hans Scholl.[154]

Die «Entführung» als Entbehrung, die «Muschel» als Sexualsymbol, die sie «auch» (wen oder was noch?) «vergessen» hat, mögen Anspielungen auf eine künftige, intensivere Beziehung gewesen sein. Jedenfalls hat Gisela Schertling diese Absicht stark gespürt, denn sie erläuterte, zu-

Gisela Schertling, wie sie 1942 auf ihrer Studienkarte abgebildet wurde. Ein Jahr später wurde auf der Karte vermerkt, dass sie an keiner deutschen Hochschule mehr studieren darf.

hause habe sie sich entschlossen, kein Verhältnis mit ihm einzugehen, sondern sich ihrem Studium zu widmen. Wieder in München, habe sie diesen Vorsatz aber nicht aufrechterhalten können, denn am 6. Januar 1943 habe ihr Hans Scholl im Atelierhaus des Architekten Eickemeyer in der Leopoldstraße eine Morphiumspritze gesetzt. Warum, wisse sie nicht. Er habe gesagt, er wolle nur die Wirkung beobachten. Da habe sie sich ihm hingegeben, denn «die Kraft der Verführung» sei seine «spezielle Gabe» gewesen. Zum Geschlechtsverkehr sei es aber noch nicht gekommen.[155] Sie sagte aus: «Hinsichtlich des Verhältnisses mit Scholl möchte ich erwähnen, dass er es als Liebesverhältnis betrachtete und er jedoch mir nur als Mensch nahe stand.»[156] Ein paar Mal hätten sie in ihrer Wohnung miteinander geschlafen. Scholl sei der Erste gewesen, mit dem sie Sex gehabt habe. Als sie ihm nach einer Weile erklärte, es könne so «nicht weitergehen»,[157] habe er mit Suizid gedroht und ihr die Ehe versprochen. Da habe sie eingelenkt. Sie hätten «kaum über Politik» geredet, denn er habe «es meist nicht dazu kommen» lassen, weil er sie «körperlich derartig in Anspruch nahm», auch wenn sie sich «dagegen auflehnte».[158]

Freiheit und Ehre
Flugblatt 6

Am 2. Februar 1943 kapitulierte die 6. Armee vor Stalingrad; tags darauf gestand die Heeresleitung im Großdeutschen Rundfunk die Niederlage ein. Man sei einer «Übermacht» und «ungünstigen Verhältnissen» erlegen. Danach stilisierte die NS-Propaganda die Katastrophe zu einem «Opfergang der 6. Armee». Der Moment schien günstig, die Verweigerungsbereitschaft der Intelligenz zu mobilisieren. Die Studenten waren nach der militärischen Katastrophe von Stalingrad davon überzeugt, dass die Unfähigkeit des Regimes jedem Denkenden klar sein musste. Kurt Huber lieferte den Text, der den Aufstand anzetteln sollte, Hans Scholl redigierte ihn.[159]

Produziert wurden die Flugblätter 5 und 6 in der Gartenhauswohnung der Geschwister in der Franz-Joseph-Straße 13b.[160] Man benutzte aber auch das Atelier des Architekten Manfred Eickemeyer in der benachbarten Leopoldstraße 38a. Sophie Scholl berichtete später gegenüber der Gestapo:

> Den Vervielfältigungsapparat, welcher von meinem Bruder eigens zum Zwecke der Herstellung von Flugblättern gekauft wurde, haben wir vor 14 Tagen oder 3 Wochen in dem Atelier des Kunstmalers Eyckemeir,[161] Leopoldstr. 38, Rckg., hinterstellt. Eyckemeir befindet sich z. Zt. als Architekt in Krakau und hat seit einiger Zeit das Atelier an den Kunstmaler Wilh. Geyer aus Ulm, Syrlinstr. Nr.?, vermietet. Geyer übergab uns den Schlüssel zu diesem Atelier um dadurch in die Lage versetzt zu sein, unseren Freunden und Bekannten einige Bilder vorzuzeigen, die Geyer in diesen Räumen aufgehängt hat. Geyer hat keine Ahnung davon, dass wir unseren Vervielfältigungsapparat im Keller des erwähnten Atelier's hinterstellt haben. Hierzu kommt, dass sich Geyer nur einige Tage in der Woche zur Arbeit in München aufhält und die andere Zeit in Ulm tätig ist.[162]

Dass Wilhelm Geyer (1900–1968) nichts von dem Kopiergerät wusste, ist möglich. Denkbar ist aber auch, dass Sophie den Maler mit einer Falschaussage schützen wollte. Das widerständige Wesen Hans Scholls kannte er aufgrund der jahrelangen intensiven Kontakte jedenfalls schon lange, und von konkreten Handlungsabsichten wusste er spätestens seit

Anfang 1943. Das belegt eine Stellungnahme des Pädagogen und Künstlers Albert Kley (1907–2000), die er «kurz nach Kriegsende» verfasste.[163] In ihr legte er dar, Scholl habe «Anfang Januar 1943» vor ihm «und Kunstmaler Geyer in Ulm [...] noch einmal seine Pläne, die schon sehr konkrete Form hatten», entwickelt. Wilhelm Geyer und er hätten diese Absichten gebilligt – «bis auf den Zeitpunkt, an dem man mit Aktionen beginnen müsste»; das heißt, die dreiundvierzig und sechsunddreißig Jahre alten Familienväter zögerten noch zu handeln. Scholl dagegen hatte schon sieben Monate zuvor, im Sommer 1942, mit seiner ersten Flugblattaktion Zeichen gesetzt. Da war er vierundzwanzig.

Am 11. Januar 1943 feierten die Geschwister den Einzug Geyers in das Atelier des Architekten Eickemeyer.[164] Der Künstler arbeitete und lebte dienstags bis freitags dort. Da es keine Kochgelegenheit gab, gingen sie häufig zu dritt in eine Gastwirtschaft, oder sie aßen in der Studentenwohnung der Scholls in der Schwabinger Franz-Joseph-Straße 13b, wo sie offiziell seit dem 1. Dezember 1942 in einem kleinen Gartenhaus wohnten – nur dreihundert Meter vom Atelier entfernt. Wenn er nicht beschäftigt sei, erzählte Sophie ihrem Bruder Werner, sei Geyer bei ihnen.[165] Hans Scholl hatte die Verbindung zwischen Manfred Eickemeyer und Geyer geknüpft, nachdem er gehört hatte, dass der Künstler im Auftrag einer Münchner Firma Glasfenster für die katholische Pfarrkirche St. Margareta im schwäbischen Albstadt-Margrethausen entwerfen sollte.[166]

Wilhelm Geyer, dessen Arbeiten 1937 – vermutlich wegen ihrer expressiven Religiosität – von nationalsozialistischen Kulturpolitikern als «entartet» aus den Museen in Stuttgart und Ulm entfernt wurden, war schon lange ein Freund der Familie Scholl.[167] Wie intensiv die Verbindung war, zeigt seine wiederholte Erwähnung in der Korrespondenz der Familie.[168] Seit 1941 verstärkten sich die Kontakte. In einem Brief Hans Scholls an Rose Nägele vom 3. Juni 1941 scheinen sich die vielen Farb-, Form- und Kontureindrücke, die er bei dem Künstler gewann, widerzuspiegeln. Wie ein Maler, der das Kolorit mit seinem Pinsel auf die Leinwand tupft, setzte Scholl in seinem Naturbild die Worte:

> Der Nachmittag war aufregend mit seinem Licht. Wolken am Himmel vom lichten Blau, alle Töne des Grau und Schwarz. Wolken, verwirrende Formen mit hellglänzenden, verwischten, aufgelösten Rändern. Und dieses

Wilhem Geyer in den 1940er Jahren. Der Maler, Grafiker und Glasmaler war mit der Familie Scholl befreundet.

vollkommen weiße Licht fiel auf Wiesen, Steine und Fluss, der glitzerte und sprühte, leblose Materie bekam Geist und lebte mit. Die Bäume am Bahndamm streckten ihre Zweige schwarz zum Himmel. Nur das Rot einer Fahne ganz ferne verwirrte den Einklang dieses Nachmittags ein wenig.[169]

Die rote Fahne wird wohl eine Hakenkreuzflagge gewesen sein. Scholl lernte durch Geyer noch genauer sehen, als er es sowieso schon vermochte, und es gelang ihm darüber hinaus, mit optischen Farbtönen Wortbilder zu malen.

Wilhelm Geyers Werk ist ohne seine tiefe katholische, ökumenisch-offene Religiosität undenkbar. Zwischen 1935 und 1968 führte der Schwabe etwa tausend Glasbilder in rund hundertachtzig Kirchen aus, zumeist in Süddeutschland, so im Ulmer Münster und in der Münchner Frauenkirche, aber auch im Aachener und im Kölner Dom.[170] Zudem gestaltete er in großer Produktivität Malereien, Grafiken, Wandgestaltungen, fertigte Entwürfe für Textilien, sakrale Geräte, Schmuck und schuf Plastiken und Reliefs.[171]

Hans Scholl hatte mit niemandem, der etliche Jahre älter war – seine

Eltern und Carl Muth ausgenommen –, so häufig Kontakt wie mit Wilhelm Geyer. Noch am Abend vor seiner Verhaftung kehrten sie in einer Gastwirtschaft ein.[172] Da es keine Gesprächsberichte gibt und Geyers Werk nicht aus zitierbaren Worten, sondern Bildern besteht, wird sein Einfluss auf Hans Scholl viel zu wenig beachtet. In ihrer Agilität, Naturfrömmigkeit und ihrem Glauben an die Gegenwart Jesu Christi waren sich beide nahe, vor allem 1941 und Anfang 1943, als die großen Glasfenster für Wernau und Margrethausen erarbeitet wurden und sie sich besonders oft sahen. Geyer kommentierte eine Kreuzigungsdarstellung gegenüber einem Briefpartner so:

> Nur noch ein Wort aus dem Text möchte ich herausstellen: Jesus aber in der Mitte. […] So ist es am Ende und am Anfang, daß der Herr ist inmitten der Sünder, ob Schächer oder Apostel. So lange wir beide uns dessen bewußt sind, ist Er in unserer Mitte, und was soll uns trennen.

Für Wilhelm Geyer war «die Bindung an Christus das erste».[173] Besonders in den Kirchenfenstern antizipierte er eine andere, gerechte, friedliche Welt, deren Verwirklichung Gottes Wille und des Menschen Auftrag ist. Glaube, Kunst und die Gegnerschaft zum Nationalsozialismus verbanden Scholl und Geyer. Das Christentum war für sie eine existenzielle Kraft. Zu Scholls spirituellem Wachstum, das bis zum Freiheitskampf führte, trug der Ulmer Künstler maßgeblich bei.

Mit dem in Geyers Atelier deponierten Verfielfältigungsgerät wurde auch das sechste Flugblatt produziert. Davon wurden, so Alexander Schmorell, «etwa 3000 Stück hergestellt», nach Hans Scholl «2000», Sophie Scholl meinte, es seien «insgesamt rund 3000» gewesen.[174] Die Angaben von Hans Scholl stimmen mit seiner Aussage überein, er habe für den Versand der beiden letzten Flugblätter insgesamt 5500 Briefmarken in verschiedenen Postämtern gekauft. Flugblatt 6 wurde nach Salzburg, Linz, Wien, Augsburg, Stuttgart und Frankfurt am Main versandt. Um die Polizei in die Irre zu führen, gab Alexander Schmorell die Post nach Frankfurt in Wien auf.[175] Die Adressen hatte man aus einem Studentenverzeichnis.[176]

Die Parallelen zu Thomas Mann sind auch in Flugblatt 6 offensichtlich. Der Dichter verwandte wie Kurt Huber den Begriff der «Ehre» gegen die Nationalsozialisten. Er gebrauchte ihn aber nicht in Verbindung mit

«Freiheit», sondern mit «Würde» und «Gleichberechtigung». In der Maisendung der BBC 1942 führte er aus, es sei «unverzeihlich», dass sich die deutschen «Gebildeten [...] 1933» einem «kläglich[n] Orgiasmus» überlassen hätten. «Zu glauben, daß dies Gesindel berufen sei, [im Nachkriegsdeutschland] die nationale Würde und Ehre wiederherzustellen».[177] Den Satz beendete er nicht, sondern ließ ihn als Ausdruck der Empörung offen, so infam schien ihm dieser Gedanke zu sein.

Kurt Huber erinnerte in seinem Flugblatt zunächst an die frühere Geistesgröße Deutschlands und kontrastierte sie dann mit dem politischen, militärischen und sittlichen Niedergang der Gegenwart.[178] In einem höhnisch-sarkastischen Sprachduktus («Die geniale Strategie des Weltkriegsgefreiten» – «Führer, wir danken dir!») wandte er sich an die bildungsbürgerliche Elite («Kommilitoninnen! Kommilitonen!» – «Studentinnen! Studenten!»). Er betonte mit der Forderung nach «persönlicher» Freiheit, dem Recht auf «freie Meinungsäußerung», der «Geistesfreiheit» die Hauptanliegen der Widerstandsgruppe. Allerdings setzte er mit der Verbindung von «Freiheit und Ehre» einen neuen Akzent.[179] Zehn Jahre lang hätten «Hitler und seine Genossen die beiden herrlichen deutschen Worte bis zum Ekel ausgequetscht, abgedroschen, verdreht» und damit die «höchsten Werte einer Nation vor die Säue» geworfen.[180] «Wahre Wissenschaft», «echte Geistesfreiheit», «sittliche Verantwortung» und ein «bewusstes Staatswesen» seien «gottlosen, schamlosen und gewissenlosen Ausbeutern und Mordbuben» und «blinder, stupider Führergefolgschaft» gewichen.

Mit dem fünfmal – auch als Schlusswort – gesetzten Ausruf «Freiheit und Ehre» sollte endlich erreicht werden, was den anderen Flugblättern nicht gelungen war, nämlich die Leser – besonders die Studenten – aus ihrer Teilnahmslosigkeit hochzureißen. Wenn schon nicht das politische, religiöse oder ethische Bewusstsein bei den Deutschen für einen Sturz des Regimes ausreiche, könnte vielleicht die Scham über die Verbrechen und der weltweite Ehrverlust durch Mittäterschaft oder Duldung den Sturz der «verabscheuungswürdigsten Tyrannis» einleiten. Der Hochschullehrer mahnte und drohte: «Der deutsche Name» bleibe «für immer geschändet, wenn nicht die deutsche Jugend aufsteht, rächt und sühnt zugleich, seine Peiniger zerschmettert und ein neues geistiges Europa aufrichtet.» Huber kommentierte auch die Aufforderung des Münchner Gauleiters Giesler an die Studentinnen, sie sollten statt zu studieren dem Führer Kinder schenken: «Gauleiter greifen mit geilen Späßen den Studentinnen an die Ehre», doch «Deutsche Studentinnen haben auf die Besudelung ihrer Ehre eine würdige Antwort gegeben».[181]

Als Hans Scholl sich im Sommer 1942 entschied, mit Flugblättern den Kampf gegen Hitler aufzunehmen, waren aus den «aufgeregte[n] Zeiten», die Thomas Mann wenige Jahre zuvor in Deutschland beobachtet hatte, kriegerische und verbrecherische geworden. «Im Zeitwinde flatterte»[182] jetzt ein ganzes Volk; umso mehr suchte Scholl nach einer anderen Orientierung.[183] Er fand seine geistige Ausrichtung und die Motivation zur Verweigerung unzweifelhaft auch bei Thomas Mann. Zwar war er von Kindheit an durch sein evangelisches Elternhaus mit dem christlichen Glauben vertraut, doch die Würdigung des Christentums als wesentliche und zu schützende Grundlage des Humanen durch den von ihm hoch geschätzten Literaten, der auf Konfrontationskurs zum Regime und schon früh ins Exil gegangen war, bedeutete für ihn Bestätigung und Stärkung seiner Widerstandshaltung. Manns geistkämpferische Rundfunkansprachen zur aktuellen Lage und sein luzider Essay über die kulturelle Größe des Christentums waren Grundlagen der Flugblätter.

Sag Alex, er solle nicht auf mich warten
Verhaftungen

Fünfzehnhundert bis achtzehnhundert Exemplare des sechsten Flugblatts verstauten Hans und Sophie Scholl am Morgen des 18. Februar 1943 in einem Koffer und einer Aktentasche.[184] Dazu legten sie fünfzig Bogen von Flugblatt 5. Ungefähr um 10:30 Uhr liefen sie von ihrer Wohnung in der Franz-Joseph-Straße 13b zu der einen Kilometer entfernten Universität, um die Aufrufe dort zu verteilen. Nach kurzem Zögern, ob sie die Aktion durchführen sollten, betraten sie gegen 10:45 Uhr gemeinsam das Gebäude durch den Haupteingang an der Ludwigstraße und legten im ersten und zweiten Stock vor den Hörsälen, die um einen überdachten Lichthof angeordnet sind, die Schriften aus. Einen weiteren Stapel deponierten sie am rückwärtigen Ausgang zur Amalienstraße. Dann kehrten sie um und stiegen wieder zur zweiten Etage links vom Haupteingang empor. Von der Balustrade warfen sie den Rest ihrer Flugblätter in den menschenleeren Lichthof. Dabei bemerkte Hans

Verhaftungen

Hans Scholl als Häftling, erkennungsdienstlich fotografiert
von der Gestapo am 18. Februar 1943

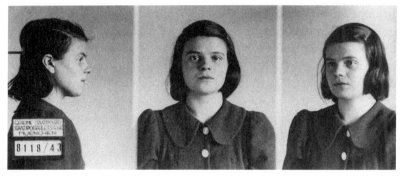

Sophie Scholl nach ihrer Verhaftung am 18. Februar 1943,
aufgenommen von der Gestapo

Scholl, dass ihnen der Hausschlosser der Universität folgte. Nur wenige Meter von der Abwurfstelle entfernt, trat er ihnen entgegen und erklärte sie für verhaftet. Widerspruchslos ließen sich die Geschwister zur Hausverwaltung am Haupteingang Ludwigstraße hinabführen. Dort entschied man, sie dem Universitätssyndikus zu übergeben. Durch die mittlerweile aus den Vorlesesälen hinausströmenden Studenten brachte man die Geschwister in das Büro des Juristen im ersten Stock, Zimmer 236. Damit waren Hans und Sophie in den Händen von drei NSDAP-Mitgliedern. Die Türen des Gebäudes wurden verriegelt und der Advokat verständigte die Gestapo.[185] Von den wenige Minuten später eintreffenden Beamten der Geheimen Staatspolizei wurden Hans und Sophie festgenommen und abgeführt. Als man sie aus der Universität geleitete, kamen sie nahe an der gemeinsamen Freundin Gisela Schertling vorbei. Hans sagte «wörtlich» […] zu ihr so laut, dass die Polizisten es verstehen konnten: «Geh' nach Hause und sag' Alex, wenn er da ist, er solle nicht auf mich warten.»[186] Es ist bezeichnend für das enge Verhältnis beider, dass Hans Scholl seinen Freund warnen wollte, doch damit legte er die Spur zu ihm. Die Gestapo befragte bereits am Nachmittag Gisela Schertling zu diesem Vorfall. Da bezeichnete sie Alexander Schmorell als einen der engsten Freunde Scholls und machte Angaben zum Wohnort und zur Person seines Vaters.[187]

Bei seiner Verhaftung trug Hans Scholl den Entwurf für ein siebtes Flugblatt bei sich.[188] Christoph Probst hatte ihm den Text bereits am 31. Januar gegeben. Scholl versuchte vergeblich, das Blatt zu vernichten. In der später von Probst rekonstruierten Skizze werden die Schlachtenorte Stalingrad und Tripolis miteinander verglichen. Der Autor machte klar, dass in Russland 200 000 «deutsche Brüder» dem «Prestige eines militärischen Hochstaplers» geopfert würden, wenn Deutschland nicht die «menschlichen Kapitulationsbedingungen der Russen» annehme. Am 23. Januar 1943 hatten britische Truppen das nordafrikanische Tripolis besetzt. Das Verhalten der Alliierten dort zeige, dass es ihnen um die Beseitigung politischer Systeme, nicht um die von Völkern gehe. Hitler, der «die Juden zu Tode marterte, die Hälfte der Polen ausrottete, Russland vernichten wollte, […] der […] Freiheit, Frieden, Familienglück, Hoffnung und Frohsinn nahm», sei ein «Mörder». Der Appell gipfelte in der Forderung: «Hitler und sein Regime muss fallen, damit Deutschland weiter lebt.»

Dieser Text ist der einzige konkrete Beleg für die aktive Beteiligung Christoph Probsts an den Widerstandsaktionen. Der Vierundzwanzigjährige kam aus einem künstlerisch-musischen Haus, in dem unter anderem die Maler Emil Nolde und Paul Klee sowie der Lyriker Rainer Maria Rilke verkehrten. Probst hielt sich bei den Diskussionen der Studenten sehr zurück. «Er war eigentlich mehr dabei, als er mitmachte», beschrieb später ein Teilnehmer der Gesprächsabende dessen Verhalten.[189] Es ist verständlich, dass der Medizinstudent im Hintergrund blieb, trug er doch eine hohe Verantwortung für seine Frau Herta und die drei kleinen Kinder zuhause in Zell bei Ruhpolding. Lange hatte er den «Aktionismus» Scholls sogar abgelehnt,[190] bis er sich nach Stalingrad doch entschloss, ein Flugblatt zu entwerfen und es Scholl zu geben.[191] Christoph

Verhaftungen

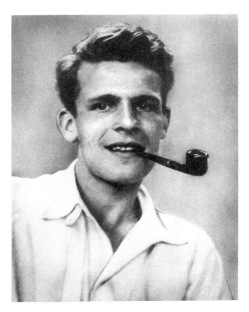

Der dreifache Familienvater
Christoph Probst um 1941

Probst wurde am 19. Februar 1943 in der Gebirgsjägerkaserne Innsbruck verhaftet und nach München in die Gestapo-Leitstelle im Wittelsbacher Palais gebracht.

Als Alexander Schmorell am 18. Februar von der Festnahme von Hans und Sophie erfuhr, begann eine verzweifelte Flucht. Sie lässt sich nicht mehr in allen Einzelheiten rekonstruieren.[192] Doch nachdem er seine Uniform und das Soldbuch verbrannt hatte, begab er sich am 20. Februar 1943 – versehen mit dem gefälschten Pass eines bulgarischen Bekannten – mit der Isartalbahn und zu Fuß zum Walchensee, rund siebzig Kilometer südlich von München. Vermutlich wollte er in die Schweiz fliehen oder in einem Lager für sowjetische Kriegsgefangene bei Innsbruck untertauchen. Als das misslang, machte er sich vom Walchensee auf den Weg zum ungefähr dreißig Kilometer südöstlich gelegenen Schloss Elmau, das er von früheren Besuchen kannte. Dort versteckte ihn ein russischer Kutscher. Am 23. Februar 1943 wurde er zwar von der Polizei kontrolliert, aber nicht erkannt. Weil er hoffte, «in München leichter durchkommen zu können», fuhr er am 24. dahin zurück.[193] Genau an diesem Tag war in mehreren Münchner Zeitungen ein Fahndungsaufruf nach ihm erschienen, in dem tausend Reichsmark Belohnung ausgelobt wurden. Abends versuchte er, bei Marie-Luise Upplegger, einer Bekannten, Unterschlupf zu finden.[194] Als Fliegeralarm ausgelöst wurde, wollte er im Luftschutzkeller mit ihr Kontakt aufnehmen, doch statt Upplegger erschienen Uniformierte, die ihn festhielten. Trotz Gegenwehr und Fluchtversuchs verhafteten ihn die herbeigeholten Polizisten gegen 23:30 Uhr. In der Nacht vom 24. auf den 25. wurde er in das Gestapo-Gefängnis gebracht, in dem zuvor auch Christoph Probst und die Geschwister Scholl vernommen worden waren.

Verpflichtung zur Tat
Alexander Schmorell vor der Gestapo

In den umfangreichen Vernehmungen durch die Gestapo machte Alexander Schmorell detaillierte Angaben zum Verlauf der Flugblattaktionen und übernahm für seine Taten die Verantwortung. Indem er aber wahrheitsgemäß erklärte, Hand in Hand mit Hans Scholl gearbeitet zu haben, belastete er diesen schwer. War diese große Aussagebereitschaft naiv, oder war für ihn klar, dass sein Freund Hans angesichts des Todes gleichfalls nicht mehr taktieren, sondern zu seiner Überzeugung und seinen Taten stehen werde?[195] Das Gestapo-Protokoll liest sich jedenfalls mehr als Bekenntnis und weniger als Geständnis – wie bei Hans Scholl. Wie das Verhalten auch zu bewerten ist, die Mitschriften der Vernehmungen beider Freiheitskämpfer geben ihre Intentionen richtig wieder, und sie belegen die außergewöhnlich tiefe Freundschaft: Am 18. Februar 1943 erklärte Hans:

> Oft besucht werde ich von dem Studenten und Angehörigen der Studentenkomp. Alexander Schmorell [...]. Diesen kenne ich schon seit Jahren [...]. Schmorell ist eigentlich mein einziger Freund. Er besuchte mich fast täglich.[196]

Alexander Schmorell bestätigte sieben Tage später: «Eine besondere Freundschaft unterhalte ich seit etwa 2 Jahren mit Hans Scholl.»[197] Weiter erklärte er, er bezeichne die Flugblätter I bis III als sein und Scholls «geistiges Eigentum, weil wir alles gemeinschaftlich getan haben»,[198] und: «Mit der Herstellung und Verbreitung unserer Flugblätter wollten

Hans Scholl und ich einen Umsturz herbeiführen.»[199] Zusammengefasst lautete das Bekenntnis: «[Ich] gestehe ganz offen, dass Hans Scholl und ich die beiden Rädelsführer waren.»[200] Er machte klar, dass Hans und er wohlüberlegt und um die möglichen Konsequenzen wissend gehandelt hatten:

> Wir waren uns jedoch darüber klar, dass die Herstellung von staatsfeindlichen Druckschriften [...] zu schwersten Bestrafungen führen würde. Was ich damit getan habe, habe ich nicht unbewusst getan, sondern ich habe sogar damit gerechnet, dass ich im Ermittlungsfalle mein Leben verlieren könnte.

Die beiden Dissidenten beriefen sich auf ihre individuelle Verantwortung. Sie gebrauchten unabhängig voneinander dieselbe Formulierung: Sie hätten ihrer «inneren Verpflichtung» folgen müssen. Für Alexander Schmorell besaß das eigene Gewissen eine höhere Autorität als die Loyalität gegenüber dem Staat:

> Über das alles habe ich mich einfach hinweggesetzt, weil mir meine innere Verpflichtung zum Handeln gegen den nationalsozialistischen Staat höher gestanden ist.

Ebenso dachte Hans Scholl: Auch für ihn hatte die eigene Überzeugung größere Geltung als der Eid des Soldaten.[201]

So ein gleichgültiges Gefühl
Freiwillige Aussage

Hans Scholl wurde kurz nach seiner Verhaftung am 18. Februar 1943 von der Geheimen Staatspolizei mit belastendem Material konfrontiert. Man legte ihm Briefe vor, die gerade bei einer Hausdurchsuchung seiner Wohnung in der Franz-Joseph-Straße 13b beschlagnahmt worden waren. Darunter befand sich «ein Briefumschlag mit 140 8 Pfg. [Pfennig] Briefmarken». Eine kategorische Leugnung, an den Flugblattaktionen beteiligt gewesen zu sein, war jetzt nicht mehr möglich. Doch was konnte er zugeben, was abstreiten? Von der Gestapo «wiederholt und eingehend zur Wahrheitsangabe ermahnt», erklärte er sich nun bereit, «eine zusammenhängende Darstellung» seiner «Tätigkeit [zu] geben».

Sein erster Satz lautete: «Ich erkläre ausdrücklich, dass Frl. Gisela Schertling mit der ganzen Sache nichts zu tun hat.»[202] Dass er zuerst seine Freundin erwähnte, war kein Ausdruck besonderer Zuneigung; es war für ihn einfacher, mit etwas zu beginnen, das nahezu der Wahrheit entsprach. Zwei Tage später wiederholte und begründete er diese Aussage. Gisela Schertling habe ihm «im Februar 1943 etwa 10 Briefumschläge besorgt». Er habe ihr aber «kein Wort davon gesagt», dass er «diese Briefumschläge zur Versendung von staatsfeindlichen Flugblättern verwenden werde».[203]

Tatsächlich hatte er seine Freundin nicht in Einzelheiten «eingeweiht». Sie kannte aber – das gestand sie später mehrfach ein – die Intention der letzten Flugblattaktionen in groben Zügen.[204] Sie las das sechste Flugblatt, bevor es verteilt wurde,[205] und war – wenn auch sehr geringfügig – beim Versand behilflich.[206] Insofern ist die Feststellung des Volksgerichtshofs vom 19. April 1943 korrekt, sie habe von den «Propagandaabsichten gewußt, das aber nicht angezeigt».[207]

Vermutlich betonte Hans Scholl die Ahnungslosigkeit seiner Freundin aus Schuldbewusstsein, denn er hatte durch seine Bitte kurz nach der Festnahme, Alexander Schmorell zu warnen, die Aufmerksamkeit der Gestapo auf sie gelenkt. Gisela Schertling wurde noch am selben Tag verhört. Dabei machte sie aus «Alex'» und Hans Scholls Ablehnung des Nationalsozialismus keinen Hehl. Zwei Tage nach der Hinrichtung von Hans und Sophie Scholl begab sie sich unaufgefordert erneut zur Gestapo, um zur «Aufklärung» beizutragen; dabei präzisierte sie ihre Angaben. Ihr sei bei der ersten Vernehmung «in der Aufregung der Name ‹Schmorell› nicht eingefallen». Der «Verdacht», sie habe «diesen Freund des Scholl decken» wollen, treffe «bestimmt nicht zu», sie habe «alles getan, um über den Freundes- und Bekanntenkreis des Scholl nähere Aufklärung zu geben».[208] Hier und in späteren Verhören zeigte sie sich sehr kooperativ, erweiterte bereitwillig ihre Auskünfte und gab detaillierte Sach- und Personeninformationen.[209]

Gisela Schertling gab an, die sexuelle Beziehung zu Hans Scholl sei ihr zum Verhängnis geworden. Weil sie sich häufig in der Wohnung der Geschwister aufgehalten habe, sei sie – gegen ihren erklärten Willen – in die staatsfeindlichen Aktionen hineingezogen worden. Sie habe völlig unter Hans Scholls Einfluss gestanden. Er war so dominant, dass sie kaum Widerspruch wagte. Als sie trotzdem gegen Flugblatt 6 zaghaft Bedenken erhob, weil es «ja furchtbar radikal und scharf, richtig zum fürchten»[210] gewesen sei, habe er ihr gesagt, sie könne «das doch nicht beurteilen», er «wisse schon, was richtig sei». Sein Befehl, bei einem eventuellen Verhör nichts zu sagen, war für sie bindend.[211] Die Geschwister seien so klug gewesen, sie hätten ein solches Geschichtswissen gehabt und mit «Beweisen und Tatsachen» gearbeitet, dass sie «oft wohl wusste, sie haben da nicht recht, das kann gar nicht sein, das kann ich nicht glauben, aber ich konnte es ihnen nicht in der Art beweisen, wie sie es mir bewiesen».[212] Darum habe sie nicht protestiert: «Ich wusste auch, dass es völlig sinn- und zwecklos gewesen wäre, wenn ich versucht hätte, Hans Scholl von der Absicht, die Flugblätter zu verbreiten, abzubringen.»[213] Zuletzt habe sie «so ein gleichgültiges Gefühl all dem Geschehen gegenüber» gehabt. «In diesem Zustand hätte ich es auch gar nicht fertiggebracht, Hans Scholl preiszugeben und gegen ihn Anzeige [zu] erstatten.»[214]

Willi Graf hatte Gisela Schertling im Gartenhaus der Scholls als «sehr schweigsam» erlebt.[215] Doch bei der Gestapo war die Studentin auskunftsbereit. Beredt betonte sie ihre patriotische Einstellung. Sie habe in den Semesterferien ganz bewusst eine Arbeit in einer Munitionsfabrik gewählt. Sie sei dort «froh und befreit» gewesen, weil sie «sich einmal am Brennpunkt ganz für das einsetzen» konnte, «was unser Volk jetzt bis ins Innerste aufschüttelte».[216] Es war für sie «ein befriedigendes, direkt glückliches Gefühl, hier täglich eingereiht zu sein».[217] Auch der «Rüstungsbetrieb Eisenwerk-Gesellschaft Maximilianshütte, Unterwellenborn/Thüringen» war von ihrem «Kriegshilfedienst» angetan. Im September 1942 hatte man Schertling bescheinigt, sie habe die «ihr übertragenen Arbeiten [...] mit größter Gewissenhaftigkeit, größtem Fleiß, zur Zufriedenheit ihrer Vorgesetzten, ausgeführt. Ihr Einsatz war kameradschaftlich, pflichtbewusst und vorbildlich.»[218]

Als ihre Eltern – der Verleger Paul Schertling und dessen Frau Lotte – im April 1943 aus Thüringen anreisten, um unaufgefordert auszusagen, betonten sie die nationalsozialistische Überzeugung der ganzen Familie.[219] Sie seien nicht nur absolut loyal gegenüber dem Regime, sondern wirkten sogar persönlich und finanziell am Aufbau und der Konsolidierung des NS-Staates mit. Ihre drei Töchter seien ganz in diesem Geiste erzogen worden. Gisela sei eine überzeugte Nationalsozialistin. Schon während der Schulzeit habe sie eifrig *Mein Kampf* gelesen.[220] Zwar sei sie eine labile Natur und habe zeitweise leichte psychische Probleme gehabt, dennoch setze sie sich für das Wohl des Reiches ein. Die Eltern betonten auch, dass ihre Tochter freiwillig acht Wochen in den Semesterferien von August bis November 1942 in einer Munitionsfabrik gearbeitet habe. Diesen schweren Einsatz habe sie gewählt, weil sie die soziale Situation der Arbeiter kennenlernen wollte. Angesichts der Vorwürfe des Hochverrats betonten ihre Eltern tief irritiert, sie hätten beide «alles getan, um sie [Gisela] zu einer guten Nationalsozialistin zu erziehen».

Hans Scholl sah die politische Einstellung seiner Freundin genauso wie das Ehepaar Schertling. Als er dazu befragt wurde, antwortete er kühl und präzise, sie komme aus einer «nationalsozialistischen Familie. [...] Schertling selbst ist ein Produkt ihrer Familie und ebenfalls nationalsozialistisch gesinnt».[221]

Den entschiedenen Gegner des NS-Regimes verband mit Gisela Schertling kein politisches Ziel, sondern allein das Verlangen nach körperlicher Nähe. Scholl habe an ihr nur ein physisches Interesse gehabt, betonte die junge Frau mehrfach. Da Scholl diese Beziehung völlig eindimensional wollte, ignorierte er Schertling zuweilen tagelang.[222]

Weil die Aussagen Gisela Schertlings über den Bekanntenkreis Hans Scholls und seine Motive frei- und bereitwillig erfolgten, waren sie für die Gestapo von Anfang an glaubwürdig und hoch informativ. Der Abschlussbericht der Sonderkommission Geheime Staatspolizei München vom 5. April 1943 übernahm daher nahezu vollständig ihre Darstellung. Alle Verantwortung und Schuld wurde darin auf Hans Scholl abgewälzt. Danach war die junge Frau ein Inbegriff von Unbedarftheit, Ahnungslosigkeit und rührender Unschuld. Scholl habe es aufgrund seiner intellektuellen Überlegenheit verstanden, die Beschuldigte von sich abhängig zu machen. Dadurch sei es ihm gelungen, ihren moralischen Widerstand zu brechen. Das junge Mädchen sei das Opfer eines Kriminellen. Eine Morphiumspritze habe er ihr gesetzt, um sich ihr zu nähern. Eventuell müsse ihre Schuldfähigkeit psychologisch untersucht werden. Scholl habe den Geist einer Nationalsozialistin gemeuchelt.

Knapp zwei Wochen nach der Abfassung dieses Reports durch den Kriminalsekretär Beer fand eine Gerichtsverhandlung gegen vierzehn Angehörige der Münchner Widerstandsgruppe statt. Zu ihnen gehörte auch Gisela Schertling. Vermutlich verdankte sie das vergleichsweise milde Urteil der ausgesprochen günstigen Beurteilung des Gestapo-Beamten, deren Argumentation auch ihr Anwalt übernommen hatte.[223] Für das Gericht gehörte sie zur «Gruppe [...] der dumme[n] Jungen und dumme[n] Mädels, durch die die Sicherheit des Reiches nicht ernstlich gefährdet ist». Sie bekam «als Mädchen [...] dafür ein Jahr Gefängnis».[224] Vier Wochen später wurde sie vom Hochschulstudium an allen deutschen Universitäten dauerhaft ausgeschlossen.[225] Vermutlich 1946 fasste Gisela Schertling diese Zeit sachlich zusammen:

> Da ich häufig mit Hans und Sophie Scholl, auch in deren Wohnung, zusammen war, erfuhr ich von ihnen selbst, daß sie Flugblätter vervielfältigten und verbreiteten. [...] Ich war mit beteiligt, einen Teil der hergestellten Flugblätter in einige Briefkästen zu werfen.[226]

Bereits 1953 betonte sie dann ihre Zugehörigkeit zum studentischen Widerstand. Sie habe 1942/43 die Universität München besucht, wo sie «auf die Widerstandsbewegung Münchner Studenten, den Hans Scholl-Kreis, stieß und im Zuge der allgemeinen Verhaftungen wegen Mitwisserschaft von Hochverrat zu 1 Jahr Gefängnis verurteilt wurde, das ich auch absaß».[227] 1963 wurde ihr die Anerkennung einer Verfolgten des Naziregimes (VdN) durch die Deutsche Demokratische Republik (DDR) / Rat des Bezirks Gera zuteil.[228]

Die Bedeutung Gisela Schertlings für den Widerstand war marginal. Sie war persönlich leidvoll von der Verfolgung der Münchner Studenten betroffen, aber keine Freiheitskämpferin der «Weißen Rose».[229]

Erwartet, mein Leben zu verlieren
Geständnis und Bekenntnis

Hans Scholl wurde am 18. Februar im Wittelsbacher Palais dem siebenunddreißigjährigen SS-Untersturmführer und Kriminalsekretär Anton Mahler vorgeführt, während etwa zur gleichen Zeit Joseph Goebbels im Berliner Sportpalast den «totalen Krieg» propagierte.[230] Der Sohn eines schwäbisch-bayerischen Landwirts war als Zwanzigjähriger 1925 in die Landpolizei eingetreten. Ab 1932 arbeitete er bei der Schutzpolizei Augsburg, seit 1933 bei der Politischen Polizei, die später in «Staatspolizeistelle» umbenannt wurde. Mahler trat 1933 in die NSDAP ein und engagierte sich in zahlreichen NS-Verbänden. 1939 verließ er die katholische Kirche. Er war verheiratet und hatte mit seiner Frau Anna einen Sohn.[231] Nach dem Krieg wurde Mahler Mitarbeiter des Counter Intelligence Corps (CIC), der Spionageabwehr des Heeres der Vereinigten Staaten von Amerika.[232]

Hans Scholl befand sich in einer ungemein schwierigen Lage. Würde er seine staatsfeindlichen Aktivitäten zugeben, wäre sein Schicksal besiegelt. Sollte seine Behauptung, nichts mit den Flugblättern zu tun zu haben, glaubwürdig sein, konnte er nicht schweigen. Also musste er scheinbar bereitwillig mit der Gestapo reden. Dazu gehörte es auch, Namen von Personen zu nennen beziehungsweise die Identität derer offenzulegen, nach denen er gefragt wurde. Die Beamten griffen dabei auf die Aussagen Gisela Schertlings zurück. Als man ihn nach wenigen Stunden mit Briefen aus seinem Schreibtisch und «140 8 Pfg. Briefmarken» konfrontierte, räumte er ein, dass seine «bisherigen Angaben […] nur teilweise» stimmten. Er sei «nach vielen qualvollen Überlegungen zu der Ansicht» gelangt, «dass es nur noch ein Mittel zur Erhaltung der europäischen Idee gebe, nämlich die Verkürzung des Krieges». Daher habe er sich entschlossen, «nicht nur in Gedanken, sondern auch in der Tat meine Gesinnung zu zeigen».[233]

Nach diesem Teilgeständnis bewegten sich die Verhöre auf zwei Ebenen. Zum einen beantwortete Scholl Fragen nach Komplizen. Im Laufe der langen Vernehmungen verlor er immer mehr den Überblick darüber, wen er namentlich erwähnen wollte, was er über dessen Beteiligung sagen konnte und worüber er besser zu schweigen hatte. So bestätigte er Christoph Probst als Verfasser des Entwurfs für ein siebtes Flugblatt, gestand die Zusammenarbeit mit Alexander Schmorell und die Unterstützung durch seine Schwester Sophie, Willi Graf und Kurt Huber.[234] Auf der anderen Ebene der Vernehmung ging es um seine Motive. Je diffuser seine formale Verteidigungsstrategie wurde, desto klarer wurde er in der inhaltlichen Argumentation. Er wollte nun ein politisches Bekenntnis ablegen. Das Protokoll sollte dokumentieren, was ihn angetrieben hatte:

> Als ich mich zur Herstellung und Verbreitung von Flugblättern entschlossen habe, war ich mir darüber im Klaren, dass eine solche Handlungsweise gegen den heutigen Staat gerichtet ist. Ich war der Überzeugung, dass ich

Der SS-Untersturmführer und Kriminalsekretär Anton Mahler, der Hans Scholl verhörte, 1939

aus innerem Antrieb handeln musste und war der Meinung, dass diese innere Verpflichtung höher stand, als der Treueid, den ich als Soldat geleistet habe. Was ich damit auf mich nahm, wußte ich, ich habe auch damit gerechnet, dadurch mein Leben zu verlieren.[235]

Er machte deutlich, dass für ihn die deutsche Elite versagt hatte:

Ich bin der Ansicht, dass in Deutschland in der Zeit von 1918–1933 und vor allem 1933 nicht zu sehr die Masse des Deutschen Volkes politisch versagt hat, sondern gerade diejenige Schicht, eines Staates, der ein Volk politisch führen sollte, die Intelligenz. Obgleich sich in Deutschland ein Gelehrten- und Spezialistentum auf allen Gebieten des geistigen Lebens zu voller Blüte entwickelte, waren gerade diese Menschen nicht in der Lage, die einfachsten politischen Fragen richtig zu beantworten. Nur aus diesem Grunde ist es erklärlich, dass Massenbewegungen mit ihren einfachen Parolen jede tiefere Gedankenarbeit übertönen konnten.[236]

Diese Überzeugung hatte er bereits früher, wahrscheinlich im Mai/Juni 1942, hastig auf der Rückseite eines Briefumschlags notiert:

Nicht von der Masse rede ich, sondern von einer Elite des Volkes, die für den geistigen Gehalt und die Richtung des ganzen Volkes verantwortlich ist: die also in diesem Jahrzehnt und wahrscheinlich schon früheren versagt hat, so sehr versagt hat, dass das geistige Niveau seiner Pfeiler beraubt ins Chaotische gestürzt ist, diese Elite ist heute, da sie das nahende Verhängnis ahnt, zu einem noch größeren Irrtum fähig; sich abzuschließen von der realen Welt mit ihrem Irrtum und geistig wie sie zermürbenden und lähmenden Irrtum sich über die Freiheit zu erheben und ein Eigendasein zu führen – ein l'art pour l'art im weitesten Sinne zu betreiben. Es gibt aber für sie keine grössere Gefahr als die Flucht ins Ästhetische.

Da die Elite versagte, sei es, so Scholl gegenüber der Gestapo, seine staatspolitische Verantwortung gewesen, «Hochverrat» zu begehen:

Ich empfand, dass es höchste Zeit war, diesen Teil des Bürgertums auf seine staatspolitischen Pflichten aufs Ernsteste hinzuweisen. Hätte die aussenpolitische Entwicklung zunächst noch friedlichere Bahnen verfolgt, so wäre ich sicher nicht vor die Alternative gestellt worden: Soll ich Hochverrat begehen oder nicht? Sondern ich hätte versucht, innerhalb dieses Staates die positiven Kräfte derart zu mobilisieren, dass sie im Laufe der Zeit alles Negative überflügelt hätten und zu einem Staatswesen übergeleitet hätten, welches erstrebenswert geworden wäre.[237]

Hans Scholl wollte, wie er der Gestapo weiter erklärte, eine «Wiedervereinigung von Philosophie und Naturwissenschaft, [...] Geist und Materie». Aus dem «Chaos des Spezialistentums» sollte eine «neue Universitas entstehen, [...] hinter allem Materialismus» erhob sich für ihn «das Verlangen nach dem wahren Grund der Dinge, [...] die Forderung nach einer Metaphysik».[238]

Darüber hinaus leuchtete in einer kunsthistorischen Erläuterung seine spirituelle Vision einer Verbindung von protestantischer und katholischer Frömmigkeit auf.[239] Er sei ein «großer Verehrer» des Barock, einer Kunstepoche, die aus dem «Geiste der Gegenreformation» entstanden sei und «vielleicht die letzte grosse Kultureinheit in Europa» dargestellt habe. Den katholischen Rubens bewundere er aufgrund seiner ästhetischen Universalität. Warum Rembrandt für ihn beispielhaft war, hatte er ein halbes Jahr zuvor in seinem Russlandtagebuch dargelegt. Dort notierte er, er halte nach Menschen Ausschau, die sich auf das

Chaos, die Tiefe, einließen, und er sehe sie in «Franz von Assisi und Beethoven und Rembrandt, Bettler und Sünder, die Christus erlöst hat».[240] Die Kunst des Katholiken Rubens und des reformierten Protestanten Rembrandt versinnbildlichen Hans Scholls Spiritualität: In Rembrandts Werk steigt für ihn Christus zu den Menschen hinab, in Rubens Bildern fährt er auf gen Himmel. Das Christusgeschehen gilt allen und umfasst alles. Hans Scholl war furchtlos entschlossen, der Gestapo so weitreichende Gedanken darzulegen. Er wollte ganz oder gar nicht leben.[241]

Hans Scholl und Alexander Schmorell

Alexander Schmorell und Hans Scholl verbanden krisenhafte Erfahrungen. Bei Scholl war es der Prozess 1937/38, bei Schmorell der Arbeits- und der Wehrdienst. Für Scholl war das erste Gerichtsverfahren, in dem er ein Opfer staatlicher Gewalt wurde, ein schweres Schockerlebnis, das bei ihm existenzielle Ängste auslöste. Schmorell erlebte den Arbeitsdienst als massiven Eingriff in seine Autonomie. Während dieser Zeit steigerte sich seine Ablehnung Deutschlands zu Wut und Hass und seine Bewunderung für das russische Volk und seine Kultur zu grenzenloser Liebe und Utopie.[242] Während des Wehrdienstes geriet er durch die erhebliche Identitätskrise aufgrund seiner russisch-deutschen Abstammung «schon nach kürzester Zeit in Gewissenskonflikte». Nach «etwa 4 Wochen» bat er damals «um Entlassung aus dem Heeresdienst». Nach einer «Aussprache» gegenüber vier Dienstvorgesetzten wurde das abgelehnt; man verwies auf seine «Entwicklungsjahre» und die akute «Nervenkrise». Sein Vater, den der Abteilungskommandeur kontaktiert hatte, habe sich, so Schmorell, durch die Russlandliebe seines Sohnes «als Deutscher beleidigt» gefühlt.[243]

Darüber hinaus verbrüderten Hans Scholl und Alexander Schmorell ihre unglücklichen Liebesbeziehungen. Jede Liaison – ob männlich oder weiblich –, die Hans Scholl hatte, verlief konfliktreich und schmerzhaft. Die brennende, oft eifersüchtige Liebe zu Angelika Probst, die Alexander Schmorell verzehrte, verlief tragisch und blieb letzten Endes unerfüllt. Bereits 1936, im ersten Jahr seines heißen Werbens um sie, hatte Angelika Probst ein unglückliches Liebesverhältnis mit dem Komponisten Carl Orff.[244] Nach einem abrupten Ende dieser Affäre Anfang

Juli 1937 erhörte sie nicht Schmorells Werben, sondern zog nach Norddeutschland an das Landerziehungsheim Marienau bei Lüneburg in Niedersachsen.[245] Sie heiratete dessen Leiter Bernhard Knoop im Februar 1938.[246]

«Oft kriecht natürlich das alte Leid in meiner Seele empor, ich möchte wieder zurück zu der verlorenen traumhaften Geliebten, die da alles war.» Dieser Satz stammt nicht von Alexander Schmorell, sondern von Hans Scholl.[247] Als er ihn 1942 in Russland notierte, war ihm wohl klar, dass seine Liebesversuche häufig Wunschvorstellungen gewesen waren. Auch Alexander Schmorell spürte das, wollte es aber nicht wahrhaben:

> Geliebtes Heide-Elflein! Nein, nein, nein! Ich liebe keine Traumangelika, genau so wenig, wie ein unwirkliches Russland. [...] Und ich soll nur eine Traumangelika lieben? [...] Nein, *meine* Angelika ist keine Traumgestalt! –

Er malte ein rotes Herz mit «Angelika Aljoscha» und schloss: «Liebste, ich küsse dieses Herz ganz, ganz fest!»[248] Die Liebe zu seinem Russland und zu seiner Angelika waren unerfüllbar.

Alexander Schmorell war ein Traumtänzer, aber auch ein zielstrebiger Visionär. Weltfremd war er in seiner Sehnsucht nach der früh verstorbenen Mutter und nach einem Russland, das er lange nur aus der Literatur kannte. Ein Träumer war er in seiner Sehnsucht nach einer Geliebten, die ihn an seine Mutter erinnerte,[249] die aber fast immer räumlich und emotional fern von ihm war. Zielstrebig war sein Kampf gegen den Nationalsozialismus und für ein menschliches Gesellschaftssystem. Visionär waren sein Sehnen nach charakterstarken Persönlichkeiten, die große Wertschätzung der Kultur und seine tiefe, lebendige und lebensleitende Religiosität.

Die Differenzen in den Interessen und Charaktereigenschaften waren Ergänzungen ihrer Freundschaft und bereicherten sie: In Philosophie, Politik und Tatkraft dominierte der vitale Scholl, als Russlandliebhaber, Künstler und Lebenskünstler der feinfühlige Schmorell. Beide waren anfangs vom Militär fasziniert, später verband sie dessen Ablehnung.

In der öffentlichen Wahrnehmung ist die «Weiße Rose» mit den «Geschwistern Scholl» verbunden, deutlich mehr mit Sophie als mit Hans. So wird nur Sophie Scholl durch eine Büste im Lichthof der Münchner Universität und in der Gedenkstätte bedeutender Deutscher, der «Walhalla bei Regensburg» geehrt. Diese verklärende Bewunderung widerspricht den historischen Tatsachen. Die treibende Kraft, der kreative Kopf des Münchner studentischen Widerstands war eindeutig Hans Scholl. Er konnte diese Rolle aber nur einnehmen, weil Alexander Schmorell ihn psychisch und physisch begleitete. Dieses Zusammenspiel zeigt sich nochmals in Schmorells Formulierung vor der Gestapo:

> Mit der Herstellung und Verbreitung unserer Flugblätter wollten Hans Scholl und ich einen Umsturz herbeiführen. Wir waren uns darüber im Klaren, dass unsere Handlungsweise gegen den heutigen Staat gerichtet ist und wir im Ermittlungsverfahren mit den schwersten Strafen rechnen müssen. Wir haben uns trotzdem nicht davon abhalten lassen in der Weise gegen den heutigen Staat vorzugehen, weil wir beide der Ansicht waren, damit den Krieg verkürzen zu können.[250]

Von Menschen, die einander tief verstehen, heißt es in der Bibel: «Wie sich im Wasser das Angesicht spiegelt, so ein Mensch im Herzen des andern.»[251] Keiner war Hans so nahe – bis zur Todesbereitschaft – wie Alexander. Sie waren brennende Geschwister im Geiste.[252]

Aus ideellen Gründen gehandelt
Sophie Scholl

Sophie Scholl wurde von dem fünfundvierzigjährigen SS-Obersturmführer und Kriminalobersekretär Robert Mohr vernommen.[253] Der Sohn eines pfälzischen Maurermeisters war gelernter Schneider. Nach seiner Zeit als Soldat im Ersten Weltkrieg wurde er 1919 Polizist der bayerischen Gendarmerie. In den dreißiger Jahren war er zunächst Polizeileiter im pfälzischen Frankenthal, dann seit 1938 Kriminalbeamter bei der nationalsozialistischen Sicherheitspolizei. In dieser Funktion leitete er bei der Gestapo München die Fahndung nach den Verfassern der Flugblätter. Mohr trat 1933 in die NSDAP ein und engagierte sich in zahlreichen NS-Verbänden. Er war verheiratet und hatte mit seiner Frau Martha einen Sohn im Alter von Sophie und Hans. Nach dem Krieg arbeitete er in der Kurverwaltung Bad Dürkheim und verfasste einen undatierten «Erinnerungs-Bericht», in dem er die Suche nach den Verfassern der Flugschriften und die Festnahme der Geschwister Scholl schilderte:

Mitten in unsere Ermittlungstätigkeit kam am Vormittag des 18. Februar 1943, etwa um 11 Uhr, von der Universität München die telefonische Nachricht, daß dort kurz vorher von der Balustrade des Lichthofs eine große Anzahl von Flugblättern heruntergeworfen worden sei. Es wurden zwei Personen festgehalten, die vermutlich als Verbreiter in Frage kämen. Als ich wenig später in das Vorzimmer des Rektorats geführt wurde [...] befanden sich [dort] ein junges Fräulein und ein junger Herr, die mir als die mutmaßlichen Verbreiter der Flugblätter bezeichnet wurden. Sie machten beide, vor allem das Fräulein, einen absolut ruhigen Eindruck und legitimierten sich schließlich durch Vorzeigen der Studentenausweise als das Geschwisterpaar Sophie und Hans Scholl. Mittels Kraftwagen wurden sie zur Gestapo verbracht. Im Laufe des Nachmittags und, als sich schließlich die Notwendigkeit dazu ergab, auch in den Abend- und Nachtstunden, wurden sie getrennt von einander vernommen. Die Vernehmung von Sophie Scholl oblag mir [...]. Sophie Scholl versicherte mir zuerst, [...] absolut glaubwürdig, mit dieser Flugblattgeschichte nicht das Mindeste zu tun zu haben.[254]

Das Gestapo-Protokoll verzeichnete ihre Aussage so:

Trotz ernster Vorhaltungen und Ermahnungen muss ich nach wie vor bestreiten, sowohl mit der Herstellung als auch mit der Verbreitung der infrage stehenden Flugblätter auch nur das Geringste zu tun zu haben.[255]

Dabei blieb Sophie Scholl so lange, bis man auch ihr «mehrere hundert Briefmarken zu 8 Pfennig, postfrisch», die man bei einer Durchsuchung des Zimmers ihres Bruders gefunden hatte, sowie den «Entwurf eines handschriftlich abgefassten Flugblattes» vorlegte. Als sie eingesehen habe, dass eine Leugnung der Vorwürfe nicht mehr möglich gewesen sei, war sie zunächst noch «krampfhaft bemüht, alle Schuld auf sich zu nehmen, um dadurch ihren Bruder [...] zu entlasten und zu retten». Doch nach kurzer Zeit – noch am ersten Verhörtag – räumte sie ein, schon 1942 mit ihrem Bruder über eine Flugblattaktion gesprochen zu haben:

Bei der gegenseitigen Aussprache mit meinem Bruder kamen wir schliesslich im Juli vorigen Jahres [1942] überein, Mittel und Wege zu finden auf die breite Volksmasse in unserem Sinne einzuwirken. Es tauchte damals

Sophie Scholl

Der SS-Obersturmführer und Kriminalobersekretär Robert Mohr, der Sophie Scholl verhörte, 1941

auch der Gedanke auf Flugblätter zu verfassen, herzustellen und zu verbreiten, ohne die Verwirklichung dieses Planes schon ins Auge zu fassen. Ob der Gedanke der Flugblattherstellung von meinem Bruder oder mir ausging, weiss ich heute nicht mehr genau.

Sophie Scholl nannte bereitwillig den Namen von Hans' bestem Freund als Eingeweihtem:

> Etwa im Juni 1942 haben wir Alexander Schmorell, mit dem wir schon seit längerem befreundet sind und den wir gesinnungsmäßig für zugänglich hielten, ins Vertrauen gezogen.

Sie präzisierte die Vorbereitungen zur zweiten Flugblattaktion, die für Anfang 1943 geplant worden war:

> Nach vielen und langen Unterredungen über dieses Thema [etwas zu unternehmen] zwischen meinem Bruder und mir, reifte im Dezember 1942 bei uns der Entschluss, ein Flugblatt zu verfassen in grösserer Zahl herzustellen und zu verbreiten. Schmorell hat wohl um diese Zeit von unserem feststehenden Plan gewusst, trat jedoch aktiv nicht in Erscheinung, sondern war vielmehr zuerst Mitwisser und Zuhörer.

Überdies reklamierte sie für sich die Mitautorschaft an Flugblatt 5. Da mit dieser Schrift die neue Verteilaktion Anfang 1943 begann, wurde es im Protokoll der Gestapo als das «erste Flugblatt» bezeichnet:

> Das erste Flugblatt mit der Überschrift «Flugblätter der Widerstandsbewegung in Deutschland. Aufruf an alle Deutsche!» und dem Schlusssatz «Unterstützt die Widerstandsbewegung, verbreitet die Flugblätter!», hat mein Bruder zusammen mit mir verfasst und zwar kurz nach Neujahr 1943.

Der Anspruch Sophies, Koautorin ihres Bruders von Flugblatt 5 zu sein, steht die Aussage Kurt Hubers entgegen, er habe mit Hans Scholl die Intentionen dieses Aufrufs diskutiert. Sophie sei dabei «teilweise [...] zugegen [gewesen], ohne sich aber an der Diskussion zu beteiligen».[256] Hans seinerseits beanspruchte die Urheberschaft für sich allein, er habe sich lediglich der Zustimmung seiner Schwester vergewissert.[257] Zwei Tage später, am 20. Februar 1943, äußerte sie sich dazu, wie sie von den Flugblättern I bis IV erfahren hatte:

> Im vorigen Sommer etwa Mitte Juli [1942] hat mir Frl. Traute Lafrenz [...] während einer Vorlesungspause in der Universität ein Flugblatt mit der Überschrift «Flugblätter der Weissen Rose» zum Lesen gegeben. Meines Wissens war dieses Flugblatt am Kopf mit der Zahl IV (römische Zahlen) versehen. Ich glaube mich auch erinnern zu können, dass mir Lafrenz bei der Übergabe dieser Druckschrift mitteilte, sie habe diese am gleichen Tage oder einige Tage vorher erhalten. Die Schrift wurde ihr in einem Briefumschlag durch die Post zugesandt. Als ich diese Flugschrift durchgelesen habe, standen mein Bruder und meines Wissens auch der Student Hubert Furtwängler [...] neben mir und haben die Schrift über meine Schulter hinweg mitgelesen. Mein Bruder hat weder durch Mi[e]nen, Gebärden oder Bemerkungen erkennen lassen, dass er mit dieser Schrift, d. h. mit der Herstellung und Verbreitung, irgendetwas zu tun hatte.[258]

Sophie Scholl zeigte in den Verhören außergewöhnlichen Mut, zähe Standfestigkeit und tiefe Gläubigkeit. Als Robert Mohr sie am Ende des ersten Verhörtags fragte, ob sie «auch jetzt noch der Meinung sei, richtig gehandelt zu haben», antwortete sie entschieden mit «ja» und machte klar: «Mein Bruder und ich haben vollkommen aus ideellen Gründen gehandelt.»[259] Zwei Tage später bekräftigte sie ihr Bekenntnis:

Ich bin nach wie vor der Meinung, das Beste getan zu haben, was ich gerade jetzt für mein Volk tun konnte. Ich bereue deshalb meine Handlungsweise nicht und will die Folgen, die mir aus meiner Handlungsweise erwachsen, auf mich nehmen.[260]

Nach Beendigung der Vernehmungen gestattete der leitende Ermittlungsbeamte «in richtiger Erkenntnis der Sachlage» baldiger Todesurteile den Geschwistern Scholl, Abschiedsbriefe an ihre Familie zu hinterlassen. Doch die Schreiben wurden auf Anordnung des Reichssicherheitshauptamtes Berlin nicht an die Adressaten ausgehändigt. Man befürchtete, «daß sie propagandistisch verwertet würden», so Robert Mohr. Sophie und Hans haben den Kriminalisten nachhaltig beeindruckt:

Ich kann nur wiederholen, daß dieses Mädel, wie auch ihr Bruder, eine Haltung bewahrt hat, die sich nur erklären lässt mit Charakterstärke, ausgeprägter Geschwisterliebe und einer selten tiefen Gläubigkeit.

Nicht Böses mit Bösem vergelten
Abendmahl und Abschied

Die nationalsozialistischen Behörden wollten die drei Verhafteten rasch beseitigen. Bereits am 19. Februar 1943 bat darum Paul Giesler, Kreisleiter der Münchner NSDAP, den Leiter der Berliner Parteizentrale Martin Bormann, «die Aburteilung in den nächsten Tagen hier und die Vollstreckung alsbald danach vorzunehmen.» Dazu sollte bei Hitler eine Anweisung erwirkt werden, die das Verfahren von der Militärgerichtsbarkeit, der die jungen Soldaten unterstanden, an den Oberreichsanwalt beim Volksgerichtshof übertrug. In der Bunkeranlage im Brandenburgischen Wünsdorf entsprach noch am selben Tag der Chef des Oberkommandos der Wehrmacht, Generalfeldmarschall Wilhelm Keitel, diesem Ersuchen; er verfügte den sofortigen Ausschluss von Scholl, Schmorell, Probst und Graf aus dem Heer. Der Dreierausschuss der Ludwig-Maximilians-Universität exmatrikulierte einen Tag vor dem Gerichtsverfahren die Geschwister Scholl.[261]

Am Montag, den 22. Februar 1943, eröffnete der Vorsitzende Richter

Roland Freisler um 10 Uhr die Verhandlung gegen Sophie Scholl, Hans Scholl und Christoph Probst.[262] Als Zeuge waren Robert Mohr und seine Kollegen geladen. «Die Verhandlung wurde», so erinnerte er sich, «durch den Vorsitzenden Freisler mit aller Schärfe durchgeführt.» Besonders fiel ihm auf, «daß die Angeklagten kaum zu Wort kamen, während man einzelne Bemerkungen derselben mit bissigen Worten abtat». Er beobachtete, «daß ein älteres Ehepaar in den Gerichtssaal drängte», von dem er erst später erfuhr, «daß dies die Eltern der Geschwister Scholl gewesen seien». Hans Scholl habe «beim Schlusswort» ausgeführt, «daß er rückhaltlos zu seiner Tat stehe und daß der Tag kommen werde, da jene auf der Anklagebank säßen, die sich heute als Richter aufspielten». Mohr: «Ich glaube fast, daß dieses Schlußwort noch drastischer war. Es hat vielleicht gelautet: ‹Heute hängt ihr uns und morgen werdet ihr es sein›, oder ähnlich.» Der Volksgerichtshof verurteilte die Angeklagten, die «in vollem Umfang geständig waren», um 12:45 Uhr zum Tode.[263] Danach überstellte man die Angeklagten ins Gefängnis München-Stadelheim, wo ihre Einlieferung um 13:45 Uhr registriert wurde.

Wenig später, «etwa zwischen 14 und 15 Uhr», begab sich Robert Mohr «nochmals in's Gefängnis Stadelheim». Dort begegnete er das erste Mal den Eltern Scholl und sah zum letzten Mal die Geschwister. Als er Sophie in der «Wärterinnenzelle (wohin man sie nach dem Besuch ihrer Eltern gebracht hatte)», antraf, «entschuldigte [sie] sich wegen ihrer Tränen, indem sie sagte: ‹Ich habe mich gerade von meinen Eltern verabschiedet, deshalb werden Sie begreifen.›» Nach einigen Worten des Trostes habe er sich von ihr verabschiedet. Auf dem Weg zu ihr war er Hans begegnet, der gleichfalls gerade seine Eltern und den Bruder Werner gesehen hatte. «Ungeachtet des Aufsehers kam Hans Scholl auf mich zu, schüttelte mir die Hand mit den Worten, er habe eben seinen Eltern aufgetragen, mir den Dank dafür auszusprechen, daß ich seine Schwester so gut behandelt habe, nun sei er froh darüber, diesen Dank persönlich abstatten zu können.» Mohr sei «darüber derart gerührt» gewesen, dass er «kein Wort sagen konnte». Vielleicht habe er noch die Worte hervorgebracht: «Seien Sie auch jetzt stark!»[264]

Um 16:02 Uhr teilte man Hans Scholl die Ablehnung des von seinem Vater eingereichten Gnadengesuchs mit «und daß das Urteil heute um 17,00 Uhr im Gefängnis München-Stadelheim vollstreckt werde». Auch als sie so den Tod vor Augen hatten, trug ihr Glaube die Geschwister.

Der evangelische Gefängnispfarrer Karl Alt wurde, wie er später schilderte, «fernmündlich und eiligst zu den Geschwistern Scholl gerufen».[265] Zur seelsorgerlichen Begleitung suchte er «bebenden Herzens [den ihm] völlig unbekannten Hans Scholl» auf. Er fragte sich, wie und mit welchem Bibeltext er ihn «richtig zu diesem furchtbaren Ende bereitete. Aber», so Alt, «Hans Scholl enthob mich aller Zweifel und Sorge. Nach kurzem Gruß und festem Händedruck bat er mich, ihm zwei Bibelabschnitte vorzulesen: das ‹Hohelied der Liebe› aus 1. Korinther Kapitel 13 und den 90. Psalm. Herr Gott, du bist unsere Zuflucht für und für.»[266] «Laut» und «mit Hans» las er dieses Psalmlied, das von der Endlichkeit allen Lebens, zugleich von der Geborgenheit in Gott spricht. «Das», so Alt, «betete Hans nicht nur für sich, sondern für sein so lange schon geplagtes und unglückliches deutsches Volk.» Das von Scholl gewünschte «Hohelied der Liebe» aus dem Neuen Testament legte der Geistliche seinen Worten zum Abendmahl zugrunde. Er gehe davon aus, so der Seelsorger, «daß sich auch jetzt das Wort des Heilandes erfülle: ‹Niemand hat größere Liebe denn die, daß er sein Leben lässet für seine Freunde.›»[267] Auch der bevorstehende Tod sei «ein Lebenlassen für die Freunde, ein Opfertod fürs Vaterland, durch den viele gewarnt und gerettet werden sollen vor weiterem wahnwitzigem Blutvergießen».

Dann beteten sie «miteinander Vers für Vers». Bei den Worten «Die Liebe ist langmütig und freundlich, sie läßt sich nicht erbittern, sie rechnet das Böse nicht zu»[268] fragte ihn der Seelsorger «ausdrücklich, ob dies wirklich zutreffe und kein Haß noch Bitterkeit auch gegenüber den Verklägern und Richtern das Herz erfülle». «Fest und klar», erwiderte Hans Scholl: «‹Nein, nicht soll Böses mit Bösem vergolten werden, und alle Bitterkeit sei ausgelöscht.›»[269] Der Pfarrer erteilte ihm daraufhin «angesichts solcher eigens betonten Gesinnung leichten Herzens» die Absolution, und sie feierten das «Mahl der Liebe und Vergebung, das nach der Lehre der Kirchenväter und Luthers auch ein ‹Heilmittel gegen den Tod und für die Unsterblichkeit› ist, wahrhaft im Geiste und Sinne seines göttlichen Stifters». Alt spürte dabei die Gegenwart Gottes: «Wer so stirbt, der stirbt wohl – auch wenn sein Haupt unter dem Henkerbeile fällt.»[270]

Weil Hans Scholl die ökumenische Weite des christlichen Glaubens kennengelernt hatte, war es für ihn von gleichem Wert, ob er in der Stunde seiner Hinrichtung das Abendmahl von einem katholischen oder einem evangelischen Geistlichen erhielt. Das Gemeinschaftsmahl an sich war ihm wichtig. Die Geschwister wollten es am liebsten auch mit Christoph Probst teilen, der sich «noch in dieser letzten Stunde von dem katholischen Gefängnispfarrer taufen und die Sterbesakramente reichen» ließ. Da sie aber selbst evangelisch waren und es keine ökumenische Abendmahlsordnung gab – und bis heute nicht gibt – und weil die Gefängnisordnung Ausnahmen untersagte, hätten sie selbst konvertieren müssen, was sie nicht wollten. So feierten sie das Abendmahl in der evangelischen Form. Mit dabei war ihr Bruder Werner, der Fronturlaub hatte.[271] Zuvor schrieb Hans noch einen letzten Brief an Mutter und Vater:

> Meine allerliebsten Eltern! [...] Ich bin ganz stark und ruhig. Ich werde noch das Heilige Sakrament empfangen und dann selig sterben. Ich lasse mir noch den 90. Psalm vorlesen. Ich danke Euch, daß Ihr mir ein so reiches Leben geschenkt habt. Gott ist bei uns. Es grüßt Euch zum letzten Male Euer dankbarer Sohn Hans.

Nach dem Abendmahl ergänzte er:

> P. S. Jetzt ist alles gut; ich habe noch die Worte des 1. Korintherbriefes [13] gehört: «Wenn ich mit Menschen- und mit Engelzungen redete und hätte der Liebe nicht, so wäre ich ein tönend Erz und eine klingende Schelle ...»[272]

Gestärkt durch den Zuspruch der Sündenvergebung und die Erinnerung an Leiden, Sterben und Auferstehen Jesu Christi im Abendmahl, konnte Hans Scholl gelassen dem Tod entgegengehen. Die «Vollstreckung des Todesurteils [...] an dem Hans Scholl» erfolgte «Um 17.02 Uhr [...], seine letzten Worte waren es lebe die Freiheit».[273] Mit ihm starben seine Schwester Sophie und Christoph Probst.

Abends feierten im großen Hörsaal der Ludwig-Maximilians-Universität in einer Bekenntnisversammlung zum NS-Staat drei- bis viertausend Studenten Hausschlosser Jakob Schmid als Helden.

Die Beerdigungen fanden unter Aufsicht der Gestapo am 24. Februar 1943 nacheinander, aber getrennt statt. Zunächst erfolgte auf dem Perlacher Friedhof, unmittelbar am Gefängnis Stadelheim gelegen, die katholische Bestattung von Christoph Probst. Auf derselben Grabstätte wurden danach Hans und Sophie Scholl evangelisch beigesetzt.[274] Neben der Familie war aus dem engeren Freundeskreis der beiden nur Traute Lafrenz zugegen. Sie und Werner Scholl hatten dafür gesorgt, dass die Leichname nicht in die Anatomie gegeben wurden. In ihrem Tagebuch notierte Traute Lafrenz: «Leichen abgekauft zum zu beerdigen.»[275] Der protestantische Geistliche schilderte 1946 die Beisetzung so:

> Schneeweiß leuchteten die Berggipfel des Zugspitzmassivs herüber, glutrot ging der Sonnenball unter. Nur weniges konnte und durfte vor dem engsten Familienkreis verkündigt werden. Es wurde auf die Berge hingewiesen, «von denen uns Hilfe kommt» in allen Nöten, und auf die Sonne, die nie untergeht, sondern auch in die traurigsten und dunkelsten Herzen Trost und Kraft hineinstrahlt, von der Paul Gerhardt singt: «Die Sonne, die mir lachet, ist mein Herr Jesus Christ». Dieser Heiland kann auch die untergegangene Sonne wieder aufgehen lassen … Und dann klangen über dem gemeinsamen Grab die Worte des 90. Psalms [1–3]: «Herr, Gott, du bist unsere Zuflucht für und für. Ehe denn die Berge wurden und die Erde und die Welt geschaffen wurden, bist du Gott, von Ewigkeit zu Ewigkeit. Der du die Menschen lässest sterben und sprichst: kommt wieder, Menschenkinder …» Abschließend aber erscholl das «Hohe Lied der Liebe» aus dem 1. Korintherbrief [13] mit seinem krönenden Finale: «Wir sehen *jetzt* durch einen Spiegel in einem dunklen Wort, *dann* aber von Angesicht zu Angesicht. *Jetzt* erkenne ich's stückweise; *dann* aber werde ich erkennen, gleichwie ich erkannt bin. Nun aber bleibt Glaube, Hoffnung, Liebe, diese drei; aber die Liebe ist die größte unter ihnen.»[276]

Nach Hans' Tod fand der jüngere Bruder Werner einen Notizzettel auf dessen Schreibtisch. Auf ihm stand: «‹O Kreuz, du bleibst noch lange das Licht der Erde.›»[277] Der Glaube an das Kreuz Christi und sein Licht waren für Hans Scholl von richtungsweisender Bedeutung. Er handelte, Christus vor Augen und nur Gott verantwortlich. Das war Luthers Freiheit eines Christenmenschen.[278] Hans Scholls Leben und Sterben sind Anspruch und Zuspruch: In der Kreuz- und Leidenstheologie des einsamen Beters und trutzigen Täters war er ein Protestant, in seiner Naturlyrik ein mystischer Panentheist, in der Marienverehrung ein inbrünstiger Katholik, und in Russland öffnete er sich empathisch dem orthodoxen Christentum. Er suchte keine Konfession, sondern das Wesen des Christentums. Sein Glaube ließ ihn mutig bekennen, treu beten, fröhlich glauben, brennend lieben und bewusst widerstehen.[279] In seiner christlich-politischen Zielstrebigkeit ist Hans Scholl eine irisierende Ikone der Freiheit, ein brennendes und strahlendes Licht.[280] Er war so frei.

Brave, herrliche junge Leute!
Nachgeschichte 1943

Zwei Monate nach der Gerichtsverhandlung gegen die Geschwister Scholl und Christoph Probst fand am 19. April 1943 der zweite Weiße-Rose-Prozess in München gegen vierzehn Angeklagte statt. Der Volksgerichtshof trat «mit denselben haupt- und ehrenamtlichen Mitgliedern» wie im Februar zusammen, wieder führte den Vorsitz Roland Freisler.[281]

Das Gericht verfügte zehn Freiheitsstrafen und drei Todesurteile; in einem Fall erkannte es auf Freispruch. Zu zehn Jahren Zuchthaus wurde Eugen Grimminger verurteilt, weil er sich mit 500 Reichsmark an der «Unterwühlung der Einigkeit der Heimat» beteiligt habe. Fünf Jahre Gefängnis erhielten Hans Hirzel und Franz Müller, da sie von Ulm aus Flugblätter postalisch und persönlich verbreitet hatten. Die anderen Angeklagten wurden – mit Ausnahme Susanne Hirzels, die ihren Bruder unterstützte – nicht wegen ihrer Aktivität, sondern aufgrund ihrer Passivität verurteilt. Sie hätten «trotz Kenntnis des volksfeindlich-hochverräterischen Unternehmens keine Anzeige erstattet». Zu sieben Jahren Zuchthaus verurteilte man Helmut Bauer und Heinrich Bollinger, da ihnen zusätzlich das Hören von «Feindsendern» zur Last gelegt wurde. Heinrich Guter, Susanne Hirzel, Traute Lafrenz, Gisela Schertling und Katharina Schüddekopf erhielten Gefängnisstrafen zwischen sechs und achtzehn Monaten. Falk Harnack wurde freigesprochen, weil bei ihm «so einmalig besondere Verhältnisse» vorlägen, dass man ihn nicht bestrafen könne. Vermutlich war damit die Hinrichtung seines Bruders, des Widerstandskämpfers Arvid Harnack, am 22. Dezember 1942 gemeint. Es ist anzunehmen, dass man durch einen Freispruch den Eindruck vermeiden wollte, es gebe in der Wehrmacht einen größeren Kreis Oppositioneller.

Zum Schluss seiner Ausführungen betonte Freisler die zentrale Bedeutung, die Hans Scholl für den Münchner Widerstand hatte: «Scholl hat, wie der Volksgerichtshof aus eigener Wahrnehmung weiß, einen stark suggestiven, durch Nur-Intellektualität noch gesteigerten Einfluß [...] ausgeübt.»

Hans Scholls frühere Freundin Traute Lafrenz hatte im Februar 1943, als die Geschwister verhaftet wurden, außerordentliche Solidarität, Tatkraft, Umsicht und Mut gezeigt. Sie informierte Gefährdete, vernichtete belastendes Material und unterstützte die Scholls in Ulm. Sie war die Einzige, die mit der Familie der Beerdigung von Sophie und Hans beiwohnte. Von März 1943 bis April 1945 war sie aufgrund ihrer widerständigen Gesinnung nahezu ununterbrochen inhaftiert.[282] Fünf Tage nach ihrer Verurteilung schrieb die Dreiundzwanzigjährige an ihre Eltern:

Lieben! Der Volksgerichtshof hat mich am Montag, 19. IV. zu einem Jahr Gefängnis verurteilt. [...] Wenn ich nur weiß, daß Ihr Euch nicht grämt, dann wird es mir hier viel leichter. Man kann überall lernen und reifen. Vor allem bemühen soll man sich, auch hier dem Tag einen Sinn zu geben, und ihn nicht nur beginnen, damit er vergehe. Heute nacht hatte ich einen wunderbaren Traum: ich war auf einen großen Baum geklettert, als ich wieder runter wollte, waren fast alle Äste weg. Zuerst konnte ich noch von Ast zu Ast gleiten – dann war aber nur noch der nackte Baumstamm – den umfasste ich jetzt fest und – der 1 m. dicke Stamm neigte sich, bis ich sicher auf dem Boden stand, dann richtete er sich wieder auf. So ein Gefühl von Geborgensein und sicher geleitet werden verläßt mich auch hier nicht. Da hat man keinen Grund zu verzweifeln. – [...] Morgen ist Ostern, und dabei blüht der Flieder schon. [...] In einer Woche ist mein Geburtstag. Laßt Euch den Kuchen gut schmecken – 24 Jahre – und hab Euch oft Kummer bereitet, und weiß Gott nicht gewollt. Seid getrost und behaltet mich lieb. [...] Eure Traute.[283]

Diese sehr persönlichen (Traum-)Worte zeugen von unerschütterlichem Lebensmut, Vertrauen, sogar im Gefängnis geführt zu werden, und einer Kraft, trotz eigenen Leides, andere trösten zu können. Als der Oberreichsanwalt beim Volksgerichtshof Berlin eine Stellungnahme zu dem im Sommer 1943 eingereichten Gnadengesuch für Traute Lafrenz anforderte, antwortete die Geheime Staatspolizei München:

In der Erstvernehmung hat die *Lafrenz* bewusst unwahre Angaben gemacht, ohne dass ihr Gegenteiliges nachgewiesen werden konnte. Die ihr seinerzeit auferlegte Schweigepflicht hat sie bewusst und vorsätzlich verletzt. Bei ihren späteren Vernehmungen hat die Lafrenz sich selbst als Staatsgegnerin bekannt und in keiner Weise während der Dauer der Polizeihaft sowie bei ihren späteren wiederholten Vernehmungen Reue gezeigt. Einer vorzeitigen Entlassung aus der Strafhaft erscheint Lafrenz nicht würdig. Ich bitte daher, das Gnadengesuch abschlägig zu verbescheiden. I. A. gez. Kuhlewind.[284]

Die junge Frau hatte in den Verhören – so wird ihr bescheinigt – unerschrocken, willensstark widerstanden, hatte Weisungen missachtet und zeigte keine Schuldeinsicht. Sie war tatsächlich unwürdig eines derartigen Gnadenerweises, stand sie doch moralisch weit über der nationalsozialistischen Willkürjustiz.

Der Volksgerichtshof rechnete in seinem Urteil vom 19. April 1943 Wilhelm (Willi) Graf, Kurt Huber und Alexander Schmorell zur «Kerngruppe» des Widerstands und verurteilte sie zum Tode. Graf habe «in fast gleichem Umfang wie Schmorell und [Hans] Scholl hochverräterisch und feindbegünstigend» mitgearbeitet. Huber habe «ein staatsfeindliches Flugblatt» redigiert und ein anderes verfasst: «Er stärkte Zweifel anstatt sie zu töten; er führte Reden über Föderalismus und Demokratie […], statt ehernen Nationalsozialismus zu lehren und vorzuleben.» Alexander Schmorells Widerstandsaktivitäten stellten die Richter auf eine Stufe mit denen Scholls: «Schmorell, der ungefähr in gleicher Weise wie Scholl mitwirkte», sei

deutscher Soldat, hat dem Führer Treue geschworen, […] er hat kein Recht zu einem inneren Vorbehalt, Halbrusse zu sein. Wie überhaupt die Moral der reservatio mentalis [eines nur in Gedanken gemachten Vorbehalts] vor einem deutschen Gericht nicht bestehen kann. […] Wer so handelt, hat den Tod verdient.

Bereits Wochen vor Beginn der Verhandlung hatten Schmorells Eltern und drei seiner Onkel getrennt voneinander Gnadengesuche beim Reichsführer SS Heinrich Himmler eingereicht.[285] Die Brüder von Alexanders Stiefmutter Elisabeth Schmorell waren Träger des «Goldenen

Parteiabzeichens» der NSDAP, also bereits vor 1925 eingetreten. Himmler antwortete den Parteigenossen:

> Ich gebe Ihnen sehr gern einmal Einblick in die Untersuchungsakten, damit Sie feststellen können, daß die verwerfliche Tat des Alexander Schmorell, die sicherlich zum großen Teil auf seinen russischen Blutsanteil zurückzuführen ist, auch ihre gerechte Strafe verdient. Während Tausende wertvoller deutscher Menschen ihr Leben für ihr Vaterland einsetzen, wäre es unverantwortlich, hier den Vollzug der Todesstrafe auszusetzen. Es kann in einer Familie einmal ein Unwürdiger vorkommen – es ist aber notwendig, daß dieser dann von der Volks- und Sippengemeinschaft ausgeschaltet wird!

Eines der letzten Schreiben Alexander Schmorells ging an eine russische Freundin. Lakonisch-präzise, gläubig-gelassen, traurig und hoffnungsvoll zugleich fasste er das Geschehene zusammen:

> München, 18.6.1943 Liebe Nelly! Früher als wir alle dachten, war es mir beschieden, das irdische Leben zu verlassen. Wir arbeiteten mit Wanja [Hans] und anderen gegen die deutsche Regierung, wir wurden entdeckt und zum Tode verurteilt. Ich schreibe Dir aus dem Gefängnis. Oft, oft denke ich an Gshatsk zurück! Und warum bin ich nicht in Russland geblieben?! Aber alles das ist Gottes Wille. Im jenseitigen, ewigen Leben werden wir uns wieder begegnen. Leb wohl, liebe Nelly! Und bete für mich! Alles für Russland!!! Dein Sascha.[286]

Dass Alexander «Sascha» liebevoll die russische Koseform «Wanja» für Hans verwendete, zeigt noch einmal seine tiefe seelische Verbundenheit mit ihm. Zuerst dachte er an den Freund und dann an die anderen. Schmorell lehnte es einen Tag vor seinem Hinrichtungstermin ab, ein Gnadengesuch zu stellen. Kurz vor seiner Ermordung empfing er das Abendmahl nach russisch-orthodoxem Ritus. Alexander Schmorell starb als Märtyrer am 13. Juli 1943 durch das Fallbeil.[287]

Nicht umsonst: Thomas Mann und die Weiße Rose

Thomas Mann wusste nichts von der Wertschätzung, die Hans Scholl ihm entgegengebracht hatte. Aber ihre geistige Verwandtschaft zeigt seine Reaktion auf die Hinrichtung der Münchner Freiheitskämpfer. In einer Rundfunksendung vom 27. Juni 1943 würdigte er ihr Vorbild und griff Kurt Hubers Forderung aus Flugblatt 6 «Freiheit und Ehre» wiederholt auf:

> Ich sage: Ehre den Völkern Europas! Und ich füge etwas hinzu, was im Augenblick bei manchem, der mich hört, befremdlich klingen mag: Ehre und Mitgefühl auch dem deutschen Volk![288]

Dass man zwischen dem deutschen Volk und dem Nazitum unterscheiden müsse, bewiesen dem widerständischen Exilliteraten «die Vorgänge an der Münchner Universität, wovon die Nachricht durch Schweizer und schwedische Blätter, erst ungenau, dann mit immer ergreifenderen Einzelheiten» durchgedrungen sei.

> Wir wissen nun von Hans Scholl [...] und seiner Schwester, von Christoph Probst, dem Professor Huber und all den anderen; von dem österlichen Aufstande der Studenten gegen die obszöne Ansprache eines Nazi-Bonzen im Auditorium maximum, von ihrem Märtyrertod unterm Beil, von der Flugschrift, die sie verteilt hatten und worin Worte stehen, die vieles gut machen, was in gewissen unseligen Jahren an deutschen Universitäten gegen den Geist deutscher Freiheit gesündigt worden ist. Ja, sie war kummervoll, diese Anfälligkeit der deutschen Jugend – gerade der Jugend – für die nationalsozialistische Lügenrevolution. Jetzt sind ihre Augen geöffnet.

Die Studenten hätten «das junge Haupt auf den Block» gelegt «für ihre Erkenntnis und für Deutschlands Ehre». Sie hätten «im Angesicht des Todes bezeugt: ‹Ein neuer Glaube dämmert an Freiheit und Ehre.› Brave, herrliche junge Leute!», deklamierte der Visionär. «Ihr sollt nicht umsonst gestorben, sollt nicht vergessen sein.» Die «deutsche Revolution, die wirkliche», werde ihnen in einem freien Deutschland «Denkmäler» setzen, ihre «Namen verewigen», ihnen, «die ihr, als noch Nacht über Deutschland und Europa lag, wusstet und verkündetet: ‹Es dämmert ein neuer Glaube an Freiheit und Ehre.›»

EPILOG
Letzte Worte der Mitstreiter

«Wenn so eine Welle des Aufruhrs durch das Land geht, wenn viele mitmachen, dann kann in einer letzten gewaltigen Anstrengung dieses System abgeschüttelt werden.»[1] Mit dieser Botschaft rief 1942/43 die Münchner Widerstandsgruppe in sechs Flugblättern zum Freiheitskampf auf. Für Hans Scholl und seine Mitstreiter musste das «Krebsgeschwür» des Nationalsozialismus beseitigt werden. Erst nach einem Schuldbekenntnis könne Deutschland wieder ein Teil Europas sein. Die meisten dachten damals, diese Ideen seien unrealistisch, verwerflich oder gar verbrecherisch. Fast alle Christen empfanden genauso. Dabei motivierte der Glaube die Widerstandsgruppe und war die Grundlage ihrer Argumentation: «Gibt es, der Du ein Christ bist, ein Zögern?», fragten sie. «Hat Dir nicht Gott selbst die Kraft und den Mut gegeben zu kämpfen?» Die Studenten waren davon überzeugt, dass nur die Religion Europa wieder zu neuem Leben erwecken könne.[2]

Zwischen einundzwanzig und fünfundzwanzig Jahre alt waren die jungen Leute, als sie starben. Kurt Huber war neunundvierzig.[3] Die nachfolgend zitierten letzten Worte der Mitstreiter Hans Scholls zeigen, was sie gemeinsam trug und motivierte. Sie weisen über ihren Tod hinaus.

Christoph Probst

Am 22. Februar 1943 schrieb der vierundzwanzigjährige Christoph Probst den Abschiedsbrief an seine Mutter:

> Liebstes Mütterchen Ich danke Dir, daß Du mir das Leben gegeben hast, wenn ich es recht überblicke, so war es ein einziger Weg zu Gott. Da ich ihn aber nicht weit gehen konnte, springe ich über das letzte Stück hinweg. Mein einziger Kummer ist, daß ich Euch Schmerz bereiten muß.

> Trauert nicht zu sehr um mich, das würde mir in der Ewigkeit Schmerz bereiten. Aber jetzt bin ich ja im Himmel u. kann Euch dort einen herrlichen Empfang bereiten.[4]

Am 20. Februar 1943, dem ersten Verhörtag, gab er noch als Religionszugehörigkeit «gottgläubig» an. Doch er hatte sich schon lange mit dem Christentum beschäftigt und besiegelte zwei Tage später seinen Glauben mit dem Eintritt in die katholische Kirche:

> Eben erfahre ich, daß ich nur noch eine Stunde Zeit habe. Ich werde jetzt die heilige Taufe u. die heilige Kommunion empfangen. Wenn ich keinen Brief mehr schreiben kann, grüße alle Lieben von mir [...]. Sag ihnen, daß mein Sterben leicht u. freudig war.

Die letzten Gedanken des Briefs gehen an die Familie:

> Ich denke an meine herrlichen Kinderjahre, an meine herrlichen Ehejahre. Durch alles mir schimmert Dein liebes Angesicht. Wie sorgsam u. liebreich warst Du. Laß Dir Deine Lebensfreude nicht nehmen. Werde nicht krank. Wandere Deinen Weg zu Gott weiter. Immer und ewig Dein Christel, Dein Sohn, Dein Lieber Mutter liebste Mutter.

Alexander Schmorell

Am 13. Juli 1943 schrieb der fünfundzwanzigjährige Alexander Schmorell aus der Todeszelle seinen letzten Brief:

> Meine lieben Vater und Mutter! Nun hat es doch nicht anders sein sollen und nach dem Willen Gottes soll ich heute mein irdisches Leben abschließen, um in ein anderes einzugehen, das niemals enden wird und in dem wir uns alle wieder treffen werden. Dies Wiedersehen sei Euer Trost und Eure Hoffnung. Für Euch ist dieser Schlag leider schwerer als für mich, denn ich gehe hinüber in dem Bewusstsein, meiner tiefen Überzeugung und der Wahrheit gedient zu haben. Dies alles lässt mich mit ruhigem Gewissen der nahen Todesstunde entgegensehen.[5]

Er schloss sein Abschiedsschreiben mit den Worten:

> Denkt an die Millionen von jungen Menschen, die draußen im Felde ihr Leben lassen – ihr Los ist auch das Meinige. [...] In wenigen Stunden werde ich im besseren Leben sein, bei meiner Mutter, und ich werde Euch

nicht vergessen, werde bei Gott um Trost und Ruhe für Euch bitten. Und werde auf Euch warten! Eins vor allem lege ich Euch ans Herz: Vergesst Gott nicht!!! Euer Schurik. (Mit mir geht Prof. Huber, von dem ich Euch herzlich grüßen soll!).

Kurt Huber

Kurt Huber wurde am 25. Februar 1943 festgenommen und bis zum 10. März verhört. Am 19. April 1943 verurteilte ihn der Volksgerichtshof zusammen mit Willi Graf und Alexander Schmorell wegen Sabotage, Umsturzaufrufen, Feindbegünstigung und Wehrkraftzersetzung zum Tode. Am 13. Juli 1943 wurde er in München-Stadelheim hingerichtet. Gerade noch vertieft in Überlegungen zur Vokaltheorie, musste er an seinem Todestag abrupt einen letzten Brief an seine Familie schreiben:

Inniggeliebtes, armes Clärlein! Inniggeliebte herzensbrave Birgit und mein süsser kleiner Wolfi! Mitten in der Arbeit für Euch hat mich heute die Nachricht erreicht, die ich längst erwartete. Liebste Freut Euch mit mir! Ich darf für mein Vaterland, für ein gerechtes und schöneres Vaterland, das bestimmt aus diesem Krieg hervorgehen wird [sterben].[6] Inniggeliebte Clara! [...] ich bin bei Dir und den Kinderlein alle Tage, bis Ihr mir dahin nachfolgt, wo es keine Trennung mehr gibt. [...] Geliebte Clara! Denke an die herrlichen Stunden, an unser Zusammensein mit den Kinderlein und vergiß alles Leid! Stell Dich mit den Kinderlein unter das Kreuz, alles andere wird Euch hundert- und tausendfach werden.[7]

Der gläubige Katholik hatte den Mut zum Widerstand gegen das Regime, auch weil er an ein Leben nach dem Tod glaubte. Weiter heißt es:

Wenn ich nicht wüsste, daß ich Dir drüben in einem besseren Jenseits zur Seite stehen darf, wäre ich ein Bettler. So aber bleibe ich Dir ewig verbunden. [...] Ihr Liebsten! Weint nicht um mich – ich bin glücklich und geborgen. [...] Ich gehe in zwei Stunden in die wahre Bergfreiheit ein, um die ich ein Leben gekämpft habe. Es segne Euch der allmächtige Gott und nehme Euch in seinen Schutz! Euer Euch liebender Vater.

Gelöst, fast heiter setzte er als endgültigen Gruß an den Rand des Blattes:

Liebste! Einen letzten tapferen Schluck des edlen Portweins trinke ich auf Euer Wohl und auf das Wohl unseres geliebten Vaterlandes!

Willi Graf

Willi Graf wurde am 18. Februar 1943, demselben Tag wie Hans und Sophie Scholl, verhaftet. Die Verhöre liefen zunächst bis zum 23. März. Am 19. April 1943 verurteilte man ihn – mit Alexander Schmorell und Kurt Huber – zum Tode durch das Fallbeil. Die Vollstreckung wurde aber hinausgeschoben, weil die Gestapo noch ein halbes Jahr lang versuchte, die Preisgabe weiterer Akteure der Weißen Rose von ihm zu erzwingen.

Am 12. Oktober 1943 wusste Graf, dass er in wenigen Stunden sterben würde. Der Fünfundzwanzigjährige verabschiedete sich in einem letzten Brief von seinen Eltern und Geschwistern:

> An diesem Tage werde ich aus dem Leben scheiden und in die Ewigkeit eingehen. Vor allem schmerzt es mich, daß ich Euch, die Ihr weiterleben werdet, diesen Schmerz bereiten muß. Aber Trost und Stärke findet Ihr bei Gott, darum werde ich bis zum letzten Augenblick beten, denn ich weiß, daß es für Euch schwerer sein wird als für mich. [...] Seid stark und gefaßt und vertraut auf Gottes Hand, der alles zum Besten lenkt, auch wenn es im Augenblick bitteren Schmerz bereitet.[8]

«Jeder Einzelne trägt die ganze Verantwortung», hatte er früher in seinem Tagebuch notiert.[9] Sein Abschiedsbrief aus der Todeszelle schließt mit den Worten:

> Die Liebe Gottes hält uns umfaßt, und wir vertrauen Seiner Gnade. Möge er uns ein gütiger Richter sein. Gottes Segen über uns, in Ihm sind wir und leben wir. Lebet wohl und seid stark und voller Gottvertrauen! Ich bin in Liebe immer Euer Willi.

Sophie Scholl

Sophie Scholl wurde am 22. Februar 1943 zwei Minuten vor ihrem Bruder Hans und fünf Minuten vor Christoph Probst hingerichtet. Ihre Exekution wurde auf einem identischen Formblatt protokolliert: «Um 17.00 Uhr wurde die Verurteilte durch zwei Gefängnisbeamte vorgeführt. [...] Die Verurteilte war ruhig und gefasst. Von der Übergabe an den Scharfrichter bis zum Fall des Beiles vergingen 06 Sekunden.»[10] Von Sophie Scholl liegt kein Abschiedsbrief vor. Der vernehmende Kriminalobersekretär bei der Gestapo München Robert Mohr erklärte, er habe ihr bereits vor dem 22. Februar 1943 «die Möglichkeit gegeben, sich vorsorglich von ihren Angehörigen, wenigstens brieflich, zu verabschieden, weil später vielleicht nicht Zeit oder Gelegenheit dazu gegeben sein könnte».[11] Allerdings wurden die Schreiben einbehalten.

Wie für ihren älteren Bruder gehörte auch für Sophie Glauben und Handeln zusammen. Das bringt noch einmal der letzte Dialog zwischen Magdalene Scholl und ihrer Tochter – ungefähr zwei Stunden vor der Hinrichtung – zum Ausdruck. Die Mutter wies Sophie auf Christus: «aber gelt, Jesus». Mit anderen Worten: «Nicht wahr, Sophie, du weißt doch, dass du dich auf Jesus verlassen kannst.» Sophie antwortete «fast befehlend»: «ja – aber Du auch».[12] Sie stimmte also mit dem Glauben ihrer Mutter überein, doch forderte sie von ihr auch eigenes Tun.

Kurz vor ihrem Tod zeichnete Sophie in kunstvoller Schönschrift auf die Rückseite eines staatsanwaltlichen Schreibens zweimal das Wort «Freiheit», einen zentralen Begriff protestantischen Lebens.[13] Es war auch das letzte Wort, mit dem ihr Bruder unmittelbar danach starb. Dieser Glaube war das Fundament ihres Widerstands.

Nach den ersten beiden Verfahren vor dem Volksgerichtshof im Februar und April 1943 gab es weitere Verurteilungen, so am 13. Juli 1943 in München gegen den Buchhändler Josef Söhngen. Er hatte seine Geschäftsräume als Versteck zur Verfügung gestellt und wurde deshalb zu sechs Monaten Haft verurteilt. In derselben Sitzung sprach man den Maler Wilhelm Geyer, den Architekten Manfred Eickemeyer und Christoph Probsts Schwiegervater, Harald Dohrn, frei.[14] Am 3. April 1944 verurteilte ein Gericht in Saarbrücken Willi Bollinger wegen «Nichtanzeige eines hochverräterischen Unternehmens» zu einer dreimonatigen Gefängnishaft. Der folgenschwerste Prozess fand am 13. Oktober 1944 in Donauwörth gegen Marie-Luise Jahn und Hans Konrad Leipelt statt.

Hans Konrad Leipelt

Hans K. Leipelt gehörte nicht unmittelbar zu den sechs Münchner Freiheitskämpfern. Aber er identifizierte sich tatkräftig mit deren Anliegen und verlor wie sie sein Leben im Widerstand. Am 29. Januar 1945 schrieb der dreiundzwanzigjährige Student den letzten Brief an seine Schwester Maria. Fünfzehn Monate hatte er im Todestrakt des Gefängnisses München-Stadelheim gebangt und gehofft. In wenigen Stunden würde er wegen «Wehrkraftzersetzung» und «Feindbegünstigung» unter dem Fallbeil sterben.[15]

> Liebes Schwesterchen [...,] heute findet meine Hinrichtung statt. Ich weiß, was Dir diese Nachricht [...] für großen Schmerz bereiten wird. [...] Und doch, Liebes, [...] bleibst Du in der Hand Gottes zurück, in der ich Dich getrost lasse – hält er uns doch alle in seiner Hand, schützt und erhält uns, und wo er uns diesen Schutz, diese Erhaltung zu versagen scheint, muß uns doch auch das, und gerade das, zum Besten dienen.[16] Dieses Zutrauen zu ihm dürfen, ja müssen wir haben, auch wenn wir seine Wege einmal nicht verstehen und vielleicht sogar hart finden.[17]

Hans Leipelt hatte 1938 mit sechzehn Jahren das Abitur abgelegt, wurde zu Arbeits- und Wehrdienst eingezogen, kämpfte in Polen und Frankreich und wurde mit dem Eisernen Kreuz zweiter Klasse ausgezeichnet. Doch 1940 erklärte man ihn als «Halbjuden» für «wehrunwürdig» und entließ ihn aus dem Heer. Ihn traf dieser Rassismus schwer. Er begann in Hamburg Chemie zu studieren, doch da «jüdische Mischlinge» nur noch mit ministerieller Erlaubnis studieren durften, wechselte er nach München, wo der Leiter des dortigen Chemischen Instituts, der Nobelpreisträger Heinrich Wieland, diese Restriktionen ignorierte. Hans Leipelt erfuhr am 22. Januar 1943 von der Deportation seiner Großmutter mütterlicherseits ins Konzentrationslager Theresienstadt und von ihrem Tod. Seine Schwester musste als «jüdischer Mischling» die Schule verlassen, und als sein «arischer» Vater starb, war die Familie schutzlos.

Im Februar 1943 erhielt Hans Leipelt Flugblatt 6 der Weißen Rose zugesandt, in dem zur «Brechung des nationalsozialistischen Terrors aus der Macht des Geistes» aufgerufen wurde. Er nahm den Appell mit ins Labor und zeigte ihn seiner Freundin Marie-Luise Jahn.[18] Beide kannten die Autoren nicht persönlich, aber sie erfuhren wenig später von den Verfolgungen und Hinrichtungen der Studenten. Trotz dieser Gefahr kopierten sie den Text mehrfach, setzten – so Jahn – darüber «Und ihr Geist lebt trotzdem weiter!» und verbreiteten den Aufruf in München und Hamburg. Nach der Hinrichtung von Kurt Huber im Juli 1943 sammelten sie Geld für die Witwe und ihre beiden Kinder. Nach einer Denunziation wurden sie im Oktober 1943 von der Gestapo verhaftet.[19] Bei den Hausdurchsuchungen fand man Hinweise auf das Flug-

Hans Konrad Leipelt um 1939/40

blatt, Mitschriften von «Feindsendern», Planungen für weitere Aktionen und einen «Fragebogen im Vierten Reich». Eine der sarkastischen Erkundigungen lautete: «Waren Sie im Dritten Reich verhaftet? Wenn nein, warum nicht?»[20] Bis zur Gerichtsverhandlung verging ein Jahr. Jahn wurde am 13. Oktober 1944 zu zwölf Jahren Zuchthaus, Leipelt zum Tode verurteilt. Während er in der Haftanstalt Stadelheim gefangen gehalten wurde, nahm sich seine Mutter im Polizeigefängnis Hamburg-Fuhlsbüttel das Leben, um ihrem Abtransport in das Vernichtungslager Auschwitz-Birkenau zu entgehen.[21]

Der evangelische Gefängnispfarrer Karl Alt hat in der langen Zeit des Wartens intensive Gespräche mit Hans Leipelt geführt. Unmittelbar nach dem Krieg erinnerte er sich:

> Als er [Leipelt] ins Gefängnis eingeliefert wurde, war er religiös nicht uninteressiert, auch von seiner Gymnasialzeit her christlich belehrt, aber in der praktischen Lebensführung durchaus kein bewusster evangelischer Christ, sondern ein Skeptiker gewesen. Durch unzählige seelsorgliche Gespräche und oft recht lebhafte Debatten, nicht zuletzt auch durch die Lektüre zahlreicher christlicher, auch theologischer Werke kam er immer mehr zu einem entschiedenen Christentum.[22]

Gegenüber dem Seelsorger interpretierte Leipelt seine Haft als Zeit der Einkehr: «Bei mir sollte die Gefängniszelle den Dienst leisten, den sonst ein Aufenthalt in der Einöde tut.»[23] Auf mehr als hundert Seiten formulierte er seine «Selbstbiografie und Lebensbeichte», las Bücher des reformierten Schweizer Religionsphilosophen Carl Hilty sowie die Bibel und lernte aus dem «reichen Schatz evangelischer Choräle» viele Lieder auswendig.[24] Sein Lieblingslied, das er «bis zuletzt» betete, war der Choral «Die auf der Erde wallen, die Sterblichen sind Staub». Der Dichter Gottfried Benedict Funk spricht hier von der Unausweichlichkeit des Todes, erbittet Gottes Nähe in der Stunde des Sterbens und preist Christus als «Todesüberwinder», durch den der Glaubende getrost und freudig zur Unsterblichkeit eingehe. Als Vorbereitung auf das Heilige Abendmahl wählte Leipelt in seiner letzten Stunde Jesu Gleichnis vom Feigenbaum:

> Und er sagte ihnen ein Gleichnis: Seht den Feigenbaum und alle Bäume an: wenn sie jetzt ausschlagen und ihr seht es, so wisst ihr selber, dass jetzt der Sommer nahe ist. So auch ihr: wenn ihr seht, dass dies alles geschieht, so wisst, dass das Reich Gottes nahe ist.[25]

Leipelt glaubte fest daran, dass sich das Himmelreich für ihn gewiss öffnen werde. Als Absender seines letzten Briefs bezeichnete er sich als «Hans K. Leipelt, cand. mort» – «candidatus mortis», «Todeskandidat»[26] – und schloss mit dem Bekenntnis:

> Ich fühle im wahrsten Sinne des Wortes göttliche Ruhe in mir und sterbe ohne Angst, in der Hoffnung auf Gottes Vergebung […] Der evangelische Anstaltspfarrer wird mir das Abendmahl reichen. […] Lebe wohl mein Liebes! Nochmal empfehle ich Dich in die Hände Gottes. Ich weiß, daß wir uns wiedersehen werden. Dein Dich liebender Bruder Hans.[27]

Die Gedichte von Hans Scholl

In dem 799 Bände umfassenden Nachlass Inge Aicher-Scholls, der Ältesten der Scholl-Kinder, befindet sich, aufbewahrt in Heft- und Pappumschlägen, eine Sammlung von hunderteinundvierzig Seiten überwiegend in deutscher Schrift (Sütterlin) geschriebener Reime, Lieder und Skizzen sowie Fotografien aus den Jahren 1937 bis 1939.[1] Hans Scholl hat die meisten Texte verfasst und datiert und diese Mappe zusammengestellt. Die hier chronologisch wiedergegebenen Gedichte entstanden überwiegend in dieser Zeit.[2] In einem schmerzhaften Prozess wandelte er die psychische Last, die aufgrund des Gerichtsverfahrens auf ihm lag, in ergreifende Lyrik. Er hat sie zwar immer wieder korrigiert und Lücken für noch fehlende einzelne oder mehrere Wörter gelassen, aber dass er die meisten dennoch so säuberlich abgeschrieben hat, zeigt, dass er sie einer Reinschrift für wert hielt.

Die Poesie Hans Scholls blieb bis 2014 unbeachtet. Sie ist ein einmaliger Schatz für die Beurteilung seiner spirituellen Entwicklung. Die Verse zeigen ein geistiges Ringen, Suchbewegungen nach einer richtigen Haltung in einer für ihn außerordentlich schwierigen persönlichen und politischen Lage. Lyrik war für Scholl Krisenbewältigung. Doch unabhängig von dieser Situationsbezogenheit enthält sie Sprachbilder, deren Klang Schönheit sichtbar macht. Sie sind das verdichtete Leben eines Romantikers.

Alle Reimwerke sind vollständig wiedergegeben. Die Überschriften in eckigen Klammern wurden hinzugefügt, die markierten Streichungen sind von Hans Scholl.

[Kothe am See]

Kothe am see im norden
ist das zelt wilder horden.
segeln herauf mit ihren schiffen
halt dort! vorbei an den riffen!
sie kommen herauf vom heißen süden
wo ihnen duftende blumen blühten.
der norden soll lösen ihren drang
am kiel ihrer boote hängt noch feuchter tang.
der norden soll löschen wilden brand
drum bauten sie kothen auf diesen strand
sie werfen angeln aus glitzernden fischen
ihre speere durchbohren die leiber von hirschen
sie fahren schäumende stromschnellen hinab
die sind nur für feige spießer ein grab.
und aus den wilden horden
sind dort oben so richtige jungen geworden.[3]

[Tschang-King-Fu]

Heio – Ahoi – auf fremden Steppen rasen wir
ein Lebensalter schon,
die Feinde all, die schlagen wir
mit großem Krieg und Hohn.
Wenn über uns die Sonne steht,
ein Leuchten überm Heere weht
von glitzernd Waffenpracht,
von Glanz und Siegesmacht
dann folgen wir dir König gern,
– – –[4]

Du bist die Leuchte und der Stern,
der uns den Feind in bittrer Schlacht
zu töten heißt und dabei lacht
dein stoppelbärt'ger Mund –
hei – Krieger – rufst du,
schlagt gesund
die Glieder, die so lang in Ruh,
und sind wir dann in Tschang-King-Fu

hei – dort gibt's Gold
und wenn ihr wollt
sollt ihr die Nacht zum Plündern haben.

drum jetzt – ha auf
und lachend drauf. Dort seht die Raben.
Sie wollen der Feinde Leiber haben
– dann brauchen wir sie nicht begraben
und schneller geht's nach Tschang-King-Fu
– wohl über Leichen-Raben – Hu –
Doch wenn ihr kommt nach Tschang-King-Fu
sollt ihr auf goldnen Thronen sitzen
und Tag und Nacht, ohn' End ohn' Ruh'
die Trommeln euren Sieg umdröhnen,
der Gong berauscht vom Taumel rollt
der Pauken Wirbel schwillt zum Sturm
und schallend steigt zum Königsthron
der Sänger Sang – vor euch und zollt
euch Dank und wie ihr Heiligtum
umsingen euch sie – euren Ruhm –

Und wenn ihr müd' vom Glanze blind –
ein Seidenbett voll Goldbrokat

wird euch umfangen und den Wind
der Frische weht euch zu der Diener,
der den Seidenfächer hat –

Am Morgen dann auf Silberschalen
die Diener bringen köstlich Mahl –
und kann es euch mal nicht gefallen,
schlagt fort die Schalen in den Saal
und lacht dazu und bläht die Brust;
die ganze Welt soll euch zur Lust
ihr Leben nur noch euch verleben –
und alles wird nur euer sein
das Gold, die Frauen und der Wein –
könnt ihr noch stehn – reißt's euch in Nu
nicht rasend fort nach Tschang-King-Fu?

Bis – – – [5] Ende 1937 das weitere
Frühjahr 1939

[Schneeglöckchen]

Kleines Schneeglöckchen – tust mir leid
in dem hauchdünn zarten Kleid
wenn die Frühlingswinde
dein fein Ästchen, das dich hütet
krachend biegen
und in deinen Silberblütenblättchen liegen
alles überwölbend mit der jungen Himmel
Drangesflut
ja dann schützest du treu in kühlen Nächten
deine winzge Knospe in der Mitten
durch den sanften Kelch
der mit Blütenstäubchen
wie mit Samt umkleidet ist
milde sacht.

Wenn dein Leben morgen
aus dem Schlaf erwacht
haben schon von den Sternensilberseen
kleine Flügelsummer dir den
süßen Tau gebracht
und du faltest freudig weit
für die Sonne und die Tröpfchen
silberfein auf dein Kleid
gibst zu trinken deinem durst'gen Kind
deinem Wunderknospenpilz,
dass nach neuem Jahreswenden
aus ihm breche von der Erden
grünes Stäbchen darauf weißer Schimmergral.

dass das große, heilge Werden
und das ewig Fließen
nun sich senke in das kalte Menschental
– kleine Blume kurz noch
kannst *du* Wonnen trinken
dann in müdem Taumelschweben
ja für's neue Weben
deine weißen Schilde sinken.

20. Januar 1938

[Glück]

Wenn dich nur die kleinen Silberpunkte
nächtens an dem Himmel freuen
sonst dir alles kalt im Menschentrubel scheint
sei voll Glück –
keine reichern Lichter
bringt die Welt dir mit
– nur viel List – und gar quere Tück'.

28. Januar 1938

[Liebe]

Die Sonne strahlt in letzten Gluten
Ich will ihr meine Lieder singen.
Die Wolken scheinen zu verbluten
Ganz fern dröhnt Abendglockenklingen

Der Mond steigt auf mit mattem Schein.
Am Himmel schweigend Sterne prangen
Wohin bist Du gegangen?
Ich bin hier ganz allein.
Es wird um mich so kalt
Ich warte lange.
Ich schreie in den Wald.
Ein fernes Rufen. Lichter scheinen.
Ich hörte Deine Stimme weinen.
Dir ist wohl bang?

Siehst Du mich nicht?
Ich leuchte Dir in Dein Gesicht.
Der Weg zu mir ist schwer
unendlich schwer und fürchterlich
Du kannst nicht mehr

Dann sah ich noch
wie du so bang die Hände rangst
und dann erschöpft zu Boden sankst
«So halt dich doch.»

Mein Ruf verklingt.
Ich knie bei Dir nieder
Ich küss Dich immer wieder
Mein Arm Dich fest umschlingt.

Nun will ich Dich auf meinen Händen tragen
Nun will ich alles für Dich wagen
Du bist so gut und rein.
Wir werden neue Brücken schlagen.
Und Gott wird unsre Liebe weih'n.[6]

Lisa.
Ich wache in der Nacht.
Ich bebe am Tage.
O es ist Dein Leben. Eine Liebes Sehnsucht
bäumt meinen Körper. Nein, kein Wahnsinn.
Diese Liebe ist größer denn alle Vernunft
Wusstest Du, dass alles Menschliche äußerlich klein
erbärmlich und schwach ist im Vergleich mit ihr.
Wusstest Du, dass es Minuten gibt, in denen ich
wie berauscht bin, besessen von einer Leidenschaft. Ein Verlangen nach Dir.
Ich will Dein Gesicht in meine Hände nehmen. Ich
will Dein Herz pochen hören. Dein Blut rauschen fühlen.
Ich ahne Deine Nähe. Und doch bist Du fern.
Warum?
Nichts kann mich trösten was mich als Kind
getröstet hat. Weder Baum noch Wind noch
Sterne. Und wenn ich die klaren Sterne über meinem
Haupte weiß, reicht meine
Sehnsucht an die Sterne.
Und meine Stirn ist heiß.
Und ich fühle Dich in weiter Ferne.

Ist das ein Wunder. Es pocht an die Tür. Post von Lisa.

[Rosigrote Blüte]

Rosigrote Blüte –
wie voll freudiger Erwartung

weiten deine Blütenblätter
sich zum flachen Kelch – gierig weit –
Alle Wonnen junger Frühlingssonnengluten
willst du in dich saugen
um aus nächt'gen Tauen
Silberdiamant zu türmen
– ja aus allem Himmelshauch
zartes Leben aufzubauen –

Und du häuftest still
– ganz in dich versonnen
deine Wunderwelt –

kam ein Tröpfchen Tau geronnen
flog ein Sonnenpfeil dir zu
wobest du in dich die Fülle
– ihrer hohen Macht.
Und in kalter Nacht
schlugen deine zarten Blättchen
schützend um das Sprossen hoch ein reines Zelt
– alles war voll stillen Wachsens.
Aber jetzt bist du erfüllt ganz tief,
jetzt nach langer Reife
glänzt dein Kleid so friedenüberfüllt.

denn du zwangst den Drang darnieder
schon in deinen Knabenjahren
Ruhm und Macht um dich zu scharen
für dein kleines Flackerlicht –
– ach das glomm noch bang
winzig klein war noch dein Keimen
leer in deiner heut'gen Sicht.

Jetzt umsprühen tausende von Fünkchen
glimmerglitzernd klar in allen Sonnenfarben
deinen Blütengral
und du grüßt die Sonne und den Tau

wie sich Freunde grüßen –
so voll gleicher Größe –

– jeder von euch sieht so ganz vollendet
seine Pflicht –, die schenkt und still empfängt

Silbertau goss sich wie Perlenglanz verklärt
aus dem grauen Nachtgewölk
versprengter Himmelslüfte –

goldne Sonne flocht
ihr sengend Lichterspiel
warme Flimmerfäden
in den Krater deiner Blüte
verwob das Nass in Düfte –

So wardst du erfüllt
innig reich gefüllt
in deinem Werden
und als größte Gegengabe
für die Sonne und das Tauen
widerspiegeltest auf deinem
Seidenblättermantel – hell wie auf
königlich Geschmeiden
du den Glanz
in des Lichtes Strahlenwandel.

Und so ist beider Tun
nicht nur ihre Pflicht
sondern klares Spiegelblicken
für (in) ihr eigenes Angesicht.

könnten sie nicht geben –
wär' ihr Schaffen tot
und ins ferne Untergehen
würden ihre Lichter wehen.
Ja ihr Leuchten wäre kalt und tot,
in der engen eignen Not
könnten sie – ihre Kraft nicht leben.

Im März 1938

[Abend]

Stille ist's geworden nach dem Tag
Abschiedshauch der Sonne spinnt noch
seltsam Wolkenfarben,
aber aller Überschwang
versteckt sich zag
alle Silberseen, alle Silbermöwenflügel
in das schwarze Sterben.

Aus den gelben Kronen junger Bäume
flöten viele Vögel in die Nacht
ihr letztes Lied.
Und es schwingt so trunken schwer
voll von süßen Träumen, –[7]
mit dem Wipfelwinden
wie ein golden tiefer Fried' – –

Im März 1938 – Abend

[Winter]

Alles Leben hieltst du Winter,
mit dem weißen Mantel
deiner Macht versteckt
nur die Sonne manchmal
hat in deinen Strahlkristallen
Funkellicht gemerkt
als ein Strömen das in dir –
und das andre Leben unter deinem Panzer
– es schlief stumm und kalt –
ohne Regen.

Aber in der Bäume und der Blumen Tod
war nie Trauerangst und Not
denn im Innern ihrer öden Hülle
quoll der Frühlingssäfte warme Fülle
die ganz still verborgen
ihren höchsten Glanz erwarteten
schon fürs nächste Morgen

– Und die weißen Teppiche
raunen nur der warmen Sonne
perlenglitzernd, wie die flinken Bäche
zu der andern Wasser Wonnen

Alles kalt erfrorne Starren
ward voll reicher Güte
an der Stämme zarten Gerten,
grünten dünn mit hauch'gen
Häut'chen überspannt kleine Knospenkinder
im lichtspiegelnden Gewand.

Bald die letzten Schauer scharfer Winde weichen
letzte Nächte schleudern steifen Reif
als grimm'gen Gruß –
dann an allem Leben
spinnt das Weben,
das so reich
allen will gefallen
und im sonnenhellen Frieden
strahlt sein sprühend Freudenfinden
– fast schon wie im Himmelreich –

Im März 1938

Thronender romanischer Christus

Ihr wolltet Gott nicht bilden, nicht formen
– noch nicht
denn jedes Bild das ihr von ihm gemacht,
es wäre nur aus eurem Wesen
ein Abbild – ein Gesicht –

Und eure Welt und eure Wünsche und Träume,
die wolltet ihr nicht mehr
jetzt sehn als Gott.
Denn stummes, formenloses Ahnen
durchbebte euch
von einem unergründlich Großen
von einem Herzog, einem Helden
hoch über allem Erdentand und allem Tod.

Da schufet ihr dies stumme Haupt,
leer an gewollten Zügen,
nicht Trauer Leid,
nicht Herrlichkeit
und Sieg uns spricht,
denn Gott war noch zu fern,
zu fremd für euch –

Ihr schluget ihn aus altem Reim
(der Welt der alten Götter)
ihr grubet ihm nur Größe ein
das Hehre, Überweltige des Geist's
und einen Blick, der leer –
nein ungeschöpft – noch nicht erkannt
von tiefen, ungesehnen Wundern
– schwer –

Ihr spürtet schon das Riesige
– noch euer Brand im Innern glomm –
still rufend saht ihr noch wie Kinder sehn
die alles nur erahnen
nicht kennen klare Bahnen

Ihr wusstet nur:
Er ist der Ewige – das große Ferne
Er war euch noch so weit –
da formtet ihr nicht
euer so mannigliches Sinnenspiel
mit seinen Maßen
nicht euer Menschentrugbild
war euch Maß es anzulegen Gott.

Ihr formtet nur ein stummes Bild,
gleich einem See
auf dessen Grund ihr nie geschaut,
von dem ihr kanntet nur,
dass er sehr tief.

Gott war euch wie das Blinken von Sternen
So groß – so weit und ungeklärt
Und wie das Singen von Sturmesheeren
– eintönig schwer und grausig grau –

Ihr prieset seine Wunder – und seine Macht
– die Liebe zu Ihm war euch noch verwehrt.

Ostermontag [17/04] 1938

Gott.

Aus grauer Erde ließest du quellen
den Saft in funkelnde Trauben,
du sandtest Regen, daß Halme schwellen
mit Früchten wie goldene Hauben.

Wir brachen die sonnigen Beeren,
aus Perlen preßten wir Wein.
Wir mähten und häuften die Ähren
und Brot ward im glühenden Schrein.

Wir schufen der Dinge Fülle
und Schwielen und Schweiß gaben wir.
~~Schenk' du die Gnade – die Fülle,~~
~~aus Leben form Seele in mir.~~

27. April 1938

[Die Neufassung der letzten beiden Zeilen lautet:]

Du schenktest in Gnade die Fülle,
lebendigen Christus aus dir.

[Stille]

Stille, ungesprochne Freude
keimet nun aus Frühlingszweigen,
so gelinde zart die Gerten wiegen
wie in Seidenflor ein Elfenreigen
so voll Glanz.
Winde spielen an den feinen Knospen
und die kleinen Hütchen wiegen in den Wehen
schwingen voller Überschwang
Tröpfchen reinen Morgentaus
funkeln in der Sonne –

«Gott»:
Gebet-Gedicht
von Hans Scholl

Schmelzhauch – feiner Härchen Flaum
liegt auf aller Rindenhaut
und um jeden kleinen Busch
kreist ein Lichtertanz

eine Silbersonnenkrone –
Ästchen fügen sich als
helle Stäbe in den Kranz
und die Knospenkeime
fast wie lichtdurchwogte Wassertropfen
glänzen sie wie Kristall und Edelstein.
Königskronen gleich prangen sie

als wundervoll geschliffne Kugeln,
grüßen Fürsten und die Vielen
brennen nur den Stillen.

Im April 1938

[Maria] [8]

Maria – Königin,
du Starke – du tief
in Gott verschmolzne Rose der Höh'
lass uns dich grüßen.
so wie wir dich erahnen
in unsern engen Bahnen
voll Erdentand
so wie uns Gott dich gläsernes Gefäß
dich zarten – zerbrechlichen Kristall
legt in die Hand,

wie er uns deine Fülle zeigte,
so lass uns grüßen dich
und zürne nicht,
wenn wir dein Angesicht
unzart noch schaun
von deiner Glut nur Strahlen fangen
und klein dein Abbild bauen.

Denn du bist ja Kristall,
der tausend Glanze sprüht
und immer anders glüht,
du thronest hell im Himmelsall –
– Spielball
im Rhythmus der Welt sind wir –

So Mutter lege
voll mütterlicher Pflege
um uns die heil'ge Hand.
Und wo wir in dem weiten Land
von dir ein Bild einpflanzten,
als Blume aus den Himmeln,

da segne diese Felder
und Wiesen und Wälder
und auch die kleine Hand,
die dir gesandt
den Gruß.

Maria,
du an den Wiesenrainen,
du hohe Blume, du feste
im milden Tanze der Kleinen.
heilige unsere Wiesen.

Maria,
du in den Fichtenwäldern
und hellen Buchenbäumen;
friedenvolle, wo Wipfel knarren
und finstere Käuze weinen
heilige unsere Wälder.

Maria,
du in den stillen Tälern
bei allen Weiden am Bache.
In wonnigem Frieden bei Silberflut
hältst du nah freudige Wache.
heilige unsere Täler und Bäche.

Maria,
du auf den schneeüberglänzten
Wipfeln der Berge,
du reinstes Linnen – du Herrin
der Bergesgeister und Zwerge
heilige unsere Berge.
hemme die Macht der Teufel.
(banne der Erdgeister Macht)

Maria,
du an den Wegen durchs Land;
wo alle eilen
bist du der starke Stand.
Heilige unsere Wege.

Maria,
du an der tosenden Ströme Wegen;
wo Wellen stürzen und branden
bist du wie Harfenspielen,
wie Geigenklang
gestrichen von silbernem Bogen.
heilige unsere Wasser.

Maria,
du an den Rändern der Felder,
an sonnigen Rebenhängen;
Mächtige du – wo Leben sprießt
kannst du die Tore ins Feurige sprengen.
heilige unsere Frucht und den Wein,
Gott – lass sie uns sein.
    lass sie voll göttlichen Lebens
                  uns sein[9]

Maria,
du auf den Segeln der Schiffer,
auf den Fahnen der kämpfenden Heere;
demütige du – deinen Geliebten
folgst du in Schlachten und Meere.
Heilige unsere Schiffer und Krieger.

Maria,
du in den Hallen der Dome,
im Burggewölbe des Herrn;
nach ihrem Ahnen formten dich
Menschen aus Stein,
brannten in bunte, riesige Fenster
dich ein.
du aber gleichest schwebenden Segeln,
glänzest wie nächtens ein Stern.
Heilige unsere Dome.

Maria,
in unserem Herzen (Sinnen?[10]) du
in denen noch loht gar finstere Gier
noch glimmt gar schwaches Vertraun;

schenk uns der Liebe erfüllten Ruf',
(und) ein feuriges Wollen,
das suchend voll Drängen
die Himmel sich möchte ersprengen,
die Dunkel mit Schwertern möchte zerhauen.

Alles aber lasse mir sein
– die Gier zum weiten,
unendlichen Gott,
die Liebe zum nahen (verstehenden) Vater –
ein Tun (Kampf), das (der) mit deinem Willen gemein.

du wusstest so tief um ganze Liebe
durch dein so volles
und fragenloses Wort raune zu Gott.

Und doch –
was du ertrugst,
was du gelitten hast
kein Menschenmund
hat es umfasst.

dich kannte nicht einmal
der eigene Sohn,
und der eigene Sohn war Gott –
er stellte dich unter die andern,
die immer da mit ihm so wandern,
Wer sind meine Brüder,
wer ist meine Mutter?
Wer glaubt ist mir Bruder und Mutter.
– sprach er –
und der es dir sprach
war der eigene Sohn – –

Und Menschen in deiner Not
wären verzweifelt an solchem Gott,
hätten nicht mehr an ihn geglaubt
noch solchem Dank, noch solchem Sohn,
wären der Liebe beraubt.

du aber glaubtest
und standest
und bewahrtest in dir
rein ein Heiligtum
die Worte des Engels,
der einst zu dir sprach:

Siehe, des Allerhöchsten Sohn
wirst du gebären
und er wird herrschen
sein Reich wird ewiglich währen.
Wie musste dein Ahnen
in Gottes Bahnen
verschmolzen sein,
dass du den Glauben
nicht dir ließ'st rauben
trotz dieser Pein,
die dir der Sohn
zu Last auferlegt;

Ja, allem (möglichen fragenden) Walten zum Hohn
hinweg hat gefragt
(hast hinweg du gefragt)
(dich durch) dein lächelnd stilles Gedulden
des Sohnes notwendig Verschulden.

Hilf uns Maria
frei von Verstandesstimmen
Gott so wie du zu gewinnen
in tiefem Glauben,
(und) inniger (innerster) Lieb'.

Maria,
du reichtest uns Frieden schon
hoch von der Himmel Rand,
von deinen Sinnen
hatten sich Schwingen gespannt
in heilige Fernen zu Gott,
hinaus über zeitliche Not
war dir des Ewigen Flügelschlagen
Nahrung und Brot.

Maria,
wie Bettler an Königsschlössern
baten wir dich –
um Heilung für unser Leben,
um Weihe für unsere Welt;

Und du gabst Sinnen in Fülle
ganz frei uns zu füllen
uns über die Vielen
zu geben,
und du gabst Speise
für unser Sehen
ja – hauchtest uns ein
ein göttliches Wehen –
wiesest zu dir unser Ziehen.

Und die herrliche Welt
die Wasser, die Wiesen
ließest im Atem des Friedens
du sprießen
von weichem Glanze verklärt
und erhellt.

Maria,
nun wir im Ahnen
näher an dich wir gerücket
– da du segnetest uns –
lass im Überschwang
uns dich preisen,
lass unsere Welt
voll Wonne verzückt
dich (herrliche) Königin heißen –

Uns aber leite
als deine Edelleute
und Paladine
auf des Lebens schwankender Schiene.

Maria (Königin)
dich grüßt der linde Hauch
von hundert Frühlingen,
der brechend Blumenknospen

Blütenduft verströmen,
der Vögel Singen auf den Bäumen
dir Grüße neuen Lebens bringen.

Dich grüßt der Sommer Gluten
der Flimmerdüfte Zittern,
der Felder weißes Wogen
grüßt dich in Lebens Überfülle,
voll überfrohen Schwunges
voll Feuer
gleich dem von wilden Stuten.

Tief rein und ruhig
grüßt dich der Herbste
stille und abgeklärte Einsamkeit.
Ja sie sind ganz in sich vollendet
nach Reife und nach Frucht,
und milde lächelnd
sind sie zum Tod bereit.

Der Winter
hütende und warme Decken,
der Schnee, der alles
Schlummerleben hegt
sie grüßen dich,
und auch die knorrigen Gezweige,
die halbverfrornen Garben,

[[11] – Frühling wieder
wird sie wecken
in neuem Blühen (und Vergehn)
und neuer Kreis des Werdens,
und] des Vergehens
sich an den alten legt.

Und alle Kreisesreigen
vor deiner Lichterkrone
sich neigen,
jetzt nicht von Zeit und Werden
mehr erregt –

Maria Königin
dir dröhnet schallend
wie durch Hammerschläge
dem Erz entrungen
der Glauben Wogen
aus den Domen,
und silberfein
wie Engelsharfen malend
hat vom Kapellenturm
das Glöckchen
dir zum Lobe gesungen.

Maria Königin
dich preisen alle Stunden,
aus ihren tausend Wunden
quillt zu dir auf

wie Meereswogen voll Niedergang
– voll Drang zu steilen Bogen
der Menschen Gram und Freud'.
Nimm alles wirre Schwanken,
das zwischen Nacht und Licht
uns jagt
wie Tiere bei Gewittern
als Gruß der Welt –
der herrlichen, die Brise – leicht
schon Himmel säumt,
der widrigen, ja der
wie aus den Höllenschrunden
der schwarz zerfressner Wunden
sich grausig bäumt.

Maria Königin
die Stürme und die Winde,
die an den Himmeln toben,
die Wasser, die sie wogen,
nach Blitz und Donnerrollen
der bunte Regenbogen
sie preisen dich und loben.

Maria Königin
der Wälder rauschendes sich Bäumen
der Wiesen schwingend Gräserwiegen
der glut'gen Sonne
flammend Niedergehn
und flammend Singen
sie grüßen dich in trunknem Schäumen.

Maria Königin
dir wird Verherrlichung und Dank
von jedem Leben,
und auch die kleinen Dinge
für dich ihr Glänzen geben,
die du das höchste Leben
der Welt geschenkt.

Dir blüht das Gänseblümlein,
Kirsch-, Apfel-, Birnenblüten
sie prangen
in weißem Schmelzhauch rein.
Voll weicher Milde
grüßt ihre tausendfält'ge Pracht,
voll Blenden dich himmlisch hohe Macht.

Maria Königin
dich grüßet jedes Gräslein
von Silbertau benetzt,
und auf dem Grünen
die Silberflimmerhärchen
vom Sommergold beschienen –
sie grüßen dich im
Prunk unerklärten Schein[s].

Und dich verherrlichen
die kleinen Krabbelkäfer,
die auf der Gräser Stengel
mit flinken Beinchen kriechen,
in deren Flügelfünkchen
im Schweben
die Sonnenstrahlen liegen,

und Flügel glänzen dann
die dann erglänzen
wie Flüsse im Mittagsglutenweben.

Und auch die Falter,
die auf den Wiesen flattern
und tanzend schaukeln
zu deinem Lobe gaukeln.

Maria Königin
dich grüßen alle Fische,
und ihre Silberflossen
vom Glanz umgossen
wie glühend Erz dir gleißen.

Maria Königin
dich grüßet das Wasser
Strudelringe singen,
ihr Ineinanderfließen,
ihr innig sich Verschlingen,
(ihr ganz) in Wonne sich Vergießen –
ja – dem Gewoge gleicht's
von Tanzenden
in Glitzerkleidern,
es quillt – verströmt
in Glanzen den
Glutenströmen
von feuerhuf'gen Sonnenreitern.

Maria Königin
dich preiset
der Schwalben schwelgend Jubilieren,
ihr Schleifenziehen an den Himmeln
auf grellen Schwingen,
die wie Silber schwimmen,
sich in das Licht verschweben,
verschwimmen in das Flimmern.

Maria Königin,
dich grüßet, was da fliegt,
in Winden,
was kriecht

auf erd'ger Rinden,
was brüllt
wie das Geheul der grimmgen Löwen,

was leise grillt,
was schneidend schrillt
wie Rufen wilder Möwen.

Maria Königin
dich grüßt der Fliedertrauben
süßer Taumelduft,
und feines Summen
von flinken Fliegen
und Brummenbienen.

Dich grüßen alle Stürme
mit ihrem peitschend jähen Heulen
dich grüßen alle Fichtentürme
dir raunet zu das
fauchend dunkle Rauschen
der weiten Hallen aus Tannensäulen.

Dich grüßt das Hohe – Wilde
wie das Geklirr von Schilde,
wie bittre Pein dir dienet
so auch der Sonnenschein.
Lust – Leid – und Liebe –
sind in dem Gruß an dich gemein.

Wir grüßen dich Königin –
Mutter, wir und die herrliche Welt –
dir sind ja die Meere
der Wolken voll ringelnder Wellen
nur wallender Saum
am Gewande von strahlendem Licht

sind Wiesenblumen und Wälder
im Schwingen der Kronen
sind dir als Teppiche
unter die Füße gebreitet
– sind dir nur Mattengeflicht –

Alles ist dir nur Spiel von oben,
was uns die Schule
des Lebens.
Königin
gieße du ein in die goldene Schale
Fülle aus göttlichem Strahle,
schütte aus ewigen Brunnen
die Glut in unser Gefäß,

aus dem Leuchten der Sonne
unsern Funken erles.
hauchen unsterblicher Engel
den Geist, der im Vater und Sohn
werfe in unsere Schale,
zünde im leuchtenden Grale
Flammen und Feuer und Licht,
das ewig verbleibt
wenn Wand und Hülle zerbricht.

Von den Zinnen der Feste des Herrn
nehme den ewigen Stern,
kröne uns mit der Kron –
uns und die herrliche Welt.

Von den himmlischen Thronen
rühre Gottes Gesicht,
reich' uns die Größe zu mehren
einst in dem heiligen Zelt.

12. Mai 1938

[Feuerwerk]

Ihr Sternenregen – seid ihr nicht
gewaltiger und größer als die
bleichen Sterne von den Himmelsbogen aller Seiten?
ihr steiget ja, jetzt noch als kleiner
Flimmerflug geschweiftes Licht
zur Höhe – immer höher – ja
ihr lebt – und woget auf und wie
im letzten Atemzug, in dem

schon Sterben heimlich dräut
entfaltet euch ein letzter Stoß
und schleudert weit die goldnen Fäden in das Dunkel –
gleichwie sich große Bogen aus der
Dome Pfeiler schwingen –
so wölbten sich die leichten Schnüre,
die viele, viele Sternchen sind

und stehn langsam still
und neigen müd' geworden sich
und sinken lässig sich verschenkend nieder,
gleichwie der Silberweiden lange Ruten gleiten.
Der ganze Himmel ist ein Wasserfall,
ein sich ergießen tausender Gestirne,
die glühend prall zur Erde fallen –
dort – neue Kugeln steigen hoch
mit leisem, drängendem Gezisch,
zerreißen alle nächt'gen Hüllen,
dass hell im Glanz der Himmel flimmert,
zerreißen selbst – und aus den Silberbällen

sprühen hunderte in neuem Glanz.
Der bunte Schimmer gaukelt schillernd
gleichwie die Scherben von Gefäßen aus Kristall
und wie die Silberplättchen an den Halbgeschmeiden
so funkeln sie im Wechsel bunt,
und sinken wieder – wenn die Kraft
zur Höhe müd' und schlaff geworden,
denn wie im wilden Rausch, im Taumel
erklimmen sie sich solche Höhn –
kaum eine rauchge Wolke – ist | geblieben |,
|| – überstreicht die Flur
die ewgen Sterne aber bleiben
und doch der Himmel hohe Weiten
ziehn schweigend sie in klarem Glanz
als Zeitenuhr der Ewigkeiten.

Mai 1938 – Feuerwerk

[Örlinger Tal]
Gleich dem Flimmer schwingend Glänzen
auf den goldgeflickten Kleidern,
auf den lächelnden Gesichtern,
derer, die in hellen Sälen
festlich schwebend tanzen
überfüllte heilge Sonne
alles Land mit dem
Schleier ihrer süßen Wonne.

Hoch in allen Wipfelkronen
saß der Wind und trieb sein Spiel –
Sonne – warm umfing die wirren Äste,
sandte ihre Strahlenpfeile
brannte auf die jungen Knospen
die von harzgem Schleim wie von
Silberlack bestrichen waren,
trugen rein den Sonnenschein,
Wasser spiegelten die Ufer
wieder wie in klarem Spiegel
schauten aus dem Bach die Blumen –
an der Gräser Blätter saugten
feine Seidenhärchen ganz in
reinem Weiß den Glanz, das Strahlen,
und der Birken Silberhaar
wie gelöstes Frauenhaar
windumspieltes – flatterte es
spielte, spann der Sonne Licht
in ein Flimmern und Zerfließen –

Zart die Zweige sich im Winde
wiegen, blendend hell die Rinde
trinkt begierig all den Glanz.

Langsam sich der Abend neiget
über das Sprühen der himmlischen Welt,
manches Vogelsingen schon schweiget
das Glühn der warmen Sonne verschwebt

Ruhiger stiller wie in den Schatten
hoher Dome, fröstelnd unheimlich
starren die Zweige jetzt in den Himmel
den die Abendbrise ganz zu
blut'gen Manteltuche färbt.

Zwischen ihm und der Erde recken sich
wirre, schwarze Äste der Bäume
noch an den Flanken von goldenen Banden
umsäumt, und die Knospen am Ende der Äste

Nur ein Hauch, ein Ahnen
wie von großem heilgen Frieden
wie von Bienensummen,
Sommerlüfte zittern,
goldumwundnen Wolkenrändern
überflorte rein und göttlich still
den dumpfen Wald
und die grellen Glanzes müde Wiesenhald
alles war umspannt vom reinsten Atmen
wie von königlichen Festgewändern.

Örlinger Tal, am Schwedenwäldle
Vorsommer 1938

Nachts im Klostergarten

Alle Sterne schlafen nun
Singen, Licht, Gebete ruhn
in der dunklen Nacht sich aus
und das hohe Gotteshaus, –

Turm du wuchsest stumm in dir;
und die Bäume ohne Gier
die sonst Winde in sie treiben
stehen heute still und bleiben

groß in ihrer Fülle schweigen,
hüten heil'ges in den Zweigen,
das versteckt auch ruhen soll
bis die mächt'ge Schale voll –

Atmen muss das All um wieder
morgen früh die Lobeslieder
reinren Hauches anzusingen –
– nirgends Vogelflöten klingen. –

Nur der Brunnen in dem Garten
kann im Quillen niemals warten,
seines Sprudelns Silbersang
erst im Dunkeln süß erklang.

Ewig perlt er Singen – Beten
Leuchten ist sein lachend Reden,
sichtlich klar für alle Nacht
er das Heilige bewacht.

Wie die Sonne, die am Abend
alle Glut, die vorher labend
Leben schenkte, in sich sog,
schöpfte auch der Wellentrog

alles Fluten in sich ein,
um als reiner Schalstein
alles Schweigen alles Singen
in die Nacht hinaus zu schwingen

still aus stummem Rund sich gießend,
wellenplätschernd – silberfließend
wenn einmal des Mondes Schein
in den Brunnen scheint [darüber eingefügt: «strömt»] herein –

Neresheim, nachts am Brunnen
Im Juni [1938][12]

[Sonnengesang]

Du göttlicher Tag – herrlicher –
dich trennte wohl Gott aus der Krone
der einzigen Wonne als funkelnde Perle
in tausendfältigem, schimmerndem Glanz.

O dieser Brand – aus den entfesselten Gluten der Sonne
dieser silberne, goldene, alles blendende Tanz
der Funken, der Strahlen in glitzerndem Weg

bis in mein zuckendes Auge;
prickelnd an wippenden Wimpern
zermahlen zu Bogen und Kreisen
zu Stäubchen aus Gold und Smaragd.

Alles bildest du um –
so wie es glänzt, jetzt erst ward es
durch deine heilige Kraft –
Sonne – herrlicher Ball –
wanderst in deinen Gehimmeln,
hoch im uferlosen
Geflimmer der Winde und Lüfte,
weißt keine Berge und Grüfte,
nur endloses All,
fangest heute ohne der Wolken Wand,
heute haben die Himmel nirgends deckendes Land,
unermesslich – so hoch – ohne Rand
ins Unendliche reichet die klare geweihete Bläue,

ist nicht mehr blau, ist nur noch Rausch einer Ferne ...
schwindelerregender Taumel in ärmlich menschlicher Schau.

Allen Gewölben und Hüllen enthoben
Himmel – rufst du als Schleier auf uns,
alles umfassend
wo ich nach Grenzen fahnde,
nirgends find ich ein Enden,
nur wo die Bogen der Erde sich wenden
stürzest du hinter die Lande
bist unserm Sehen entzogen
kümmerst dich nicht mehr um uns

Aber du – heilige Sonne
hütest in wonniger Wärme die Welt,
brütest auf schwingenden Halmen der Wiesen
und in den Blüten der Blumen
liegst in gekehlten Rillen der Blätter
und in den Kelchen der Blüten –
spinnest funkelnden Glast,
silberne Ampeln,
silberne Speere der Wiesen

senden dir Glitzern als Grüßen
zarter Birken flatternde Zweige
durchglühst du wie Haare von Frauen,
in ihre Fäden webest du Netze
wirkest dein Feuer in das Gewoge.
Gibst ihnen Hauch wie aus Gold

und der fliegende diamantene Schleier
dankt dir, spielet mit wiegenden Winden
ein flüsterndes Tönen und Klingen,
will dir nur singen
als einzige Leier.

Juni 1938. ein Mittag bei Finningen[13] am Landgraben.

[Sein]

Vögel – die schweben in flatternden Lüften
in formenlosem Gewog –
so viel sanfter
als Fische, die auf den Wellen spielen,
auf Wellen, die wieder auf Sand,
auf zartem Gekörn.

Ja wie ein jeder ist,
so scheinet ihm die Welt –
Gott zeig deiner Sterne und Stürme,
deiner Blumenkelche,
allen Lebens tiefstes Sein und Spielen,
dann wirf mich hinein,
verwebe mich mit ihnen,
dass ich schwinge, singe,
jauchze dann mit ihm.

Juni 1938 – Mittag am Landgraben[14]

[Glutenflimmer]

Gewaltig ist die immertiefe Stille,
die aus dem Mittagsfrieden steigt –
so lautlos wie der Morgennebel Fülle

verflog, hat auf das Land sie sich geneigt.
Zu überreich ist das Geschenk der Sonnen
die Grillen geigen nur noch sanft, und ganz
versickert ist der Vögel Trillerbrunnen,
– still ruht die Welt in Glast und Glanz.

Verloren taumelt in dem brütend Schimmer
ein Falter überm Felde – wie im Traum,
und in dem teilnahmslosen Glutenflimmer
schwebt schon er durch den übervollen Raum.

Müd setzt er sich zur Ruh und trunken,
und ach (jetzt) – die Welt steht wie ein leeres Haus,
sie hat in Wonne sich zu tot getrunken

und ist versunken
nun nach übersteiler Lust
in stille Einsamkeit,
– ganz unbewusst –

Nach Crailsheim begonnen 5. August an
einem heißen, glühenden Sommermittag
Fertig auf Hallig Langeneß 12. August
Fahrt 1938

Beim Erdbeersuchen –

So tief ich mich auch beuge
nur seh ich Blatt und Zweige
und keine süße Frucht.
Die sind vor mir gekommen
haben alles weggenommen
und sie so gern genascht.

Will hoffen 's hat geschmeckt
und der sie weggeleckt
ist wohl ein Bess'rer g'wesen.
Drum murr' ich nicht im Bauch
und freu mich mit dem Herrgott auch,
der sie ihm hat erlesen.

Zweiter Tag der Fahrt 1938

[Gottesreiter]

Gottesreiter
Deine Lippen stehen
noch verhalten starr geöffnet
von dem Glanz der Himmelsströme –
und ihr überirdges Staunen
– wartet still,
wie mit zartem Lächeln
an den Rändern,
wie auf göttlich Silberraunen

Ohne dass Du es wohl weißt
schmiegen sich um deine hagern Züge
fernes Gluten –
und die Schattenwinkel Deines
tiefe Wunder
hütenden Gesichts
tragen – sacht nur –
für die Welt ergründlich,
der Du kündest –
Himmelschein
hoch überhüllt dich Gotteshauch
samtenweich – und fein.

Deine trunknen Kugeln
unter starker Stirne Dir zum Schauen
quellen in den dunklen Höhlen
– fast wie Toter kalt gebrochnes Blicken
– stieren ohne Weichen
– wie vergeistert
sie in unerschöpfte Weiten –
und die runden Bogen
um die Lichter ihres Sehn's
drängen noch
in ihrem suchend Ungewissen
Deine gier'gen Sichten
in die Ewigkeiten –
– ja der Ewigkeiten Silberspiegel bist schon du

Deine Leben ringelnd Seidenlocken
lecken Feuerflammen gleich –
weg vom Boden
– höher –
und in ihren wilden Flackerzungen
spielt wie Lichtertanzen
– flimmerzuckend –
Sonnenflut ergießen
Sternenreiter –
eben Gotteslicht entrückt
tränke noch verzückt in Gottes Kommen mich mit Deinem
glimmend Beben,
der Du geisterhaft noch schwebst in Himmeln
voll der Fülle schwindelhoher Träume,
– die Dich überschwer durchweben
– die Dich gürten sternenhell
wie goldne Mantelsäume –.

– Und die Säume
Reichen tiefer ins Gewebe
bluten ihren Schmelz in satten Adern
durch das andre Mantelzeug,
das bei uns so grau –
wenn nicht blieb' ein schmaler Himmelsstreifen,
der ein Bruchglanzstein
aus der Höhen Lichterreifen
und ich schau –
wie ein funkelnd Schild
von dem alles Graue prallt
der voll Feuer wallt,
überglänzt mich – nur ein mildes
Sternenglimmen – rein dein Bild
ja – Du bist der volle Baum
wir glühn nur als Saum –.

Dein Lauf steigt eben wohl
geraden Wegs herunter von den Sternen
und deine tiefen Augen
sind schwer versunken noch in heilgen Fernen
wo alles anders ist in allen Dingen,
wo Freude, Spiel und Flötensingen

an goldnen Thronen sitzen,
an silbernen Gewändern
aus deren aufgetanen Schlitzen
(durch tausend Widerklänge
der Töne auf Brokat)
dann Funkeln bricht
und leises Widersummen
dass alle Himmel überschwelgen
vor glitzernd überhöhtem Tönen
und vor dem singenden Gelicht
Ja Licht glimmt in den Saitentönen
gleichwie der Klang fließt in den Glanz
und alles ist der vollen Himmel
Glanz sprudelnder und reiner Tanz.

Von dort kommst du –
doch alles Licht aus jener Welt
hälst du noch kalt zurück
und dein in sich gekehrter Blick
eng an der streng gestrafften Faust vorbei
schaut sinnend starr den Weg
(bang – nein ein Tieferes verhüllend)
den kargen Übersteg
der aus dem himmlischen verzückten Glück
dich nüchtern ins Erwachen wirft.

Ich sah dich kämpfen –
wie einen Läufer auf den langen Gängen
ums weite Rund'
und Tode sterben und überwinden
seh ich dich den ungeheuren Übergang

vom Himmel auf die Welt
der Zeit und Stund';
der größer ist und klaffender
als alle Übergänge, der
schwerer ist als allen Überbrückens
Not, den sonst der wahre Tod
beim Sterben nur den Menschen bot
doch als ein Höhersteigen –
aus gar so kleiner Welt –

du aber musst dich neigen –
vom großen Himmelszelt.

Du stirbst für uns einen geistigen Tod,
ja stirbst den Himmeln
– den allzu vergeistigten ab
– und musst jetzt mäßigen deine Glut.
(wie könnten wir dies sonst verstehn)

du darfst nicht träumen von schöneren Zeiten
dir ist es gegeben die Welt zu bereiten
und sie zu leiten in Höh'n
drum willst du von den Sternen kommen
und nicht bei ihnen bleiben,
aus hohen Bahnen Speere treiben
mit Glutenspitzen
tief ins Holz
das nun der Tiefe Wasser feucht durchschwommen
darin willst du nicht im Glück dich drehen
nein aus dem Kreis willst du gehen
aus Gottes reichem Schlüsselgarten, der Wunder
dir um Wunder schon erschlossen hat,

wobei sich der Erkenntnis und der Weisheit
goldner Reif gewölbt hat und so weit
geworden ist und immer runder,
dass dir jetzt wohl nur noch ein kleiner Bogen
fehlen mag, der alles rein vollendend
die Gier nach Kampf und Drängen in dir wendend
sich zum Beginn des Kreises still einst spannen
wird, wo alle Dinge die du sahst
in frührer Zeit vom gleichen Punkt aus
– nur noch war diesem Kreisesgang –
sich dir so anders zeigen werden –

– – – – – – –

Noch ist der Kreis ja nicht vollendet,
noch kannst du auf die Erde schreiten
Bevor du voll und Engel bist
du Geist der Höhe komm' – verblendet

und irr ziehn wir – dein Speer hat Weiten,
sein Glühn erhellt, wo Nacht noch grüßt.

Sommer 1938

[Nacht]

Nun neigt die frühe Nacht und vieler Nebel Not,
die scheidend aus des Tales Schlucht in Schwaden steigen
sich einsam dunkel übers still erfüllte Land,
und das Gerippe eines Baumes dem längst schon starb
der Blätter Fülle, grau im grauen Dunst erstirbt
verzehrt ist seine Schwärze, grausig düstergrau
grüßt alles Land von Rand zu Rand sich Schauer zu
und brütet lange noch – und schließt sich endlich zu.

Herbst 1938

[Ins Innere]

Nun sind die Blätter alle still gefallen
von ihren Thronen heute nacht
und schauerlicher geht der Wind nun draußen
durch der entlaubten Bäume Todesschatten
Gefährlich ist es jetzt noch fort zu gehn,
denn Traurigkeiten birgt das kahle Land
und Einsamkeiten – furchtbare, – und Ruh'
drum mehr ins Innere ins Innerliche,
in sich zurück sich alles Leben kehrt
sorgsamer schließen wir die Türen hinter
uns und lassen fromm in goldnen Schalen,
in Dämmerzimmern, voll von Wunderfülle

die letzten bunten Blätter ohne Wind
und Regen – ganz feierlich und
stumm verblassen.

Herbst 1938

[Schlangen]

[…] scheinen wie doppelköpfige Schlangen-
Häupter mir wenn ich sie länger betrachte.
Aus den tausenden Leibern der Schlangen,
die eng und wirr wie Netze verwickelt,
heben sich gier in die Höhe die Köpfe.
Wipfel ringen noch schleichend und winden
sich ächzend und rauschen bang vor der Nacht,
– tief wie gewaltige Wogen nur wollen.

Doch bald ist voll die Nacht,
Vögelein nicht mehr lacht,
alles Leben träumt,
stiller der Wipfel sich bäumt.

[Das Jahr]

Zu allen Zeiten des Jahres
sterben die Menschen
und sinken wie Blätter
ahnungslos – bis schon der Wind
des Tales sie hastend ergreift –
Und sie sind hilflos wie ein Kind,
das aus dem Ungewissen steigt
und keinen Anteil daran hat,
ohn' Wissen um Beginn und Ziel
so geht es unbewusst den Weg –

Ja – so seid ihr – ihr Menschen –
die ihr doch nur den Namen kennt
des Pfeiles eurer Gier,
dem Stoße eines Windes
hingegeben.
Tastend, ratend
nach dem fernen Quell ihr greift,

der einstens euren Geist gebar,
da ihr schon wieder nach
Unendlichkeiten reift –

Du aber Jahr
kreisest im Gleichklang
der ewig gleich wechselnden Zeiten

und Frühling blüht in zartem Kommen,
der Sommer schwelgt und glüht mit Sonnen,
bis still der Überschwang sich legt
und Fülle schwer der Herbst einsam
die Erde macht und traurig leer –
tot ist, ganz innen eingeschlossen
dann alles Leben der Natur,
– der Winter hüllet Totendecken
ums Grab und will die Not verstecken
– der kahlen Kälte starr Gesicht.
Der Winter schließt des Lebens Lauf,
bis jung der Frühling wachet auf –

Wir gehen einmal diesen Gang
durch vieler Übergänge Drang,
bis jäh ein Winter hart zerbricht
für immer unsrer Hülle Schicht.

Du aber Jahr
kreisest im Gleichklang
der ewig gleich wechselnden Zeiten,
weißt immer voraus
den Gang deines Wegs

und weißt ums kommende Werden
und siehst schon das lange Vergehn –
du bist uns zum Herold gesetzt,
zu künden von Leben und Tod –
tieferer Ordnung gehorchend,
nach festen Gesetzen
spiegelst du all unser Sein
in einem Umlauf der Monde.

Wir sterben so bunt durcheinander –
im Frühling – im Sommer – im Herbst
du aber stirbst nur im Herbst –
Wir leben so bunt: in keimendem
Freuen – voll Glanz und voll Wonne

dann wieder in Öde und Nacht
voll Traurigkeiten, die dumpf
gleich lastenden Himmeln uns drücken:
im Frühling so wie im Sommer,
im Herbst und im Winter, der grau –

In jeder der Zeiten aber
können wir beides zugleich:
freudig wie trauerbang sein,
– beides: – wie leben wir bunt –

Du aber Jahr gehst hart
deinen vorgezeichneten Weg
der Freude – der Fülle – des Leids –
und alles dies gehst du so sicher,
wissend, das morgen, das heut –
wie hast du es leicht,
da nicht zu jeglicher Stunde
dein Antlitz sich ändern kann.

Knospen keimen zur Frühe des Jahres,
in der Mitte die Blumen: die Früchte,
die müde und schwer von Fülle
sich trennen am Abend des Werdens
vom Ast, den der einsame, letzte
Verkünder des Jahrs mit seinem
verbergenden Schlafe umspinnt –

Es sind dir gegeben die Zeiten
zu keimen – zu blühn – zu vergehn.
Wohl binden Übergänge
auch deines Werdens Strom,
doch langsam sind sie und still
und lang ist das stille Verweilen –
Oder gelten dir Monde gleich Stunden
so wie dem ewigen Gott,
dass die Verwandlung dennoch
dir schneller geschieht als wir ahnen?
Vom Keimen zum Blühn – zum Vergehn;
nach ewig bestimmter Ordnung
hat jedes Dauer und Ziel –

Wie bist du groß,
heiliges Jahr;
ja fast schon bist du wie Gott
dem Drang der Gefühle enthoben,
die uns verwirrend umwehn –

Du bist der stille Stand,
am Weg, wo alle eilen –
du bist das feste Land,
an dem wir wogend feilen

wollen nach unserm Sinn,
doch du bist hart, verwandt
dem Herrscher, der dich schuf –
du bist der Spiegelschein
der Tiefen seiner Fülle,
und wir woll'n Abglanz sein
aus dieser großen Stille –
wir woll'n durch manches Keimen,
durch Nacht und Nöte gehen,
bis sich die Rätsel reimen
zu herrlichem Verstehn,
bis aus dem wirren Spiele
von Freud und Traurigkeit
aus schwankendem Gefühle
ein Gleichklang sich befreit,
bis wir dir Jahr gleichkommen,
nein – dich hoch überragen,
wenn unser Geist vollkommen
und frei beherrscht das Fragen
und Pochen aus den Dingen,
die er einst frei von Zeiten,
von Herbsten, Frühlingen
zur Fülle kann bereiten – –

Frühjahr 1939 oder ?[15] Herbst 1938
gearbeitet bis Sommer 1939

[Das Kind]

Schaut das Kind auch überall
flink mit seiner Äuglein Strahl
hin so ganz in sich gekehrt –
immer schnell das Äuglein leert

lächelnd, wenn es was erschaut
sich zur Mutter aus und traut
ihrer Liebe nicht vorher,
bis auch sie ein wenig schwer,
– müd' vom Gang der gleichen Stunde
danach sucht, was es gefunden,
schon gewiss, daß es nicht wert,
dass ein Mensch den Menschen stört

und sie sieht, was froh das Kind
macht, wenn die Großen blind
auch daran vorüberhasten
«Wau – wau» – sagt es zeigend tasten

seine Händchen nach dem Ort
wo er eben stand und fort
ist er nun – «o Wau–wau–tot» –
kaum noch Ton erstirbt das Wort,

weh und krank die Äuglein schauen
auf zur Mutter und nur trauen –
ach, sie schaut schon lang nach andern
Dingen – Äuglein aber wandern

ganz verzweifelt hierhin – dort –
nirgends ist ein guter Hort,
das in sich sie fließen ließe –
alles kalt und Mutter: «Schließe

Kindlein deine Äugchen klein» –
doch da blickt zu tiefst allein
und – wie eine Insel ohne
gleiches rings um sie – der Krone

unbewusst, die es umschließt
stumm das Kind – verloren liest

es in seiner Wunderwelt,
fängt den Lichtstrahl, wenn dann fällt
Tröpfchen, Tröpfchen an die Scheiben
möchte es sie flink fortreiben;
– schaut so fremd – das Herzchen dein
weiß allein um sein Gespinn.

In der Straßenbahn ein Kind gesehen,
als ich zu Charlo fuhr 12. Mai – [1938]

[Bienenflug]

Stille ist in jedem Blättchen
Sonne spielt ins junge Grün,
nur die goldnen Bienen summen
in den Zweigchen her und hin –

Weiße Blüten machen weit
ihre Kelche auszuhauchen
ihren süßen Taumelduft –
um zu locken: denn sie brauchen

eh der samtne Flaum verwelkt
fremder Blüte zarte Stäubchen
um nun stark – die Frucht zu reifen
– stark durch einer Biene Häubchen,

die nicht wissend, was sie tat –
wähnend nur, der eignen Freud'
zu genügen, Leben gab
einer Blüte, die bereit –

aber machtlos selbst sich anzu-
füllen – Bienchen weiter flog
dienend ohne Wissen jeder,
jede Bienchen hold belog.

Maisonntag – Am Wald, an der Iller allein 1939

[Vorfrühling]

Noch kein Blättchen am Baum,
Blümelein kaum
auf dem grünlichsten Rasen,
nur Gänseblümlein weiß,
blau Ehrenpreis
dort im Acker, im blassen –

und ein Tröpfchen von Tau
grün hier – dort blau
und in Ferne der golden
erglühende Saum
an Wolken – der Traum
von der Sonne – der gleich holden.

Vorfrühling 1939

[Himmel]

Warum doch decket ihr Wolken
zur Nacht mir immer den Himmel zu,
da er weit offen und blau
in der Sonne doch heute um Mittag noch lachte
– die Sterne können nicht scheinen.

Soll'n wir im Dunkeln leiden,
da heut der Tag uns herrlich erfreut,
soll'n wir in die Hütten nun gehen
und ein wenig noch beten und träumen ganz sachte
und um den Himmel / Paradies[16] weinen?

Frühjahr 1939

[Heimat]

Straße, du bist gar kein Land
Land ist immer ein Verweilen,
wo ein Leben wurzelt, wächst –
Felder, Wälder sind ein Stand,
stehen immer ohne eilen;
Land ist Heimat, wenn du brächst

alle Halme, alle Bäume
immer würde Leben sprießen:
Land ist Erde, Heim des Lebens,
auf dem Fels, die Wüstenräume
Heimat längst die Tiere hießen grüßen
Straße nur ist fern des Strebens

eine Ruhestatt zu sein,
Übergang ganz tot und leer,
schrecklich kalt und ohne Fühlen
ist sie – Dienerin, nur Stein
ohne Angesicht und sehr
ohne Sprache – ohne Spielen.

Frühjahr 1939

[Nox ducere diem videtur]

Alle Blätter triefen nun
Silbertröpfchen in das Gras,
die in rauschendem Gewoge
platschend fielen, hell und nass.

Stämme, Zweige, Blätter glänzen
hoch im Sonnenschein – gestillt
tragen sie als reine Schalen
lichte Perlen, die erfüllt

ganz von Sonne Sonnen Spiegeln
in den Himmel, der jetzt blau,
dass er sich – befreit vom grauen
Regenmeere herrlich schau

in den gleichen Wassern, die wie
Leuchten – nicht ums böse Dunkeln
und den schwarzen Wolken gut sei
immer bergen sie ja im Funkeln –

nox ducere diem videtur

Junisonntag, Anfang Juni 1939, Hochsträß allein
Regen – ganz nass – ich sah Ottl, Vikar, Frido[17]

In der Eisenbahn am 7. 6. 39

––––––––

Und immerfort wächst neues Gras
Auf unserer alten Erde.
Dem Has zum Fraß?
Warum denn das?
Der Menschen Geist ist voller List.
Damit er dann geschossen werde.
Doch erst wenn er ganz satt ist.

––––––––

Wir können mit gelassnen Mienen
Den Menschen doch am besten dienen
Bleib stets mit Deinem Innersten allein
Sonst macht dein Nächster dich gemein.

––––––––

[Leuchtkäfer]
Regenfülle hat das junge Grün getränkt,
satt und duftend frisch belebt verströmt es weich
– Juninacht – Jasmin – wie quellend süßer Duft,
reiner, tiefer nach dem Regen – rauschend
atmen Sträucher, Blüten durchs Getropf der Zweige,
hauchen frühen Taumel, Überschwang – – – und Sehnen,
nächtges Sehnen nach dem Tag – da nur nachts,
wenn es einsam, Fülle reich seid ihr voll –
Blüten ihr – dann seid ihr Strömen, euch Verschwenden
und dort – o letzten Abendwölkchens Glut
fällt ab – die Nacht wird voll, allein und schwer

Sieh Leuchtkäfer euch trösten – Blüten – wacht –
Montag 26. Juni 1939 Forellenbächle.[18]

[Heim]

Sonne ist nun fortgegangen,
still erfüllt der Abend ruft,
schweigend – Wolken überhangen

füllt der Himmel alles gut –
Alle Vögel sind jetzt stumm,
alle Menschen langsam schreiten,
stiller dreht die Türe sich zum
Heim, versperrt die Einsamkeiten,
die allein in sich verbleiben,
heimlich webend in der Nacht,
in den Bäumen Rauschen treiben,
alles Raunen, das noch wacht –

Juni 1939

[Silberwellen]

Drunten glitzern Silberwellen,
fließen, perlen ineinander,
bauen einen schimmerhellen
Streifen zu der Sonne an der

wolkenlosen Himmelsbläue –
Immer tanzt der Wasser Glühen,
dass den Sonnenball erfreun
seines Spiegelbildes Sprühen;

Fische schnellen Licht umronnen
durch die Flimmer heiße Luft,
alles quillt in Lebenswonnen,
wenn der Vater Sonne ruft.

Samstag 8. Juli Jungenkalender 1939

[Strom]

Immer fließt der Strom und fließet,
nirgends steht, ja nirgends grüßet
er – in sich und ohn' Verweilen
will er teilnahmslos nur eilen

will es – und ohn' Acht' lässt er,
was um ihn, an Gleichmaß leer,
wirr und hastend springt und fällt.
– Tier und Mensch im Lauf der Welt.

Ist nur er – und singt nur sich
wenn auch Schiffe – königlich –
auf ihm gleiten – gleich sich treibet
er sie <u>seine</u> Bahn, die bleibet –

Montag 18. September 1939

[Nachtnebel]

Nachtnebel schweigen
über matten Wiesen.
Die Sterne steigen.
Sie wollen tiefe Schatten übergießen.
Mit blinkender Pracht.
Seinen Trost spendenden Glanz
Hat der Mond uns gebracht.
Er umhüllt mich ganz.
    30. Sept. 39.

(nach einem Abendspaziergang).

[Mutter Nacht]

Die gute Mutter Nacht
hüllt Dich nun ein.
Sie hat Dir tiefe Schatten
und zugleich den matten
tröstenden Schein
Sichelmonds gebracht.

Und in der großen Stadt
ist alles still.
Nur ferne heult ein Kind
Es dringt ganz matt
zu dir. Die Nacht verrinnt.
Der Tag erscheint.[19]

[Dom]

Stolz und frei steht der Dom,
doch tot und stumm
ohne rinnendes Leben
wenn feiner Steine
heimliches Weben
sich nicht mit dem Scheine
des Geistes dir füllt.

Der Dom ist ein herrliches Sehnen,
alle Säulen zum Himmel sich dehnen
und jede Säule weist höher
zum nächsten sich heben
von Türmchen und Bogen und Säulen,
und nirgend bleibt ein Verweilen,
nur kühner die Streben
himmelwärts fliegen,
und steiler der Fenster
Wölbungen stehn,
und spitzer weiten die Bögen
gleich betend gefalteten Händen

hinauf zu neuen Gewölben
die wieder in schwingenden Reigen
– im Strome des steigenden Flutens
der Säulen – nach Höheren zeigen.

Wie die Streben
ein Ruhn in uns zeugen,
immer ein Nächstes sie fordern,
sie zeigen ein Höheres schon
in ihrem steilen Vergehn
und führen das Auge
drängend zur Höh'
und ruhen nicht eh'
sie zum Gipfel des Doms
– zum Himmel das Schauen geleitet.

Ewiges Schöpfen, Heben
der Sinne nach oben
ist als Vermächtnis den Streben

zutiefst zugewoben.
Das sich Ineinanderverweben
Des Drängens nach Spitze
hat ihnen ein Schenken gegeben:
dem Ziele zu nützen

werfen die Kraft
ihres eigenen Strebens
was sie zusammengerafft
zu den nächsten. Vergebens

suchen die Blicke ein Ruhen,
denn da – schon vergießt
der nächste Bogen das Wehen
hinauf und es schließt

das höher weisende Schenken,
das Übergeben
der Säulen: die nächste soll lenken
das schauende Leben,

nicht eher bis sie geleitet
den staunenden Blick
zum Himmel, wo herrlich bereitet
aus Hauch eine Brück',

die ins endlos ewige führend
den Drang der Steine
erfüllt, – sich ins Höchste verlierend,
ins leiblose Reine –

Durch die spitzen Spindelfenster schaue ich das Land,
und die kleinen Würfelhäuser;
Brücken, Menschen scheinen mir wie Spiel und Tand
in Oberriesenhand.
Dann blinket um die steilen Häuserdächer –
Wasser, – Bäche – Ströme gleißen
zwischen hellem Grün der Sträucher
doch wie Regenrinnen mir,
– vom Gewitter her –
sie vom Turm erscheinen.
– alles seh' ich durch die spitzen Fächer.

drüber Wolken streifen – unberührt
von aller Menschenmacht – samtenweich,
so gelb und flüchtig ziehn sie
von dem ew'gen Wandern bleich –

Licht aus glüh'ndem Herd der Sonne
brennet auf des Domes Wände
zaubert auf den fein gekörnten Kiesel
Flimmerglanz – wie Diamantenblende –
Schatten schlagen dunkle Streifen an den Mauern,
die ein wenig trauern –
um das Leben,
um das Weiterwachsen und sich wagen.
Ja – sie sind so losgelöst
von allem blutend Pulsen,
von den Menschen, die sie bildeten,
– sind so tot –
abgepflügte Reben –

Grauer Falken Krächzen,
grauer Falken Schatten,
die die Sonnenwände schwarz durchschweben
sind des Domes Leben;
und der Sonne Auferstehn
und Niedergehn
wirken seinen Glanz –,
– sonst ist er allein,
still in sich und leiderfüllt,
seine Menschen sind entschwunden.
Die ihn jetzt bewundern
sind ihm ja so fern,
sie verstehn ihn nicht,
und ihr Angesicht
ohn' liebendes Empfinden
ihn mit Leid umhüllt.
– Nie mehr ist er jetzt gestillt –

[Hab mich lieb][20]

~~Ich liebe es am Abend Dir ein Lied zu singen~~
~~Ich möchte Dir ein Abendlied noch singen~~
das schwerer noch als ~~schweres~~ pures Silber wiegt
Doch diese ~~n~~Nacht hat ~~keine~~ nicht die leichten Schwingen
Worauf die Seele mir zu Sternen fliegt.
~~In~~ Von graue [sic] ~~Näch~~ Dämmrung ist die ~~Nacht~~ Welt ~~gesp~~umsponnen
Die einst ~~die~~ mir Worte in die Seele schrie [sic]
Die Melodie ist, eh sie an ~~hal~~hebt schon zerronnen
~~Ich st~~
~~Mir~~ Nur diese Worte bleiben ~~bei mir~~ : Hab mich lieb.

Von Inge Aicher-Scholl liegt eine Reinschrift vor:

Ich liebe es am Abend Dir ein Lied zu singen
Ich möchte Dir ein Abendlied noch singen
das schwerer noch als schweres Silber wiegt
Doch diese Nacht hat nicht die leichten Schwingen
Worauf die Seele mir zu Sternen fliegt.
Von grauer Dämmrung ist die Welt umsponnen
Die einst mir Worte in die Seele schrieb. [sic]
Die Melodie ist, eh sie anhebt schon zerronnen.
Nur diese Worte bleiben: Hab mich lieb.

[Schweigen][21]

Alle Worte, welche ich ausspreche,
sind schon so verbraucht, dass
ich lieber schweige. Schweigen ist
schwer, aber wer es erträgt, überträgt dieses Gewicht auf sich selbst.
Wenn er dereinst nach langem Verzicht
zu reden anhebt, fallen seine Worte wie
Kometen vom Nachthimmel
in die lauschende Welt.

[Gespenster][22]

19. Juli 1942.
Gespenster können mir aus dem Kaminfeuer steigen.

Die Zeit muss wohl etwas verdreht sein, denn Kaminfeuer im Juli – – –
ja, es regnet zuweilen tagelang – – – vielleicht sind auch daran die
Geister schuld, das Eine wenigstens, der böse Dämon, der die Zeit
bedroht. Dennoch haben wir die Himbeeren eingebracht. Die wachsen
reifen immer noch unter der freien Sonne. Und wenn ich jetzt die Augen
zumache sehe ich:
Der Regen rinnt. Uralte Melodien.
Millionen Tropfen trommeln auf das Dach,
Und Nebelschleier sacht die Berge umziehn.

Ein Blatt erbebt. Der Wind erwacht,
Man hört ihn summen im Kamin,
Man schweigt und lauscht und nach und nach

Entsteigt der Glut die Wunschgestalt,
Die jedem Traum in jeder Nacht
Entsteigt mit zärtlicher Gewalt
Und lächelnd uns zur Seite wacht.

– – – – – – – –

[Sehnsucht][23]

Dort wo der Westwind herweht
wohnst Du.
Und wo er hinweht
flieht meine Sehnsucht voraus.

Als der Wind durch die Zweige blies
starben die Blätter verweht auf den Straßen

Weil ich Dich einmal verließ
~~muss~~ hab ich Dich ~~heute~~ gestern wieder verlassen.[24]

Die Flugblätter

Die Transkription der sechs veröffentlichten Flugblätter und des Entwurfs für einen siebten Aufruf orientiert sich in Orthografie und Layout eng an den im Institut für Zeitgeschichte archivierten Originalen (ED 474, 12.6., Band 185). Um die Authentizität zu wahren, wurden Rechtschreibfehler nicht korrigiert, eckige Klammern verweisen auf Schreibfehler, Worttrennungen am Zeilenende sind nicht übernommen. Auf der für die Schriften I bis IV und 5 bis 6 benutzten Remington-Schreibmaschine fehlten ein «ß» und die Großbuchstaben der Umlaute; Anführungszeichen konnten nur hoch gesetzt werden (wo sie unten stehen, handelt es sich um die Wiedergabe handschriftlicher Einträge). In der Textskizze für Flugblatt 7 wurden die Tippfehler korrigiert.

F l u g b l ä t t e r   d e r   W e i s s e n   R o s e .

I

Nichts ist eines Kulturvolkes unwürdiger, als sich ohne Widerstand von einer verantwortungslosen und dunklen Trieben ergebenen Herrscherclique "regieren" zu lassen. Ist es nicht so, dass sich jeder ehrliche Deutsche heute seiner Regierung schämt, und wer von uns ahnt das Ausmass der Schmach, die über uns und unsere Kinder kommen wird, wenn einst der Schleier von unseren Augen gefallen ist und die grauenvollsten und jegliches Mass unendlich überschreitenden Verbrechen ans Tageslicht treten? Wenn das deutsche Volk schon so in seinem tiefsten Wesen korrumpiert und zerfallen ist, dass es ohne eine Hand zu regen, im leichtsinnigen Vertrauen auf eine fragwürdige Gesetzmässigkeit der Geschichte, das Höchste, das ein Mensch besitzt, und das ihn über jede andere Kreatur erhöht, nämlich den freien Willen, preisgibt, die Freiheit des Menschen preisgibt, selbst mit einzugreifen in das Rad der Geschichte und es seiner vernünftigen Entscheidung unterzuordnen, wenn die Deutschen so jeder Individualität bar, schon so sehr zur geistlosen und feigen Masse geworden sind, dann, ja dann verdienen sie den Untergang.

Goethe spricht von den Deutschen als einem tragischen Volke, gleich dem der Juden und Griechen, aber heute hat es eher den Anschein, als sei es eine seichte, willenlose Herde von Mitläufern, denen das Mark aus dem Innersten gesogen und nun ihres Kernes beraubt, bereit sind sich in den Un[t]ergang hetzen zu lassen. Es scheint so — aber es ist nicht so; vielmehr hat man in langsamer, trügerischer, systematischer Vergewaltigung jeden einzelnen in ein geistiges Gefängnis gesteckt, und erst, als er darin gefesselt lag, wurde er sich des Verhängnisses bewusst. Wenige nur erkannten das drohende Verderben, und der Lohn für ihr heroisches Mahnen war der Tod. Ueber das Schicksal dieser Menschen wird noch zu reden sein.

Wenn jeder wartet, bis der andere anfängt, werden die Boten der rächenden Nemesis unaufhaltsam näher und näher rücken, dann wird auch das letzte Opfer sinnlos in den Rachen des unersättlichen Dämons geworfen sein. Daher muss jeder Einzelne seiner Verantwortung als Mitglied der christlichen und abendländischen Kultur bewusst in dieser letzten Stunde sich wehren so viel er kann, arbeiten wider die Geis[s]el der Menschheit, wider den Faschismus und jedes ihm ähnliche System des absoluten Staates. Leistet passiven Widerstand — W i d e r s t a n d — wo immer Ihr auch seid, verhindert das Weiterlaufen dieser at[h]eistischen Kriegsmaschine, ehe es zu spät ist, ehe die letzten Städte ein Trümmerhaufen sind, gleich Köln, und ehe die letzte Jugend des Volkes irgendwo für die Hybris eines Untermenschen verblutet ist. Vergesst nicht, dass ein jedes Volk diejenige Regierung verdient, die es erträgt!

Aus Friedrich Schiller, "Die Gesetzgebung des Lykurgus und Solon":

"....Gegen seinen eigenen Zweck gehalten, ist die Gesetzgebung des Lykurgus ein Meisterstück der Staats- und Menschenkunde. Er wollte einen mächtigen, in sich selbst gegründeten, unzerstörbaren Staat; politische Stärke und Dauerhaftigkeit waren das Ziel, wonach er strebte, und dieses Ziel hat er so weit erreicht, als unter seinen Umständen möglich war. Aber hält man den Zweck, welchen Lykurgus sich vorsetzte, gegen den Zweck der Menschheit, so muss eine tiefe Missbilligung an die Stelle der Bewunderung treten, die uns der erste, flüchtige Blick abgewonnen hat. Alles darf dem Besten des Staats zum Opfer gebracht werden, nur dasjenige nicht, dem der Staat selbst nur als ein Mittel dient. Der Staat selbst ist niemals Zweck, er ist nur wichtig als eine Bedingung, unter welcher der Zweck der Menschheit erfüllt werden kann, und dieser Zweck der Menschheit ist kein anderer, als Ausbildung aller Kräfte des Menschen, Fortschreitung. Hindert eine Staatsverfassung, dass alle Kräfte, die im Menschen liegen, sich entwickeln; hindert sie die Fortschreitung des Geistes, so ist sie verwerflich und schädlich, sie mag übrigens noch so durchdacht und in ihrer Art noch so vollkommen sein. Ihre Dauerhaftigkeit selbst gereicht ihr alsdann viel mehr zum Vorwurf, als zum Ruhme — sie ist dann nur ein verlängertes Uebel; je länger sie Bestand hat, um so schädlicher ist sie.

.....Auf Unkosten aller sittlichen Gefühle wurde das politische Verdienst errungen und die Fähigkeit dazu ausgebildet. In Sparta gab es keine eheliche Liebe, keine Mutterliebe, keine kindliche Liebe, keine Freundschaft — es gab nichts als Bürger, nichts als bürgerliche Tugend.

.....Ein Staatsgesetz machte den Spartanern die Unmenschlichkeit gegen ihre Sklaven zur Pflicht; in diesen unglücklichen Schlachtopfern wurde die Menschheit beschimpft und misshandelt. In dem spartanischen Gesetz-

buche selbst wurde der gefährliche Grundsatz gepredigt,
Menschen als Mittel und nicht als Zwecke zu betrach-
ten — dadurch wurden die Grundfesten des Naturrechts
und der Sittlichkeit gesetzmässig eingerissen.
..... Welch schöneres Schauspiel gibt der rauhe Krieger
Cajus Marcius in seinem Lager vor Rom, der Rache und
Sieg aufopfert, weil er die Tränen der Mutter nicht
fliessen sehen kann!"
"...Der Staat (des Lykurgus) könnte nur unter der einzigen Bedingung fortdauern, wenn der Geist des Volks
stillstünde; er konnte sich also nur dadurch erhalten,
dass er den höchsten und einzigen Zweck eines Staates
verfehlte."

    Aus Goethe "Des Epimenides Erwachen", zweiter
Aufzug, vierter Auftritt:

    Genien
    .....
Doch was dem Abgrund kühn entstiegen,
Kann durch ein ehernes Geschick
Den halben Weltkreis übersiegen,
Zum Abgrund muss es doch zurück.
Schon droht ein ungeheures Bangen,
Vergebens wird er widerstehn!
Und alle, die noch an ihn hangen,
Sie müssen mit zu Grunde gehn

    Hoffnung

Nun begegn' ich meinen Braven,
Die sich in der Nacht versammelt
Um zu schweigen, nicht zu schlafen,
Und das schöne Wort der Freiheit
Wird gelispelt und gestammelt,
Bis in ungewohnter Neuheit
Wir an unsrer Tempel Stufen
Wieder neu entzückt es rufen:
    (Mit Ueberzeugung laut:)

Freiheit!
  (gemässigter:)
  Freiheit!
  (von allen Seiten und Enden Echo:)
  Freiheit!

Wir bitten Sie, dieses Blatt mit möglichst vielen Durchschlägen abzuschreiben und weiter zu verteilen!

Flugblätter der Weissen Rose

II

Man kann sich mit dem Nationalsozialismus geistig nicht auseinandersetzen, weil er ungeistig ist. Es ist falsch, wenn man von einer nationalsozialistischen Weltanschauung spricht, denn, wenn es diese gäbe, müsste man versuchen, sie mit geistigen Mitteln zu beweisen oder zu bekämpfen — die Wirklichkeit aber bietet uns ein völlig anderes Bild: schon in ihrem ersten Keim war diese Bewegung auf den Betrug des Mitmenschen angewiesen, schon damals war sie im Innersten verfault und konnte sich nur durch die stete Lüge retten. Schreibt doch Hitler selbst in einer frühen Auflage "seines" Buches (ein Buch, das in dem übelsten Deutsch geschrieben worden ist, das ich je gelesen habe; dennoch ist es von dem Volke der Dichter und Denker zur Bibel erhoben worden): "Man glaubt nicht, wie man ein Volk betrügen muss, um es zu regieren." Wenn sich nun am Anfang dieses Krebsgeschwür des deutschen Volkes noch nicht allzusehr bemerkbar gemacht hatte, so nur deshalb, weil noch gute Kräfte genug am Werk waren, es zurückzuhalten. Wie es aber grösser und grösser wurde und schliesslich mittels einer letzten gemeinen Korruption zur Macht kam, das Geschwür gleichsam aufbrach und den ganzen Körper besudelte, versteckte sich die Mehrzahl der früheren Gegner, flüchtete die deutsche Intelligenz in ein Kellerloch, um dort als Nachtschattengewächs, dem Licht und der Sonne ver-

borgen, allmählich zu ersticken. Jetzt stehen wir vor
dem Ende. Jetzt kommt es darauf an, sich gegenseitig
wiederzufinden, aufzuklären von Mensch zu Mensch, immer
daran zu denken und sich keine Ruhe zu geben, bis auch
der letzte von der äussersten Notwendigkeit seines
Kämpfens wider dieses System überzeugt ist. Wenn so
eine Welle des Aufruhrs durch das Land geht, wenn "es
in der Luft liegt", wenn viele mitmachen, dann kann in
einer letzten, gewaltigen Anstrengung dieses System
abgeschüttelt werden. Ein Ende mit Schrecken ist immer
noch besser, als ein Schrecken ohne Ende.

Es ist uns nicht gegeben, ein endgültiges Urteil
über den Sinn unserer Geschichte zu fällen. Aber wenn
diese Katastrophe uns zum Heile dienen soll. [sic] so
doch nur dadurch: durch das Leid gereinigt zu werden,
aus der tiefsten Nacht heraus das Licht zu ersehnen,
sich aufzuraffen und endlich mitzuhelfen, das Joch abzu-
schütteln, das die Welt bedrückt.

Nicht über die Judenfrage wollen wir in diesem
Blatte schreiben, keine Verteidigungsrede verfassen —
nein, nur als Beispiel wollen wir die Tatsache kurz
anführen, die Tatsache, dass seit der Eroberung Polens
<u>dreihunderttausend</u> Juden in diesem Land auf bestia-
lischste Art ermordet worden sind. Hier sehen wir das
fürchterlichste Verbrechen an der Würde des Menschen,
ein Verbrechen, dem sich kein ähnliches in der ganzen
Menschengeschichte an die Seite stellen kann. Auch die
Juden sind doch Menschen — man mag sich zur Judenfrage
stellen wie man will — und an Menschen wurde solches
verübt. Vielleicht sagt jemand, die Juden hätten ein
solches Schicksal verdient; diese Behauptung wäre eine
ungeheure Anmassung; aber angenommen, es sagte jemand
dies, wie stellt er sich dann zu der Tatsache, dass die
gesamte polnische adelige Jugend vernichtet worden ist
(Gebe Gott, dass sie es noch nicht ist!)? Auf welche

Art, fragen sie, ist solches geschehen? Alle männlichen Sprösslinge aus adeligen Geschlechtern zwischen 15 und 20 Jahren wurden in Konzentrationslager nach Deutschland zur Zwangsarbeit, alle Mädchen gleichen Alters nach Norwegen in die Bordelle der SS verschleppt! Wozu wir dies Ihnen alles erzählen, da Sie es schon selber wissen, wenn nicht diese, so andere gleich schwere Verbrechen des fürchterlichen Untermenschentums? Weil hier eine Frage berührt wird, die uns alle zutiefst angeht und allen zu denken geben m u s s [.] Warum verhält sich das deutsche Volk angesichts all dieser scheusslichsten, menschenunwürdigsten Verbrechen so apathisch? Kaum irgendjemand macht sich Gedanken darüber. Die Tatsache wird als solche hingenommen und ad acta gelegt. Und wieder schläft das deutsche Volk in seinem stumpfen, blöden Schlaf weiter und gibt diesen faschistischen Verbrechern Mut und Gelegenheit weiterzuwüten — und diese tun es. Sollte dies ein Zeichen dafür sein, dass die Deutschen in ihren primitivsten menschlichen Gefühlen verroht sind, dass keine Saite in ihnen schrill aufschreit im Angesicht solcher Taten, dass sie in einen tödlichen Schlaf versunken sind, aus dem es kein Erwachen mehr gibt, nie, niemals? Es scheint so und ist es bestimmt, wenn der Deutsche nicht endlich aus dieser Dumpfheit auffährt, wenn er nicht protestiert, wo immer er nur kann gegen diese Verbrecherclique, wenn er mit diesen Hunderttausenden von Opfern nicht mitleidet. Und nicht nur Mitleid muss er empfinden, nein, noch viel mehr: M i t s c h u l d . Denn er gibt durch sein apathisches Verhalten diesen dunklen Menschen erst die Möglichkeit so zu handeln, er leidet diese "Regierung", die eine so unendliche Schuld auf sich geladen hat, ja er ist doch selbst schuld daran, dass sie überhaupt entstehen konnte! Ein jeder will sich von einer solchen Mitschuld freisprechen, ein jeder tut es und schläft dann wieder mit ruhigstem, bestem Gewissen. Aber er kann sich nicht freisprechen, ein jeder ist s c h u l d i g , s c h u l d i g , s c h u l d i g ! Doch ist es noch nicht zu spät, diese abscheulichste aller Missgeburten von

Regierungen aus der Welt zu schaffen, um nicht noch mehr
Schuld auf sich zu laden. Jetzt, da uns in den letzten
Jahren die Augen vollkommen geöffnet worden sind, da wir
wissen, mit wem wir es zu tun haben, jetzt ist es aller-
höchste Zeit, diese braune Horde auszurotten. Bis zum
Ausbruch des Krieges war der grösste Teil des deutschen
Volkes geblendet, die Nationalsozialisten zeigten sich
nicht in ihrer wahren Gestalt, doch jetzt, da man sie
erkannt hat, muss es die einzige und höchste Pflicht,
ja heiligste Pflicht eines jeden Deutschen sein, diese
Bestien zu vertilgen!

>"Der, des Verwaltung unauffällig ist, des Volk ist
froh. Der, des Verwaltung aufdringlich ist, des
Volk ist gebrochen.
Elend, ach, ist es, worauf Glück sich aufbaut.
Glück, ach, verschleiert nur Elend. Wo soll das
hinaus? Das Ende ist nicht abzusehen. Das Ge-
ordnete verkehrt sich in Unordnung, das Gute
verkehrt sich in Schlechtes. Das Volk gerät in
Verwirrung. Ist es nicht so täglich seit langem?
Daher ist der Hohe Mensch rechteckig, aber er
stösst nicht an, er ist kantig, aber verletzt
nicht, er ist aufrecht, aber nicht schroff. Er ist
klar, aber will nicht glänzen." Lao-tse.

. . . . .

„Wer unternimmt, das Reich zu beherrschen, und es nach
seiner Willkür zu gestalten; ich sehe ihn sein Ziel
nicht erreichen; das ist alles."
„Das Reich ist ein lebendiger Organismus; es kann nicht
gemacht werden, wahrlich! Wer daran machen will, ver-
dirbt es, wer sich seiner bemächtigen will, verliert
es."
Daher: "Von den Wesen gehen manche vorauf, andere
folgen ihnen, manche atmen warm, manche kalt, manche
sind stark, manche schwach, manche erlangen Fülle,
andere unterliegen."

„Der Hohe Mensch daher lässt ab von Uebertriebenheit, lässt ab von Ueberhebung, lässt ab von Uebergriffen."
Lao-tse.

. . . . .

Wir bitten, diese Schrift mit möglichst vielen Durchschlägen abzuschreiben und weiterzuverteilen.

Flugblätter der Weissen Rose

III

"Salus publica suprema lex."

Alle idealen Staatsformen sind Utopien. Ein Staat kann nicht rein theoretisch konstruiert werden, sondern er muss ebenso wachsen, reifen, wie der einzelne Mensch. Aber es ist nicht zu vergessen, dass am Anfang einer jeden Kultur die Vorform des Staates vorhanden war. Die Familie ist so alt, wie die Menschen selbst und aus diesem anfänglichen Zusammensein hat sich der vernunftbegabte Mensch einen Staat geschaffen, dessen Grund die Gerechtigkeit und dessen höchstes Gesetz das Wohl Aller sein soll. Der Staat soll eine Analogie der göttlichen Ordnung darstellen, und die höchste aller Utopien, die civitas Dei ist das Vorbild, dem er sich letzten Endes nähern soll. Wir wollen hier nicht urteilen über die verschiedenen möglichen Staatsformen, die Demokratie, die konstitutionelle Monarchie, das Königtum usw. Nur eines will eindeutig und klar herausgehoben werden: jeder einzelne Mensch hat einen Anspruch auf einen brauchbaren und gerechten Staat, der die Freiheit des Einzelnen als auch das Wohl der Gesamtheit, sichert. Denn der Mensch soll nach Gottes Willen frei und unabhängig im Zusammenleben und Zusammenwirken der staatlichen Gemeinschaft sein natürliches Ziel, sein irdisches Glück in Selbständigkeit und Selbsttätigkeit zu erreichen suchen.

Unser heutiger "Staat" aber ist die Diktatur des Bösen. "Das wissen wir schon lange," höre ich Dich einwenden, "und wir haben es nicht nötig, dass uns dies hier noch einmal vorgehalten wird." Aber, frage ich Dich, wenn ihr das wisst, warum regt ihr euch nicht, warum duldet ihr, dass diese Gewalthaber Schritt für Schritt offen und im Verborgenen eine Domäne eures Rechtes nach der anderen rauben, bis eines Tages nichts, aber auch gar nichts übrigbleiben wird, als ein mechanisiertes Staatsgetriebe, kommandiert von Verbrechern und Säufern? Ist euer Geist schon so sehr der Vergewaltigung unterlegen, dass ihr vergesst, dass es nicht nur euer Recht, sondern eure s i t t l i c h e P f l i c h t ist, dieses System zu beseitigen? Wenn aber ein Mensch nicht mehr die Kraft aufbringt, sein Recht zu fordern, dann muss er mit absoluter Notwendigkeit untergehen. Wir würden es verdienen, in alle Welt verstreut zu werden, wie der Staub vor dem Winde, wenn wir uns in dieser zwölften Stunde nicht aufrafften und endlich den Mut aufbrächten, der uns seither gefehlt hat. Verbergt nicht eure Feigheit unter dem Mantel der Klugheit! Denn mit jedem Tag, da ihr noch zögert, da ihr dieser Ausgeburt der Hölle nicht widersteht, wächst eure Schuld gleich einer parabolischen Kurve höher und immer höher.

Viele, vielleicht die meisten Leser dieser Blätter sind sich darüber nicht klar, wie sie einen Widerstand ausüben sollen. Sie sehen keine Möglichkeiten. Wir wollen versuchen Ihnen zu zeigen, dass ein jeder in der Lage ist, etwas beizutragen zum Sturz dieses Systems. Nicht durch individualistische Gegnerschaft, in der Art verbitterter Einsiedler, wird es möglich werden, den Boden für einen Sturz dieser "Regierung" reif zu machen oder gar den Umsturz möglichst bald herbeizuführen, sondern nur durch die Zusammenarbeit vieler überzeugter, tatkräftiger Menschen, Menschen, die sich einig sind, mit welchen Mitteln sie ihr Ziel erreichen können. Wir haben keine reiche Auswahl an solchen Mitteln, nur ein einziges steht uns zur Verfügung — der p a s s i v e   W i d e r s t a n d .

Der Sinn und das Ziel des passiven Widerstandes ist, den Nationalsozialismus zu Fall zu bringen und in diesem Kampf ist vor keinem Weg, vor keiner Tat zurückzuschrecken, mögen sie auf Gebieten liegen, auf welchen sie auch wollen. An a l l e n Stellen muss der Nationalsozialismus angegriffen werden, an denen er nur angreifbar ist. Ein Ende muss diesem Unstaat möglichst bald bereitet werden, ein Sieg des faschistischen Deutschland in diesem Kriege hätte unabsehbare, fürchterliche Folgen. Nicht der militärische Sieg über den Bolschewismus darf die erste Sorge für jeden Deutschen sein, sondern die Niederlage der Nationalsozialisten. Dies muss unbedingt an erster Stelle stehen. Die grössere Notwendigkeit dieser letzteren Forderung werden wir Ihnen in einem unserer nächsten Blätter beweisen.

Und jetzt muss sich ein jeder entschiedene Gegner des Nationalsozialismus die Frage vorlegen: Wie kann er gegen den gegenwärtigen "Staat" am wirksamsten ankämpfen, wie ihm die empfindlichsten Schläge beibringen? Durch den passiven Widerstand — zweifellos. Es ist klar, dass wir unmöglich für jeden Einzelnen Richtlinien für sein Verhalten geben können, nur allgemein andeuten können wir, den Weg zur Verwirklichung muss jeder selber finden.

S a b o t a g e in Rüstungs- und kriegswichtigen Betrieben, Sabotage in allen Versammlungen, Kundgebungen, Festlichkeiten, Organisationen, die durch die nat. soz. Partei ins Leben gerufen werden. Verhinderung des reibungslosen Ablaufs der Kriegsmaschine (einer Maschine, die nur für einen Krieg arbeitet, der a l l e i n um die Rettung und Erhaltung der nat.soz. Partei und ihrer Diktatur geht). S a b o t a g e auf allen wissenschaftlichen und geistigen Gebieten, die für eine Fortführung des gegenwärtigen Krieges tätig sind — sei es in Universitäten, Hochschulen, Laboratorien, Forschungsanstalten, technischen Büros. S a b o t a g e in allen Veranstaltungen kultureller Art, die das "Ansehen" der Faschisten im Volke heben könnten. S a b o t a g e in allen Zweigen der bildenden Künste, die nur im geringsten im Zusammenhang mit dem Nationalsozialismus stehen und ihm dienen. S a b o t a g e in allem Schrifttum, allen Zeitungen, die im Solde der "Regierung" stehen, für ihre Ideen, für die Verbreitung der braunen Lüge, kämpfen. Opfert nicht einen Pfennig bei Strassensammlungen (auch wenn sie unter dem Deckmantel wohltätiger Zwecke durchgeführt werden[)]. Denn dies ist nur eine Tarnung. In Wirklichkeit kommt das Ergebnis weder dem Roten Kreuz noch den Notleidenden zugute. Die Regierung braucht dies Geld nicht, ist auf diese Sammlungen finanziell nicht angewiesen — die Druckmaschinen laufen ja ununterbrochen und stellen jede beliebige Menge von Papiergeld her. Das Volk muss aber dauernd in Spannung gehalten werden, nie darf der Druck der Kandare nachlassen! Gebt nichts für die Metall- Spinnstoff- und andere Sammlungen! Sucht alle Bekannte[n] auch aus den unteren Volksschichten, von der Sinnlosigkeit einer Fortführung, von der Aussichtslosigkeit dieses Krieges, von der geistigen und wirtschaftlichen Versklavung von der Zerstörung aller sittlichen und religiösen Werte durch den Nationalsozialismus zu überzeugen und zum p a s s i v e n W i d e r s t a n d zu veranlassen!

Aristoteles "Ueber die Politik": ..... "Ferner gehört es (zum Wesen der Tyrannis) dahin zu streben, dass ja nichts verborgen bleibe, was irgendein Untertan spricht oder tut, sondern überall Späher ihn belauschen ....ferner alle Welt miteinander zu verhetzen und Freunde mit Freunden zu verfeinden und das Volk mit den Vornehmen und die Reichen unter sich. Sodann gehört es zu solchen tyrannischen Massregeln, die Untertanen arm zu machen, damit die Leibwache besoldet werden kann, und sie, mit der Sorge um ihren täglichen Erw[e]rb beschäftigt, keine Zeit und Musse haben, Verschwörungen anzustiften....Ferner aber auch solche hohe Einkommensteuern, wie die in Syrakus auferlegten, denn unter Dionysios hatten die Bürger dieses Staates in fünf Jahren glücklich ihr ganzes Vermögen in Steuern ausgegeben. Und auch beständig Kriege zu erregen, ist der Tyrann geneigt..."

Bitte vervielfältigen und weitergeben!!!

Flugblätter der Weissen Rose

IV

Es ist eine alte Weisheit, die man Kindern immer wieder aufs neue predigt, dass wer nicht hören will, fühlen muss. Ein kluges Kind wird sich aber die Finger nur einmal am heissen Ofen verbrennen.

In den vergangenen Wochen hatte Hitler sowohl in Afrika, als auch in Russland Erfolge zu verzeichnen. Die Folge davon war, dass der Optimismus auf der einen, die Bestürzung und der Pessimismus auf der anderen Seite des Volkes mit einer der deutschen Trägheit unvergleichlichen Schnelligkeit anstieg. Allenthalben hörte man unter den Gegnern Hitlers, also unter dem besseren Teil des Volkes, Klagerufe, Worte der Enttäuschung und der Entmutigung, die nicht selten in dem Ausruf endigten: "Sollte nun Hitler doch..?"

Indessen ist der deutsche Angriff auf Aegypten zum Stillstand gekommen, Rommel muss in einer gefährlich exponierten Lage verharren — aber noch geht der Vormarsch im Osten weiter. Dieser scheinbare Erfolg ist unter den grauenhaftesten Opfern erkauft worden, so dass er schon nicht mehr als vorteilhaft bezeichnet werden kann. Wir warnen daher vor j e d e m Optimismus.

Wer hat die Toten gezählt, Hitler oder Göbbels — wohl keiner von beiden. Täglich fallen in Russland Tausende. Es ist die Zeit der Ernte, und der Schnitter fährt mit vollem Zug in die reife Saat. Die Trauer kehrt ein in die Hütten der Heimat und niemand ist da, der die Tränen der Mütter trocknet. Hitler aber belügt die, deren teuerstes Gut er geraubt und in den sinnlosen Tod getrieben hat.

Jedes Wort, das aus Hitlers Munde kommt, ist Lüge: Wenn er Frieden sagt, meint er den Krieg, und wenn er in frevelhaftester Weise den Namen des Allmächtigen nennt, meint er die Macht des Bösen, den gefallenen Engel, den Satan. Sein Mund ist der stinkende Rachen der Hölle und seine Macht ist im Grunde verworfen. Wohl muss man mit rationalen Mitteln den Kampf wider den nationalsozialistischen Terrorstaat führen; wer aber heute noch an der realen Existenz der dämonischen Mächte zweifelt, hat den metaphysischen Hintergrund dieses Krieges bei weitem nicht begriffen. Hinter dem Konkreten, hinter dem sinnlich Wahrnehmbaren, hinter allen sachlichen logischen Ueberlegungen, steht das Irrationale, d. i. der Kampf wider den Dämon, wider den Boten des Antichrists. Ueberall und zu allen Zeiten haben die Dämonen im Dunkeln gelauert auf die Stunde, da der Mensch schwach wird, da er seine ihm von Gott auf Freiheit gegründete Stellung im ordo eigenmächtig verlässt, da er dem Druck des Bösen nachgibt, sich von den Mächten höherer Ordnung loslöst und so, nachdem er den ersten Schritt freiwillig getan, zum zweiten und dritten und immer mehr getrieben wird mit rasend steigender Geschwindigkeit — überall und zu allen Zeiten der höchsten Not sind Menschen aufgestanden, Propheten, Heilige, die ihre Freiheit gewahrt hatten, die auf den Einzigen Gott hinwiesen und mit seiner Hilfe das Volk zur Umkehr mahnten. Wohl ist der Mensch frei, aber er ist wehrlos wider das Böse ohne den wahren Gott, er ist wie ein Schiff ohne Ruder, dem Sturme preisgegeben, wie ein Säugling ohne Mutter, wie eine Wolke, die sich auflöst.

Gibt es, so frage ich Dich, der Du ein Christ bist, gibt es in diesem Ringen um die Erhaltung Deiner höchsten Güter ein Zögern, ein Spiel mit Intrigen, ein Hinausschieben der Entscheidung in der Hoffnung, dass ein anderer die Waffen erhebt, um Dich zu verteidigen? Hat Dir nicht Gott selbst die Kraft und den Mut gegeben zu kämpfen? Wir m ü s s e n das Böse dort angreifen, wo es am mächtigsten ist, und es ist am mächtigsten in der Macht Hitlers.

"Ich wandte mich und sah an alles Unrecht, das geschah unter der Sonne; und siehe, da waren Tränen derer, so Unrecht litten und hatten keinen Tröster; und die ihnen Unrecht taten, waren so mächtig, dass sie keinen Tröster haben konnten.
Da lobte ich die Toten, die schon gestorben waren, mehr denn die Lebendigen, die noch das Leben hatten...." (Sprüche)

Novalis: "Wahrhafte Anarchie ist das Zeugungselement der Religion. Aus der Vernichtung alles Positiven hebt sie ihr glorreiches Haupt als neue Weltstifterin empor... Wenn Europa wieder erwachen wollte, wenn ein Staat der Staaten, eine politische Wissenschaftslehre uns bevorstände! Sollte etwa die Hierarchie.....das Prinzip des Staatenvereins sein?.....Es wird so lange Blut über Europa strömen, bis die Nationen ihren fürchterlichen Wahnsinn gewahr werden, der sie im Kreis herumtreibt, und von heiliger Musik getroffen und besänftigt zu ehemaligen Altären in bunter Vermischung treten, Werke des Friedens vornehmen und ein grosses Friedensfest auf den rauchenden Walstätten mit heissen Tränen gefeiert wird. Nur die Religion kann Europa wieder aufwecken und das Völkerrecht sichern und die Christenheit mit neuer Herrlichkeit sichtbar auf Erden in ihr friedenstiftendes Amt installieren."

Wir weisen eindrücklich darauf hin, dass die Weisse Rose nicht im Solde einer ausländischen Macht steht. Obgleich wir wissen, dass die nationalsozialistische Macht militärisch gebrochen werden muss, suchen wir eine Erneuerung des schwerverwundeten deutschen Geistes von innen her zu erreichen. Dieser Wiedergeburt muss aber die klare Erkenntnis aller Schuld, die das deutsche Volk auf sich geladen hat, und ein rücksichtsloser Kampf gegen Hitler und seine allzuvielen Helfershelfer, Parteimitglieder, Quislinge usw. vorausgehen. Mit aller Brutalität muss die Kluft zwischen dem besseren Teil des Volkes und allem, was mit dem Nationalsozialismus zusammenhängt, aufgerissen werden. Für Hitler und seine Anhänger gibt es auf dieser Erde keine Strafe, die ihren Taten gerecht wäre. Aber aus Liebe zu kommenden Generationen muss nach Beendigung des Krieges ein Exempel statuiert werden, dass niemand auch nur die geringste Lust je verspüren sollte, Aehnliches aufs neue zu versuchen. Vergesst auch nicht die kleinen Schurken dieses Systems, merkt Euch die Namen, auf dass keiner entkomme! Es soll ihnen nicht gelingen, in letzter Minute noch nach all diesen Scheusslichkeiten die Fahne zu wechseln und so zu tun, als ob nichts gewesen wäre!

Zu Ihrer Beruhigung möchten wir noch hinzufügen, dass die Adressen der Leser der Weissen Rose nirgendwo schriftlich niedergelegt sind.
Die Adressen sind willkürlich Adressbüchern entnommen.

Wir schweigen nicht, wir sind Euer böses Gewissen, die Weisse Rose lässt Euch keine Ruhe!

Bitte vervielfältigen und weitersenden!

[Flugblatt 5]

Flugblätter der Widerstandsbewegung in Deutschland.

A u f r u f   a n   a l l e   D e u t s c h e !

Der Krieg geht seinem sicheren Ende entgegen. Wie im Jahre 1918 versucht die deutsche Regierung alle Aufmerksamkeit auf die wachsende U-Bootgefahr zu lenken, während im Osten die Armeen unaufhörlich zurückströmen, im Westen die Invasion erwartet wird. Die Rüstung Amerikas hat ihren Höhepunkt noch nicht erreicht, aber heute schon übertrifft sie alles in der Geschichte seither Dagewesene. Mit mathematischer Sicherheit führt Hitler das deutsche Volk in den Abgrund. H i t l e r k a n n d e n K r i e g n i c h t g e w i n n e n , n u r n o c h v e r l ä n g e r n ! Seine und seiner Helfer Schuld hat jedes Mass unendlich überschritten. Die gerechte Strafe rückt näher und näher!

Was aber tut das deutsche Volk? Es sieht nicht und es hört nicht. Blindlings folgt es seinen Verführern ins Verderben. Sieg um jeden Preis, haben sie auf ihre Fahne geschrieben. Ich kämpfe bis zum letzten Mann, sagt Hitler — indes ist der Krieg bereits verloren.

Deutsche! Wollt Ihr und Eure Kinder dasselbe Schicksal erleiden, das den Juden widerfahren ist? Wollt Ihr mit dem gleichen Masse gemessen werden, wie Eure Verführer? Sollen wir auf ewig das von aller Welt gehasste und ausgestossene Volk sein? Nein! Darum trennt Euch von dem nationalsozialistischen Untermenschentum! Beweist durch die Tat, dass Ihr anders denkt! Ein neuer Befreiungskrieg bricht an. Der bessere Teil des Volkes kämpft auf unserer Seite. Zerreisst den Mantel der Gleichgültigkeit, den Ihr um Euer Herz gelegt! Entscheidet Euch, e h ' e s z u s p ä t i s t !

Glaubt nicht der nationalsozialistischen Propaganda, die Euch den Bolschewistenschreck in die Glieder gejagt hat! Glaubt nicht, dass Deutschlands Heil mit dem Sieg des Nationalsozialismus auf Gedeih und Verderben verbunden sei! Ein Verbrechertum kann keinen deutschen Sieg erringen. Trennt Euch r e c h t z e i t i g von allem, was mit dem Nationalsozialismus zusammenhängt! Nachher wird ein schreckliches, aber gerechtes Gericht kommen über die, so sich feig und unentschlossen verborgen hielten.

Was lehrt uns der Ausgang dieses Krieges, der nie ein nationaler war?

Der imperialistische Machtgedanke muss, von welcher Seite er auch kommen möge, für alle Zeit unschädlich gemacht werden. Ein einseitiger preussischer Militarismus darf nie mehr zur Macht gelangen. Nur in grosszügiger Zusammenarbeit der europäischen Völker kann der Boden geschaffen werden, auf welchem ein neuer Aufbau möglich sein wird. Jede zentralistische Gewalt, wie sie der preussische Staat in Deutschland und Europa auszuüben versucht hat, muss im Keime erstickt werden. Das kommende Deutschland kann nur föderalistisch sein. Nur eine gesunde föderalistische Staatenordnung vermag heute noch das geschwächte Europa mit neuem Leben zu erfüllen. Die Arbeiterschaft muss durch einen vernünftigen Sozialismus aus ihrem Zustand niedrigster Sklaverei befreit werden. Das Truggebilde der autarken Wirtschaft muss in Europa verschwinden. Jedes Volk, jeder Einzelne hat ein Recht auf die Güter der Welt!

Freiheit der Rede, Freiheit des Bekenntnisses, Schutz des einzelnen Bürgers vor der Willkür verbrecherischer Gewaltstaaten, das sind die Grundlagen des neuen Europa.

Unterstützt die Widerstandsbewegung, <u>verbreitet</u> die Flugblätter!

[Flugblatt 6]

Kommilitoninnen! Kommilitonen!

Erschüttert steht unser Volk vor dem Untergang der Männer von Stalingrad. Dreihundertdreissigtausend deutsche Männer hat die geniale Strategie des Weltkriegsgefreiten sinn- und verantwortungslos in Tod und Verderben gehetzt. Führer, wir danken dir!

Es gärt im deutschen Volk: Wollen wir weiter einem Dilettanten das Schicksal unserer Armeen anvertrauen? Wollen wir den niedrigen Machtinstinkten einer Parteiclique den Rest der deutschen Jugend opfern? Nimmermehr[.]

<u>Der Tag der Abrechnung ist gekommen</u>, der Abrechnung unserer deutschen Jugend mit der verabscheuungswürdigsten Tyrannis, die unser Volk je erduldet hat. Im Namen der ganzen deutschen Jugend fordern wir von dem Staat Adolf Hitlers die persönliche Freiheit, das kostbarste Gut des Deutschen zurück, um das er uns in der erbärmlichsten Weise betrogen hat.

In einem Staat rücksichtsloser Knebelung jeder freien Meinungsäusserung sind wir aufgewachsen. HJ, SA, SS haben uns in den fruchtbarsten Bildungsjahren unseres Lebens zu uniformieren, zu revolutionieren, zu narkotisieren versucht. „Weltanschauliche Schulung" hiess die verächtliche Methode, das aufkeimende Selbstdenken und Selbstwerten in einem Nebel leerer Phrasen zu ersticken. Eine Führerauslese, wie sie teuflischer und borniter zugleich nicht gedacht werden kann, zieht ihre künftigen Parteibonzen auf Ordensburgen zu gottlosen, schamlosen und gewissenlosen Ausbeutern und Mordbuben heran, zur blinden, stupiden Führergefolgschaft. Wir „Arbeiter des Geistes" wären gerade recht, dieser neuen Herrenschicht den Knüppel zu machen. Frontkämpfer werden von Studentenführern und Gauleiteraspiranten wie Schuljungen gemassregelt, Gauleiter greifen mit geilen Spässen den Studentinnen an die Ehre. <u>Deutsche Studentinnen haben an der Münchner Hochschule auf die Besudelung ihrer Ehre eine würdige Antwort gegeben</u>, deutsche Studenten haben sich für ihre Kameradinnen eingesetzt und standgehalten. Das ist ein Anfang zur Erkämpfung unserer freien Selbstbestimmung, ohne die geistige Werte nicht geschaffen werden können. Unser Dank gilt den tapferen Kameradinnen und Kameraden, die mit leuchtendem Beispiel vorangegangen sind!

Es gibt für uns nur eine Parole: Kampf gegen die Partei! Heraus aus den Parteigliederungen, in denen man uns politisch weiter mundtot halten will! Heraus aus den Hörsälen der SS- Unter- oder Oberführer und Parteikriecher! Es geht uns um wahre Wissenschaft und echte Geistesfreiheit! Kein Drohmittel kann uns schrecken, auch nicht die Schliessung unserer Hochschulen. Es gilt

Die Flugblätter

den Kampf jedes einzelnen von uns um unsere Zukunft, unsere Freiheit und Ehre in einem seiner sittlichen Verantwortung bewussten Staatswesen.

Freiheit und Ehre! Zehn lange Jahre haben Hitler und seine Genossen die beiden herrlichen deutsche[n] Worte bis zum Ekel ausgequetscht, abgedroschen, verdreht, wie es nur Dilettanten vermögen, die die höchsten Werte einer Nation vor die Säue werfen. Was ihnen Freiheit und Ehre gilt, haben sie in zehn Jahren der Zerstörung aller materiellen und geistigen Freiheit, aller sittlichen Substanz im deutschen Volk genugsam gezeigt. Auch dem dümmsten Deutschen hat das furchtbare Blutbad die Augen geöffnet, das sie im Namen von Freiheit und Ehre der deutschen Nation in ganz Europa angerichtet haben und täglich neu anrichten. Der deutsche Name bleibt für immer geschändet, wenn nicht die deutsche Jugend endlich aufsteht, rächt und sühnt zugleich, seine Peiniger zerschmettert und ein neues geistiges Europa aufrichtet.

Studentinnen! Studenten! Auf uns sieht das [sieht das] deutsche Volk! Von uns erwartet es, wie 1813 die Brechung des Napoleonischen, so 1943 die Brechung des nationalsozialistischen Terrors aus der Macht des Geistes.
Beresina und Stalingrad flammen im Osten auf, die Toten von Stalingrad beschwören uns!

„Frisch auf, mein Volk, die Flammenzeichen rauchen!"
Unser Volk steht im Aufbruch gegen die Verknechtung Europas durch den Nationalsozialismus, in neuen gläubigen Durchbruch von Freiheit und Ehre!

[Entwurf für Flugblatt 7]

Geheime Staatspolizei
Staatspolizeileitstelle München,
B.Nr. 13226/43 II A/Sondk.

München, den 21. Febr. 1943.

P r o b s t Christoph aus der Pol.Haft vorgeführt und zum Text seines Manuskripts befragt, erklärte folgendes:
   Auf Grund der mir vorgelegten Unterlagen — Maschinenschriftübersetzung — und Photokopie des Originals, bin ich in der Lage die Lücken wie folgt zu ergänzen:
   Stalingrad!
   200000 deutsche Brüder wurden geopfert für das Prestige eines militärischen Hochstaplers. Die menschlichen Kapitulationsbedingungen der Russen wurden den geopferten Soldaten verheimlicht. General Paulus erhielt für diesen Massenmord das Eichenlaub. Hohe Offiziere haben sich im Flugzeug aus der Schlacht von Stalingrad gerettet. Hitler verbot den Eingekesselten sich zu den rückwärtigen Truppen zurückzuziehen. Nun klagt das Blut von 200 000 dem Tod geweihten Soldaten den Mörder Hitler an.
Tripolis! Es ergab sich bedingungslos der 8. englischen Armee. Und was taten die Engländer, sie liessen das Leben der Bürger in den gewohnten Geleisen weiter laufen. Belassen sogar Polizei und Beamte in ihren Stellen. Nur eines machten sie gründlich, sie säuberten die grösste italienische Kolonialstadt von allen falschen Rädelsführern und Untermenschen. Mit tödlicher Sicherheit kommt die vernichtende, erdrückende Übermacht von allen Seiten herein. Viel weniger als Paulus kapitulierte, wird Hitler kapitulieren. Gäbe es doch für ihn dann kein Entkommen mehr. Und wollt Ihr Euch genauso belügen lassen wie die 200 000 Mann, die Stalingrad auf verlorenem Posten verteidigten, dass ihr massakriert, sterilisiert oder Eurer Kinder beraubt

Auf Anregung von Hans Scholl entwarf der achtzehnjährige Ulmer Schüler Hans Hirzel Ende 1942/ Anfang 1943 ein achtes Flugblatt *(l.)*, indem er ein antisemitisches Plakat modifizierte. Es wurde nicht mehr vervielfältigt, war aber Gegenstand im zweiten Weiße-Rose-Prozess.

werdet? Roosevelt, der mächtigste Mann der Welt, sagt am 26. Januar 1943 in Casablanca: Unser Vernichtungskampf richtet sich nicht gegen die Völker, sondern gegen die politischen Systeme. Wir kämpfen bis zur bedingungslosen Kapitulation. Bedarf es da noch eines Nachdenkens um die Entscheidung zu fällen. (Folgenden Satz kann ich nur noch dem Sinne nach feststellen:) Es handelt sich nunmehr um Millionen Menschenleben. Soll Deutschland das Schicksal von Tripolis erfahren.? Der Text folgt jetzt wieder einwandfrei im Original weiter:

Heute ist ganz Deutschland eingekesselt wie es Stalingrad war. Soll dem Sendboten des Hasses und des Vernichtungswillens alle Deutschen geopfert werden! Ihm der die Juden zu Tode marterte, die Hälfte der Polen ausrottete, Russland vernichten wollte, ihm der Euch Freiheit, Frieden, Familienglück, Hoffnung und Frohsinn nahm und dafür Inflationsgeld gab. Das soll, das darf nicht sein! Hitler und sein Regime muss fallen, damit Deutschland weiter lebt. Entscheidet Euch, Stalingrad und der Untergang, oder Tripolis und hoffnungsvolle Zukunft. Und wenn Ihr Euch entschieden habt, dann handelt.

Ich habe mich bemüht, den Text in seinem Ursprung so lückenlos als möglich wiederzugeben. Eine weitere Erklärung will ich dazu nicht mehr anführen.

        Christoph Probst [Unterschrift]

Aufgenommen:
Geith [Unterschrift]
Krim.Sekr.

Dank

Bei meinen Recherchen zu Hans Scholl, habe ich vielfältige Unterstützung und wertvolle Hinweise erhalten. Mein herzlicher Dank gilt Dr. Detlef Bald (München), Dr. Barbara Beuys (Köln), Dr. Stefan Geiser (Elmshorn), Prof. Dr. Uwe Gerber (Schopfheim), Dr. Angela Löser und Dr. Burkhard Löser (Duisburg), Prof. Dr. Claus Freiherr von Rosen (Hamburg), Werner de Smet (Antwerpen) und Prof. Dr. Ewald Stübinger (München, Hamburg).

Ich danke den Mitarbeiterinnen und Mitarbeitern des Archivs am Institut für Zeitgeschichte in München, der Staats- und Universitätsbibliothek Hamburg Carl von Ossietzky und des Verlags C.H.Beck, besonders seinem kritisch-kreativen Lektor Dr. Ulrich Nolte, Angelika von der Lahr und Dr. Brigitte Schillbach.

Ich danke Inge Aicher-Scholl (1917–1998). Ihr Nachlass ermöglichte erst diese Biografie.

Stellvertretend für die Tiere – Gefährten des Lebens – danke ich unserem Kater Taiga.

Für die spirituelle Begleitung danke ich Lyonel Feininger und seinem Holzschnitt «In the Offing / Zur Ausfahrt bereit». Er visualisiert das Wagnis des Aufbruchs; Johann Sebastian Bach und dem Choralvorspiel «Ich ruf' zu dir, Herr Jesu Christ» (Orgelbüchlein, f-Moll, BWV 639 mit Choralsatz BWV 1124). Die Musik ist vertontes Gottvertrauen: «Soli Deo Gloria»; Felix Mendelssohn Bartholdy und der «Symphonie zur Feier der Kirchenrevolution – Reformations-Symphonie» (Nr. 5 D-Dur/d-Moll op. 107). Für mich gleicht Hans Scholl jener Flöte, die im dritten Satz dieses Glaubensbekenntnisses allein anhebt und mutig Martin Luthers Choral «Ein feste Burg ist unser Gott» spielt. Diese Melodie klingt weiter.

die widmung sagt, wie viel ich meiner frau beatrix verdanke

Anmerkungen

Prolog: Es lebe die Freiheit!

1 Ethisches 1909, in: Christian Morgenstern, Stufen (1918: S. 136, 1977: S. 162).
2 Tagebuch 1843, ohne Tag und Monat, Forschungszentrum Søren Kierkegaards Skrifter, Kopenhagen (sks.dk/JJ:167 1843, SKS 18, 194).
3 Schreiben des Oberreichsanwalts von Sonntag, 21. Februar 1943, an die Angeklagten. (Angaben nach IfZ 12.6., Bände 176/186, Strafsache gegen Scholl und Andere).
4 Aussage des anwesenden Gerichtsreferendars Leo Samberger, in: Inge Scholl, Die Weiße Rose, S. 184.
5 Die Notiz des bereits bei Scholls Vernehmung anwesenden Schmauß war für den Oberreichsanwalt bestimmt. Ich danke Andreas Grunwald, Referat R 2, Bundesarchiv Berlin, für diese und weitere Informationen.
6 Das Goethewort «Allen Gewalten zum Trutz sich erhalten» war eine Art Codewort der Familie Scholl.
7 Brief an Erika Reiff, 19. Juli 1941 (IfZ 6.5., Band 72). Da ihre Dienstzeit im Reichsarbeitsdienst verlängert wurde, konnte Sophie Scholl nicht, wie erhofft, im Wintersemester 1941 mit dem Studium beginnen, sondern erst im April 1942 zum Sommersemester.

Erstes Kapitel: Anfangszeit, 1918–1933

1 Brief an Rose Nägele, München, 12. August 1941 (IfZ 4.7., Band 50).
2 Ludwigsburg, 1. Februar 1916 (IfZ 2.2., Band 5).
3 Siehe Robert M. Zoske, Sehnsucht nach dem Lichte, S. 57, Anm. 341. Nach Recherchen von Miriam Gebhardt (Die Weiße Rose, S. 51) bei Bewohnern Forchtenbergs ist Ernst Grueles leibliche Mutter bei der Geburt gestorben. Gruele habe eine Schlosserlehre abgeschlossen und eine Tochter bekommen. «Die Scholl-Familie habe ihn nach dem Krieg jedoch verleugnet, was ihm schwer zugesetzt habe.»
4 Ulm, 21. März 1943 (IfZ 7.6., Band 89).
5 Kurzbiografie Magdalene Scholl (IfZ 2.9., Band 12). Sophie Scholl nannte bei ihrer Gestapo-Vernehmung am 18. Februar 1943 als Todesursache «Lungenentzündung», in: Chaussy / Ueberschär, S. 217.
6 Angaben nach: Feststellung der arischen Abstammung für *Scholl*, Fritz Hans […] Ulm a. D., den 7. Januar 1937 (IfZ 1.3., Band 3) / Lebenslauf Robert Scholl, 25. Oktober 1973 (IfZ 2.10., Band 13).
7 Ludwigsburg, 6. Februar 1917 (IfZ 2.2., Band 5).

8 Datierung: «Samstag Mittag». Aufgrund der anderen Kassiber ist Inge Scholls Datierung auf den «14.08.1943» plausibel (IfZ 8.2, Band 93). Die folgenden Zitate ebd.
9 Zit. nach: Christine Hikel, Sophies Schwester, S. 28 f.
10 Carl Muth, Schöpfer und Magier, S. 106, Besitz: Hans Scholl (IfZ 11.13., Band 151).
11 Inge Aicher-Scholl, Sippenhaft, S. 82, Kassiber vom 20. August 1943.
12 Dieses und die folgenden Zitate sind Robert Scholls Brief vom 31. Dezember 1960 (o. O.) an Dr. phil. Harald von Waldheim, Augsburg, entnommen (IfZ 2.3., Band 6 II).
13 Vernehmung «Sofia Magdalena Scholl», in: Chaussy / Ueberschär, S. 219.
14 Thomas Mann, Leiden und Größe der Meister, S. 1052 f. – Ders., Deutsche Hörer!, S. 49.
15 Angaben nach: Feststellung der arischen Abstammung für *Scholl*, Fritz Hans [...] Ulm a. D., den 7. Januar 1937 (IfZ 1.3., Band 3). – Kurzbiografie Magdalene Scholls, 30. März 1972 (IfZ 2.9., Band 12). – Archiv des Ev. Diakoniewerks Schwäbisch Hall. Ich danke Frau Dr. Heike Krause, Ev. Diakoniewerk Schwäbisch Hall, Archiv, für die freundliche Unterstützung.
16 Johann Konrad Wilhelm Löhe, Berufs-Ordnung für die Diakonissen, S. 3 f.
17 Brief aus Steinbrück, 30. November 1916 (IfZ 2.2., Band 5).
18 Magdalene Scholl schrieb: «Ulm, Freitag Nachm.», ohne Datum, wahrscheinlich war es Freitag, der 2. oder der 9. Juli (IfZ 4.10., Band 53). – Sie zitierte Vers 27b aus der Areopagrede des Apostels Paulus, Apostelgeschichte 17,26 ff.
19 Brief aus Ulm, «Sonntag, 13.7.41.» (IfZ 7.4., Band 87). – Als Berufsoffizier war Hartnagel während dieser Zeit in Russland. Anfang September 1941 wurde er nach Weimar versetzt, um eine Nachrichteneinheit für die Truppen in Nordafrika zusammenzustellen. (Nach: Hans Scholl / Sophie Scholl, Briefe und Aufzeichnungen, S. 344). – Zitat aus der Weihnachtsgeschichte Lukas 2,14 und Anklang an 2. Korinther 12,9.
20 Brief aus Ulm, 18. Juli 1941 (IfZ 7.4., Band 87). – Wörtliches Zitat aus Johannes 11,40.
21 Inge Aicher-Scholl, Sippenhaft, S. 99. Tagebucheintrag vom 26. September 1943.
22 Brief an die Mutter, Bad Cannstatt, 22. Januar 1938 (IfZ 4.1., Band 44 I).
23 Urteil vom 19. April 1943 (Abdruck in: Inge Scholl, Die Weiße Rose, S. 111).
24 Brief an Rose Nägele aus Ulm, 22. September 1943 (IfZ 3.6., Band 19). – Inge Scholls spätere Erinnerungen sind nicht unproblematisch. Sie war nicht in den Widerstand von Hans und Sophie eingeweiht, glaubte später aber in einer Art Selbstmythos, den ermordeten Geschwistern näher als alle anderen gewesen zu sein. In ihren Berichten über den Münchner Widerstand war sie nicht an einer «wissenschaftliche[n] Dokumentation» (Aicher-Scholl, Sippenhaft, S. 8) interessiert und verachtete eine «Geschichtsschreibung», die aus «Gestapo-Protokolle[n] und Aussagen vor dem Volksgerichtshof, [...] Aufschrieben von Nahestehenden», «Gerüchten», «Legenden» und dem «Stuß» eines

«vorangegangenen ‹Historikers›» eine «wissenschaftliche Darstellung [...] zusammenschustert» (Tagebuch Inge Aicher-Scholl, Eintrag vom 4. Februar 1984, IfZ 3.23., Band 36). Sie wollte Emotionen wecken, ihr Interesse galt einem «menschlichen Zeugnis der Schreckenszeit» (Aicher-Scholl, Sippenhaft, S. 8). Diese Absicht führte unter anderem dazu, dass sie 1952 und in den späteren Ausgaben ihres Buchs *Die Weiße Rose* erklärte, ihr Bruder sei 1937/38 wegen fortgesetzter bündischer Aktivitäten verhaftet worden. Wie die anderen Verfolgten sei er «nach einigen Wochen oder Monaten wieder freigelassen» worden (Inge Scholl, Die Weiße Rose, S. 22.) Je weiter entfernt das Ereignis war, desto gewisser wurde sie in ihrem Urteil. 1973 stellte sie ohne Einschränkung fest, ihr Bruder sei 1937/38 «fünf Wochen» in Untersuchungshaft gewesen: *Dezember 1937/Januar 1938: Hans Scholl fünf Wochen in Untersuchungshaft wegen ‹bündischer Umtriebe›.* (Aicher-Scholl, Sippenhaft, S. 127). Ebenso S. 16: «Hans war fünf Wochen in Stuttgart in Haft gewesen.» Tatsächlich dauerte die Haft vom 13. bis 30. Dezember 1937, also zweieinhalb Wochen, und der Haftgrund war ein Vergehen gegen den Homosexuellenparagraphen 175 (a). Die Verhaftung in der Kaserne erfolgte am 13. Dezember 1937 (Verhörprotokoll Hans Scholl, 14. Dezember 1937, IfZ 12.2., Band 164). Am 15. Dezember wurde Untersuchungshaft angeordnet (Einlieferungsbescheinigung des Untersuchungsgefängnisses Stuttgart und Verpflegungs-Kosten-Rechnung des Amtsgerichts Stuttgart, IfZ 12.2., Band 164).
25 Lebenslauf Robert Scholl vom 25. Oktober 1973 (IfZ 2.10., Band 13).
26 Vernehmung Hans Scholl, 18. Februar 1943, in: Chaussy / Ueberschär, S. 260.
27 Mitglieds-Ausweis (IfZ 1.3., Band 3). Der am 3. Oktober 1933 ausgestellte «Führer-Ausweis» nennt als Eintrittsdatum den 1. Mai 1933 (ebd.). In seiner Vernehmung am 18. Februar 1943 gab Scholl sehr unpräzise an: «Im März [sic] 1933 trat ich in Ulm dem Deutschen Jungvolk bei und wurde dem Fähnlein Nord zugeteilt. Von 1935 oder [sic] 1936 an war ich Fähnleinsführer. In dieser Eigenschaft wurde ich nicht in die allgemeine HJ. überführt.» (In: Chaussy / Ueberschär, S. 261).
28 Tagebuch Inge Scholl (IfZ 3.22., Band 35 I), Eintrag vom 13. März 1933.
29 Ebd., Eintrag vom 30. April 1933.
30 Ebd., Eintrag vom 20. Mai 1933.
31 Ebd., Eintrag vom 28. Mai 1933.
32 Ebd., Eintrag vom 18. Juni 1933. Lied nicht ermittelt.
33 «Bestätigung» der NSDAP / Deutsches Jungvolk i. d. HJ Jungbann Donauland 120, vom 13. Dezember 1938 (IfZ 1.3., Band 3).
34 Ulrich Herrmann, Vom HJ-Führer zur Weißen Rose, S. 19.
35 Inge Scholl, Die Weiße Rose, S. 15 f. (ohne Jahresangabe). Allein das Jahr 1935 (10.–16. September «Reichstag der Freiheit») ist plausibel, da Scholl 1934 noch kein Fähnleinführer war (ab 1. Januar 1935) und er sich 1936 auf Schwedenfahrt befand. Siehe auch: Eckard Holler, «wer je die flamme...», S. 63 ff., und ders., Hans Scholl und Sophie Scholl zwischen Hitlerjugend und dj.1.11, Anhang S. 53–57.

Zweites Kapitel: Jugendbundzeit, 1933–1937

1 Wilfried Breyvogel, Jugendliche Widerstandsformen, S. 435.
2 Armin Mohler, Die konservative Revolution, S. 155.
3 Jungenschaftliche Daseinsregelung, in: tusk (Eberhard Koebel), Gesammelte Schriften und Dichtungen, S. 288.
4 Zit. nach: Barbara Beuys, Sophie Scholl, S. 117.
5 Vgl. ebd., S. 116 ff.
6 «Teilnehmer dieser Fahrt waren Udo Stengele [‹udo›], Rolf Futterknecht [‹sapo›], Karl Haug [‹karl› oder ‹snaub›], Hans Böhler [‹björn›], Hermann Heisch [‹hermann›], Manfred Schmidt [‹kikuli›], Werner Scholl [‹has›], Achim Jacobi [‹achim› oder ‹chim›] und Alfred Reichle [‹bobi/boby/bobbi›]». (Vernehmung Hans Scholl, 21. Dezember 1937 (IfZ 12.2., Band 164), Tagebuch der Schwedenfahrt/Nordlandfahrt «die jungenschaft» [IfZ 1.2., Band 2] und «Schwedenfahrt 1936», in: Michael Fritz (Hg.): Die Ulmer «Trabanten», Anmerkung 3–9, S. 21).
7 Dieses und das folgende Zitat: IfZ 1.2., Band 2.
8 «Auszugsweise Abschrift aus dem Zeugnisheft der Oberrealschule Ulm für Hans Scholl. Zeugnis Oberrealschule *Ulm* für Hans *Scholl*.» (IfZ 1.3., Band 3).
9 «Oberrealschule Ulm a. D. (Württemberg) Reifezeugnis für Hans Scholl.» (Ebd.). D. J. = Deutsches Jungvolk / D. L. R. G. = Deutsche Lebens-Rettungs-Gesellschaft.
10 Die «Verordnung des Württembergischen Innenministeriums über die Bündische Jugend» vom 11. Mai 1937 verbot in Verbindung mit § 4 der «Verordnung des Reichspräsidenten zum Schutz von Volk und Staat» vom 28. Februar 1933 jegliche Jugendarbeit außerhalb der Hitlerjugend (IfZ 12.2., Band 168).
11 Geheime Staatspolizei Staatspolizeileitstelle Stuttgart II H/ Sch 1761/ Stuttgart, den 5. Januar 1938 Verzeichnis über die «[…] vorgefundenen und sichergestellten Gegenstände» (IfZ 12.2., Band 166).
12 Hans Scholl war – so die Gestaponotiz der Staatspolizeileitstelle Stuttgart in der Vernehmung Rolf Futterknecht / Anzeige gegen Hans Scholl vom 25. November 1937 – «hier durch seine bündische Betätigung seit November 1936 aktenbekannt. Nachteiliges ist aus seinen Akten jedoch nicht bekannt. Bei der Kripoleitstelle Stuttgart ist Scholl nicht aktenbekannt.» (IfZ 12.2., Band 164).
13 Der Falke schwebt über drei Wellenlinien. Josef («tet») Saur bestätigte in seiner Vernehmung, dass die Fahne der Gruppe «die Farben der Bündischen Jugend […] der d.j.1.11 [sic] […] und die bündischen Wellenlinien aufwies.» (Vernehmungsprotokoll, Stuttgart, 17. November 1937 / IfZ 12.2., Band 164).
14 Brief an die Eltern, Untersuchungsgefängnis Stuttgart, Zweigstelle Bad Cannstatt, 18. Dezember (IfZ 4.1., Band 44 I). – Brief an Achim Jacobi, Ulm, 26. Februar 1937 (IfZ 12.2., Band 166).
15 Eten, Talfo, S. 42 f.
16 Brief an die Eltern, Bad Cannstatt, 14. März 1938 (IfZ 4.1., Band 44 I).
17 Eten, Talfo, S. 29 f.

18 Handschriftlicher Besitzeintrag mit Bleistift auf dem Deckblatt, Namensstempel in Kleinschrift mit bündischer Blüte auf der Innenseite des hinteren Buchdeckels (IfZ 11.6., Band 144).
19 Erich Maria Remarque, Im Westen nichts Neues. S. 18.
20 Ebd., S. 91.
21 Ebd., S. 288.
22 Im Westen nichts Neues (All quiet on the Western Front), Movie-Booklet zur DVD des Films von 1930, Hamburg 2006. – Ben Urwand, Der Pakt, S. 34 ff.
23 Dokumentarfilm in der Ausstellung des Deutschen Historischen Museums Berlin.
24 Operationsbuch Scholls vom Einsatz in Mourmelon, nahe Reims, vom 14. Juni 1940 bis 31. Juli 1940 (IfZ 4.18., Band 61). – Brief an Inge Scholl, Versailles, 1. August 1940 (IfZ 4.2., Band 45).
25 berlin.de/rubrik/hauptstadt/verbannte_buecher/index.php.
26 Der «Israelitische Leseverein e. V., Ulm (VR 18)» wurde bis 1942 im Vereinsregister des Amtsgerichts Ulm geführt (landesarchiv-bw.de).
27 Brief an Rose Nägele, München, 12. August 1941 (IfZ 4.7., Band 50).
28 «Für das schöpferische Judentum ist Bejahung [des Lebens] ebenso charakteristisch wie für das schöpferische Ariertum.» (Schalom Asch, Rückblick, in: Von den Vätern, S. 309).
29 Hauptstaatsarchiv Düsseldorf / Bestand: St.A-Düsseldorf Nr. 17/293 / Staatsanwaltschaft bei dem Landgerichte zu Düsseldorf – Akte in der Strafsache gegen Zwiauer und Andere wegen Verg[ehens] Verordnung vom 28.2.33 (IfZ 12.2., Band 166). Scholl wird in diesen Untersuchungen zu den «Andere[n]» Beschuldigten gerechnet. Die nachfolgenden Brief- und Tagebuchzitate sind dieser Akte entnommen, ebenso die Geburtsdaten.
30 An die Mutter, Göppingen, 4. Mai 1937 (IfZ 4.1., Band 44 I) und an die Schwester Inge, Göppingen, 8. Oktober 1937 (ebd.).
31 Göppingen, 23. Mai 1937 (IfZ 12.2., Band 167).
32 Exemplar mit handschriftlichem Besitzeintrag in Bleistift: Eberhard Köbel [sic], Die Heldenfibel, mit vier Bildern, Plauen i. V., 1933. «Den besten Kameraden zu eigen, Mario und allen anderen» (IfZ 11.11., Band 149). – An Achim Jacobi (geb. 24. Juli 1921), Göppingen, 19. Juni 1937 (IfZ 12.2., Band 166).
33 Vernehmung vom 21. Dezember 1937, ebd.
34 Ebd.
35 Köbel, Heldenfibel, S. 29 f. Die folgenden Zitate ebd.
36 Göppingen, 23. Mai 1937 (IfZ 12.2., Band 167).
37 Köbel, Heldenfibel, S. 30.
38 An Achim Jacobi, Göppingen, 19. Juni 1937 (IfZ 12.2., Band 166, nachfolgende Zitate ebd.).
39 An Achim Jacobi, Göppingen, 8. Juli 1937.
40 Zitate: Briefe vom 17. August 1937 und 21. Juli 1937 vom «Arbeitsmann Hans Scholl» aus Göppingen (IfZ 4.9., Band 52) und aus dem Tagebuch der Schwedenfahrt (IfZ 1.2., Band 2).

41 Tagebuch Achim Jacobi, 16. Juli 1937.
42 Göppingen, 11. Oktober 1937.
43 Ebd. Ich danke Herrn Hartmut Gruber, Stadtarchiv Geislingen, für die freundliche Unterstützung.
44 Tagebuch Achim Jacobi, 16. Juli 1937 (IfZ 12.2., Band 166, nachfolgende Zitate ebd.).
45 An bobi (Alfred Reichle, geb. 30. August 1920), Göppingen, 11. Juli 1937.
46 An Hans Scholl, Ulm, 27. August 1937.
47 An Udo Stengele, Göppingen, 30. August 1937.
48 An Achim Jacobi, Göppingen, 8. Juli 1937.
49 An Achim Jacobi, Ulm, 26. Februar 1937.
50 Ich danke Claus von Rosen für die semantische Abstimmung.
51 Gegen die Selbstsucht wandte er sich auch in seinem Brief an Ernst Reden (Göppingen, 23. Mai 1937).
52 Lateinisch «desidia» oder «acedia».
53 Lateinisch «gula».
54 An Achim Jacobi, Ulm, 26. Februar 1937 (IfZ 12.2., Band 166).
55 Köbel, Heldenfibel, S. 211 (IfZ 11.11., Band 149).
56 paedagogikundns.wordpress.com/ns-ideologie-uberblick.
57 Stefan George, Der Stern des Bundes, S. 83–84 (zeno.org/nid/20004815289). Es liegen Hans Scholls Abschrift des Gedichts (ohne Datum) und eine (fehlerhafte) kalligrafische Version mit der Bezeichnung «Jungenschaft Trabanten – Weihnachten 1936» vor (IfZ 11.8., Band 146).
58 An Rose Nägele, München, 11. Juli 1941 (IfZ 4.7., Band 50).
59 Stefan George, Gespräch des Herrn mit dem römischen Hauptmann, S. 77–81 (zeno.org.nid/20004815831).
60 An bobi/boby (Alfred Reichle), Ulm, Pfingsten [31. Mai] 1937 (IfZ 12.2., Band 167).
61 Tagebuch Achim Jacobi, zwischen dem 13. und 22. Juli 1937 (IfZ 12.2., Band 166).
62 An Achim Jacobi, Göppingen, 19. Juni 1937 (ebd.).
63 Russlandtagebuch, 30. Juli 1942 (IfZ 4.18., Band 61).
64 An Ernst Reden, Göppingen, 23. Mai 1937 (IfZ 12.2., Band 167. Die ersten drei Silben in dem Wort «Verwandlermenschen» konnten nicht eindeutig entziffert werden. Die beiden folgenden Zitate ebd.
65 IfZ 1.2., Band 2.
66 So der Titel eines Gedichtes von Stefan George, das mit den Worten beginnt: «Reiss mich an deinen rand / Abgrund – doch wirre mich nicht!» in: Das Neue Reich, S. 59–65 (zeno.org/nid/20004815807).
67 Ebd., Vers 21–26.
68 Ernst Kantorowicz, Geheimes Deutschland, S. 80 und S. 91.
69 «Stellung» im Sinne von «Haltung», «Überzeugung». – Brief an Ernst Reden, Göppingen, 23. Mai 1937 (IfZ 12.2., Band 167). Für Eberhard Koebel war Kompromisslosigkeit eine positive Grundhaltung (Eberhard Köbel, Zur Historie von dj.1.11, in: tusk, Gesammelte Schriften und Dichtungen, S. 356 f.).

70 Vernehmung Max von Neubeck, Ludwigsburg, 21. Dezember 1937 (IfZ 12.2., Band 164).
71 Vernehmung Josef Saur, Stuttgart, 17. November 1937 (IfZ 12.2., Band 165).
72 Vernehmung Max von Neubeck, Ludwigsburg, 21. Dezember 1937 (IfZ 12.2., Band 164).
73 Urteil des Sondergerichts vom 2. Juni 1938 (IfZ 12.2., Band 169).
74 Vernehmung Hans Scholl, 21. Dezember 1937 (IfZ 12.2., Band 164).
75 An Rose Nägele, München, 2. Mai 1941 (IfZ 4.7., Band 50).
76 Das unbekannte Gedicht, ohne Seitenzählung. Die Zusammenstellung enthält zwei Gedichte Redens: «Lied des Heimatlosen» und «Der verlorene Sohn I und II». Ich danke Sylvia Schönwald, Deutsche Nationalbibliothek Leipzig, für die freundliche Kooperation.
77 IfZ 1.2., Band 2.
78 Ebd. Alle Zitate sind der in Kleinschrift verfassten Erzählung entnommen.
79 Otto Brües, Die Heilandsflur. Eine Tragödie deutscher Landfahrer. – Vernehmung vom 21. Dezember 1937 (IfZ 12.2., Band 164).
80 Ernest Claes, Hannes Raps. Eine Landstreicher-Geschichte, mit Bildern von Felix Timmermans. – An Achim Jacobi, Ulm, 26. Februar 1937 (IfZ 12.2., 166).
81 An Achim Jacobi, Göppingen, 11. Oktober 1937 (ebd.).
82 Vgl. Pierre J. H. Vermeeren zu Timmermans «Das Jesuskind in Flandern», in: Kindlers Literaturlexikon; Band IV, Zürich 1982, S. 5235.
83 Vgl. Wilfried Schäfer zu Claesens «Flachskopf», in: Kindlers Literaturlexikon; Band VII, Zürich 1982, S. 10259. – Flachskopf, Mit einem Vorwort und mit Bildern von Felix Timmermans. Aus dem Flämischen übertragen von Peter Mertens, Original: Leipzig 1930, erneut: Bonn 1931, Leipzig 1935 und öfter. – 1962 erschienen Claes' Werke «Jeroom und Benzamien» und «Der neue Beamte» in der «bibliotheca christiana», Bonn.
84 Siehe die Aussagen des Dichters in: Felix Timmermans, Dichter und Zeichner seines Volkes.
85 An Achim Jacobi, Göppingen, 26. Februar 1937 (IfZ 12.2., Band 166).
86 Vernehmung Staatspolizeileitstelle Stuttgart, 21. Dezember 1937 (IfZ 12.2., Band 164). Das folgende Zitat ebd.
87 Vollständig: Etwas Schwedisch für deutsche Jungen, die in Schweden wandern, 1929, 8 Seiten; 1935, 26 Seiten, Wilhelmsson-Verlag: Stockholm (books.google.de).
88 Im Juli 1938 hatte von Schweinitz in der Untersuchungshaft seinen Austritt aus der NSDAP erklärt. Daraufhin wurde er im August aus der Partei ausgeschlossen. Nach seiner Einberufung zur Wehrmacht intervenierte das Geheime Staatspolizeiamt (Gestapa) am 30. Dezember 1939: «Auf Grund seiner homosexuellen Einstellung und Veranlagung kann gesagt werden, daß v. S. für die Truppe eine Gefahr bedeutet und die Möglichkeit nicht von der Hand zu weisen ist, daß er in seiner Eigenschaft als Vorgesetzter jüngere Soldaten zur gleichgeschlechtlichen Betätigung verführt.» (Zit. nach: Ursula Meinhard, Der Graf, S. 211. Alle weiteren Angaben nach: Gabriele Roßbach, Auswirkungen der NS-Verfolgung, S. 60.)

89 Am 29. September schrieb Max Schürer von Waldheim (6. Mai 1872 – 1948, lt. Riksarkivet, Stockholm) an den Leiter des Schwedischen Instituts der Universität Greifswald Prof. Paul: «Es ist eine hohe Aufgabe, unter Germanen für das Germanentum zu wirken. Besonders im heutigen Deutschland, das die ganze Welt bewundert, ohne den Mut zu haben, es offen zu sagen, hätte ich gerne an dem Aufbau des nationalen Staates [...] mitgearbeitet. [...] Möge die neue Zeit Deutschland Glück und Segen bringen!» (Universität Greifswald Archiv / Kuratorakte K 628).

90 Prins Maximilian Emanuel af Württemberg, ein tapper dragonöfverste i Karl XII: s armé, Stockholm, 1913 (nach: Schürer von Waldheim, Prinz Maximilian Emanuel, S. 8 und S. 116).

91 Heute Byczyna, rund 100 Kilometer östlich von Breslau, heute Wroclaw. – Das ursprüngliche Epitaph war von der Kirchengemeinde nach Stuttgart verkauft worden, um damit eine Renovierung der Kirche zu bezahlen (Schürer von Waldheim, Prinz Maximilian Emanuel, S. 97 ff.).

92 Schreiben des Direktors des Schwedischen Instituts an der Universität Greifswald Prof. Dr. Johannes Paul vom 1. Februar 1933 an den Reichs- und Preußischen Minister für Wissenschaft, Erziehung und Volksbildung (Ernst-Moritz-Arndt-Universität Greifswald Archiv / Kuratorakte K 628. Ich danke Barbara Peters, stellvertretende Leiterin des Archivs, für die freundliche Unterstützung).

93 Ernst-Moritz-Arndt-Universität Greifswald Archiv / Kuratorakte K 636. Die weiteren Zitate sind dieser Akte entnommen.

94 Schürer von Waldheim entstammte einer sehr alten schwedischen Adelsfamilie. Seine Eltern waren Johan Wilhelm Schürer von Waldheim und Anna Carolina Örstrand, seine Geschwister Per Wilhelm Frederik und Elin Lovis. 1910 heirateten Schürer von Waldheim und Ruth Anna Grönwall; der 1914 geborene Sohn Karl starb bereits 1920. Nach Schürers Tod übergab seine Witwe im September 1952 persönliche Unterlagen ihres Mannes an das schwedische Reichsarchiv. Quellen: Vem är Vem? – Riksarkivet Sverige / Krigsarkivet (riksarkivet.se/kriegsarchiv-tysk) – geni.com/people/Ernst-Vilhelm-Maximilian-Max-Schürer-von-Waldheim/6000000003747359686 5.

95 Erweiterter Untertitel von Schürer von Waldheim, Prinz Maximilian Emanuel von Württemberg.

96 So auch: Magnus Hirschfeld, Die Homosexualität, S. 532 und 666; Noel I. Garde, Jonathan to Gide, S. 416–421; Xavier Mayne (pseud. of Edvard I. Stevenson), The Intersexes., S. 78, 192 (nach Noel I. Garde); Alexander Ziegler, Labyrinth. Report eines Außenseiters, Frankfurt a. M. 1976, S. 246. – Voltaire zitierte in seiner Biografie Karls XII. die letzte Strophe eines Gedichts der Gräfin Königsmark, «das die Geschichte nicht vergessen darf». Die hochgebildete Schwedin hatte mehrfach vergeblich versucht, eine Audienz beim König zu erhalten. In ihren Versen nun habe sie alle «Götter der Fabelwelt» zum Ruhm des Schwedenkönigs auftreten lassen. Doch das Gedicht schließe mit den Worten: «Kurz jeder Gott, laut singend seinen [Karls] Ruhm, / Hob ihn in der Erinnrung Heiligtum / Auf den erhabensten, den ersten Ort, / Nur

Venus schwieg und Bacchus sprach kein Wort.» (Die Geschichte Karls XII., Königs von Schweden, Leipzig 1829, Kapitel 3, Zweites Buch, gutenberg. spiegel.de).
97 Die folgenden Zitate: Vernehmung Hans Scholl, 21. Dezember 1937 (IfZ 12.2., Band 164).
98 Hermann Heisch (geb. am 19. Oktober 1921) war während der Schwedenfahrt noch keine fünfzehn Jahre alt.
99 «Wir kommen um 9 Uhr in Stockholm an. Zuerst gehen wir zu Max Schürer. Hans ist schon hier gewesen. Es sind erst vier da. Wir haben schon geglaubt, die letzten zu sein.» (Michael Fritz, Hg.: Die Ulmer «Trabanten», S. 12, Eintrag 5. Die nummerierten Einträge wurden abwechselnd von Gruppenmitgliedern verfasst.) – «Wir pennen in den Morgen hinein. Dann tippeln wir zu Max Schürer von Waldheim. Werden zuerst nicht vorgelassen. Er verlangt Adresse. Nun werden wir eingelassen. Er strakt [sic] im Bett, ist krank. Hans verhandelt über Lappland. Fahrtgelegenheiten. Wir werden zu Kaffee eingelassen. Um 12 Uhr gehen wir in die Kaserne zurück. Hans bleibt noch.» (Ebd., Eintrag 3.)
100 IfZ 12.2., Band 168.
101 Ernst Erich Noth, La Tragédie de la jeunesse allemande. Die folgenden Zitate nach der deutschen Erstausgabe: Die Tragödie der deutschen Jugend, S. 197 f. und 177 f.
102 Brief an die Schwester Inge, Göppingen, 8. Oktober 1937 (IfZ 4.2., Band 45).
103 IfZ 12.2., Band 167.
104 Ebd. Die folgenden Zitate aus diesem Schreiben.
105 Der von Curt Letsche gegründete und geführte Verlag veröffentlichte u. a. Ernst Redens Gedichtband «Vom jungen Leben» und seinen «Brief an den Soldaten Johannes» (dnb.de). Die Niederschrift der Vernehmung «Otto Ernst Redens» der Gestapo Stuttgart vom 15. November 1937 verzeichnet Redens Aussage, dass von ihm im D-Verlag zudem «‹Das unbekannte Foto›, [...] Nietzsche-Postkarten und eine Lerschbiographie» erschienen seien. (Vernehmung Staatspolizeileitstelle Stuttgart, 19. November 1937, IfZ 12.2., Band 168). Heinrich Lersch (1889–1936) war ein nationalsozialistischer, katholischer deutscher Arbeiterdichter.
106 Friedrich Nietzsche, Götzendämmerung oder wie man mit dem Hammer philosophirt, Leipzig 1889.
107 «Abdullah Ibn Abi Aufa, Allahs Wohlgefallen auf beiden, schrieb, dass der Gesandte Allahs, Allahs Segen und Friede auf ihm, sagte: ‹Und wisset, dass das Paradies unter den Schatten der Schwerter liegt!›» (Sahih Al-Buchary Nr. 2818, islamische-datenbank.de).
108 «Müde tippelten wir umher. Da traf uns ein Mann. Er sprach gut deutsch. ‹Die Leute lassen euch nicht übernachten, wenn sie das sehen!› sagte er und deutete auf unser Koppelschloß, das die Siegrune [sic] trug. Aber wir machten ihm klar, daß wir das nicht glauben.» (Michael Fritz [Hg.]: Die Ulmer «Trabanten», Eintrag vom 25. August 1936, S. 20. – Ebd., S. 12, Eintrag 3. Die Schilderungen sind von *Trabanten*-Jungen.)

109 Schreiben der Geheimen Staatspolizei / Polizeileitstelle Stuttgart vom 2. Februar 1938 an den Oberstaatsanwalt als Leiter der Anklagebehörde beim Sondergericht Düsseldorf (IfZ 12.2., Band 164).
110 IfZ 1.2., Band 2.
111 Brief an die Mutter, Bad Cannstatt, 22. Januar 1938 (IfZ 4.1., Band 44 I) – Russlandtagebuch, 28. August 1942 (IfZ 4.18., Band 61).
112 Bei Johannes Paul konnte bisher nur die pronazistische Einstellung nachgewiesen werden.
113 Gleichnamiges Nachkriegsdrama (UA 1947) von Wolfgang Borchert.
114 «Denn wir haben hier keine bleibende Stadt, sondern die zukünftige suchen wir.» (Hebräer 13,14).
115 Der Stern des Bundes (zeno.org/nid/20004814827).
116 Göppingen, 8. Oktober 1937 (IfZ 4.2., Band 45).
117 Brief an die Schwester Elisabeth, Ulm, 29. April 1940 (IfZ 4.3., Band 46).
118 Stefan George, Gespräch des Herrn mit dem römischen Hauptmann (zeno.org/nid/20004815831).
119 Stefan George, Der Stern des Bundes. Gesamt-Ausgabe der Werke. Endgültige Fassung, Band 8, Berlin 1934, S. 84. Das Exemplar trägt als Widmung von Inge Scholl die sieben Anfangsnoten des Liedes «Die Gedanken sind frei» und «Hans zum 22.9.37!» (IfZ 11.8., Band 146).
120 Windlicht, November 1941 (IfZ 9.29., Band 129).
121 Russlandtagebuch, 28. August 1942 (IfZ 4.18., Band 61).
122 Ernst Reden wurde laut Anklageschrift Sondergericht Stuttgart am 10. Juni 1914 geboren (IfZ 12.2., Band 169). Er starb im Sommer 1942; die Familie Scholl erhielt am 23. August 1942 Nachricht von seinem Tod (Hans Scholl / Sophie Scholl, Briefe und Aufzeichnungen, S. 332). Alle weiteren Angaben und das Zitat nach: Urteil des Stuttgarter Sondergerichts vom 2. Juni 1938 (IfZ 12.2., Band 172).
123 Vernehmung Hans Scholl, 22. Dezember 1937 (IfZ 12.2., Band 164).
124 Werner Scholl (13. November 1922–Sommer 1944 / Anklageschrift Sondergericht Stuttgart (IfZ 12.2., Band 169). Vermisst seit Sommer 1944 (Hans Scholl / Sophie Scholl, Briefe und Aufzeichnungen, S. 298).
125 Vernehmung, 15. November 1937 (IfZ 12.2., Band 164). Die nachfolgenden Zitate ebd. Das war – laut Vernehmungsprotokoll – der 26. Juli 1937.
126 Vernehmung Reden, 19. November 1937 (IfZ 12.2., Band 168).
127 Vernehmung Hans Scholl, 21. Dezember 1937 (IfZ 12.2., Band 164). Die folgenden Angaben ebd.
128 Hans Scholls früherer Dienstvorgesetzte in der HJ bzw. dem Jungvolk, Max von Neubeck, gab vor Gericht zu Protokoll: «Ernst *Reden* war mir von Anfang an unsympathisch. [...] Ich hatte von Reden den Eindruck, daß er in sittlicher Beziehung nicht einwandfrei ist. [...] Seinem Verhalten und Aussehen nach zu schließen, hielt ich es durchaus für möglich, [...] dass er mit Jungen einmal was gemacht hat.» Vernehmung Ludwigsburg, 21. Dezember 1937 (IfZ 12.2., Band 164).
129 IfZ 12.2., Band 167.

130 Urteil des Stuttgarter Sondergerichts (IfZ 12.2., Band 172). – Die Deutsche Nationalbibliothek führt zwei Werke von Reden: *Vom jungen Leben: Gedichte* (1937) und *Brief an den Soldaten Johannes* (1938).
131 In: Das unbekannte Gedicht, ohne Seitenzählung. Zudem in: Ernst Reden, Vom jungen Leben, S. 21. Die Zitate S. 10, 35, 11, 43, 19 ff.
132 Ebd., S. 18 letzte Strophe. In: Das unbekannte Gedicht, Strophe 5, ohne Seitenzählung.
133 Ernst Reden, Vom jungen Leben, S. 30. Reden datierte unter dem Titel (S. 29) mit Ausrufezeichen – wohl in Erinnerung an ein bestimmtes Ereignis – «(geschrieben am 5. Januar 1935!)». In einer Vorbemerkung zu seinem Gedichtband erläuterte Reden, er habe «die Gedichte aus dem Erlebnis einer jungen Freundschaft ergänzt und überarbeitet». (S. 5).
134 Gedicht «Sehnsucht», ebd., S. 10.
135 Gedicht «Heiliges Muß», ebd., S. 11.
136 «Der Verzicht auf das Studium der Literaturgeschichte ist so außerordentlich schmerzlich für mich.» (Brief von Ernst Reden an Magdalene Scholl, Köln-Nippes, 15. Juli 1938, IfZ 2.7., Band 10).
137 Hans Scholl / Sophie Scholl, Briefe und Aufzeichnungen, S. 332. Auch Sophie Scholl und Ernst Reden korrespondierten miteinander (IfZ 6.14., Band 81).
138 IfZ 4.18., Band 61.
139 IfZ 4.1., Band 44 I.
140 An die Schwester Inge, Bad Cannstatt, 12. Dezember 1937 (IfZ 4.2., Band 45).
141 8. Oktober 1937 (ebd.).
142 Kassiber aus dem Gefängnis in Ulm, 13. Juni 1943, in: Inge Aicher-Scholl, Sippenhaft, S. 60.
143 IfZ 1.2., Band 2.

Drittes Kapitel: Wendezeit, 1937–1939

1 In: Chaussy / Ueberschär, S. 260. / RAD = Reichsarbeitsdienst / Kav.Regt. = Kavallerie-Regiment.
2 Geheime Staatspolizei, Staatspolizeileitstelle Stuttgart, Strafanzeige gegen Hans Scholl und Vernehmung Rolf Futterknecht, Stuttgart, 25. November 1937 (IfZ 12.2., Band 164).
3 Brief aus Ulm, 19. November 1937 (IfZ 4.10., Band 53). Die folgenden Zitate ebd.
4 Johannes 8,7.
5 Lina Scholl gebrauchte «Geißel» hier als Synonym für «Plage, Übel».
6 Strafanzeige gegen Hans Scholl und Vernehmung Rolf Futterknecht, Stuttgart, 25. November 1937 (IfZ 12.2., Band 164).
7 Brief aus Bad Cannstatt (IfZ 4.1., Band 44 I). Die folgende Zitate ebd.
8 *Der Oberstaatsanwalt / Leiter der Anklagebehörde bei dem Sondergericht / Düsseldorf, 29/11/1937*
Haftsache!
Eilt sehr!

*Betr. Vorverfahren gegen Zwiauer und Andere wegen Fortsetzung der bündischen Jugend und wegen gleichgeschlechtlicher Verfehlungen.
An das Gericht der 25. Division / Ludwigsburg / Württbg. Hindenburgstr. 46.
Die Vorgänge werden mit der Bitte übersandt, den Beschuldigten Hans Scholl, z. Zt. Reiter bei dem Kavallerieregiment 18, 9. Schwadron, in Stuttgart – Bad Cannstadt, den allgemeinen Gerichten zur Aburteilung zu überweisen (§ 4 der M.StGO. vom 4.10.1933).
Hans Scholl ist dringend verdächtig, entgegen der Verordnung des Württembergischen Innenministers vom 11.5.1937 bis in die letzte Zeit hinein den Zusammenhang der verbotenen deutschen Jungenschaft 1.11. (d.j.1.11.) aufrechterhalten zu haben. Er dürfte ferner mehrerer Vergehen und Verbrechen gegen die §§ 175, 175a, 174 Abs. I, Ziff. 1 StGB dringend verdächtig sein. Die Straftaten sind vor der Militärzeit begangen worden. Ich nehme auf den Inhalt der Akten, insbesondere auf Bl. 40/43 der Akten Bezug.
Im Auftrage: gez. Dr. Kettner.* (IfZ 12.2., Band 164).
9 An die Eltern, Bad Cannstatt, 12. Dezember 1937 (IfZ 4.1., Band 44 I). Der jährliche Durchschnittslohn betrug 1937 in Deutschland 1856 Reichsmark.
10 Aus Ulm (IfZ 4.10., Band 53).
11 Strafanzeige gegen Hans Scholl mit Vernehmung Rolf Futterknecht, Stuttgart, 25. November 1937 (IfZ 12.2., Band 164).
12 Vernehmung Hans Scholl, 14. Dezember 1937 (IfZ 12.2., Band 164). Die folgenden Zitate ebd. – Rolf Futterknecht (geb. 9. April 1920 in Ulm) hat den Sexualverkehr zwischen ihm und Hans Scholl bis «Nach Ostern [12. April] 1936» zugegeben. Während des Osterlagers im Kleinwalsertal habe es Scholl mit ihm «wohl öfters als 4 bis 5 Mal [...] getrieben» (Vernehmung, 25. November 1937, IfZ 12.2., Band 164).
13 Geheime Staatspolizei, Staatspolizeileitstelle Stuttgart, Protokoll der Anhörung Rolf Futterknecht, 24. November 1937 (ebd.).
14 Urteil des Sondergerichts vom 2. Juni 1938 (IfZ 12.2., Band 169).
15 Vernehmung Max von Neubeck, Ludwigsburg, 21. Dezember 1937 (IfZ 12.2., Band 164).
16 Tagebucheintrag vom 25. August 1936: «Nach Södertälje trafen wir Hans und sapo [Rolf Futterknecht].» (Aus «Schwedenfahrt 1936», in: Michael Fritz, Hg.: Die Ulmer «Trabanten», S. 20). – Tagebucheintrag vom 22. August 1936: «Hans und sapo sind mit dem Boot zum Brot holen.» (Ebd., S. 19).
17 Ebd., S. 5.
18 Vernehmung Rolf Futterknecht, 25. November 1937 (IfZ 12.2., Band 164).
19 Vernehmung Hans Scholl vom 14. Dezember 1937 (ebd.).
20 § 175 Unzucht zwischen Männern / Gesetz zur Änderung des Strafgesetzbuchs vom 28. Juni 1935.
21 Brief an die Mutter, München, 13. August 1941 (IfZ 4.1., Band 44 II).
22 Amtsgericht Stuttgart / Strafsache gegen den Hans Scholl, 15. Dezember 1937 (IfZ 12.2., Band164).
23 Ulm, 13. Dezember 1937, Poststempel (IfZ 4.10., Band 53).
24 IfZ 4.1., Band 44 I.

25 Von Jörg Scupin, Bad Cannstatt, 20. Dezember 1937 (IfZ 4.11., Band 54).
26 Brief Magdalene Scholls, Ulm, 17. Dezember 1937 (IfZ 4.10., Band 53).
27 Bad Cannstatt (IfZ 4.1., Band 44 I).
28 Untersuchungsgefängnis Stuttgart, Zweiganstalt Bad Cannstatt (IfZ 4.1., Band 44 I). Die folgenden Zitate ebd.
29 Aus Ulm (IfZ 4.10., Band 53). Das folgende Zitat ebd.
30 Brief aus Ulm vom 17. Dezember 1937 (ebd.).
31 Bibelausgabe und Schmuckkarte: IfZ 4.18., Band 61.
32 Landgericht Stuttgart – 3. Strafkammer – Beschluss vom 30. Dezember 1937 (IfZ 12.2., Band 164).
33 Brief an die Eltern, Stuttgart, 6. Januar 1938: «Montag früh um 3.00 Uhr bin ich gut in der Kaserne angekommen.» (IfZ 4.1., Band 44 I).
34 Bad Cannstatt, 20. Januar 1937 [verschrieben für 1938] (ebd.).
35 Ulm, 21. Januar 1938 (IfZ 4.10., Band 53). Die folgenden Zitate ebd.
36 «So auch ihr, haltet dafür, dass ihr der Sünde gestorben seid und lebt Gott in Christus Jesus.» (Römer 6,11).
37 Bad Cannstatt, 14. Februar 1938 (IfZ 4.1., Band 44 I).
38 Gablenberg, ein südöstlicher Stadtteil von Stuttgart, ist ca. 5 Kilometer von Bad Cannstatt entfernt. Ludwigsburg liegt ca. 16 Kilometer nördlich von Stuttgart-Gablenberg.
39 Brief aus Bad Cannstatt, 20. Januar 1937 [verschrieben für 1938] (IfZ 4.1., Band 44 I). In seinem Brief an die Schwester Inge vom 18. Januar 1938, auch aus Bad Cannstatt, war es ein «dunkle[r] Schatten», der über ihn komme, und der Militärdienst sei «nur alles Theaterspiel» (IfZ 4.2., Band 45).
40 Bad Cannstatt, 2. März 1938 (IfZ 4.1., Band 44 I). Das folgende Zitat ebd. / Pak. = Panzerabwehrkanone.
41 Bad Cannstatt, 3. März 1938 (ebd.).
42 Brief an die Eltern, Stuttgart, 21. Juni 1938 (ebd.).
43 Brief an die Eltern, Bad Cannstatt, 3. März 1938 (ebd.).
44 Stuttgarter-Zeitung (von-zeit-zu-zeit.de/index.php?template=bild&media_id=774&ref=theme_68). Haus des Dokumentarfilms/Landesfilmsammlung Baden Württemberg.
45 Ebd., Artikel von Martin Hohnecker.
46 Brief an die Eltern, Bad Cannstatt, 3. März 1938 (IfZ 4.1., Band 44 I).
47 Brief an Rose Nägele, Miesbach, 15. April 1941 (IfZ 4.7., Band 50).
48 Ich danke Claus von Rosen, Hamburg, für den Hinweis.
49 Brief an die Eltern, Bad Cannstatt, 14. März 1938 (IfZ 4.1., Band 44 I).
50 Hans Scholl / Sophie Scholl, Briefe und Aufzeichnungen, Anmerkung zum Brief vom 28. März 1938, S. 17.
51 Ebd., S. 299.
52 Stetten, 27. Juni 1938 (IfZ 4.1., Band 44 I).
53 Bad Cannstatt, 28. März 1938 (IfZ 4.1., Band 44 I). Die folgenden Zitate ebd.
54 Hans Scholl / Sophie Scholl, Briefe und Aufzeichnungen, Anmerkung zum Brief vom 28. März 1938, S. 299.
55 Brief an die Eltern, Bad Cannstatt, 14. März 1938 (IfZ 4.1., Band 44 I). Lisa

Remppis (7. Juni 1923 – 20. Juli 1971), Lebensdaten nach: Barbara Ellermeier, Hans Scholl, Anmerkungsband (ungedruckt), S. 24.
56 IfZ 4.6., Band 49. – Die Symphonie Nr. 8 h-Moll von Franz Schubert (1797–1828) wird «Die Unvollendete» genannt, weil von den drei konzipierten Sätzen nur die ersten beiden abgeschlossen wurden.
57 IfZ 4.7., Band 50.
58 IfZ 4.6., Band 49 (siehe Anhang). Ich danke Stefan Geiser, Elmshorn, für die gemeinsame Transkription.
59 Brief an die Schwester Inge, München, 6. Dezember 1940 (IfZ 4.2., Band 45).
60 Tagebucheintrag vom 11. September 1942 (IfZ 4.18., Band 61).
61 Tagebucheintrag vom 28. August 1942 (ebd.); «läben» – das entsprach wohl Lisa Remppis' schwäbischer Aussprache von «leben».
62 Brief vom 9. September 1942, in: Barbara Ellermeier, Hans Scholl, Anmerkungsband (ungedruckt), S. 136.
63 Brief vom 11. September 1942 (ebd., S. 137).
64 Barbara Ellermeier, Hans Scholl, S. 255. Lisa Schlehe, geb. Remppis, hat diesen Traum mehrfach und in unterschiedlichen Sprachen notiert (Ellermeier, Anmerkungsband, S. 136).
65 Datiert: 12. Mai 1938 (IfZ 1.2., Band 2).
66 «Lust – Leid – und Liebe / sind in dem Gruß an dich gemein.»
67 Vgl. Walter Wagner, Der Volksgerichtshof. Zitat Freisler: Die Sondergerichte «müssen ebenso schnell sein wie die Panzertruppe, sie sind mit großer Kampfkraft ausgestattet. Kein Sondergericht kann sagen, daß der Gesetzgeber ihm nicht genügend Kampfkraft gegeben habe. Sie müssen denselben Drang und dieselbe Fähigkeit haben, den Feind aufzusuchen, zu finden und zu stellen, und sie müssen die gleiche durchschlagende Treff- und Vernichtungsgenauigkeit gegenüber dem erkannten Feind haben.» (de.wikipedia.org/wiki/Sondergericht).
68 Hermann Albert Cuhorst (1899–1991) war seit 1934 Senatspräsident des Oberlandesgerichts Stuttgart, ab 1937 zudem Leiter des Stuttgarter Sondergerichts. – Urteil des Sondergerichts Stuttgart vom 2. Juni 1938 (IfZ 12.2., Band 169). Die folgenden Zitate ebd. – Am 6. Juli 1938 informierte Hans Scholl seine Eltern darüber, dass das Verfahren gegen ihn wegen Devisenvergehen eingestellt worden sei (IfZ 4.1., Band 44 I).
69 Deutsches Reichsgesetzblatt, Teil I, 1867–1945, hier: Jahrgang 1938. Ausgegeben zu Berlin, dem 1. Mai 1938, Nr. 69, 30. April 1938, S. 433–34 (alex.onb.ac.at).
70 Brief von Magdalene Scholl, 31. Mai 1938 (IfZ 12.2., Band 170).
71 IfZ 3.1., Band 14.

Viertes Kapitel: Reifezeit, 1939–1941

1 Brief an die Eltern, Bad Cannstatt, 2. März 1938 (IfZ 4.1., Band 44 I).
2 Karte an den Vater, Tübingen, 21. November 1938 (ebd.). Nachfolgendes ebd.
3 Vernehmung Hans Scholl, 18. Februar 1943, in: Chaussy / Ueberschär, S. 260. – Brief von Magdalene Scholl an Hans, Ulm, 5. Mai 1939 (IfZ 4.10., Band 53).

4 Brief an Rose Nägele, München, 5. Januar 1943 (IfZ 4.7., Band 50). Zwei Monate zuvor, im November 1942, hatte der Widerständler Falk Harnack von Hans Scholl vernommen, er «beabsichtige, sein Medizinstudium aufzugeben, um sich ausschließlich der Politik widmen zu können.» (Ders., Es war nicht umsonst. Erinnerungen an die Münchener revolutionären Studenten (Oktober 1947) [ergänzende Abschrift], IfZ 12.13., Band 225.)
5 Personen- und Vorlesungsverzeichnis der Universität München für das Sommerhalbjahr 1939 (epub.ub.uni-muenchen.de/827/1/vvz_lmu_1939_sose.pdf, München, 1939, S. 114 ff.). – Kurt S. Schilling (auch Schilling-Wollny, 1899–1977) war «Scharführer beim NS-Kraftfahrerkorps [...], führend im NSD-Dozentenbund an der Universität München tätig» und «von den Offiziellen seiner Universität wie von der Gauleitung weltanschaulich so positiv beurteilt, daß ihn das ‹Ahnenerbe› mit dem Aufbau einer Lehr- und Forschungsstätte Philosophie» betraut hatte. (George Leaman / Gerd Simon, Deutsche Philosophen, S. 273. Ebenfalls: Christian Tilitzki, Die deutsche Universitätsphilosophie, Teil 2, S. 781).
6 Gut möglich ist, dass Hans Scholl nicht nur die im Sommersemester 1939 gehaltene Vorlesung Schillings besuchte, sondern die gleichfalls von ihm angebotenen zweistündigen «Übungen über Nietzsches Willen zur Macht» im folgenden Semester. (Veranstaltung 411 innerhalb der Philosophischen Fakultät / Philosophie und Erziehungswissenschaft. Universität München. Personen und Vorlesungsverzeichnis für das Winterhalbjahr 1939/40, München, 1939, S. 117 / epub.ub.uni-muenchen.de/828/1/vvz_lmu_1939–40_wise.pdf).
7 Brief an die Eltern, München, 17. April 1939 (IfZ 4.1., Band 44 I).
8 Friedrich Nietzsche, Die Geburt der Tragödie und Der griechische Staat. Mit einem Nachwort von Alfred Baeumler, Leipzig 1930, und ders., Unzeitgemäße Betrachtungen, mit einem Nachwort von Alfred Baeumler, Leipzig 1930.
9 «Jetzt fehlt mir noch eine Stehlampe. Das ist nicht nur Luxus, sondern die Augen brauchen eben gutes Licht. Das spielt bei mir eine große Rolle, weil ich nachts sehr viel lese.» (Brief an die Eltern, München, 6. Mai 1939, IfZ 4.1., Band 44 I).
10 Maikundgebung im Berliner Lustgarten, Ausschnitte aus der Rede Adolf Hitlers am 1. Mai 1939, in: Täter – Gegner – Opfer. Tondokumente, Track 3. – Fotografien der Kundgebung und Hitlers Rede in: Die tödliche Utopie, S. 244 f. – Hitler artikulierte: «Jaawoll!»
11 Friedrich Nietzsche, Die Geburt der Tragödie aus dem Geiste der Musik, Leipzig 1872. Neuausgabe Leipzig 1886 mit dem geänderten Titel: «Die Geburt der Tragödie oder Griechentum und Pessimismus» und dem Vorwort «Versuch einer Selbstkritik», Digitale Bibliothek Band 1.
12 Friedrich Nietzsche, Die Geburt der Tragödie. Der griechische Staat. Mit einem Nachwort von Alfred Baeumler, Leipzig 1930, Kapitel 20, S. 163.
13 Ebd., Kapitel 21, S. 166.
14 paedagogikundns.wordpress.com/ns-ideologie-überblick.
15 In: Klaus-Peter Horn / Jörg-W. Link, Einleitung/Vorwort, in: Dies. (Hg.):

Erziehungsverhältnisse im Nationalsozialismus, S. 7 f. Dort (Anm. 2), wiedergegeben nach dem Transkript im Deutschen Rundfunkarchiv: 59 U 330/2.
16 Friedrich Nietzsche, Unzeitgemäße Betrachtungen, mit einem Nachwort von Alfred Baeumler, Leipzig 1930. Veröffentlichung der vier zuvor getrennt publizierten Schriften in einer Ausgabe: Leipzig 1893, hier: 1. Schrift: David Strauß. Der Bekenner und der Schriftsteller. Erstdruck: Leipzig 1873.
17 Friedrich Nietzsche, Unzeitgemäße Betrachtungen, Kapitel 1, S. 8 f.
18 Ebd., Kapitel 5, S. 139.
19 Jeremia 17,10 und 20,12.
20 Brief an die Eltern, Bad Cannstatt, 12. Dezember 1937 (IfZ 4.1., Band 44 I).
21 Briefentwurf an Frau Remppis, die Mutter seiner Freundin Lisa. Vermutlich Juni 1938 (IfZ 4.9., Band 52).
22 Brief an die Eltern, Bad Cannstatt, 27. Juli 1938 (IfZ 4.1., Band 44 I).
23 «Krankenpflege widerspricht jedem Militärgeiste. Das bekomme ich täglich zu spüren.» (Brief an die Eltern, 21. Juli 1940, o. O.; IfZ 4.1., Band 44 II).
24 Russlandtagebuch, 12. August 1942 (IfZ 4.18., Band 61).
25 Brief aus Bad Cannstatt, 12. Dezember 1937 (IfZ 4.2., Band 45).
26 Friedrich Nietzsche, Unzeitgemäße Betrachtungen, Kapitel 5, S. 137 f.
27 An Rose Nägele, 14. Mai 1941 (IfZ 4.7, Band 50. – Alois Dempf, Religionsphilosophie (Besitz Hans Scholl, IfZ 11.5., Band 143).
28 Alois Dempf, S. 122.
29 Er hätte sonst wohl kaum im Ulmer Freundeskreis, wie Otto («otl») Aicher berichtete, über Nietzsches «Gott ist tot» mitdiskutieren können.
30 Vgl. den Brief an die Mutter aus Bad Tölz vom 22. März 1940 (IfZ 4.1., Band 44 II) und seine Kurzgeschichte «Das Paradies» (IfZ 1.2., Band 2).
31 Hans Scholl / Sophie Scholl, Briefe und Aufzeichnungen, S. 301.
32 Nach Otto («otl») Aicher verstand der Freundeskreis Nietzsches «Doktrin ‹Gott ist tot› – nicht als atheistische Parole», sondern als «Vor-Verweis auf einen Gott […], der in einer Kirche stirbt, die die Herrschaft des Unmenschen stützt.» (Ebd.).
33 Christian Morgenstern, Literatur 1907, in: Stufen (1918: S. 81, 1977: S. 102).
34 Friedrich Nietzsche, Ecce Homo, in: Die fröhliche Wissenschaft («la gaya sciencia»), Scherz, List und Rache, Vorspiel in deutschen Reimen, Gedicht 62. In: ders., Gesammelte Werke, in: Philosophie von Platon bis Nietzsche, Digitale Bibliothek, S. 67281.
35 Hans Scholl / Sophie Scholl, Briefe und Aufzeichnungen, S. 302 ff.
36 Brief an die Eltern, München, 25. Oktober 1940 (IfZ 4.1., Band 44 II). Vernehmung Hans Scholl, 20. Februar 1943, in: Chaussy / Ueberschär, S. 292.
37 Hellmut Hartert an Inge Scholl, Heidelberg, 26. Februar 1946 [Abschrift] (IfZ 12.13., Band 225).
38 Brief aus München (IfZ 4.1., Band 44 II).
39 Vernehmung Hans Scholl, 21. Februar 1943, in: Chaussy / Ueberschär, S. 298.
40 Schreiben von George J.[ürgen] Wittenstein an Hellmuth Auerbach, 7. September 1964 (IfZ 12.13., Band 228).
41 Sibylle Bassler, Die Weisse Rose, S. 108.

Anmerkungen

42 Hellmut Hartert an Inge Scholl, Heidelberg, 26. Februar 1946 [Abschrift] (IfZ 12.13., Band 225).
43 Brief an Hans Scholl aus Prag, 22. Februar 1941 (IfZ 4.15., Band 58).
44 «Mit den Tölzer Mädchen habe ich einen netten Sonntag verbracht. Die kleine Ute [Borchers] kam sich bestimmt wie im Märchen vor (zum Verdruss Hellmuts).» Brief an die Schwester Inge, München, 29. November 1940 (IfZ 4.2., Band 45).
45 Brief von Hellmut Hartert, Heidelberg, 26. Februar 1946 [Abschrift] (IfZ 12.13., Band 225).
46 Sibylle Bassler, Die Weisse Rose, S. 108.
47 Brief vom 18. April 1941 (IfZ 4.15., Band 58).
48 Zu Jürgen (George J.) Wittenstein (1919–2015) siehe Detlef Bald, Die «Weisse Rose», S. 46 ff. – Nach ebd., S. 18 (Anm. 30, S. 209), unter Bezug auf: Jürgen Wittenstein, Die Münchener Studentenbewegung, in: Die Lupe, Bern, 1948, S. 38.
49 Brief aus München, 6. Dezember 1940 (IfZ 4.2., Band 45).
50 Brief von Ute Borchers aus Bad Tölz an Scholl, 5. Januar 1941 (so im Findbuch-Regest von: IfZ 4.16., Band 49).
51 Brief aus München, 10. März 1941 (IfZ 4.2., Band 45).
52 Brief aus München, 9. Juni 1941 (IfZ 4.1., Band 44 II).
53 Aus München (IfZ 4.9., Band 52).
54 Aus Aachen, 26. Mai 1942 (so im Findbuch-Regest von: IfZ 4.16., Band 49).
55 Aus Aachen, 15. November 1942 (ebd.).
56 Russlandtagebuch, Eintrag vom 17. August 1942 (IfZ 4.18., Band 61).
57 Ebd., Eintrag vom 28. August 1942 (ebd.).
58 Ebd.
59 In einem Brief vom 23. Juli 1939 aus Grabnick berichtete er, dass er «nach endloser Bahnfahrt» in Masuren angekommen sei (IfZ 4.1., Band 44 I). Das folgende Zitat ebd. Nach Kriegsbeginn am 1. September 1939 gelangte er «mit dem letzten Schiff» zurück in die Heimat (Hans Scholl / Sophie Scholl, Briefe und Aufzeichnungen, S. 30).
60 Tagebuch, Eintrag vom 20. September 1939 (IfZ 4.1, Band 44 I). Die folgenden Zitate ebd.
61 Stefan George, Das Jahr der Seele, S. 115 (IfZ 11.18., Band 146). Widmung: «Hans zu Weihnachten 1938! Inge.»
62 Marc Aurel, Selbstbetrachtungen, S. XXIII (IfZ 11.2., Band 140).
63 An die Eltern, Tübingen, 18. Dezember 1938 (IfZ 4.1., Band 44 I).
64 Brief aus Kempten (IfZ 4.1., Band 44 II).
65 Brief an die Eltern, Bad Sooden[-Allendorf], 2. Mai 1940 (IfZ 4.1., Band 44 II).
66 Brief an die Eltern, O. U. [Ortsunterkunft], 14. Mai 1940 (ebd.).
67 Laut dienstlicher Meldung vom 29. April 1940. Scholls Erkennungsmarke lautete: «San. Ers. Abt. 7 –2257–». Mitteilung der Deutschen Dienststelle (WASt).
68 An die Eltern, O. U., 11. Juni 1940 (IfZ 4.1., Band 44 II).

69 Laut Meldung vom 29. April 1940. Auskunft der Deutschen Dienststelle (WASt).
70 IfZ 4.18., Band 61. Die Einträge erfolgten vom 14. Juni bis zum 31. Juli 1940. Es ist nicht anzunehmen, dass Scholl die in seinem «Operationsbuch» aufgeführten Eingriffe selbst durchgeführt hat, dafür war sein Ausbildungsstand als Arzt noch nicht weit genug. Trotzdem erlebte er als Assistent oder Sanitäter bei den Operationen die Kriegsgräuel unmittelbar mit. – Ich danke Angela und Burkhard Löser, Duisburg, für die Erläuterungen zum «OP-Buch».
71 An die Eltern, O. U., 11. Juni 1940 (IfZ 4.1., Band 44 II).
72 An die Eltern, O. U., 12. und 21. Juli 1940 (ebd.).
73 IfZ 4.18., Band 61. Alle Zitate ebd.
74 An die Eltern, O.U., 8. Juli 1940 (IfZ 4.1., Band 44 II).
75 An die Eltern, O. U., 3. Juni 1940 (ebd.).
76 Ulm, 28. Juni 1940 (Hans Scholl / Sophie Scholl, Briefe und Aufzeichnungen, S. 182).
77 Erinnerung vom 21. September 1968, in: (Aicher-)Scholl, Die Weiße Rose, S. 168.
78 Versailles, an die Schwester Inge, 1. August 1940 (IfZ 4.1., Band 44 II).
79 An die Mutter, Versailles, 1. September 1940 (ebd.).
80 An die Eltern, Versailles, 8. September 1940 (ebd.). Einige Fotografien, die Scholl dort von Auguste Rodins Werken gemacht hat, sind im IfZ archiviert.
81 An die Schwester Inge, Versailles, 11. August 1940 (IfZ 4.2., Band 45).
82 Vernehmung Hans Scholl, 18. Februar 1943 (in: Chaussy / Ueberschär, S. 259).
83 An die Mutter, Versailles (IfZ 4.1., Band 44 II).
84 Hans Scholl / Sophie Scholl, Briefe und Aufzeichnungen, S. 47.
85 Brief an die Eltern, München, 25. Oktober 1940 (IfZ 4.1., Band 44 I).
86 An die Schwester Inge, Versailles, 1. August 1940 (IfZ 4.2., Band 45). Die folgenden Zitate ebd.
87 Brief aus Ulm, 19. April 1941 (IfZ 4.7., Band 50). Siehe S. 135 f.
88 «Hans kam vorgestern, er hat sein Physikum gut bestanden, zur Hälfte mit eins, zur andern mit 2.» Sophie Scholl an Fritz Hartnagel, Ulm, 21. Januar 1941. (Sophie Scholl / Fritz Hartnagel, Briefwechsel, S. 256).
89 Brief an Rose Nägele, München, 5. Januar 1943 (IfZ 4.7., Band 50).
90 Nikolai Berdiaeff, Die menschliche Persönlichkeit und die überpersönlichen Werte, Wien 1938 (IfZ 11.3., Band 141, dort unter «Berdjaev, Nikolaj A.» geführt). Alle Zitate aus diesem Exemplar.
91 Die folgenden Zitate auf den Seiten 37, 36, 33, 34.
92 S. 50 f. Zitat aus der Apostelgeschichte 5,29, wo die Apostel auf die Forderung des Hohen Rates, nicht mehr im Namen Jesu zu lehren, erwidern: «Man muss Gott mehr gehorchen als den Menschen.»
93 Die folgenden Zitate auf den Seiten 46, 21, 24, 50, 37, 39, 48, 21, 43, 21, 24, 26, 26 f., 22, 34, 27, 29.
94 Matthäus 26,51 f.
95 Notat Scholls, eingelegt zwischen die Seiten 126/27 von Werner Jaegers *Paideia* (IfZ 11.10., Band 148).

96 S. 40, folgende S. 54 f. und S. 25.
97 «Zunächst gibt es für unser Dasein nur eine Bezeichnung: trostlos. Wir sind in einer alten Schule untergebracht, achtzehn Männer auf einer Stube. Unser Dienst besteht darin, daß wir antreten und warten. [...] Ich suche mir ein nettes Zimmer, melde mich gehorsamst zum Dienstappell, schlafe des nachts im allgemeinen in der Kaserne und führe im übrigen ein Leben nach meinem Geschmack, soweit sich dies eben verwirklichen läßt.» (Brief an die Eltern, München, 23. April 1941, IfZ 4.1., Band 44 II).
98 An Rose Nägele, München, 7. Dezember 1941 (IfZ 4.7., Band 50).
99 An Rose Nägele, München, 20. Dezember 1941 (IfZ 4.7., Band 50).
100 IfZ 3.22., Band 35. In Vorderriß notiert, einem Weiler ungefähr 80 Kilometer südlich von München an der Mündung des Rißbachs in die Isar gelegen. Inge Scholl verbrachte dort einige Ferientage.
101 Carl Muth, Schöpfer und Magier. Diese und die nachfolgenden Zitate ebd. (S. 222, 198, 236, 14, 185, 194, 15, 16, 208, 212, 209, 215, 211, 195). Muth bezieht sich besonders auf den «Maximin»-Zyklus Georges.
102 Carl Muth hat sich auch während einer in seinem Haus durchgeführten Gesprächsrunde negativ über George und seinen Kreis geäußert. Alexander Schmorell berichtete: «Bei meinem einzigen Besuch, den ich bei Prof. Muth machte, wurde über den Personenkreis des Stephan [sic] George gesprochen, dem Prof. Muth ablehnend gegenübersteht.» (Vernehmung, 26. Februar 1943, in: Chaussy / Ueberschär, S. 370).
103 Brief an die Schwester Elisabeth, München, 28. Februar 1943 (IfZ 4.3., Band 46).
104 Brief an Alfred «boby» Reichle, München, 12. Februar 1941 (IfZ 4.9., Band 52). – Brief an Fritz Hartnagel, Ulm, 7. Februar 1943 (Sophie Scholl / Fritz Hartnagel, Briefwechsel, S. 446).
105 München, 22. Mai 1941 (IfZ 4.7., Band 50).
106 Theodor Haecker, Christentum und Kultur, S. 28 f.
107 Ebd., S. 46 f.
108 Im Vorwort seines Buches «Satire und Polemik» teilte Haecker den Lesern seine Bekehrung mit (S. 16). Sie war ein Sacrificium intellectus: «Die einzige wesentliche und prinzipielle Wandlung – von Zweifel zu Gewissheit – habe ich in religiös-theologischen Fragen deutlich anzugeben. Ist etwas in diesem Buch, das Zweifel ausdrückt an der Autorität der katholischen Kirche in allen Fragen der Lehre und Sitten oder ihren dogmatischen Sätzen in Wort oder Geist entgegen ist, so ist es wie nicht geschrieben; wenn es aber doch geschrieben worden ist – litera scripta manet – so ist es zurückgenommen nicht nur, sondern widerrufen, ohne Vorbehalt, ohne Schikane, einfach und einfältig, wie Ja ja ist und Nein nein. Und selbstverständlich gilt dies nicht nur für die hier gesammelten Aufsätze, sondern für alles, das von mir geschrieben wurde.» (Theodor Haecker, Tag- und Nachtbücher, hg. von Hinrich Siefken. In den Anmerkungen werden wiedergegeben: Datum der letzten von Haecker vor dem jeweiligen Eintrag gesetzten Datierung / Nr. der Eintragung / Seite. Hier: 8. September 1940 / 500 / S. 110. – Ebd., 7. Juli 1940 / 389 / S. 90).
109 Thomas Mann (1875–1955).

110 Theodor Haecker, Werke. Band III, S. 111. (Zit. nach: Hinrich Siefken, in: Theodor Haecker, Tag- und Nachtbücher, S. 260. / Theodor Haecker, Satire und Polemik, S. 79. / Ebd., S. 157 f.
111 Theodor Haecker, Was ist der Mensch?, S. 122 und S. 136.
112 Theodor Haecker, Satire und Polemik, S. 78.
113 «Der Brenner», Jg. 4, Innsbruck 1914, S. 670 f. (Zit. nach: Hinrich Siefken, Thomas Mann und Theodor Haecker, S. 255, Anm. 53, S. 268).
114 Deutsches Literaturarchiv Marbach am Neckar (DLA 67.760, 2. Mappe). Zit. nach Hinrich Siefken, Thomas Mann und Theodor Haecker, S. 262, Anm. 76, S. 269.
115 Siehe Haeckers Vor- und Nachworte in dem von ihm übersetzten Pamphlet Hilaire Belocs: Die Juden, München 1927 (Original: London 1922) und seine von antijüdischen Stereotypen geprägten *Tag- und Nachtbücher* (z. B. 9. April 1940 / 152 / S. 46; 7. Juli 1940 / 389 / S. 90; 6. April 1941 / 852 / S. 187; 21. Juni 1941 / 899 / S. 194).
116 24. August 1938 (IfZ 4.1., Band 44 I). Malsch liegt etwa 20 Kilometer südlich von Karlsruhe.
117 Peter de Mendelssohn, Nachbemerkungen des Herausgebers, in: Thomas Mann, Leiden und Größe der Meister, S. 1069.
118 Ankunft in New York war am 21. Februar 1938.
119 Thomas Mann hielt diese Rede am 17. Oktober 1930, mehr als zwei Jahre vor der Berufung Adolf Hitlers zum Reichskanzler durch Reichspräsident Hindenburg am 30. Januar 1933. – Thomas Mann, Deutsche Ansprache, S. 19. Die folgenden Zitate S. 20 und 19.
120 Scholls Manuskript nennt als Quelle: «Aus Thomas Mann: Leiden und Grösse der Meister. Neue Aufsätze. Berlin 1935, S. Fischer Verlag. Seite 251 und 253.» (IfZ 4.18., Band 61).
121 Thomas Mann datierte diesen Text auf den «25. Mai» [1934] (Thomas Mann, Leiden und Größe der Meister, S. 1052 f., und Peter de Mendelssohn, Nachbemerkung, ebd., S. 1176 ff.
122 Ebd., S. 1018–1068.
123 Alle folgenden Zitate sind aus der von Hans Scholl angefertigten Abschrift. Bei Schreibfehlern wurde Thomas Manns Originaltext übernommen.
124 Thomas Mann, Deutsche Ansprache, S. 21.
125 Rose Nägeles Geburtsjahr war 1921, nach Alexander Schmorell / Christoph Probst, Briefe, S. 121. – Brief an Inge Scholl, München, 10. März 1941 (IfZ 4.2., Band 45).
126 Sibylle Bassler, Die Weisse Rose, S. 37.
127 Brief aus Stuttgart vom 9. Juli 1942 (IfZ 4.7., Band 56).
128 Über Lisa Remppis im Brief an die Eltern, Bad Cannstatt, 22. Januar 1938 (IfZ 4.1., Band 44 I).
129 Scholl an Nägele über seine «Schatten»: «Die Schatten sind um des Lichtes Willen da. Aber das erste ist das Licht.» (München, 12. August 1941, IfZ 4.7., Band 50). Über die Schatten bei Nägele: «Soll der Schatten der [Deiner] Traurigkeit dieses Licht auslöschen?» (München, 16. Februar 1943, ebd.).

130 Stuttgart, 25. März 1941 (IfZ 4.13., Band 56).
131 Miesbach, 15. April 1941 (IfZ 4.7., Band 50).
132 Sie arbeitete auf einem Bauernhof, dem Kapellhof, Gemeinde Ailingen, Friedrichshafen am Bodensee.
133 Literarische Vorlage war vermutlich eine Traumschilderung in Rainer Maria Rilkes Aufzeichnungen des Malte Laurids Brigge, S. 55 f. – Ulm, 19. April 1941 (IfZ 4.7., Band 50). Die folgenden Zitate ebd.
134 Miesbach, 15. April 1941 (IfZ 4.7., Band 50).
135 München, 30. Juni 1942 (ebd.).
136 Vermutlich am 19. und 20. November 1942 (Alexander Schmorell / Christoph Probst, Briefe, S. 509, Anm. 579). – Murrhardt liegt etwa 40 Kilometer nordöstlich von Stuttgart. – Hans Scholl lernte den Medizinstudenten Hanspeter Nägele (1918–1992) während seiner Militärzeit kennen. Er war gleichfalls 1938 wegen seiner Mitgliedschaft in der *dj.1.11* angeklagt gewesen (Alexander Schmorell / Christoph Probst, Briefe, S. 214 und S. 508, Anm. 579).
137 Ebd., S. 509, Anm. 579.
138 Ohne Ortsangabe, 21. November 1942 (IfZ 4.7., Band 56).
139 München, 14. Dezember 1942 (IfZ 4.7., Band 50).
140 München, 16. Februar 1943 (ebd.).
141 IfZ 1.2., Band 2.
142 Über das Turiner Grabtuch, in: das Windlicht – Spätwinter 42. Heft 3 [hektografiert], S 1 (IfZ 9.29, Band 123).
143 München 1928. Jacques Rivière (1886–1925).
144 Paul Claudel – Jacques Rivière, Briefwechsel 1907–1914 (IfZ 11.4., Band 142).
145 Paul-André Lesort, Paul Claudel, S. 165. Rivières Schreiben ist nicht erhalten.
146 München, 22. Dezember 1941. Der Brief liegt nicht im Original vor, sondern nur als Typoskript Inge Aicher-Scholls. (IfZ 4.9., Band 52). Die folgenden Zitate ebd.).
147 Brief vom 21. Dezember 1941 aus München an boby / Alfred Reichle (IfZ 4.9., Band 52).
148 Aurelius Augustinus, Über die Psalmen. Ausgewählt und übertragen von Hans Urs von Balthasar, Leipzig 1936. Eintrag auf dem Vorsatz: «Hans Scholl 1941. zur Zeit der Wende.» (IfZ 11.2., Band 140).
149 Muth wechselte in der Schreibweise zwischen «Karl» und «Carl» (IfZ 11.13., Band 151).
150 «Ich habe den einen, den einzig möglichen Wert gefunden.» Brief an Rose Nägele, München, 7. Dezember 1941 (IfZ 4.7., Band 50). – Brief an die Eltern und die Schwester Inge, München, 12. Februar 1942 (IfZ 4.1., Band 44 II). – Brief an Rose Nägele, München, 13. April 1942 (IfZ 4.7., Band 50). – Brief an die Mutter, München, 4. Mai 1942 (IfZ 4.1., Band 44 II).
151 Paul Claudel, Der seidene Schuh oder Das Schlimmste trifft nicht immer zu.
152 Brief aus München (IfZ 4.3., Band 46).
153 Brief an Josef Gilles, o. O., 21. März 1942 (IfZ 4.9., Band 52). – Über das Turiner Grabtuch in: das Windlicht – Spätwinter 42. Heft 3 [hektografiert], S. 1 (IfZ 9.29, Band 123).

154 Paul Claudel, Der seidene Schuh, S. 167.
155 Brief vom 28. Dezember 1941 (zit. nach: Barbara Schüler, «Im Geiste der Gemordeten…», S. 126 f., Anm. 563. Die Autorin nennt als Quelle: Bayerische Staatsbibliothek München Ana 390 II.A). Siehe auch Barbara Beuys, Sophie Scholl, S. 226 f. und S. 431 ff.
156 IfZ 3.20., Band 33. Als sie mit Inge Jens über die Veröffentlichung des Buches Hans Scholl, Sophie Scholl, Briefe und Aufzeichnungen (Frankfurt a. M. 1984) korrespondierte, sollten die Leser über ihre Konversion nicht informiert werden: «Bitte den letzten, von mir eingeklammerten Satz in Absatz I streichen, wenn es geht. Vielleicht ginge es, dass man den Sinn dieses Satzes zum Ausdruck bringt, ohne dass mein Uebertritt zur katholischen Kirche erwähnt wird. Es ist etwas, zu dem die grossen Kreise keine Beziehung haben.» (IfZ 1.2., Band 2).
157 An Rose Nägele, München, 16. Februar 1943 (IfZ 4.7., Band 50). Das angebliche Zitat ist bei Paul Claudel nicht belegt.
158 Traute Lafrenz (verh. Lafrenz Page, geb. 1919). Die Ausführungen stützen sich auf die öffentlichen Äußerungen von Traute Lafrenz Page und ihre im IfZ-Findbuch ED 474 verzeichneten Briefe an Hans Scholl. Ein direkter Zugang war trotz Anfrage bei Lafrenz Page – auch über das IfZ – nicht möglich. Weitere Korrespondenzen und Materialien zu Page sind im IfZ bis zum Jahr 2022 bzw. 2026 gesperrt. Der Forschung sind bislang keine Dokumente Hans Scholls zu dieser Beziehung bekannt. Eventuell vorhandene Briefe oder Texte, die sich im Besitz von Frau Page befinden, blieben bislang unveröffentlicht.
159 Traute Lafrenz in: Inge Scholl, Die Weiße Rose, S. 131. Datiert: «Bremen, am 21. Februar [1946 (?)]», S. 138. – Traute Lafrenz antwortete Sibylle Bassler auf die Frage, wie sie Alexander Schmorell kennengelernt habe: «Wir waren damals, im Sommer 1939, zum Erntedienst in Pommern. […] Eines Abends trafen wir uns zufällig an einem wunderschönen See mit herrlichen Tannen drum herum. Wir beide waren mit dem Rad da. Zwei Stunden haben wir zusammen über Dostojewski und Tolstoi geschwärmt. Anschließend sind wir auf unsere Räder gestiegen und haben uns nicht mehr gesehen.» (Sibylle Bassler, Die Weisse Rose, S. 40).
160 Traute Lafrenz in: Peter Normann Waage, Es lebe die Freiheit!, S. 43. Waage betont die Authentizität der Aussagen. Da er mehrere Gespräche mit Lafrenz geführt und zudem mit ihren schriftlichen Berichten gearbeitet habe, habe er sich «dafür entschieden» zu zitieren, «ohne im Einzelfall zu belegen, um welche Gespräche es sich genau handelt.» (S. 11). Eine Datierung dieser Texte ist daher nicht möglich. In Waages Werk sind die Zitate alle kursiv gesetzt.
161 Traute Lafrenz in: Sibylle Bassler, Die Weisse Rose, S. 42. Da die Autorin darüber informiert, dass die Abfassung ihres 2006 erschienenen Buches «knapp zwei Jahre» (S. 13) gedauert habe, führte sie das Gespräch mit Lafrenz innerhalb dieses Zeitrahmens. Vgl. auch Alexander Schmorells Aussage: «Ich habe die Lafrenz mit den Geschwistern Scholl zusammengebracht.» (Vernehmung, 25. Februar 1943, in: Chaussy / Ueberschär, S. 362).

Anmerkungen

162 In: Peter Normann Waage, Es lebe die Freiheit!, S. 43.
163 Die Monatsangabe variiert: «im April 41» (Sibylle Bassler, Die Weisse Rose, S. 37); «im Mai 1941» (Traute Lafrenz, s. o.); «im Juni 1941» (Peter Normann Waage, S. 43); «im Juni» (Alexander Schmorell / Christoph Probst, Briefe, S. 101). Doch die Herausgeberin Christiane Moll weist nach (ebd., S. 418, Anm. 329), dass am 6., 10. und 12. Juni 1941 «das Kammerorchester Wilhelm Stross [1907–1966]» die sechs Brandenburgischen Konzerte Johann Sebastian Bachs im Münchner Odeon aufführte. Vgl. dazu die Briefe Schmorells vom 13. Juni 1941 (ebd., S. 417) und Scholls vom 11. Juni 1941 (ebd., S. 418, Anm. 329), in denen beide diese Konzerte erwähnten.
164 So ihr Bericht 1946 in: Inge Scholl, Die Weiße Rose, S. 131. Rund sechzig Jahre später glaubte sie sich daran zu erinnern, dass damals das Quartett des österreichischen Violinvirtuosen Wolfgang Schneiderhan musizierte (Sibylle Bassler, Die Weisse Rose, S. 41).
165 In: Inge Scholl, Die Weiße Rose, S. 131.
166 München, ohne Tag (IfZ 4.14., Band 57. Alle weiteren Briefzitate von Traute Lafrenz ebd.).
167 Kraiburg am Inn, 18. August 1941.
168 Ampfing, 1. September 1941.
169 Kraiburg am Inn, 3. September 1941.
170 Kraiburg am Inn, 25. September 1941.
171 Kraiburg am Inn, 30. September 1941.
172 Wien, 11. November 1941.
173 Zcarzetz, 20. November 1941.
174 In: Sibylle Bassler, Die Weisse Rose, S. 43 und S. 37.
175 Ulm 12. und München 24. Juli 1941 (IfZ 4.7., Band 50).
176 Vernehmung Hans Scholl, 18. Februar 1943, in: Chaussy / Ueberschär, S. 263.
177 In: Inge Scholl, Die Weiße Rose, S. 132.
178 Ebd. So äußerte sich Traute Lafrenz 1946. Im Gespräch mit Peter Normann Waage (zuerst Oslo 2010) ist nur noch die Rede davon, sie habe «das Flugblatt mit nach Hamburg genommen» (Es lebe die Freiheit, S. 243).
179 Die Mär eines Hamburger Widerstandskreises der «Weißen Rose» hält sich hartnäckig, obwohl Traute Lafrenz, die es nun wirklich wissen musste, betonte: «Es liegt ein großes Missverständnis vor [...], nämlich, dass die Weiße Rose eine Art Organisation gewesen sei. Das war ganz und gar nicht der Fall. Es war ein loser Freundschaftskreis rund um die Geschwister Scholl, mit Medizinstudenten und Freunden aus der Kaserne. Wir nannten uns nie ‹Die Weiße Rose›.» (Peter Normann Waage, Es lebe die Freiheit!, S. 95 f.). Über den Hamburger Gesprächskreis sagte sie: «Ich wusste von ihnen oder kannte sie von früher. Aber es handelte sich um einen losen Kreis – eigentlich ahnte man nie, wer noch auftauchen würde.» (Ebd., S. 235). Die Teilnehmer seien zwar «dem Münchner Kreis in Gesinnung und Denkungsart ähnlich» gewesen, «wenn auch ihre mehr intellektuelle, weniger vitale Veranlagung weniger zum Tun drängte.» (Bericht von Traute Lafrenz, 21. Februar 1947, IfZ 12.13., Band 226, S. 2 f.). Sie bezeichnete die Diskutanten nur als «den Hamburger Studen-

tenkreis» (ebd., S. 7), oder – noch distanzierter – «diese Hamburger Studenten» (ebd., S. 8): «Deshalb war ich schockiert, als ich zum ersten Mal hörte, es habe eine ‹Hamburger Gruppe der Weißen Rose› gegeben. Das ist eine Bezeichnung, die die Nachwelt geprägt hat. Dieser Name kann nur für den Kreis in München verwendet werden, in dem Hans der unbestrittene Mittelpunkt war.» (Peter Normann Waage, S. 96). Traute Lafrenz fasste die Aktivitäten so zusammen: «Geschehen war außer der oben erwähnten Vervielfältigung und Sammlung [einiger Flugblätter], außer Radio-Abhören und Verbreiten und völlig romantischen Ideen von Riesenbrückensprengungen eigentlich gar nichts. Nur Redereien pazifistisch[er], kommunistischer, defaitistischer und anarchistischer Richtung.» (Bericht von Traute Lafrenz, 21. Februar 1947, IfZ 12.13., Band 226, S. 8). «Geschehen war [...] eigentlich gar nichts.» Insgesamt war der politisch aktive Widerstand – gemessen an der Gesamtbevölkerung – nicht nur in der «Freien und Hansestadt», auch in der «Hauptstadt der Bewegung» marginal.

180 Sibylle Bassler, Die Weisse Rose, S. 60.
181 In: Peter Normann Waage, Es lebe die Freiheit!, S. 29 und S. 58.
182 Ebd., S. 43.
183 Ebd., S. 66. Ähnlich: «Hans stand mitten im Leben. Er war tatkräftig, handelte ständig – oft ohne viel darüber nachzudenken, was zum Teil fatale Konsequenzen hatte. Aber er handelte. [...] Hans' Tatkraft lag weit über dem, was normal ist [...]. Hans ging drauflos, ohne Angst, manchmal dummdreist.» (Ebd., S. 249 f.). «Alle Menschen streben nach geistiger Vollendung, egal wie sie es nennen. Bei Hans war dieses Bestreben stark ausgeprägt, es riss andere mit sich [...].» (Ebd., S. 270).
184 Vernehmung Hans Scholl, 21. Februar 1943, in: Chaussy / Ueberschär, S. 301.
185 Sibylle Bassler, Die Weisse Rose, S. 43.
186 München, 3. August 1941 (IfZ 4.1., Band 44 II) – «Wanderer-Fantasie» ist der populäre Name für Opus 15 (D760) in C-Dur von Franz Schubert aus dem Jahr 1822.
187 de.wikipedia.org/wiki/Elly_Ney, dort zit. nach: Manfred van Rey, Beethoven – Bonn – Elly Ney. Ein schwieriges Verhältnis. In: Bonner Geschichtsblätter, Band 51/52, S. 457.
188 Ebd., dort zit. nach: Ernst Klee, Das Kulturlexikon zum Dritten Reich. Wer war was vor und nach 1945, Frankfurt a. M. 2007, S. 432.
189 de.wikipedia.org/wiki/Gottbegnadetenliste.
190 Russlandtagebuch, 17. August 1942 (IfZ 4.18., Band 61).
191 Tagebuch ohne Datum, vermutlich – so Inge Aicher-Scholl – September/Oktober 1939 (IfZ 1.2., Band 2).
192 Hans Scholl / Sophie Scholl, Briefe und Aufzeichnungen, S. 302 / Lukas 15, 11–37.
193 An Rose Nägele, München, 5. Januar 1943 (IfZ 4.7., Band 50).
194 Brief an Rose Nägele, München, 13. April 1942 (ebd.).
195 Russlandtagebuch, 12. August. 1942 (IfZ 4.18., Band 61).

196 Brief an Otto («otl») Aicher, Russland, 9. Oktober 1942 (IfZ 4.8., Band 51).
197 Brief an Rose Nägele, München, 16. Februar 1942 (IfZ 4.7., Band 50).
198 Brief an Rose Nägele, München, 25. Januar 1942 (ebd.).

Fünftes Kapitel: Kampfeszeit, 1941–1943

1 Römer 13,1–6.
2 Exodus 20,13.
3 Interview mit Ulrich Chaussy, 15. Juli 1990, in: Sophie Scholl. Die letzten Tage, S. 92 f.
4 Werner Jaeger, Paideia. Die Formung des griechischen Menschen (IfZ 11.10., Band 148). «Paideia» griechisch: «Erziehung, Bildung». Auf das Vorsatzpapier des Buches schrieb Inge Scholl oben ihre Widmung: «Hans zu Weihnachten 1941!»; unten setzte Hans Scholl seinen Namenszug.
5 Ebd., S. 128.
6 Lukas 12,49 (Lutherbibel 1912).
7 «Pecca fortiter, sed crede fortius!» (Brief an Philipp Melanchthon, 1. August 1521. Luther, Weimarer Ausgabe, Briefe 2, Nr. 424).
8 Johannes 14,27 (Lutherbibel 1912).
9 Brief an Rose Nägele, München, 2. Mai 1941 (IfZ 4.7., Band 50).
10 Am 17. Dezember 1945 informierte der Bibliothekar der Kirche St. Bonifaz in München, Pater Romuald Bauerreiß OSB, Robert Scholl, dass sein Sohn die Bibliothek der Benediktinerabtei «im Frühsommer 1942» benutzt habe. Er sei damals besonders an der «Frage des Tyrannenmordes» interessiert gewesen (Sönke Zankel, Mit Flugblättern gegen Hitler, S. 228). Elf Jahre nach der Begegnung mit Hans Scholl ergänzte Bauerreiß: «Seine Beschäftigung mit Thomas von Aquin und anderen christlichen Autoren war getragen nicht zuletzt von der brennenden Frage nach dem aus christlichem Gewissen gebotenen Widerstand gegen Mißbrauch der Staatsgewalt. Wer Hans kannte, weiß – und wußte schon damals –, daß er am liebsten offen vor den Tyrannen hingetreten wäre, um ihm ins Gesicht zu schleudern: ‹Es ist Dir nicht erlaubt.›» (Erinnerungen an Hans Scholl, in: Der Rhaeten-Herold – Mitteilungen der bayerischen Studentenverbindung Rhaetia, Nr. 208, 1953, S. 6 f. / IfZ 14.2., Band 257).
11 Scholls Exemplar: Friedr. Schleiermacher, Über die Religion. Reden an die Gebildeten unter ihren Verächtern. Für die Deutsche Bibliothek herausgegeben von Martin Rade, Berlin 1936. Die Edition folgt der 1. Ausgabe von 1799 (IfZ 11.17., Band 155).
12 Friedrich Daniel Ernst Schleiermacher (1768–1834). Alle Zitate sind der von Hans-Joachim Rothert herausgegebenen Ausgabe, Philosophische Bibliothek Band 255, Hamburg 1958, entnommen. Seitenangaben nach der 1. Ausgabe von 1779: S. 53, 165, 6, 305, 145, 6, 119, 123.
13 Flugblatt I.
14 Ulm, 10. Januar 1940 (IfZ 6.3., Band 40).
15 Friedrich «Fritz» Hartnagel (1917–2001). Gemeint ist Römer 8,2. Brief aus Ulm, 28. Oktober 1942 (Sophie Scholl / Fritz Hartnagel, Briefwechsel, S. 420).

16 Brief an Fritz Hartnagel, Ulm, 22. Juni 1940 (ebd., S. 185). Die folgenden Zitate ebd.
17 «Ende Mai»: Brief Sophie Scholls an Lisa Remppis, München, 30. Mai 1942 (IfZ 6.3., Band 70). Sie wohnte in der Mandlstr. 1. (Ebd. und Vernehmung, 18. Februar 1943, in: Chaussy / Ueberschär, S. 220). «einige Tage»: Brief Hans Scholls an die Mutter, München, 4. Mai 1942 (IfZ 4.1., Band 44 I).
18 Vernehmung Hans Scholl, 18. Februar 1943, in: Chaussy / Ueberschär, S. 263.
19 Alexander Schmorell an Angelika Knoop, München, 3. Juli 1941 (Alexander Schmorell / Christoph Probst, Briefe, S. 433).
20 Formulierung in memoriam Diether Schmidt (Lubmin 1930 – Retie 2012).
21 Aurelius Augustinus, Über die Psalmen. Ausgewählt und übertragen von Hans Urs von Balthasar, Leipzig, MCMXXXVI. Eintrag auf dem Vorsatz: «Hans Scholl 1941. zur Zeit der Wende.» (IfZ 11.2., Band 140). – Psalm 41,13. S. 68.
22 Rainer Maria Rilke, Briefe und Tagebücher aus der Frühzeit, Tagebucheintrag vom 15. September 1900, S. 306.
23 Briefe an die Schwester Inge, Bad Cannstatt, 18. Januar 1938 und aus Russland, 15. Oktober 1942 (IfZ 4.2., Band 45).
24 Flugblätter I und III.
25 «Soweit als Geburtstag auch der 3.9.17 genannt wird, hängt das mit dem Russischen Kalender zusammen.» (Vernehmung Schmorell, 25. Februar 1943, in: Chaussy / Ueberschär, S. 346). Der Unterschied von dreizehn Tagen ergibt sich aus der grundsätzlichen Differenz, um die der gregorianische Kalender dem julianischen vorangeht. Alle Angaben nach: Vernehmung Alexander Schmorell (ebd., S. 341 ff.). Alexander Schmorell / Christoph Probst, Briefe, S. 26 ff., und Sönke Zankel, Mit Flugblättern gegen Hitler, S. 72 ff.
26 Dr. med. Hugo August Schmorell (1878–1964); Natalia Schmorell, geb. Petrowna Wwedenskaja (1890–1918). Mit Elisabeth Hoffmann (1892–1982), seiner zweiten Ehefrau, bekam Hugo Schmorell Alexanders Halbgeschwister Erich Georg (1921–2005) und Natalie (Margarete Natascha, geb. 1925). Nach: Alexander Schmorell / Christoph Probst, Briefe, S. 26 ff., und deutsche-biographie.de.
27 Christoph Probst (1919–1943).
28 Alexander Schmorell / Christoph Probst, Briefe, S. 118 – S. 449, Anm. 417. – Brief Schmorells, München, 23. April 1941 (ebd., S. 358).
29 Falk Harnack, Es war nicht umsonst. Erinnerungen an die Münchener revolutionären Studenten (Oktober 1947) [ergänzende Abschrift] (IfZ 12.13., Band 225).
30 Brief von Magdalene Scholl an ihren Sohn Werner, Ulm, 28. April 1941 (IfZ 7.4., Band 87).
31 Im Folgenden sind Briefzitate Alexander Schmorells ohne Empfängerangabe seinen Schreiben an Angelika Probst (ab 22. Februar 1938 verheiratete Knoop) entnommen. Zitiert wird nach Alexander Schmorell / Christoph Probst, Briefe, hier: Aus München (ebd., S. 428).
32 Brief an die Eltern, 8. September 1940 (IfZ 4.1., Band 44 II).
33 München, 3. Juli 1941, S. 432 f.

34 München, 4. Juli 1941, S. 433.
35 Alexander Schmorell / Christoph Probst, Briefe, S. 35.
36 München (IfZ 4.7., Band 50). Kochel am See liegt rund 65 Kilometer südwestlich von München, ca. 15 Kilometer östlich von Murnau am Staffelsee.
37 Brief Scholls an die Eltern, München, 25. Juli 1941 (IfZ 4.1., Band 44 II). Weitere Angaben ebd.
38 Bescheinigung des Krankenhauses (IfZ 4.18., Band 61).
39 IfZ 4.4., Band 47.
40 Hans Scholl an Rose Nägele, München, 7. Oktober 1941 (IfZ 4.7., Band 50).
41 Ulm, 8. Oktober 1941 (IfZ 6.8., Band 75).
42 An Sophie, Linz, 15. Oktober 1941 (IfZ 4.4., Band 47).
43 An Rose Nägele, Linz, 16. Oktober 1941 (IfZ 4.7., Band 50). – An Sophie, Linz, 15. Oktober 1941 (IfZ 4.4., Band 47).
44 München, 20. Dezember 1941, S. 448.
45 Ebd., Anm. 420 zu S. 449 f. Jean Paul, Die unsichtbare Loge, Band 2, Berlin 1793 (deutschestextarchiv.de/book/view/paul_loge02_1793 – Bild 0205:195).
46 Brief an Kurt Huber, Russland, 17. August 1942 (IfZ 4.9., Band 52).
47 Brief an die Eltern und Inge, München, 12. Februar 1942 (IfZ 4.1., Band 44 II). Die folgenden Zitate ebd.
48 Alexander Schmorell / Christoph Probst, Briefe, S. 456, Anm. 437. – Hans Scholl an die Schwester Elisabeth, München, 28. Februar 1942 (IfZ 4.3., Band 46), sowie an die Eltern und Inge, Schrobenhausen, 18. März 1942 (IfZ 4.1., Band 44 II).
49 Holzhausen, 18. März 1942, S. 459.
50 Brief an Margaret Knittel, «[München,] Januar», vermutlich jedoch Februar 1943, Alexander Schmorell / Christoph Probst, Briefe, S. 520.
51 München (IfZ 4.4., Band 47).
52 In ihrer «Ansprache zu Christoph Probst», ihrem Bruder; zit. nach: Alexander Schmorell / Christoph Probst, Briefe, S. 462, Anm. 449.
53 Vernehmung Sophie Scholl, 18. Februar 1943, in: Chaussy / Ueberschär, S. 231.
54 Alexander Schmorell / Christoph Probst, Briefe, S. 462, Anm 449.
55 München, 22. Mai 1942, S. 464.
56 München, 4. Juni 1942, S. 477.
57 Nach Alexander Schmorell / Christoph Probst, Briefe, S. 478, Anm. 494. Otmar Hammerstein (1917–2003) war Mitorganisator des Gesprächsabends vom 17. Juni 1942 und Diskussionsteilnehmer am 11. Januar 1943. Nach Amsterdam versetzt, nahm er Kontakt zu niederländischen Widerstandskämpfern auf und ging 1944 in den Untergrund (ebd.).
58 Heinrich Ellermann (1905–1991). – München, 17. Juni 1942, S. 486, Anm. 526–529.
59 Vernehmung Kurt Huber: «14. Mitgliedschaft a) bei der NSDAP. a) seit 1.4.1940 Nr. 8282981 letzte Ortsgruppe Gräfelfing b) bei welchen Gliederungen? b) [...] NSV. [Nationalsozialistische Volkswohlfahrt]», in: Chaussy / Ueberschär, S. 454.

60 Vernehmung, 27. Februar 1943 (ebd., S. 461 f.) und Politisches Bekenntnis, 10., 8. März 1943 (ebd., S. 490).
61 Bericht eines ehemaligen Studenten von Kurt Huber [o.O, undatiert] (IfZ 12.13., Band 228).
62 Verteidigungsrede Hubers, S. 184 und S. 42. Zit. nach: Alexander Schmorell / Christoph Probst, Briefe, S. 490, Anm. 534.
63 München, 17. Juni 1942 (ebd., S. 486 f.).
64 Vernehmungen Hans Scholl, 20. Februar 1943 (in: Chaussy / Ueberschär, S. 293), Schmorell, 25. Februar 1943 (ebd., S. 351), und Flugblatt IV, drittletzter Satz.
65 Vernehmung Hans Scholl, 21. Februar 1943. Zu Flugblatt II erklärte er: «den zweiten Teil von ‹Nicht über die Judenfrage …› an, hat Schmorell verfasst.» Zu Flugblatt III: «[…] habe ich den ersten Teil bis ‹höher und immer höher …›, Schmorell den Rest verfasst.» (In: Chaussy / Ueberschär, S. 302).
66 Vernehmung Schmorell, 25. Februar 1943 (ebd., S. 351).
67 Sophie Scholl / Fritz Hartnagel, Briefwechsel. Dieses und das folgende Zitat S. 358.
68 Vernehmung Sophie Scholl, 18. Februar 1943, in: Chaussy / Ueberschär, S. 230 f.
69 Peter Normann Waage, Es lebe die Freiheit!, S. 122.
70 Vernehmungen Hans Scholl, 18. Februar 1943 (in: Chaussy / Ueberschär, S. 274 f.) und 21. Februar 1943 (ebd., S. 302 f. und 305) – Schmorell, 25. Februar 1943 (ebd., S. 350 ff.). Rudolf Heß wohnte in der Harthauserstraße 48.
71 «Ich wollte die intelligentere Schicht aufrufen und wandte mich daher hauptsächlich an Akademiker usw.» (Vernehmung Hans Scholl, 20. Februar 1943, in: Chaussy / Ueberschär, S. 293). – Flugblatt III.
72 Untertitel von Thomas Mann, Deutsche Hörer! – Nach Bernd Hamacher, Die Poesie im Krieg, S. 73.
73 In der Familie Scholl wurden nachweislich sogenannte «Feindsender» gehört: Urteil des Sondergerichts Ulm vom 25. September 1943 gegen Robert Scholl u. a. wegen «Rundfunkverbrechen». Von Christoph Probst liegt ein entsprechendes Geständnis vor (Vernehmung, 21. Februar 1943, in: Chaussy / Ueberschär, S. 324 f.). Hans Scholl und Alexander Schmorell hatten zumindest im Hause Schmorell, wo die Flugblätter I bis IV entstanden, Zugang zu einem Radioapparat. (Nach: Armin Ziegler, Thomas Mann und die «Weiße Rose», S. 12). Susanne Hirzel erzählte, Robert Scholl habe «mit seinen Kindern […] kontinuierlich ausländische Sender» gehört; sie selbst sei «immer wieder […] erstaunt und zuweilen auch mißtrauisch ihrem [Sophies] sicheren Urteilen und ihren Nachrichten gegenüber [gewesen], die sie von ausländischen Sendern erfahren hatte.» (Susanne Hirzel, Vom Ja zum Nein, S. 123 und S. 131).
74 15. September 1942, in: Thomas Mann, Deutsche Hörer!, S. 7.
75 Brief an Rose Nägele, München, 28. Oktober 1941 (IfZ 4.7., Band 50).
76 Thomas Mann, Deutsche Hörer!, Dezember 1941, S. 46.
77 Ebd., April 1942, S. 61.
78 Flugblatt I.

79 Ebd.
80 Flugblatt IV.
81 Uraufführung Berlin 1815. – Flugblatt I.
82 Flugblatt III.
83 Ebd.
84 Thomas Mann, Deutsche Hörer!, Dezember 1941, S. 45.
85 Flugblatt II.
86 Flugblatt IV.
87 Flugblatt III.
88 Thomas Mann, Deutsche Hörer!, Januar 1942, S. 50.
89 Flugblatt IV.
90 Flugblatt II.
91 Thomas Mann, Deutsche Hörer!, 24. Januar 1943, S. 88.
92 Ebd., November 1941, S. 44.
93 Lutherübersetzung 1912. Anders als von Hans Scholl angegeben, der als Quelle die Sprüche Salomos nennt, handelt es sich bei dem Zitat um die ersten beiden Verse des 4. Kapitels des gleichfalls zum Alten Testament gehörenden Buches «Prediger (Salomos)».
94 Flugblatt IV.
95 Flugblatt I.
96 Flugblatt IV.
97 Thomas Mann, Deutsche Hörer!, 27. September 1942, S. 74–76.
98 Flugblatt II.
99 Vernehmung, 25. Februar 1943, in: Chaussy / Ueberschär, S. 352.
100 Vernehmung, 20. Februar 1943 (ebd., S. 295).
101 de.wikisource.org/wiki/Romanzen_vom_Rosenkranz.
102 Zit. nach Clemens Brentano, Romanzen, Einführung S. XIII.
103 Vernehmung, 20. Februar 1943, in: Chaussy / Ueberschär, S. 247 f.
104 Diese These vertraten Inge Jens (Über die Weiße Rose, in: Neue Rundschau 95, Jg. 1984, Heft 1/2, S. 193–213) und Dirk Heißerer (Der Name der Weißen Rose, in: Karl H. Pressler (Hg.): Aus dem Antiquariat, München 1991, Heft 5, S. A 169–177).
105 Eine weitere Herkunft vermutete Lieselotte «Lilo» Fürst-Ramdohr. Sie habe am 14. Oktober 1941 von ihrem Bekannten Fritz Rook «eine ‹Max Baur›-Kunstpostkarte mit der Abbildung einer weißen Rose» und seinen Gedanken dazu erhalten. Diesen Brief habe sie im «November 1941» ihrem «Freund Alexander Schmorell» gegeben, der ihn Hans Scholl zeigen wollte. So habe Rooks Brief «vermutlich» zur «Entstehung des Namens ‹Weiße Rose› beigetragen.» (Liselotte Fürst-Ramdohr, Freundschaften, S. 12 f.). Ob Hans Scholl von Rooks Brief erfahren hat, ist nicht bekannt.
106 Brief an die Schwester Inge, Stetten, 27. Juni 1938 (IfZ 4.2., Band 45).
107 Brief an Lazarus Spengler, 8. Juli 1530, (Luther, Weimarer Ausgabe, Briefe 5, Nr. 1628).
108 Brief an Erika Reiff, 19. Juli 1941 (IfZ 6.5., Band 72), siehe Prolog. – Briefe an Lisa Remppis, 30. Mai 1942 und 27. Juli 1942 (IfZ 6.3., Band 70).

109 Hans Scholl / Sophie Scholl, Briefe und Aufzeichnungen, S. 103 und S. 134.
110 Brief von Hans Scholl, Alexander Schmorell, Willi Graf und Hubert Furtwängler an Kurt Huber, Russland, 17. August 1942 (IfZ 4.9., Band 52).
111 Russlandtagebuch, 30. Juli 1942 (IfZ 4.18., Band 61).
112 Brief an die Eltern, Bad Cannstatt, 14. März 1938 (IfZ 4.1., Band 44 I).
113 Brief an Otto («otl») Aicher, Russland, 9. Oktober 1942 (IfZ 4.8., Band 51).
114 Russlandtagebuch, 30. Juli 1942 (IfZ 4.18., Band 61).
115 Brief an Otto («otl») Aicher, Russland, 9. Oktober 1942 (IfZ 4.8., Band 51).
116 Russlandtagebuch, 9. August 1942 (IfZ 4.18., Band 61).
117 Russlandtagebuch, 28. August 1942 (ebd.).
118 Dieses und das folgende Zitat: Ebd.
119 Ebd.
120 Manfred Herzer, Hans Scholls religiöse und sexuelle Entwicklung, S. 124.
121 Eintrag nach dem 11. September 1942 (IfZ 4.18., Band 61, siehe Anhang).
122 Briefe an Rose Nägele, Ulm, 30. März 1941 und Russland, 10. September 1942 (IfZ 4.7., Band 50).
123 Brief an die Mutter, Russland, 24. August 1942 (IfZ 4.1., Band 44 II).
124 Brief an Rose Nägele, München, 13. April 1942 (IfZ 4.7., Band 50).
125 München, 25. Januar 1942 (IfZ 4.7., Band 50).
126 Dieses und das folgende Zitat: Russlandtagebuch, 31. Juli 1942 (IfZ 4.18., Band 61).
127 Hans Scholl / Sophie Scholl, Briefe und Aufzeichnungen, S. 103 und S. 134.
128 Sie hatten Sonderurlaub seit dem 17. November 1942 (Alexander Schmorell / Christoph Probst, Briefe, S. 506, Anm. 575).
129 Ulm, 22. November 1942, unvollendeter Briefentwurf (ebd., S. 506).
130 Eugen Grimminger (1892–1986). – Ausstellung: Die Weiße Rose. Der Widerstand von Studenten, S. 44 f., und Alexander Schmorell / Christoph Probst, Briefe, S. 213.
131 Hans Hirzel (1924–2006). – Vernehmung Hirzel, 22. Februar 1943, nach: Alexander Schmorell / Christoph Probst, Briefe, S. 213.
132 Ebd., S. 831, Anm. 345.
133 In München waren neben Harnack zugegen: «Prof. Huber, Alexander Schmorell, Hans Scholl, Willi Graf, die Freundin von Hans Scholl». (Falk Harnack, Es war nicht umsonst. Erinnerungen an die Münchener revolutionären Studenten (Oktober 1947) [ergänzende Abschrift], IfZ 12.13., Band 225). Die Datierung der Treffen ist nicht eindeutig möglich. (Alexander Schmorell / Christoph Probst, Briefe, S. 507, Anm. 575, Vernehmungen Falk Harnack, 30. März 1943 und Gisela Schertling, 29. März 1943, IfZ 12.7., Band 201). Inge Aicher-Scholl hat im Abdruck von Harnacks Bericht in ihrem Buch Die Weiße Rose (S. 147–163) die kritische Passage über den «Leichtsinn» der Münchner Studenten nicht veröffentlicht.
134 Falk Harnack, Es war nicht umsonst (IfZ 12.13., Band 225).
135 Dietrich Bonhoeffer, Rechenschaft an der Wende zum Jahre 1943: «Nach zehn Jahren», in: Widerstand und Ergebung, S. 34, 31 und 30.
136 Vernehmung Kurt Huber, 27. Februar 1943, in: Chaussy / Ueberschär, S. 462.

137 Vernehmungen Schmorell, 25. Februar 1943 (ebd., S. 353); Hans Scholl, 18. Februar 1943 (ebd., S. 275); Sophie Scholl, 20. Februar 1943 (ebd., S. 241). – Willi Graf verließ «die Schollsche Wohnung» als «etwa 2000 bis 2500 Flugblätter fertig gestellt» waren. Soviel er wisse, hätten die «Geschwister Scholl und Schmorell [...] weitere Flugblätter hergestellt, wieviel insgesamt», vermöge er nicht zu sagen (Vernehmung Willi Graf, 19. Februar 1943, ebd., S. 410).
138 Susanne Hirzel, Vom Ja zum Nein, S. 181.
139 Vernehmung Sophie Scholl, 18. Februar 1943, in: Chaussy / Ueberschär, S. 231.
140 Vernehmung Hans Scholl, 18. Februar 1943 (ebd., S. 277).
141 Die Graffiti wurden in der Münchner Innenstadt vom Viktualienmarkt über die Kaufingerstraße bis zur Universität in den drei Nächten vom 3./4., 8./9. und 15./16. Februar 1943 angebracht (Vernehmungen Hans Scholl, 20. Februar 1943, in: Chaussy / Ueberschär, S. 287 ff.; Schmorell, 25. Februar 1943, ebd., S. 358 f.; Graf, 2. März 1943, ebd., S. 433 f.).
142 Flugblatt V. Die folgenden Zitate ebd.
143 Thomas Mann, Deutsche Hörer!, April 1942, S. 59.
144 Dieses Zitat und die folgenden Zitate aus Flugblatt 5.
145 Novalis, Die Christenheit oder Europa, Historisch-kritische Ausgabe, Bd. 3, S. 523.
146 Vernehmung Willi Graf, 26. Februar 1943, in: Chaussy / Ueberschär, S. 409 f. Nach dem Krieg sagte Willi Bollinger aus, Graf habe ihm in Saarbrücken einen Vervielfältigungsapparat übergeben (Sönke Zankel, Mit Flugblättern gegen Hitler, S. 371).
147 Vernehmung Willi Graf, 1. März 1943, in: Chaussy / Ueberschär, S. 425 ff.
148 Tagebucheintrag Willi Graf: «Gespräch mit Hans Scholl. Hoffentlich komme ich öfter mit ihm zusammen.» (Willi Graf, Briefe und Aufzeichnungen, S. 37). Die weiteren Angaben nach den Vernehmungen Willi Graf, 19. Februar 1943 ff., in: Chaussy / Ueberschär, S. 402 ff.).
149 Brief an die Schwester Anneliese, 6. Juni 1942, zit. nach: Ausstellung: Die Weiße Rose, S. 22.
150 Die folgenden Angaben aus: Lebenslauf Gisela Schertling 1943 (IfZ 12.7., Band 201). In einem vermutlich 1946 verfassten Brief (aus Pößneck, «d. 18. II. / Sehr geehrter Herr Förster!» / Abschrift) schrieb Gisela Schertling, sie habe Hans Scholl bereits im Sommer 1941 in Ulm, als sie dort Sophie Scholl besuchte, kennengelernt (Gedenkstätte, Nachlass).
151 Krauchenwies liegt rund 10 Kilometer südlich von Sigmaringen.
152 Die Studien-Karte der Reichsdeutschen Studentin deutscher Volkszugehörigkeit Schertling, Gisela verzeichnet:
Geburtsdatum: 9.2.22
Geburtsort: Pößneck
Immatrikuliert am 11. Dez. 1942
Fakultät: Philos.[ophie]
Fachgruppe: Kult.[ur] Wi.[ssenschaft]
Fachschaft: Philologie

Hochschulsem.[ester]: 3
Fachsem.[ester]: 3
Studienziel: St.[aats] Ex.[amen]
Berufsziel: Volks-Bibliothekarin
Immatrikuliert am: 11. Dez. 1942
unter Hochschulnummer: 83/29406.
(Archiv LMU).
In dem Schreiben an Förster (vermutlich 1946) erläuterte Schertling, sie habe «die Fächer Deutsch, Geschichte, Kunstgeschichte belegt.» (Gedenkstätte, Nachlass).

153 Pößneck liegt rund 30 Kilometer südlich von Jena. In dem von dort geschriebenen Brief an Förster (vermutlich 1946) verwies Schertling auf einen letzten Brief Hans Scholls: «Der Abschiedsbrief von Hans Scholl an mich ist am 21. Febr. von ihm geschrieben worden.» (Gedenkstätte, Nachlass).
154 IfZ 4.9., Band 52.
155 Vernehmung Schertling, 5. April 1943 (IfZ 12.7., Band 201, die nachfolgenden Zitate ebd.).
156 Vernehmung Schertling, 18. Februar 1943 (ebd.).
157 Vernehmung Schertling, 1. April 1943 (ebd.).
158 Lebenslauf 1943 (ebd.).
159 Vernehmung Kurt Huber, 27. Februar 1943, in: Chaussy / Ueberschär, S. 464 ff.
160 Flugblatt 5 wurde kurz nach dem 13. Januar 1943 (der 470-Jahr-Feier der Ludwig-Maximilians-Universität im Deutschen Museum) produziert, Flugblatt 6 ab dem 12. Februar 1943. Herstellungsort war die Wohnung von Hans und Sophie Scholl in der Franz-Josef-Straße 13b, München-Schwabing (Vernehmungen Hans Scholl, 18. Februar 1943 (in: Chaussy / Ueberschär, S. 276 und 283); Sophie Scholl, 20. Februar 1943 (ebd., S. 241); Schmorell, 25. Februar 1943 (ebd., S. 355 f.); Graf, 26. Februar 1943 (ebd., S. 406 f. und 412); Schertling, 31. März 1943 (IfZ 12.7., Band 201). Dass die Flugblätter 5 und 6 auch im Atelier in der Leopoldstr. 38a vervielfältigt wurden (so Inge Scholl, Die Weiße Rose, S. 48 und Susanne Hirzel, Vom Ja zum Nein, S. 201, beide ohne Beleg), ist eher fraglich. Ich danke Thomas G. Kortenkamp, Hagenbach, für den Informationsaustausch.
161 Korrekt: Eickemeyer. Er war Architekt, kein Kunstmaler.
162 Vernehmung, 18. Februar 1943, in: Chaussy / Ueberschär, S. 237.
163 Albert Kley, Erinnerungen, S. 8. Die nachfolgenden Zitate ebd.
164 «Herr Geyer ist schon in Eickemeyers Atelier eingezogen. Wahrscheinlich werden wir manchen Abend mit ihm verbringen. Seine Anwesenheit wirkt sehr beruhigend, er strahlt direkt eine Atmosphäre des Vertrauens aus.» (Brief Sophie Scholl an die Schwester Inge, München, 12. Januar 1943 / IfZ 6.2., Band 69).
165 Brief aus München, 29. Januar 1943 (ebd.).
166 Hans Scholl lernte Manfred Eickemeyer (1903–1978) über den zwangsweise pensionierten Justizbeamten Josef Furtmeier (1887–1969) kennen, der wie

Scholl an einem Gesprächskreis im Haus des Soziologen Alfred von Martin (1882–1979) teilnahm. Hans Scholl / Sophie Scholl, Briefe und Aufzeichnungen, S. 331 f., und Barbara Schüler, «Im Geiste der Ermordeten», S. 193. – Albstadt-Margrethausen liegt etwa 50 Kilometer südlich von Tübingen. – Barbara Beuys, Sophie Scholl, S. 407 ff. – Wilhelm Geyer konzipierte ein 800 mal 1100 Zentimeter großes Chorfenster zum Messkanon der Kirche (Annette Jansen-Winkeln, Wilhelm Geyer, S. 159 f.).
167 Otto Baur / Michael Kessler (Hg.): Christus erkennen, S. 121 f., ebenso Wolfgang Schürle (Hg.): Wilhelm Geyer, S. 8.
168 Siehe die Zusammenstellung in Robert M. Zoske, Sehnsucht, Exkurs 4: Der Maler Wilhelm Geyer, S. 267 f.
169 Brief an Rose Nägele, Ulm, 20. April 1941 (IfZ 4.7., Band 50).
170 Annette Jansen-Winkeln, Wilhelm Geyer, S. 11. Eine Übersichtskarte mit den Wirkungsstätten des Künstlers in: Rainer Zimmermann, Wilhelm Geyer, S. 108 f.
171 Annette Jansen-Winkeln, S. 145.
172 Es gibt lediglich die Zusammenfassung eines einzigen Dialogs zwischen dem Künstler und Scholl: «Wir gingen zusammen zum Nachtessen ins Bodega. Sophie ging in ein Konzert im Bayerischen Hof. Ich saß mit Hans noch eine halbe Stunde zusammen. Er sagte, wenn alles vorbei sei, wolle er eine freie Presse machen. Es war das letztemal, daß ich ihn sah.» (Wilhelm Geyer, Ulm, 21. September 1968, in: Inge Scholl, Die Weiße Rose, S. 168).
173 Wilhelm Geyer in den «Malbriefen» an Werner Oberle, in: Otto Baur / Michael Kessler (Hg.): Christus erkennen, S. 89, 81, 85.
174 Vernehmungen Schmorell, 25. Februar 1943 (in: Chaussy / Ueberschär, S. 353); Sophie Scholl, 20. Februar 1943 (ebd., S. 241); Hans Scholl, 20. Februar 1943 (ebd., S. 290). Willi Graf war zu Beginn der Herstellung von Flugblatt 6 am 12. Februar 1943 zugegen, ging dann aber Skifahren. Zwei Tage später beteiligte er sich daran, die Schriften versandfertig zu machen. «800 bis 1000 Studenten» seien angeschrieben worden. Über die Höhe der Gesamtauflage machte er keine Angaben Vernehmung, 26. Februar 1943 (ebd., S. 412).
175 Vernehmung Hans Scholl, 18. Februar 1943 (ebd., S. 274).
176 Vernehmung Willi Graf, 26. Februar 1943 (ebd., S. 412).
177 Thomas Mann, Deutsche Hörer!, Mai 1942, S. 64.
178 Die folgenden Zitate sind Flugblatt 6 entnommen.
179 Huber verwendete mit «Ehre» einen von den Nationalsozialisten häufig gebrauchten Begriff. Hitler sah 1926 in *Mein Kampf* in der Freiheit und der Ehre die Hauptziele des Ersten Weltkriegs. Sie seien «das erhabenste und gewaltigste, das sich für Menschen denken lässt: es war die Freiheit und Unabhängigkeit unseres Volkes, die Sicherheit der Ernährung für die Zukunft – die Ehre der Nation.» (S. 194).
180 Matthäus 7,6.
181 In seiner Rede im Deutschen Museum anlässlich der 470-Jahr-Feier der Ludwig-Maximilians-Universität am 13. Januar 1943 (zit. nach: Ausstellung: Die Weiße Rose, S. 16). Es war zu lautstarken Protesten der Studenten und Stu-

dentinnen gekommen; die Veranstaltung musste vorzeitig beendet werden. (Nach: Ebd. und Sönke Zankel, Mit Flugblättern gegen Hitler, S. 367 ff.).
182 Thomas Mann, Leiden und Größe der Meister, S. 1053.
183 «So groß sind die Wirrnisse heute, daß man oft nicht weiß, wohin man sich wenden soll [...].» Brief an die Mutter, München, 4. Mai 1942 (IfZ 4.1., Band 44 II).
184 Die Angaben erfolgen nach den Vernehmungen Hans Scholl, 18. Februar 1943 (in: Chaussy / Ueberschär, S. 266 ff. und 277 ff.) und Sophie Scholl, 18. Februar 1943 (ebd. S. 223 ff. und 235 f.)
185 Der Hausschlosser war Jakob Schmid (1886–1964), Hausverwalter Kanzleisekretär Albert Scheithammer (1888–1966), Syndikus und «Abwehrbeauftragter der Universität», Oberregierungsrat Dr. jur. Karl Ernst Haeffner (*1902, ehemaliger Hochbegabten-Student des Münchner Maximilianeums, Aufnahme 1922). Er war zugleich Anklagevertreter vor dem Strafausschuss (Dreiausschuss) der Universität. Schmid war seit 1. Mai 1937 Parteimitglied (Nr. 5.354.403, SA-Mitglied seit 7. Juli 1933), Haeffner ebenfalls seit 1. Mai 1937 (Nr. 5.153.635), Scheithammer seit 1. Februar 1940 (Nr. 7.437.848). In späteren Verhören erklärten sie – durchaus glaubhaft – ihr Verhalten mit Ordnungssinn, Pflicht- und Verantwortungsbewusstsein. Laut Aussage des Pedells soll Hans Scholl eingewandt haben: «Lächerlich so etwas, es ist eine Unverschämtheit einen in der Universität herinnen festzunehmen!» Weder Hans noch Sophie Scholl erwähnten in ihren Verhören diesen Satz. (Angaben nach: Vernehmung Schmid, 18. Februar 1943, zit. nach: Sönke Zankel, Mit Flugblättern gegen Hitler, S. 403 / epub.ub.uni-muenchen.de/9733/1/pvz_lmu_1942_wise_sose.pdf/maximilianeum.mhn.de/stipendiaten/jahrgang/1922.html#m284 / Bundesarchiv Berlin, Mitgliederkarten NSDAP, bzw. SA / Sönke Zankel, Vom Helden zum Hauptschuldigen, a. a. O.). Susanne Hirzel vermutete zum Flugblattabwurf: «Ich könnte mir vorstellen, daß sie [Sophie] sich beim Verteilen in einem Überschwang der Gefühle befand: Die Türen [der Vorlesungssäle] würden sich gleich öffnen, die Studenten herausströmen, also – runter mit den übrigen Blättern! [...] Es war wohl ein aus Übermüdung und Nervenanspannung entstandener exaltierter Übermut.» (A. a. O., S. 201). Diese Annahme ist naheliegend, da Sophie selbst «Übermut oder [...] Dummheit» als Grund für ihren «Fehler» nannte (Vernehmung, 18. Februar 1943, in: Chaussy / Ueberschär, S. 236).
186 Vernehmung Hans Scholl, 18. Februar 1943, in: Chaussy / Ueberschär, S. 273.
187 Aussage am 18. Februar 1943 (IfZ 12.7., Band 201).
188 Alexander Schmorell / Christoph Probst, Briefe, S. 875, Anm. 933. Der von der Gestapo rekonstruierte lückenhafte Text wurde von Probst am 21. Februar 1943 vervollständigt (IfZ 12.6., Band 185). Wie Christoph Probst als Autor des Entwurfs identifiziert wurde, ist nicht eindeutig geklärt (vgl. Alexander Schmorell / Christoph Probst, Briefe, S. 236, Anm. 1078). Alle Zitate sind dem Flugblattentwurf entnommen.
189 Hans Hirzel am 15. Juli 1990 gegenüber Ulrich Chaussy, als er die Präsenz Probsts während eines der Gesprächsabende erläuterte (Chaussy / Ueberschär, S. 132).

190 So Hans Hirzel, ebd.
191 So Hans Hirzel, ebd.
192 Nach Vernehmung Schmorell, 26. Februar 1943, in: Chaussy / Ueberschär, S. 364 ff., Alexander Schmorell / Christoph Probst, Briefe, S. 253 ff. und Sönke Zankel, Mit Flugblättern gegen Hitler, S. 432 ff.
193 Vernehmung Schmorell, 26. Februar 1943, in: Chaussy / Ueberschär, S. 367.
194 Traute Lafrenz nannte sie eine «Freundin» Alexander Schmorells: «Alex war überzeugt, daß seine Freundin ihn verraten hatte, wollte aber, daß man ihr das nicht nachtrage.» (Bericht von Traute Lafrenz, 21. Februar 1947, S. 6, IfZ 12.13., Band 226).
195 Aus Schmorells Verhören vom 26. Februar und 1. März 1943 wird deutlich, dass er zu diesem Zeitpunkt noch nichts von der Hinrichtung seiner drei Mitstreiter wusste. «Wo sich gegenwärtig Christoph *Probst* und die Geschwister *Scholl* aufhalten könnten, weiß ich nicht.» (Vernehmung, 26. Februar 1943, in: Chaussy / Ueberschär, S. 372). Die Frage, ob «Otto *Aicher*» von den Aktionen gewusst habe, verneinte Schmorell, fügte aber hinzu: «Vielleicht können darüber die Geschwister Scholl mehr angeben.» (Vernehmung, 1. März 1942, ebd., S. 378).
196 Vernehmung Scholl, 18. Februar 1943 (ebd., S. 263).
197 Vernehmung Schmorell, 25. Februar 1943 (ebd., S. 350).
198 Ebd., S. 351.
199 Ebd., S. 362.
200 Vernehmung Schmorell, 26. Februar 1943 (ebd., S. 372). Die beiden folgenden Zitate: ebd., S. 364.
201 Vernehmung Hans Scholl, 18. Februar 1943 (ebd., S. 281).
202 Ebd., S. 274. – Gisela Schertling, geboren 1922, starb laut Todesanzeige des Gemeindekirchenrats der Friedenskirche Wildau im Jahr 1994 (Gedenkstätte, Nachlass).
203 Vernehmung Scholl, 20. Februar 1943, in: Chaussy / Ueberschär, S. 281 f.
204 Vernehmung Schertling, 31. März 1943 (IfZ 12.7., Band 201).
205 Lebenslauf 1943 (ebd.).
206 Vernehmung Schertling, 31. März 1943 (ebd.).
207 Urteil des Volksgerichtshofs wegen Nichtanzeige eines hochverräterischen Unternehmens, München, 19. April 1943, zit. nach: Chaussy / Ueberschär, S. 498.
208 Vernehmung Schertling, 24. Februar 1943 (IfZ 12.7., Band 201).
209 Protokolle vom 29. und 31. März 1943, sowie vom 1. und 2. April 1943 (ebd.).
210 Ebd. In der Gestapo-Vernehmung vom 31. März 1943 hatte sie zu Protokoll gegeben: «Über den Inhalt [von Flugblatt 6] habe ich mich seinerzeit mit Hans Scholl nicht näher unterhalten. Ich habe ihm nur gesagt, dass das ganz schön scharf ist.»
211 Vernehmung Schertling, 1. April 1943 (IfZ 12.7., Band 201, nachfolgende Zitate ebd.).
212 Lebenslauf 1943 (ebd.).
213 Vernehmung Schertling, 1. April 1943 (ebd).
214 Ebd.

215 Vernehmung Willi Graf, 19. Februar 1943, in: Chaussy / Ueberschär, S. 403.
216 Lebenslauf 1943 (IfZ 12.7., Band 201).
217 Ebd.
218 Die Bescheinigung ist vom 26. September 1942. Als Einsatzzeit wird 3. August bis 26. September 1942 angegeben (Gedenkstätte, Nachlass).
219 Vernehmung Schertling, 2. April 1943 (IfZ 12.7., Band 201). Die folgenden Angaben ebd.
220 Gisela Schertling bestätigte in ihrem Lebenslauf von 1943, man habe in der «Oberrealschule für Mädchen, hauswirtschaftliche Form, Spetzgart bei Überlingen» das Buch nicht nur als Theorie verstanden, sondern praktisch gelebt: «Wir lasen gemeinsam ‹Mein Kampf› und wir erlebten ihn dort sehr lebendig.» (IfZ 12.7., Band 201).
221 Vernehmung Hans Scholl, 18. Februar 1943, in: Chaussy / Ueberschär, S. 262 f.
222 Vernehmung Schertling, 1. April 1943 (IfZ 12.7., Band 201). Der Buchhändler Josef Söhngen, bei dem Scholl Arbeitsutensilien verbarg, meinte, Schertling sei ein «Betthäschen» gewesen (Interview durch Christian Petry, 7. September 1967, nach Sönke Zankel, Mit Flugblättern gegen Hitler, S. 409, Anm. 520).
223 Am 17. November 1943 reichte Schertlings Anwalt Götz im Auftrag ihres Vaters Paul Schertling ein Gnadengesuch ein, in dem er seine Mandantin als Opfer des Kriminellen Scholl darstellte. Das Gesuch wurde am 13. Dezember 1943 durch Freisler abgelehnt (IfZ 12.7., Band 190).
224 Urteil Volksgerichtshof, 19. April 1943, in: Inge Scholl, Die Weiße Rose, S. 118 und S. 111.
225 «Entscheidung» des Rektors der LMU, Walther Wüst, vom 15. Juni 1943 über den «dauerhaften Ausschluß vom Studium an allen deutschen Hochschulen» (Gedenkstätte, Nachlass). Auf ihrer Studien-Karte wurde vermerkt: «Ausschluß v. Stud. an allen Dt. Hochschulen. Auf einhelligen Beschluß des Dreierausschußes der Univ. München v. 21.5.43 wegen pflichtwidrigen Verhaltens mit dem dauernden Ausschluß vom Studium an allen deutschen Hochschulen bestraft. Der Herr Reichsminister für Wissenschaft, Erziehung und Volksbildung hat mit Beschluß vom 20.8.43 die gegen die Entscheidung eingeleitete Berufung zurückgewiesen. [...] In die Hochschulzeugnisse einzutragen.» (Archiv LMU). Der «Dreierausschuß» der LMU setzte sich zusammen aus dem «Rektor sowie dem Leiter der Dozenten- bzw. Studentenschaft» (Petra Umlauf, Die Studentinnen, S. 189).
226 An Förster, vermutlich 1946, Abschrift (Gedenkstätte, Nachlass).
227 Lebenslauf 1953 (ebd.).
228 Am 18. Juni. VdN-Ausweis Nr. 001451 G (ebd.).
229 Die Wikipedia-Website über ihre Geburtsstadt Pößneck nennt Schertling ein «Mitglied der Weißen Rose». Der Eintrag zu Wildau/Brandenburg führt sie als «Mitglied des Freundeskreises der Weißen Rose». Auf ihrem Grabstein steht «Widerstandskreis Weiße Rose». Ihre Ruhestätte auf dem Waldfriedhof ist seit 2014 ein Ehrengrab, für das die Stadt Wildau dauerhaft die Kosten der Pflege übernommen hat. 2010 benannten die Stadtverordneten eine Straße nach ihr. «Welche Gemeinde kann sich schon einer solchen Persönlichkeit

rühmen!», freute sich Angelika Kaschner in der Wildauer Rundschau (15. Dezember 2010). In Wildau, einer etwa 30 Kilometer südöstlich von Berlin gelegenen Kleinstadt mit rund 10 000 Einwohnern, lebte Gisela Schertling zweiundzwanzig Jahre und wirkte dort an der Evangelischen Friedenskirche als «Mitarbeiterin, Katechetin und Organistin», so die Todesanzeige des Gemeindekirchenrats. Die «Weiße Rose» bleibt darin unerwähnt; die Todesnachricht schweigt zum Mythos, der sich um die Verstorbene bildete. Die Legenden ranken sich um ihre Beziehung zu Hans Scholl und den Beitrag zum Widerstand der «Weißen Rose». Im Februar 1974 behauptete Hans Haering in den Pößnecker Heimatblättern, Gisela Schertling sei die «Verlobte von Hans Scholl» gewesen. Vierzig Jahre später schrieb die Märkische Allgemeine Zeitung (MAZ, Franziska Mohr, 1. November 2014), durch Sophie Scholl habe Gisela Schertling nicht nur «Hans kennen und lieben gelernt. Einige Monate später verlobten sie sich». Diese Äußerungen entbehren jeder Grundlage. Weder in den Gestapo-Verhören noch im Nachlass Gisela Schertlings findet sich dazu ein Hinweis. Abgesehen von einem eventuellen flüchtigen Kontakt im Scholl'schen Elternhaus in Ulm 1941, begegnete die Zwanzigjährige Hans Scholl das erste Mal zwei Wochen vor Weihnachten 1942. Ihre sexuelle Beziehung dauerte – so Schertling – sechs Wochen. Nach Hans Scholl waren es sogar nur «etwa drei Wochen». – Der zweite Legendenkreis um Gisela Schertling ist ihre Bedeutung für den Münchner Freiheitskampf. Die Behörden der DDR verliehen ihr den offiziellen Status einer Verfolgten des Naziregimes (VdN). Dadurch erhielt sie mit Erreichen der Altersgrenze von fünfundfünfzig Jahren ab dem 1. Februar 1977 zusätzlich zu ihrer Altersrente von 350 Mark eine monatliche Ehrenpension in Höhe von 1000 Mark. Doch Schertling wurde vom NS-Staat nicht verfolgt, weil sie eine Aktivistin gegen den Unrechtsstaat war. Das Vergehen, für das sie verurteilt wurde, war die Mitwisserschaft und Nichtanzeige von hochverräterischen Umtrieben. Sie zögerte mit ihrer Aussage gegenüber der Gestapo bis nach der Hinrichtung der Geschwister Scholl und Christoph Propsts. Aber zwei Tage nach deren Tod gab sie auf eigene Initiative ihr Wissen an die Ermittler weiter. – Wenn Gisela Schertling tatsächlich – wie die MAZ (Frank Pechhold, 22. November 1994) anlässlich ihrer Beerdigung schrieb – «zum aktiven Widerstand gegen Hitler bereit» gewesen war, so hat sie das zu keiner Zeit in die Tat umgesetzt. Die Chronik der Wildauer Friedenskirche (S. 62 f.) beschreibt korrekt, dass sie von den letzten beiden Flugblättern lediglich Kenntnis hatte. Der Autor der Darstellung, Christian Ritter, verschweigt aber ihr gefügiges und kompromittierendes Verhalten gegenüber der NS-Behörde, und ohne historischen Realitätsbezug ist seine Behauptung, sie sei eine «christlich motivierte Widerständlerin» gewesen (Wildauer Rundschau, 15. Dezember 2010). Die Studentin legte in ihrem Lebenslauf aus dem Jahr 1943 Wert darauf, sie sei zwar «evangelisch erzogen worden, aber nicht weiter kirchlich, wir gingen selten zur Kirche [...]. Auch hatte auf mich die kirchliche Lehre keinen übergrossen Eindruck gemacht.» Gisela Schertlings spätere Mitarbeit im Bund der Evangelischen Kirchen (BEK) in der DDR macht aus ihr keine

Glaubensmärtyrerin der NS-Zeit. Am letzten Nationalfeiertag, dem 7. Oktober 1989 – vier Wochen vor Öffnung der Berliner Mauer am 9. November – verlieh der Vorsitzende des Staatsrates Erich Honecker «Für Verdienste um die Deutsche Demokratische Republik» Gisela Schertling die «Ehrenmedaille zum 40. Jahrestag» der Staatsgründung. (Quellen: Gestapo-Vernehmungen Schertling, Schmorell, Hans Scholl; Nachlass Schertling; MAZ, Wildauer Rundschau, Chronik der Friedenskirchengemeinde Wildau, Wikipedia. Ich danke für die freundliche Unterstützung Cornelia Mix, Pfarrerin in Wildau und Zeuthen; Magdalena Kanschur, Kirchenbüro Zeuthen; Wilfried Kolb, Katja Lützelberger, Uwe Malich, Mitarbeiter der Stadtverwaltung Wildau; Friedrich-Wilhelm Ritter, Seelze; und Johannes Tuchel, Gedenkstätte Deutscher Widerstand, Berlin.)

230 Anton Mahler (28. Mai 1905–?), NSDAP-Mitgliedsnr. 3.549.396 (1. Mai 1933). Angaben nach dem Fragebogen aus den Personalakten des Rasse- und Siedlungshauptamtes der SS von Anton Mahler (geb. 28.05.1905 in Kemshart = Akte R 9361 III/ 124329 / Bundesarchiv Berlin). Mahler schloss seinen «Lebenslauf: (Ausführlich und eigenhändig mit Tinte geschrieben.)» mit den Worten: «Ich bin ehrlich bestrebt, sowohl in meiner Eigenschaft als Angehöriger der Geheimen Staatspolizei, als auch als Staatsbürger meine Pflichten gegenüber Führer, Volk und Vaterland zu erfüllen.»

231 Der Sohn war 1943 sieben Jahre alt.

232 Chaussy / Ueberschär, S. 182 ff.

233 Vernehmung Hans Scholl, 18. Februar 1943 (ebd., S. 274.).

234 Vernehmungen, 18. und 20. Februar 1943 (ebd., S. 278 f. sowie S. 281 ff. und S. 285 f.).

235 Vernehmung Hans Scholl, 18. Februar 1943 (ebd., S. 281.).

236 Vernehmung Hans Scholl, 20. Februar 1943 (ebd., S. 291 f.).

237 Ebd., S. 292. Vorheriges Zitat des Briefumschlags: IfZ 4.18., Band 161.

238 Ebd., S. 286.

239 Scholl erklärte mit seinen Ausführungen einen «Brief des San.Feldwebels *Raimund Sammüller*, z.Zt. an der Ostfront», der ihm vorgelegt worden war und in dem die Zeit des Barock angesprochen wurde (ebd., S. 300).

240 Russlandtagebuch, 22. August 1942 (IfZ 4.18., Band 61).

241 Brief an die Schwester Inge, Bad Cannstatt, 12. Dezember 1937 (IfZ 4.2., Band 45).

242 Brief aus Pfeiffermühle, 13. Juni 1937, Alexander Schmorell / Christoph Probst, Briefe, S. 305.

243 Vernehmung Schmorell, 25. Februar 1943, in: Chaussy / Ueberschär, S. 348.

244 Siehe Alexander Schmorell / Christoph Probst, Briefe, S. 89.

245 Endgültig entschieden war die Trennung zwischen Orff und Angelika Probst aber wohl doch nicht, denn in einem Schreiben an Elise Probst nannte Angelikas Bruder Christoph im November 1937 «Das ganze Treiben [...] ein trauriges Lied» und fragte: «Oder will Angeli nun wieder Hase sein um denselben Zusammenbruch noch einmal zu erleben.» Er habe «Angs ja bis jetzt immer *unerhört* in Schutz genommen», jetzt aber wisse er nicht, wie lange er das

noch tun könne (Schondorf, 11. November 1937, ebd., S. 617, Hervorhebung im Original). 1941 kam es dann wieder zu Kontakten zwischen dem erneut verheirateten Orff und Angelika Knoop. Das erregte bei Schmorell heftige Eifersucht, die ihm «keine Ruhe» ließ, ihn «so furchtbar quält» und ihn «fast verrückt» machte. Er wollte wissen: «Und wie steht es überhaupt zwischen ihm und Dir???» (Brief Schmorells, München, 18. Juni 1941, ebd., S. 421). Eine Woche später versuchte Schmorell dann Knoop zu beschwichtigen. Sie müsse doch Verständnis für seine Qualen haben: «Nie will ich Dich anders sehen, als frei! [...] Dass Du frei sein sollst und musst! Oder glaubst Du mir das nicht?» (Brief Schmorells, München, 26. Juni 1941, ebd., S. 427 f.). Wie intensiv dieser erneute, Argwohn auslösende Kontakt mit Orff war, lässt sich bislang nicht beantworten. Im Orff-Archiv befinden sich nur Briefe, die Knoop nach 1945 an den Musiker schrieb. (Ebd., S. 422, Anm. 346).

246 Hochzeit am 22. Februar 1938 mit Bernhard Knoop (1908–1994), Alexander Schmorell / Christoph Probst, Briefe, S. 98.
247 Brief an Otto («otl») Aicher, Russland, 9. Oktober 1942 (IfZ 4.8., Band 51).
248 München, 2. Mai 1941, Alexander Schmorell / Christoph Probst, Briefe, S. 372 f. Dass auch sein Russlandbild ein Phantasieprodukt war, wusste er. In einem Brief aus Pfeiffermühle vom 28. August 1937 räumte er ein, er habe seine «Heimat» in seiner «Phantasie so erdichtet und entstehen lassen, weil ich sie mir denke und wie sie mir gefällt.» (Ebd., S. 315).
249 «Weisst Du, liebe Angeli, an wen ich immer denken muss, wenn ich Deine helle Stimme und Dein fröhliches Lachen höre? An meine Mutter. Meine Mutter war auch so gross und schön, und ihre Stimme war auch so hell klar und rein. Und immer war sie so fröhlich, immer hörte man ihr Lachen und Singen.» (München, 29. Januar 1938, Alexander Schmorell / Christoph Probst, Briefe, S. 323). Alexander Schmorell war ein Jahr alt, als seine Mutter starb.
250 Vernehmung Schmorell, 25. Februar 1943 (in: Chaussy / Ueberschär, S. 362).
251 Sprüche 27,19.
252 Römer 12,11.
253 Robert Mohr (1897–1977), NSDAP-Mitgliedsnr. 3.271.936 (1. Mai 1933), «Führerratsmitglied im Kameradschaftsbund deutscher Polizeibeamter.» Er verhörte auch Willi Graf und die einundzwanzigjährige Ulmer Musikstudentin Susanne Hirzel, die mit ihrem Bruder Hans und Franz J. Müller das fünfte Flugblatt in Stuttgart verbreitet hatte. Über die Wochen der Untersuchungshaft berichtete sie: «Tagsüber, während ich alleine war, las ich viel, so im Neuen Testament, las Musikerbiographien, die mein Sachbearbeiter, Kriminalkommisar *Robert Mohr*, aus eigenem Antrieb mir gebracht hatte [...]. Mohr bot an, ich könne nach Belieben Briefe schreiben». (Angaben nach dem Fragebogen aus den Personalakten des Rasse- und Siedlungshauptamtes der SS von Robert Mohr, geboren 5. April 1897 in Bisterschied – Akte R 9361 III/150350, Bundesarchiv Berlin – sowie nach Chaussy / Ueberschär, S. 173–184, und Susanne Hirzel, Vom Ja zum Nein, S. 207).
254 IfZ 12.13., Band 226, undatiert. In Inge Scholls Buch *Die Weiße Rose* ist eine überarbeitete und gekürzte Version abgedruckt.

255 Vernehmung Sophie Scholl, 18. Februar 1943, in: Chaussy / Ueberschär, S. 228. Die folgenden Zitate ebd., S. 230 ff.
256 Vernehmung Kurt Huber, 27. Februar 1943 (ebd., S. 462). Vor dem Ermittlungsrichter äußerte er sich folgendermaßen: «Mir war s. Zt. von Scholl der Entwurf zu dem Flugblatt ‹Widerstandsbewegung in Deutschland› vorgelegt worden, ich änderte den Entwurf an einigen Stellen ab. Zu dem Flugblatt ‹Studenten u. Studentinnen› fertigte ich selbst einen Entwurf an.» «Amtsgericht München, Abteilung Strafgericht. (Ermittlungsrichter.) / Beschuldigten-Vernehmung in der Strafsache gegen Dr. Huber Curt [sic] wegen Hochverrats» (ebd., S. 483).
257 Vernehmung Hans Scholl, 18. Februar 1943 (ebd., S. 276 f.).
258 Vernehmung Sophie Scholl, 20. Februar 1943 (ebd., S. 247 f.).
259 Vernehmung Sophie Scholl, 18. Februar 1943 (ebd., S. 236).
260 Vernehmung Sophie Scholl, 20. Februar 1943 (ebd., S. 254).
261 Nach Zankel, Sönke, a. a. O., S. 458 f.
262 Schreiben des Oberreichsanwalts von Sonntag, 21. Februar 1943 an die Angeklagten, unterzeichnet: «I.[in] V.[ertretung] Weyersberg» (IfZ 1.3., Band 3).
263 Urteil: Im Namen des Deutschen Volkes (IfZ 12.6., Band 176, die folgenden Angaben ebd.).
264 Erinnerungsbericht Robert Mohr (IfZ 12.13., Band 226).
265 Dieses und die nachfolgenden Zitate aus: Karl Alt, Todeskandidaten, S. 86–89.
266 Psalm 90,1.
267 Johannes 15,13.
268 1. Korinther 13,4 f. (Auszug).
269 Inge Scholl schrieb, ihr Bruder habe zu den Eltern gesagt: «Nein, ich habe keinen Hass, ich habe alles, alles unter mir.» Und: «Wir haben *alles* auf uns genommen.» In: «Erinnerungen an München» (IfZ 3.22., Band 35, S. 73 und S. 75).
270 Schlussworte der 10. Strophe des Lieds «O Haupt voll Blut und Wunden»: «Erscheine mir zum Schilde, / Zum Trost in meinem Tod, / Und lass mich sehn dein Bilde / In deiner Kreuzesnot! / Da will ich nach dir blicken, / Da will ich glaubensvoll / Dich fest an mein Herz drücken. / Wer so stirbt, der stirbt wohl.» Text: Paul Gerhardt, 1656. Melodie: Hans Leo Haßler, 1601. Evangelisches Gesangbuch, Ausgabe für die Nordelbische Evangelisch-Lutherische Kirche, Hamburg und Kiel 1994, Lied 85.
271 Werner Scholl schilderte: «Als wir von Sophie Abschied nahmen, kam der katholische Vikar und sagte Sophie, Hans habe den Wunsch geäußert, das Heilige Abendmahl von ihm zu empfangen, und Sophie schloß sich diesem Wunsche an. [...] Wie wir dann bei Hans waren, kam zu ihm der protestantische Geistliche und wollte sich von der Richtigkeit von Hans' Schritt überzeugen, der ihm mitgeteilt worden war. [...] Wie er [Hans] dann erfahren hat, daß dies nach der Gefängnisordnung verboten ist, sagte er zu dem [evangelischen] Geistlichen: geben Sie mir das Abendmahl.» (Brief an Otto Aicher, Russland, 13. April 1943, IfZ 7.3., Band 86. Vgl. Barbara Beuys, Sophie Scholl, S. 463). Zuweilen wird die Ansicht vertreten, die Geschwister seien konvertiert, oder sie hätten zumindest die Absicht dazu gehabt. Verwiesen wird dabei meist auf

Inge Scholl (Brief an Theodor Haecker, 22. Januar 1945, IfZ 3.9., Band 22, vgl. Robert M. Zoske, Sehnsucht, S. 544 ff.), manchmal auch auf Susanne Hirzel. Jedoch waren beide beim Abschied nicht zugegen. Hirzel bemerkt en passant in ihrem Lebensbericht: «Obwohl beide Geschwister – wie Pfarrer Alt mir berichtete – beim letzten Abendmahl begehrten, katholisch getauft zu werden, verzichteten sie darauf auf Zuspruch des Pfarrers nach kurzer Überlegung, um ihrer Mutter nicht zusätzlich Schmerzen zu bereiten.» Karl Alt erwähnte in seinen Erinnerungen «Todeskandidaten» (1946) kein Taufbegehren, und weder Werner (s. o.) noch Magdalene Scholl (Brief an Werner, 26. April 1943, IfZ 4.10., Band 53) berichteten in ihren Schilderungen der Todesstunde davon. Alt starb bereits 1951; Susanne Hirzel begann erst 1995 damit, ihre Memoiren *Vom Ja zum Nein* niederzuschreiben (dort S. 214 und S. 9 f.).

272 In: Karl Alt, Todeskandidaten, S. 89. Der Abschiedsbrief von Hans Scholl liegt nicht im Original vor, da die Gestapo die letzten Briefe der Scholls und Christoph Probsts einbehielt (Erinnerungsbericht Robert Mohr. Vgl. Alexander Schmorell / Christoph Probst, Briefe, S. 890, Anmerkung 952). Denkbar ist eine Kopie des letzten Schreibens durch Scholl für den Gefängnispfarrer Alt, wie das Hans Leipelt am 29. Januar 1945 vor seiner Hinrichtung tat (Karl Alt, Todeskandidaten, S. 93).

273 IfZ 12.6., Band 186.

274 Brief von Werner Scholl an Otto («otl») Aicher, Russland, 14. April 1943 (IfZ 7.3., Band 86).

275 Zit. nach: Sönke Zankel, Mit Flugblättern gegen Hitler, S. 468.

276 Psalm 121,1 f. – Aus Strophe 13 des Liedes «Ist Gott für mich, so trete gleich alles hinter mich.» Text: Paul Gerhardt, 1653, Melodie: England, um 1590. Evangelisches Gesangbuch, Ausgabe für die Nordelbische Evangelisch-Lutherische Kirche, Hamburg und Kiel 1994, Lied 351. – 1. Korinther 13,12 f. (Karl Alt, Todeskandidaten, S. 90).

277 Brief aus Russland an die Schwester Inge, 26. Mai 1943 (IfZ 7.3., Band 86).

278 Wie stark protestantisch Sophie Scholls Glaube war, hat Barbara Beuys in *Sophie Scholl* eindrücklich nachgezeichnet, etwa im Kapitel «Gott ist fern. Einsam unter den Bekehrten», S. 320–328.

279 Formulierung unter Entgegensetzung zum Stuttgarter Schuldbekenntnis vom 19. Oktober 1945, in dem die Evangelische Kirche in Deutschland einräumte, in der Zeit des Nationalsozialismus «nicht mutiger bekannt, nicht treuer gebetet, nicht fröhlicher geglaubt und nicht brennender geliebt [zu] haben».

280 Johannes 5,35.

281 Das Urteil ist abgedruckt in: Chaussy / Ueberschär, S. 496 ff., und Inge Scholl, Die Weiße Rose, S. 109 ff. Zitate ebd.

282 Peter Normann Waage, Es lebe die Freiheit, S. 217 ff., 242 ff.

283 Der Briefkopf verzeichnet: «Gefängnisse München / Strafgefängnis München--Stadelheim / Name: Traute Lafrenz Gef.-B.-Nr. 87 München, den 24. IV. 43 Stadelheimerstraße 12.» Adressat: «Fam. Carl Lafrenz / Hamburg 39 / Hudtwalckerstr. 27» / Absender: «87 Lafrenz Traute München Stadelheim». (Gna-

denheft XIII, Oberreichsanwalt beim Volksgerichtshof, Strafsache gegen Schmorell und Andere. Betrifft: Lafrenz, Traute, München, IfZ 12.7., Band 207). Ostersonntag war 1943 der 25. April.
284 Schreiben Geheime Staatspolizei / Staatspolizeileitstelle, München, 22. Juni 1943, an den Oberreichsanwalt beim Volksgerichtshof Berlin, Gnadenheft XIII (IfZ 12.7., Band 207).
285 Am 17. März 1943 schrieben Rudolf, Nikolaus und Arnold Hoffmann, am 22. März 1943 Elisabeth und Hugo Schmorell an Himmler. Dieser antwortete am 11. April 1943, sieben Tage vor dem Gerichtstag (Angaben und Zitat nach Alexander Schmorell / Christoph Probst, Briefe, S. 270 f.).
286 «Wanja» ist die Koseform von «Iwan», einer Kurzform von «Iōannēs» (griechisch) bzw. Jochanan (hebräisch). «Hans» wiederum ist die Kurzform der deutschen Übertragung von «Johannes». Der Name bedeutet «Jahwe ist gnädig». Laut Christiane Moll wurde der russisch verfasste Brief aus dem Gefängnis geschmuggelt und von der Familie Schmorell aufbewahrt (Alexander Schmorell/ Christoph Probst, Briefe, S. 527 f.).
287 Bericht von Schmorells Beichtvater Alexander (Andrej Lovčij). Vgl. Seide, Kirchen unserer Diözese, in: Der Bote 3/1991, S. 24 und in: Der Bote 4/1991, S. 24 (nach Alexander Schmorell / Christoph Probst, Briefe, S. 351, Anm. 175). – Erklärung Hugo Schmorells vom 14. September 1945 (nach: Ebd., S. 278, Anm. 1284). «Im Jahr 2007 beschloss die russisch-orthodoxe Kirche im Ausland die Heiligsprechung von Alexander Schmorell; der Festakt zur Heiligsprechung fand am 4. Februar 2012 in der Münchner Kathedralkirche statt.» (de.wikipedia.org/wiki/Alexander_Schmorell#cite_ref-4). Die Russisch Orthodoxe Kirche nahm ihn damit – mehr als zehn Jahre nach der ersten Anregung – «in die Gemeinschaft der ‹Heiligen Neumärtyrer› auf» (Süddeutsche Zeitung, 26. Januar 2012).
288 Deutsche Hörer!, S. 99 ff. Die folgenden Zitate ebd.

Epilog: Letzte Worte der Mitstreiter

1 Flugblatt II.
2 Flugblatt IV.
3 Christoph Probst (1919–1943), Sophie Scholl (1921–1943), Alexander Schmorell (1917–1943), Kurt Huber (1893–1943), Willi Graf (1918–1943), Hans K. Leipelt (1921–1945).
4 Zitate aus dem letzten Brief vom 22. Februar 1943. Er liegt nur als handschriftliches Gedächtnisprotokoll seiner Mutter Katharina Kleeblatt vor (Alexander Schmorell / Christoph Probst, Briefe, S. 890, Anmerkung 952).
5 Die Briefe liegen in Abschriften des Vaters vor (ebd., Briefe, S. 530).
6 Wolfgang Huber, der Sohn Kurt Hubers, bestätigte auf Anfrage das Fehlen des Verbs: «Ja, es ist richtig, das Wort ‹sterben› fehlt, keine Lücke oder ähnliches. Der Text lautet: ‹Ich darf für mein Vaterland, für ein gerechtes und schöneres Vaterland, das bestimmt aus diesem Krieg hervorgehen wird. Inniggeliebte Clara […].›»
7 Stadtarchiv München, Nachlass Kurt Huber 23.

8 Abschiedsbrief aus: Klaus Drobisch (Hg.): Wir schweigen nicht!, S. 146.
9 Tagebucheintrag vom 6. Juni 1942, zit. nach: Ausstellung: Die Weiße Rose, S. 22.
10 IfZ 12.6., Band 186.
11 Erinnerungsbericht Robert Mohr (IfZ 12.13., Band 226, undatiert).
12 Brief von Magdalene Scholl an ihren Sohn Werner, Ostermontag 1943 [26. April 1943]: «Vielleicht hörtest Du, wie ich zu Sofie sagte, aber gelt, Jesus, und wie sie zu mir fast befehlend sagte: ja – aber Du auch.» (IfZ 4.10., Band 53).
13 IfZ 1.3., Band 3.
14 Harald Dohrn wurde am 29. April 1945 im Münchner Perlacher Forst erschossen, weil er sich der «Freiheitsaktion Bayern (FAB)» angeschlossen hatte, die für eine sofortige Kapitulation Deutschlands stritt.
15 Urteil des 2. Senats des Volksgerichtshofs München vom 13. Oktober 1944, in: Frederic Wünsche, Marie-Luise Schultze-Jahn, S. 36. – Die folgenden Daten ebd. sowie nach Klaus Möller, Projekt Stolpersteine (stolpersteine-hamburg.de).
16 Anspielung auf: «Wir wissen aber, dass denen, die Gott lieben, alle Dinge zum Besten dienen, denen, die nach seinem Ratschluss berufen sind.» (Römer 8,28).
17 Zit. nach: Karl Alt, Todeskandidaten, S. 93 f.
18 Marie-Luise Jahn (verheiratete Schultze-Jahn, 1918–2010).
19 Leipelt am 8. Oktober 1943, Jahn am 18. Oktober 1943.
20 Ausstellung: Die Weiße Rose, S. 26.
21 Am 9. Dezember 1943.
22 Karl Alt, Todeskandidaten, S. 91.
23 Ebd.
24 Ebd., S. 92.
25 Lukas 21,25 ff.
26 Zit. nach: Karl Alt, Todeskandidaten, S. 95.
27 Vollständig wiedergegeben ist der Brief (nach: Karl Alt) bei: Klaus Möller, Projekt Stolpersteine (stolpersteine-hamburg.de).

Die Gedichte von Hans Scholl

1 IfZ 1.2., Band 2.
2 Gedichte von Hans Scholl, die im IfZ an anderer Stelle archiviert sind, werden hier ebenfalls publiziert und sind entsprechend gekennzeichnet.
3 Undatiert, aber sehr wahrscheinlich im Sommer 1936 verfasst, da es Teil der Schwedenmappe ist, in der die Nordlandfahrt seiner Jungengruppe nach Lappland dokumentiert ist (IfZ 1.2., Band 2).
4 Siehe Gedichtende.
5 Das Gedicht entstand also bis zur Markierung nach der 9. Zeile («dann folgen wir dir König gern – – –») Ende 1937, der Rest im Frühjahr 1939.
6 Auf einem separaten Zettel ist die letzte Strophe mit «21. Juni [1939]» datiert (IfZ 4.6., Band 49).
7 Die Zeile lautet in einer zweiten Version des Gedichts: «Voller süßer Träume».
8 Alle Ergänzungen in runden Klammern stammen von Hans Scholl.

9 «lass sie ...» Zusatz mit Bleistift von Hans Scholl.
10 Fragezeichen durch Hans Scholl.
11 Diese und die folgende eckige Klammer von Hans Scholl.
12 Die Stadt Neresheim liegt rund 65 Kilometer nördlich von Ulm; auf dem Ulrichsberg über der Stadt steht die Benediktinerabtei St. Ulrich und Afra.
13 Ca. 10 Kilometer östlich von Ulm, heute zu Neu-Ulm gehörig.
14 Vermutlich handelt es sich, wie bei dem ebenfalls im Juni 1938 entstandenen Gedicht «Sonne», um den Landgraben bei Finningen, nahe Ulm. Das Gedicht ist mit Bleistift diagonal durchkreuzt.
15 Das Fragezeichen steht über «oder».
16 «Paradies» steht über «Himmel».
17 «Die Nacht erscheint als Führerin des Tages.» Aus: Tacitus, Die öffentlichen Einrichtungen der Germanen in Krieg und Frieden. – Der 5. Juni war ein Sonntag. Das Hochsträß ist ein Teil der Schwäbischen Alb, wenige Kilometer südwestlich von Ulm gelegen. – Gemeint sind Otto («otl») Aicher und Fridolin Kotz.
18 Das «Forellenbächle» fließt innerhalb der ehemaligen Bundesfestung Neu Ulm. Heute ist es Teil des Stadtparks «Glacis».
19 Die letzten drei Zeilen sind diagonal von links unten nach recht oben gestrichen.
20 Alle Streichungen und Korrekturen sind von Hans Scholl.
21 IfZ 4.18., Band 61 als Transkription und als loses Blatt eingelegt, in: Alois Dempf, Religionsphilosophie (Besitz Hans Scholl, IfZ 11.5., Band 143). Wiedergabe nach dem Original.
22 Der Text liegt in der Transkription von Inge Aicher-Scholl vor (IfZ 4.18., Band 61).
23 Eintrag im Russlandtagebuch nach dem 11. September 1942 (IfZ 4.18., Band 61).
24 Streichungen durch Hans Scholl.

Quellen und Literatur

1 Inge Jens in der «Vorbemerkung» zu Hans Scholl / Sophie Scholl, Briefe und Aufzeichnungen, S. 6.
2 Auf einem Heft mit rotem Papierumschlag und der Aufschrift «Jungmädel-Ring II» befindet sich ein gelber Aufkleber mit ihrem handschriftlichen Vermerk: «Anschauen, evtl. vernichten!» Die Aufforderung richtete sich vermutlich an ihren Sohn Manuel Aicher, dem sie das Archiv nach ihrem Tode hinterließ. Das so gekennzeichnete Heft enthält Aufzeichnungen von Inge Scholl aus der Zeit vom 5. September 1935 bis 4. November 1936, einer Zeit, in der sie eine glühende Verehrerin Hitlers war (IfZ 1.2., Band 2. Farbangaben laut Findbuch). Siehe auch: Christine Hikel, Sophies Schwester, S. 14 ff.
3 Gespräch Gerstlauers mit Eckhard Holler am 31. März 1999, in: Eckard Holler, «... wer je die flamme umschritt», S. 40 f.
4 Gerhard Schmid (1918–1998). Ebd., S. 41, Anm. 4.

Quellen und Literatur

Vorbemerkung zu den Quellen

Die hier erstmals im Kontext der Verhörprotokolle rezipierten Briefe aus dem Landesarchiv Nordrhein-Westfalen fehlen in der von Inge Jens und Inge Aicher-Scholl betreuten Edition «Briefe und Aufzeichnungen» von Hans und Sophie Scholl. Diese beginnt bei Hans im Mai 1937, zu einer Zeit also, in der er sich angeblich – so seine Schwester – bereits vom Nationalsozialismus abgewandt hatte. Ältere Briefe seien «nicht erhalten».[1] Handelt es sich bei dieser Aussage um einen editorischen Eingriff, so wie Inge Scholl für bestimmte Teile ihrer eigenen Tagebücher eine Vernichtung vorschlug, damit ihre NS-Verzücktheit verborgen bliebe?[2] Spätestens seit 1989 wusste Otto («otl») Aicher – Inge Scholls Ehemann –, dass die Gerichtsunterlagen des Prozesses von 1937/38 erhalten geblieben waren und sie die Richtigkeit der Anklage wegen «Unzucht» belegten. Er kannte zudem aus den Akten Hans' frühe Briefe. Seine handschriftlichen Einträge auf den vier Kontrollblättern der Dokumente belegen, dass er am 25. September 1989 Einsicht in dieses Archivgut nahm. Zwar war Hans Scholls Homosexualität in der Familie bekannt, öffentlich aber sprach man nicht darüber. Inge Aicher-Scholl erkannte sicher die Tragweite dieses Aktenfundes: Irgendwann würden die Gerichtsunterlagen ausgewertet und die Ergebnisse in die Öffentlichkeit getragen werden. Aber die Publizistin schwieg.

Auch in den Papieren des Landesarchivs Nordrhein-Westfalen gibt es kein Dokument, das eine NS-Begeisterung Hans Scholls eindeutig belegt. Allein die Tagebucheintragungen von Inge Scholl und sehr späte Aussagen von Zeitzeugen liegen dazu vor. Deren historischer Wert ist zweifelhaft. So berichtete 1999 der drei Jahre jüngere Helmut Gerstlauer: «Hans Scholl war ein fanatischer Anhänger der HJ und hat einen anderen Jungen mehrfach verprügelt, weil dieser bei der Katholischen Jugend war und sich nicht der HJ angeschlossen hat.» Doch er musste gleichzeitig einräumen, dass er nicht mit Hans Scholl bekannt, nicht in seinem Fähnlein war und auch nie mit ihm gesprochen habe.[3] Ähnlich ist es mit einer Notiz Eckard Hollers, ihm habe Erwin Schick 1999 berichtet, er habe von Gerhard Schmid gehört, dieser sei von Scholl «gehörig verhauen» worden, weil er statt zur HJ in die katholische Pfarrjugend gegangen sei.[4] Es erinnerten sich also rund achtzig Jahre alte Männer an angebliche Ereignisse, die fünfundsechzig Jahre zurücklagen und an denen sie nicht beteiligt gewesen waren.

Da man sich bei mündlichen Überlieferungen schnell im Bereich von kaum überprüfbaren Anekdoten und Gefühlen bewegt, stützt sich diese Biografie primär auf die schriftlichen Archivalien.

Ungedruckte Quellen

Wichtige Bestände:
Korrespondenzen (ohne die Briefe aus dem Prozess 1937/38), Tagebücher ab April/Mai 1937 und Sonstiges: Originale im IfZ
Prozess 1937/38, Verfahrensakten inklusive der von der Gestapo in diesem Ermittlungsverfahren konfiszierten Briefe: Originale im Landesarchiv Nordrhein-Westfalen / Kopien im IfZ
Die Dokumente werden bis auf wenige Ausnahmen mit den Signaturen des Nachlasses Inge Aicher-Scholl ED 474 im Institut für Zeitgeschichte, München und dem Zusatz IfZ, nachgewiesen.
Prozess 1943, Verfahrensakten und Sonstiges: Originale im Bundesarchiv Berlin / Kopien im IfZ
Die Gestapo-Protokolle aus dem Jahr 1943 werden nach der Dokumentensammlung in: Ulrich Chaussy und Gerd R. Ueberschär: «Es lebe die Freiheit!» Die Geschichte der Weißen Rose und ihrer Mitglieder, zitiert.

Archive

ALEX Historische Rechts- und Gesetzestexte Online, Österreichische Nationalbibliothek (alex.onb.ac.at)
Archiv der Ludwig-Maximilians-Universität (LMU), München, Studienkarte Gisela Schertling
Bundesarchiv Berlin / Vollstreckungsband Oberreichsanwalt beim Volksgerichtshof, Strafsache Zwiauer und Andere, Strafsache Schmorell und Andere, Zentralarchiv Z/C 13267
Deutsche Dienststelle (WASt) Deutsche Dienststelle für die Benachrichtigung der nächsten Angehörigen von Gefallenen der ehemaligen deutschen Wehrmacht (WASt), Berlin, Wehrmachtsdienstzeit Hans Scholl
IfZ – Institut für Zeitgeschichte, München, Nachlass Inge Aicher-Scholl, Bestand: ED 474
Landesarchiv Nordrhein-Westfalen, Abteilung Rheinland, Gerichte Rep. 0017 Nr. 292–295, 299, Düsseldorf/Duisburg
Ernst-Moritz-Arndt-Universität Greifswald / Archiv / Registratur des Universitäts-Kuratoriums Greifswald / Besondere Akten betreffend die Nordischen Auslandsinstitute / Heft 1 / Anfang 1933 / Abteilung C / Nummer 682 / Akte K 628 und Besondere Akten betreffend das Schwedische Institut / Neue Akte / Heft 1 / Anfang 1933 / Abteilung C / Nummer 687 / Akte K 636
Gedenkstätte Deutscher Widerstand, Berlin, Nachlass Schertling

Riksarkivet Sverige / Krigsarkivet SE/KrA/0035:0761, Schürer von Waldheim, Max / Stockholm (riksarkivet.se/kriegsarchiv-tysk)
Stadtarchiv München, erkennungsdienstliche Aufnahmen der Gestapo-Leitstelle München von Hans Scholl und Sophie Scholl

Gedruckte Quellen und Literatur

(Aicher-)Scholl, Inge: Die Weiße Rose, Frankfurt a. M. 1955. Erweiterte Neuausgabe, Frankfurt a. M. 1982. Hier: 2009
Aicher-Scholl, Inge (Hg.): Sippenhaft. Nachrichten und Botschaften der Familie in der Gestapo-Haft nach der Hinrichtung von Hans und Sophie Scholl, Frankfurt a. M. 1993
Alt, Karl: Todeskandidaten. Erlebnisse eines Seelsorgers im Gefängnis München-Stadelheim mit zahlreichen im Hitlerreich zum Tode verurteilten Männern und Frauen, Military Government Information Control License Number US-E-110, München 1946
Asch, Schalom: Von den Vätern (Der reiche Herr Salomon / Das Städtchen / Rückblick). Übersetzt, mit einem Vorwort versehen und herausgegeben von Siegfried Schmitz, Berlin/Wien/Leipzig 1931
Ausstellung: Die Weiße Rose. Der Widerstand von Studenten gegen Hitler, München 1942/43. Weiße Rose Stiftung e. V., München 1995
Bald, Detlef: Die «Weisse Rose». Von der Front in den Widerstand, Berlin 2003, bearbeitete Neuauflage 2004
Bassler, Sibylle: Die Weisse Rose. Zeitzeugen erinnern sich, Reinbek 2006
Baur, Otto / Kessler, Michael (Hg.): Christus erkennen. Ein Glaubensgespräch in Malbriefen von Wilhelm Geyer und Werner Oberle, Tübingen/Basel 1997
Belloc, Hilaire: Die Juden. Übersetzung und Nachwort von Theodor Haecker, München 1927 (Originalausgabe: The Jews. An Essay, London 1922)
Benz, Wolfgang: Die Weiße Rose. 100 Seiten, Stuttgart 2017
Beuys, Barbara: Sophie Scholl. Biografie, München 2010
Böhm, Karl Werner: Zwischen Selbstzucht und Verlangen. Thomas Mann und das Stigma Homosexualität. Untersuchungen zu Frühwerk und Jugend, Mainz 1989, Würzburg 1991
Bonhoeffer, Dietrich: Widerstand und Ergebung. Briefe und Aufzeichnungen aus der Haft, hg. von Christian Gremmels, Eberhard Bethge und Renate Bethge, in Zusammenarbeit mit Ilse Tödt, DBW Band 8, München 1998
Brentano, Clemens: Romanzen vom Rosenkranz, hg. von Alphons M. Steinle, Trier 1912, Neudruck Bern 1972
Breyvogel, Wilfried: Jugendliche Widerstandsformen. Vom organisierten Widerstand zur jugendlichen Alltagsopposition, in: Peter Steinbach und Johannes Tuchel (Hg.): Widerstand gegen den Nationalsozialismus, Bonn 1994, S. 426–442
Brües, Otto: Die Heilandsflur. Eine Tragödie deutscher Landfahrer in drei Aufzügen, Frankfurt a. M. 1923
Chaussy, Ulrich / Ueberschär, Gerd R.: «Es lebe die Freiheit!». Die Geschichte der Weißen Rose und ihrer Mitglieder in Dokumenten und Berichten, Frankfurt a. M. 2013

Claes, Ernest [Andreas Ernestus Josephus]: Hannes Raps. Eine Landstreicher-Geschichte, mit Bildern von Felix Timmermans, Leipzig 1932, hier: Wiesbaden 1957 (Originalausgabe: Wannes Raps, Antwerpen 1926)
Claudel, Paul: Der seidene Schuh oder Das Schlimmste trifft nicht immer zu. Übertragung Hans Urs von Balthasar, Salzburg 1939
Claudel, Paul / Rivière, Jacques: Ich will die Antwort. Der Briefwechsel des Dichters Paul Claudel mit einem jungen Intellektuellen, München 1928, hier: 1966
Das unbekannte Gedicht. 2. Folge: [Enthält Gedichte von:] Berthold Friedrich Karsten / Reinhold Nord / Ernst Reden, Freiburg im Breisgau 1936, ohne Seitenzählung
Dempf, Alois: Religionsphilosophie, Wien 1937
Die tödliche Utopie. Bilder, Texte, Dokumente, Daten zum Dritten Reich, hg. von Volker Dahm, Albert A. Feiber, Hartmut Mehringer, Horst Möller, vollständig überarbeitete und erweiterte Neuausgabe, München 2008
Drobisch, Klaus (Hg.): Wir schweigen nicht! Eine Dokumentation über den antifaschistischen Kampf Münchener Studenten 1942/43. Mit einer biographischen Skizze der Geschwister Scholl, Berlin [Ost] 1968
Ellermeier, Barbara: Hans Scholl. Biographie, Hamburg 2012
Eten, Günther: Talfo – Leben eines Schwertjungen. Erzählung am Feuer. Die graue Reihe, Band 3, Plauen 1935
Fabian, Bernhard: Handbuch deutscher historischer Buchbestände in Europa. Band 7.1: Dänemark und Schweden, Hildesheim/Zürich/New York 1998
Fritz, Michael (Hg.): Die Ulmer «Trabanten». pulS22, Dokumentationsschrift der Jugendbewegung, Stuttgart 22. 11. 1999
Fürst-Ramdohr, Liselotte: Freundschaften in der Weißen Rose, München 1995
Garde, Noel I.: Jonathan to Gide – The Homosexual in History, New York/ Washington/Hollywood 1964
gayinfluence.blogspot.de/2013/12/charles-xii-king-of-sweden.html
geni.com/people
Gebhardt, Miriam: Die Weiße Rose. Wie aus ganz normalen Deutschen Widerstandskämpfer wurden, München 2017
George, Stefan: Das Jahr der Seele. Endgültige Fassung. Gesamtausgabe der Werke. Band 4, Berlin 1929.
–: Der Stern des Bundes. Endgültige Fassung, Gesamtausgabe der Werke. Band 8, Berlin 1928, hier: 1934
–: Der Teppich des Lebens und die Lieder von Traum und Tod: mit einem Vorspiel. Endgültige Fassung. Gesamtausgabe der Werke. Band 5, Berlin 1932
–: Gespräch des Herrn mit dem römischen Hauptmann, in: Das Neue Reich. Endgültige Fassung, Gesamtausgabe der Werke. Band 9, Berlin 1928
Graf, Willi: Briefe und Aufzeichnungen, hg. von Anneliese Knoop-Graf und Inge Jens, Frankfurt a. M. 1994
Haecker, Theodor: Christentum und Kultur, München 1927
–: Satire und Polemik, 1914–1920, Innsbruck 1922
–: Tag- und Nachtbücher 1939–1945. Erste vollständige und kommentierte Ausgabe, hg. von Hinrich Siefken, Innsbruck 1989

–: Was ist der Mensch?, 4. Auflage, Leipzig 1936
Hamacher, Bernd: Die Poesie im Krieg. Thomas Manns Radiosendungen *Deutsche Hörer!* als «Ernstfall» der Literatur, in: Thomas Mann Jahrbuch 14, hg. in Verbindung mit der Deutschen Thomas-Mann-Gesellschaft Sitz Lübeck e. V. und der Thomas Mann Gesellschaft Zürich, Frankfurt a. M. 2001, S. 57–74
Heiber, Helmut: Universität unterm Hakenkreuz, Teil 1: Der Professor im Dritten Reich – Bilder aus der akademischen Provinz, München/London/New York/Paris 1991
Herrmann, Ulrich: Vom HJ-Führer zur Weißen Rose. Hans Scholl vor dem Stuttgarter Sondergericht 1937/38. Mit einem Beitrag von Eckard Holler über die Ulmer «Trabanten». Materialien zur historischen Jugendforschung, Weinheim/Basel 2012
Herzer, Manfred: Hans Scholls große Liebe. Edition der Verhörprotokolle und Urteilsbegründungen des Verfahrens gegen Klaus Zwiauer, Hans Scholl u. a. vor dem Sondergericht für den Oberlandesgerichtsbezirk Stuttgart 1937–38, in: CAPRI, Zeitschrift für schwule Geschichte, Nr. 40, Berlin, Februar 2008, S. 2 ff.
–: Hans Scholls religiöse und sexuelle Entwicklung, in: CAPRI, Zeitschrift für schwule Geschichte, Nr. 49, Hamburg 2015, S. 123–132
Hikel, Christine: Sophies Schwester. Inge Scholl und die Weiße Rose. Quellen und Darstellungen zur Zeitgeschichte, hg. vom Institut für Zeitgeschichte, Band 94, München 2012
Hirschfeld, Magnus: Die Homosexualität des Mannes und des Weibes. Handbuch der Gesamten Sexualwissenschaft in Einzeldarstellungen, hg. von Iwan Bloch, Band III, Berlin 1914
Hirzel, Susanne: Vom Ja zum Nein – Eine schwäbische Jugend 1933 bis 1945, Tübingen 1998, hier: 2000
Hitler, Adolf: Mein Kampf. Zwei Bände in einem Band. Ungekürzte Ausgabe, 851–855. Auflage, München 1943
Hochmuth, Ursel / Meyer, Gertrud: Streiflichter aus dem Hamburger Widerstand 1933–1945. Berichte und Dokumente, Bibliothek des Widerstandes, Frankfurt a. M. 1969/1980
Holler, Eckard: Hans Scholl und Sophie Scholl zwischen Hitlerjugend und dj.1.11, in: Fritz, Michael (Hg.): Die Ulmer «Trabanten». puls22. Dokumentationsschrift der Jugendbewegung, Stuttgart 22. 11. 1999.
–: «wer je die flamme umschritt, bleibe der flamme trabant». Hans Scholl und die Ulmer «Trabanten», in: Ulrich Herrmann: Vom HJ-Führer zur Weißen Rose, S. 38–67
Holzbach-Linsenmeier, Heidrun: tusk – der Deutsche. Eberhard Koebel – Wandervogel mit vielen Karrieren, in: DIE ZEIT, Nr. 9, vom 21. Februar 1997
Horn, Klaus-Peter / Link, Jörg-W. (Hg.): Erziehungsverhältnisse im Nationalsozialismus. Totaler Anspruch und Erziehungswirklichkeit, Bad Heilbrunn 2011
Jaeger, Werner: Paideia. Die Formung des griechischen Menschen, Berlin/Leipzig, Band 1, 1934, hier: 1936
Jahnke, Karl Heinz: Antifaschisten – Unbequeme Zeugen des 20. Jahrhunderts, Bonn 1994

Jansen-Winkeln, Annette: Künstler zwischen den Zeiten, Band 5: Wilhelm Geyer, Eitorf 2000

Kantorowicz, Ernst: Geheimes Deutschland. Vorlesung bei der Wiederaufnahme der Lehrtätigkeit am 14.11.1933, in: Robert L. Benson, Johannes Fried (Hg.): Ernst Kantorowicz, Erträge einer Doppeltagung (Princeton/Frankfurt), Stuttgart 1997, S. 77–93

Karlauf, Thomas: Stefan George, Die Entdeckung des Charisma. Biographie, München 2007

Kley, Albert: Erinnerungen an die befreundeten Geschwister Scholl. Textfragment, in: Currle, Günther (Hg.): Viele Wege und ein Ziel – Albert Kley zum 100. Geburtstag, Geislingen an der Steige 2007

Köbel, Eberhard: Die Heldenfibel, mit vier Bildern, Plauen i. V. 1933

Leaman, George / Simon, Gerd: Deutsche Philosophen aus der Sicht des Sicherheitsdienstes des Reichsführers SS, in: Jahrbuch für Soziologiegeschichte 1992, hg. von Carsten Klingemann u. a., Opladen 1994, S. 261–292

Lesort, Paul-André: Paul Claudel in Selbstzeugnissen und Bilddokumenten, Reinbek bei Hamburg 1964

Löhe, Johann Konrad Wilhelm: Berufs-Ordnung für die Diakonissen des westfälischen Diakonissenhauses Sarepta [Bethel] bei Bielefeld, Manuskript, Bielefeld 1906

Lorenz, Gottfried, unter Mitarbeit von Ulf Bollmann: Diskriminieren – Kriminalisieren – Eliminieren. Studien zur Geschichte der Homosexualität in Hamburg vor und nach 1945, Hamburg 2016

Luther, Martin: Werke, Weimarer Ausgabe (WA), Briefwechsel Band 2: 1520–1522 und Band 5: 1529–1530

Mann für Mann. Biographisches Lexikon zur Geschichte von Freundesliebe und mannmännlicher Sexualität im deutschen Sprachraum, hg. von Bernd-Ulrich Hergemöller, unter Mitwirkung von Nicolai Clarus, Jens Dobler, Klaus Sator, Axel Schock und Raimund Wolfert neubearbeitet und ergänzt von Bernd-Ulrich Hergemöller, Teilbände 1 und 2, Berlin 2010

Mann, Thomas: Betrachtungen eines Unpolitischen, in: Reden und Aufsätze, Gesammelte Werke in zwölf Bänden, Band XII, Frankfurt a. M. 1960

–: Buddenbrooks. Verfall einer Familie, Berlin 1901, hier: Gütersloh 1957

–: Deutsche Ansprache. Ein Appell an die Vernunft. Rede, gehalten am 17. Oktober 1930 im Beethoven-Saal zu Berlin, Berlin 1930

–: Deutsche Hörer! Fünfundfünfzig Radiosendungen nach Deutschland, Stockholm 1945, hier: Leipzig 1975

–: Leiden und Größe der Meister. Gesammelte Werke in Einzelbänden, Frankfurter Ausgabe, hg. und mit Nachbemerkungen versehen von Peter de Mendelssohn, Frankfurt a. M. 1982

–: Tagebücher 1937–1939, hg. von Peter de Mendelssohn, Frankfurt a. M. 1980

Marc Aurel: Selbstbetrachtungen. Neu übersetzt und eingeleitet von Wilhelm Capelle, Stuttgart 1933

Mayne, Xavier (Pseudonym von Edvard I. Stevenson): The Intersexes: A History of Similisexualism as a Problem in Social Life, o. O. (Florenz) 1908

Meinhard, Ursula: Der Graf. Ende einer politischen Karriere. 1936, in: Pretzel, Andreas und Roßbach, Gabriele, Wegen der zu erwartenden hohen Strafe – Homosexuellenverfolgung in Berlin 1933–1945, Berlin 2000, S. 206–211
Möller, Klaus: Projekt Stolpersteine Hamburg, Hans Konrad Leipelt (stolpersteine-hamburg.de)
Mohler, Armin: Die konservative Revolution in Deutschland, 1918–1932. Ein Handbuch in einem Band, Graz/Stuttgart 1999
Morgenstern, Christian: Stufen – Eine Entwickelung in Aphorismen und Tagebuch-Notizen, hg. von Margareta Morgenstern, München 1918. Neuausgabe: Sämtliche Dichtungen II, Band 15, Basel 1977
Muth, Carl: Schöpfer und Magier, Leipzig 1935
Nietzsche, Friedrich: Gesammelte Werke, in: Philosophie von Platon bis Nietzsche. Digitale Bibliothek, Nietzsche-Werke Band 1 und 2, Redaktion Mathias Bertram, Berlin 1998
Noth, Ernst Erich: La Tragédie de la jeunesse allemande, ins Französische übersetzt von Paul Genty, Paris 1934. Deutsche Erstausgabe: Die Tragödie der deutschen Jugend. Essay, hg. von Claudia Noth, Frankfurt a. M. 2002
Novalis: Die Christenheit oder Europa. Ein Fragment, Digitale Bibliothek, Deutsche Literatur von Lessing bis Kafka, Berlin 1997, S. 75916, (Novalis-HKA Bd. 3, S. 523)
NS-Opfer unter Vorbehalt: Homosexuelle Männer in Berlin nach 1945. Geschlecht – Sexualität – Gesellschaft, hg. von Andreas Pretzel, Berliner Schriften zur Sexualwissenschaft und Sexualpolitik, Band 3, Münster/Hamburg/London 2002
Reden, Ernst: Brief an den Soldaten Johannes. Acht Blätter, maschinenschriftlich, Freiburg i. Br. 1938
–: Ein Volk bekennt! (Sprechchorspiel), Ulm September 1937, maschinenschriftlich
–: Vom jungen Leben: Gedichte, Achtzehn Seiten mit Abb., Freiburg i.Br. 1937
Remarque, Erich Maria: Im Westen nichts Neues, Berlin 1928, unkorrigierter Vordruck. Nach: Deutsche National Bibliothek (dnb.de), hier: Berlin 1929
–: Im Westen nichts Neues (All quiet on the Western Front). Movie-Booklet zur DVD des Films von 1930, Regie: Lewis Milestone / Kamera: Arthur Edeson / Produzent: Carl Lämmle Jr., Hamburg 2006
Rilke, Rainer Maria: Briefe und Tagebücher aus der Frühzeit: 1899 bis 1902, hg. von Ruth Sieber-Rilke und Carl Sieber, 6.–8. Tsd., Leipzig 1933
–: Die Aufzeichnungen des Malte Laurids Brigge, 1910, hier: Frankfurt a. M. 1977
Ritter, Christian: Chronik der Friedenskirchengemeinde Wildau, hg. von der Friedenskirchengemeinde Wildau, 2011
Roßbach, Gabriele: Auswirkungen der NS-Verfolgung, in: NS-Opfer unter Vorbehalt: Homosexuelle Männer in Berlin nach 1945, S. 43–70
Schilling, Kurt: Nietzsches Schicksal und Werk, in: Archiv für Religionswissenschaft 36 (1939), S. 350–391
Schmorell, Alexander / Probst, Christoph: Gesammelte Briefe, hg. von Christiane Moll. Schriftenreihe der Gedenkstätte Deutscher Widerstand, Reihe B: Quellen und Berichte, Band 3, hg. von Peter Steinbach und Johannes Tuchel, Berlin 2011

Scholl, Hans / Scholl, Sophie: Briefe und Aufzeichnungen, hg. von Inge Jens, Frankfurt a. M. [1984], hier: Berlin [Ost] 1987
Scholl, Inge: siehe (Aicher-)Scholl, Inge.
Scholl, Sophie / Hartnagel, Fritz: Damit wir uns nicht verlieren. Briefwechsel 1937–1943, hg. von Thomas Hartnagel, Frankfurt a. M. 2005
Schott, Sigmund: Max Emanuel, Prinz von Württemberg, und sein Freund Karl XII., König von Schweden, Stuttgart 1839
Schüler, Barbara: «Im Geiste der Gemordeten...». Die «Weiße Rose» und ihre Wirkung in der Nachkriegszeit, Paderborn/München/Wien/Zürich 2000
Schürer von Waldheim, Max: Prinz Maximilian Emanuel von Württemberg – Ein tapferer Dragonseroberst in Karls XII. Armee. Schweden und Nordeuropa – Wissenschaftliche Veröffentlichungen der Deutschen Gesellschaft zum Studium Schwedens, Heft 4, hg. von Johannes Paul. Autorisierte Übertragung aus dem Schwedischen von Hete Willecke, Greifswald 1938
Schürle, Wolfgang (Hg.): Wilhelm Geyer 1900–1968 – Die letzten Jahre – Pastelle und Aquarelle, Ulm 1998
Siefken, Hinrich: Leben und Werk des christlichen Essayisten Theodor Haecker, in: Fürst, Gebhard, Kastner, Peter und Siefken, Hinrich: Theodor Haecker (1879–1945). Verteidigung des Bildes vom Menschen, Stuttgart 2001
–: Thomas Mann und Theodor Haecker, in: Internationales Thomas-Mann-Kolloquium 1986 in Lübeck, Thomas-Mann-Studien, hg. vom Thomas-Mann-Archiv der Eidgenössischen Technischen Hochschule in Zürich, Band 7, Bern 1987, S. 246–270
–: Vom Bild des Menschen. Die Weiße Rose und Theodor Haecker, in: Jahrbuch der deutschen Schillergesellschaft 37, Stuttgart 1993, S. 361–380
Sophie Scholl – Die letzten Tage, hg. von Fred Breinersdorfer. Mit Beiträgen von Ulrich Chaussy, Marc Rothemund und Gerd R. Ueberschär, Frankfurt a. M. 2005, hier: 2006.
Täter – Gegner – Opfer. Tondokumente zum Dritten Reich, hg. von Albert A. Feiber und Volker Dahm, München/Berlin 2008
Tilitzki, Christian: Die deutsche Universitätsphilosophie in der Weimarer Republik und im Dritten Reich, 2 Teile, Berlin 2002
Timmermans, Felix – Dichter und Zeichner seines Volkes, mit fünfundsiebzig Bildern von Felix Timmermans, hg. von Adolf von Hatzfeld, Berlin 1935
tusk [Eberhard Koebel]: Gesammelte Schriften und Dichtungen, hg. von Werner Helwig, Heidenheim an der Brenz 1962
Umlauf, Petra: Die Studentinnen an der Universität München 1926 bis 1945: Auslese, Beschränkung, Indienstnahme, Reaktionen, Berlin/Boston 2015
Urwand, Ben: Der Pakt. Hollywoods Geschäfte mit Hitler. Aus dem Englischen von Gisella M. Vorderobermeier, Darmstadt 2017. Original: The Collaboration. Hollywood's Pact with Hitler, Cambridge, Massachusetts 2013
Vem är Vem? Huvudredaktör Paul Harnesk, Årgång I, Stockholmsdelen, Karlskrona 1945
Verlaine, Paul: Ausgewählte Gedichte, Briefe, Abbildungen, Dokumente, Faksimiles, Bibliographie, Neuwied/Berlin 1968

Voltaire: Die Geschichte Karls XII., Königs von Schweden, Leipzig 1829
Waage, Peter Normann: Es lebe die Freiheit! Traute Lafrenz und die Weiße Rose, Stuttgart 2012
Wagner, Walter: Der Volksgerichtshof im nationalsozialistischen Staat. Mit einem Forschungsbericht für die Jahre 1974 bis 2010 von Jürgen Zarusky, München 2011
Wünsche, Frederic: Marie-Luise Schultze-Jahn, ein «Kurier» der «Weißen Rose» in Hamburg-Harburg, Hamburg. Heisenberg-Gymnasium, 2. Aufl. 2000
Zankel, Sönke: Mit Flugblättern gegen Hitler. Der Widerstandskreis um Hans Scholl und Alexander Schmorell, Köln/Weimar/Wien 2008
–: Vom Helden zum Hauptschuldigen – Der Mann, der die Geschwister Scholl festnahm, in: Kraus, Elisabeth, Die Universität im Dritten Reich – Aufsätze. Teil 1, München 2006, S. 581–607
Ziegler, Armin: Es ging um Freiheit! Die Geschichte der Widerstandsgruppe «Weiße Rose» – Fakten, Fragen, Streitpunkte, Menschen. Ein Beitrag zur «Weiße-Rose»-Forschung, Schönaich 2005
–: Thomas Mann und die «Weiße Rose». Der Einfluß der «Feindsender». Ein Beitrag zur «Weiße-Rose»-Forschung, Crailsheim 2007
Zimmermann, Rainer: Wilhelm Geyer, Leben und Werk des Malers, Berlin 1971
Zoske, Robert M.: Sehnsucht nach dem Lichte – Zur religiösen Entwicklung von Hans Scholl. Unveröffentlichte Gedichte, Briefe, Texte, München 2014

Bildnachweis

Seite 15: Stadtarchiv Crailsheim | *S. 19, 24, 25, 26, 104, 106, 113, 153:* Stadtarchiv Crailsheim/Slg. Hartnagel | *S. 29:* Archiv der deutschen Jugendbewegung/Signatur N 15 Nr. 158 | *S. 30:* Archiv der deutschen Jugendbewegung/Signatur N 15 Nr. 125 | *S. 31, 41, 51, 66, 247:* Institut für Zeitgeschichte München (IfZ), Nachlass Inge Aicher-Scholl/ED 474, IfZ, 1.2., Band 2 | *S. 57:* Riksarkivet Sverige/Krigsarkivet SE/KrA/0035:0761 | *S. 68:* Privatbesitz Jörg Hannes Kuhn | *S. 79, 180:* aus Robert M. Zoske, Sehnsucht nach dem Lichte, München 2014 | *S. 86, 183:* IfZ, 4.18., Band 61 | *S. 119:* SZ-Photo/Geschwister-Scholl-Archiv | *S. 144:* aus Peter Normann Waage: Es lebe die Freiheit!, Stuttgart 2012 | *S. 151:* IfZ 11.10., Band 148 | *S. 154:* ullstein bild – Photo12 | *S. 157, 159, 201:* bpk-images | *S. 165:* Bundesarchiv Signatur 146II-744 | *S. 178, 179, 182:* © George (Jürgen) Wittenstein/akg-images | *S. 190:* ullstein bild | *S. 192:* Archiv der Ludwig-Maximilians-Universität | *S. 195:* Nachlass Wilhelm Geyer, Ulm | *S. 199:* Stadtarchiv München | *S. 209:* Bundesarchiv Berlin, Akte R 9361 III/124329 | *S. 215:* Bundesarchiv Berlin, Akte R 9361 III/150350 | *S. 233:* Privatbesitz Klaus Möller | *S. 309:* aus Susanne Hirzel, Vom Ja zum Nein, Tübingen 1998

Personenregister

Aicher, Otl (Otto) 110, 140 f.
Aicher-Scholl, Inge 14, 16–18, 22–26, 65 f., 72 f., 75, 78, 83, 89, 92, 100, 109–112, 114, 122 f., 127 f., 140 f., 147, 149, 156, 160
Alt, Karl 10, 219, 233 f.
Asch, Schalom 34, 37 f.
Augustinus, Aurelius 139, 156

Bach, Johann Sebastian 142, 154, 158
Bauer, Helmut 222
Beer, Ludwig 206
Beethoven, Ludwig van 211
Berdjajew, Nikolai Alexandrowitsch 123–126
Bismarck, Otto von 70
Bizet, Georges 121
Bollinger, Heinrich 222
Bollinger, Willi 231
Bonhoeffer, Dietrich 186
Bormann, Martin 217
Borchers, Eduard 112
Borchers, Ute 95, 111 f., 114–116, 133
Brentano, Clemens 174
Brües, Otto 53 f.

Cervantes, Miguel de 132
Claes, Ernest 54–56
Claudel, Paul 137 f., 140 f.
Cuhorst, Hermann Albert 99, 101

Dante Alighieri 140
Dempf, Alois 105, 109 f.
Dohrn, Harald 231
Drexler, Hubert 182

Eckert (Landgerichtsrat) 99
Eickemeyer, Manfred 192–194, 231
Eisele (Amtsgerichtsrat) 84

Ellermann, Heinrich 164
Englert, Wolf 78
Eten, Günther 34 f.
Eyck, Jan van 55

Franz von Assisi 211
Freisler, Roland 9, 99, 217 f., 222
Funk, Gottfried Benedict 234
Furtwängler, Hubert 163, 182, 216
Futterknecht, Rolf 31, 64, 78, 80–82, 93, 99–101, 114, 116, 182

George, Stefan 30, 45, 48, 60, 64–66, 75 f., 84, 111, 117, 121, 127–131
Gerhardt, Paul 221
Geyer, Wilhelm 121, 193–196, 231
Giesler, Paul 197, 217
Goebbels, Joseph 36, 75, 146, 207
Goethe, Johann Wolfgang von 16, 18, 87, 108, 140, 168
Graf, Willi 182, 186 f., 189 f., 205, 208, 217, 224, 230
Grimmiger, Eugen 185, 222
Gruele, Ernst 14, 20, 24
Gundolf, Friedrich 76
Guter, Heinrich 222

Haecker, Theodor 126–131
Hammerstein, Otmar 163 f.
Harnack, Arvid 185, 222
Harnack, Falk 157, 185 f., 222
Hartert, Elisabeth (geb. Wittenstein) 113
Hartert, Hellmut 84, 111–113
Hartnagel, Barbara 21
Hartnagel, Fritz 21, 121, 154 f., 165 f.
Haug (Amtsgerichtsrat) 99
Heisch, Hermann 59
Heraklit 123

Personenregister

Herrmann (SS-Untersturmführer) 78, 82
Herrmann, Wolfgang 37
Herzer, Manfred 182
Heß, Rudolf 166
Hill, Heinrich 119
Hilty, Carl 233
Himmler, Heinrich 224
Hindenburg, Paul von 23, 70
Hirzel, Hans 149, 151, 185, 222, 309
Hirzel, Susanne 186 f., 222
Hitler, Adolf 9, 11, 17, 23, 25 f., 44, 48, 70 f., 74, 77, 88, 91 f., 105, 107, 110, 116, 126, 145 f., 167, 170–172, 174, 186 f., 197 f., 200, 217
Hoogstraten, Willem van 145
Huber, Clara 229, 232
Huber, Kurt 164 f., 177, 186 f., 193, 196 f., 208, 216, 223 f., 226 f., 229
Huber, Max 11

Jacobi, Achim 39–43, 45, 54
Jaeger, Werner 149
Jahn, Marie-Luise 231 f.
Jean Paul 161
Jens, Inge 92 f.

Kant, Immanuel 162
Kantorowicz, Ernst 48
Karl XII., König von Schweden 58 f.
Karsten, Berthold Friedrich 49
Keitel, Wilhelm 217
Kettner (Staatsanwalt) 99
Kierkegaard, Søren 123, 129
Klee, Paul 200
Kley, Albert 42, 194
Knoop, Angelika (geb. Probst) 157, 162 f., 211 f.
Knoop, Bernhard 212
Koebel, Eberhard (tusk) 28 f., 32, 39 f., 44, 67

Lafrenz, Traute 115, 134, 141–145, 155, 158, 163, 166, 216, 221–224
Lautz, Ernst 11
Leipelt, Hans Konrad 231–234

Leipelt, Maria 231 f., 234
Lenzner, Curt 37
Luther, Martin 53, 150, 176, 219, 221

Mahler, Anton 207–209
Mann, Thomas 18, 128, 130–133, 167–172, 188, 196, 198, 225 f.
Marc Aurel 118
Maximilian Emanuel von Württemberg 57–59
Memling, Hans 55
Mohler, Armin 28
Mohr, Robert 213, 215–218, 230
Müller, Franz 222
Müller, Friedrich 18
Müller, Sophie (geb. Hofmann) 18, 20
Muth, Carl 16, 126–129, 131, 138–141, 155, 196

Nägele, Hanspeter 136, 185
Nägele, Rose 109, 115, 123, 126, 129, 133 f., 136, 143, 147, 159, 183, 185, 194
Napoleon Bonaparte 168
Neubeck, Max von 28, 48 f., 69, 81
Newman, John Henry 129
Ney, Elly 145 f.
Niemöller, Martin 21
Nietzsche, Friedrich 62, 102–111
Nolde, Emil 200
Noth, Ernst Erich 59 f.
Novalis 189

Oehler, Gustav 86
Orff, Carl 211

Pascal, Blaise 109
Paul, Johannes 58, 64
Paulus 129, 139, 149
Pflanz, Mathilde 92
Probst, Christoph 9–11, 156, 158 f., 163, 174, 178, 186, 200–202, 208, 217 f., 220, 222, 226–228, 230 f.
Probst, Herta 200, 227 f.

Radecki, Sigismund von 163

Reden, Ernst 28, 36, 38–40, 47–49, 53 f., 59, 62, 64, 67–73, 78, 100
Reichhart, Johann 10
Reichle, Alfred 40, 42, 45
Remarque, Erich Maria 34, 36 f.
Rembrandt 210 f.
Remppis, Lisa 89, 93–96, 98, 114, 116, 154
Rilke, Rainer Maria 30, 54, 66, 84, 109, 156, 200
Rivière, Jacques 137 f.
Rodin, Auguste 121, 158, 162
Roosevelt, Franklin D. 105
Rubens, Peter Paul 210
Runge, Philipp Otto 175

Sammüller, Raimund 163
Saur, Josef 40, 49
Schertling, Gisela 191 f., 200, 204–207, 222
Schertling, Lotte 205 f.
Schertling, Paul 205 f.
Schilling, Kurt 103 f.
Schirach, Baldur von 57
Schleiermacher, Friedrich 151–153
Schmauß, Ludwig 9
Schmid, Jakob 199, 220
Schmidt, Georg Philipp 146
Schmorell, Alexander 84, 133, 136, 141, 143, 145, 155–167, 169 f., 173 f., 176, 178 f., 181 f., 184–188, 190, 196, 200–204, 208, 211–213, 215, 217, 224 f., 228–230
Schmorell, Elisabeth 224, 228
Schmorell, Hugo August 156, 211, 224, 228
Schmorell, Natalia 156, 228
Scholl, Christiane (geb. Eurich) 14
Scholl, Elisabeth 14, 23–25, 73, 140
Scholl, Inge siehe Aicher-Scholl, Inge
Scholl, Lina (Magdalene, geb. Müller) 13 f., 18–22, 24, 73, 78, 80, 83–85, 87–89, 93, 99–101, 218, 220, 231
Scholl, Robert 13–20, 22–25, 75 f., 84, 87, 99 f., 185, 218, 220

Scholl, Sophie 9–12, 14 f., 17 f., 21–25, 73, 92, 94, 121, 128 f., 141, 153 f., 156, 160, 162 f., 165 f., 175, 177 f., 185–187, 191, 193 f., 196, 198 f., 201, 204, 207 f., 212–223, 230 f.
Scholl, Thilde 14, 23
Scholl, Werner 14, 21, 23–26, 40, 68 f., 72, 78, 89, 100 f., 194, 218, 220 f.
Scholl, Wilhelm 14
Schubert, Franz 146
Schüddekopf, Katharina 222
Schulze-Boysen, Arvid 185
Schulze-Boysen, Harro 185
Schürer von Waldheim, Max 38, 56–61, 63 f., 69
Schweinitz, Georg von 56 f., 64
Scupin, Jörg 84, 88, 91
Sintenis, Renée 84
Söhngen, Josef 231
Stauffenberg, Claus Schenk Graf von 48, 75
Steiner, Rudolf 143, 145
Stelzer, Fritz 40 f.
Stengele, Udo 40–42, 63
Stock, Romin 28

Timmermans, Felix 54–56
Trakl, Georg 30
Traven, B. 175
Turgenjew, Iwan 162

Upplegger, Marie-Luise 202

Verlaine, Paul 84

Wedekind, Frank 130
Weyden, Rogier van der 55
Weyersberg, Albert 10 f.
Wiechert, Ernst 45 f.
Wieland, Heinrich 232
Wittenstein, Jürgen (George) 112 f.
Wolff, Günther 34

Zweig, Stefan 30
Zwiauer, Klaus 38